山东广播电视年鉴

SHANDONG GUANGBO DIANSHI NIANJIAN

2009

山东广播电视年鉴编委会 编

中国广播电视出版社
CHINA RADIO & TELEVISION PUBLISHING HOUSE

图书在版编目（CIP）数据

山东广播电视年鉴. 2009 /《山东广播电视年鉴》编委会编. —北京：中国广播电视出版社，2009.10
ISBN 978-7-5043-5948-3

Ⅰ. 山… Ⅱ. … Ⅲ. ①广播工作—山东省—2009—年鉴②电视工作—山东省—2009—年鉴 Ⅳ. G229.275.2-54

中国版本图书馆CIP数据核字（2009）第179665号

山东广播电视年鉴（2009）
山东广播电视年鉴编委会　编

责任编辑　樊丽萍
封面设计　李湛灏

出版发行　中国广播电视出版社
电　　话　010-86093580　010-86093583
社　　址　北京市西城区真武庙二条9号
邮　　编　100045
网　　址　www.crtp.com.cn
电子邮箱　crtp 8 @sina.com

经　　销　全国各地新华书店
印　　刷　济南丰利彩印有限公司

开　　本　880毫米×1230毫米　1/16
字　　数　600（千）字
印　　张　26.25
版　　次　2009年10月第1版　2009年10月第1次印刷

书　　号　ISBN 978-7-5043-5948-3
定　　价　100.00元

9月27日至29日，2008山东文化产业博览会在济南举行。图为全国政协副主席陈宗兴、省委书记姜异康在省局领导刘长允、魏绍水陪同下视察广电展台。

2008年1月31日，省委、省政府在济南隆重召开表彰奖励大会，对影视中心《闯关东》剧组给予通令嘉奖。时任省委书记李建国向影视中心主任王汉平颁发奖牌。

7月12日，姜大明省长听取首批赴北川县广电局挂职顶岗工作组组长、北川县广电局副局长权珍琦有关援建北川广电局情况汇报。

4月29日，省委常委、宣传部长李群点通新“广视网”。

省委常委、宣传部长李群与山东省广播电视先进集体、先进个人暨十七大安全播出先进集体、先进个人代表合影。

12月14日，"科学发展、富民强省"大型歌舞晚会在山东会堂隆重举行，图为省领导与演职人员合影。

省委常委、宣传部长李群、副省长黄胜出席山东影视集团有限公司揭牌仪式。

中央电视台台长赵化勇为《闯关东》制作单位代表山东省广电局局长刘长允颁奖。

社会各界在“鲁川血脉情·帮灾区人民建个家”大型赈灾义演募捐活动现场踊跃捐款。

2008山东（国际）文化产业博览会首场新闻发布会暨启动仪式于2月20日在济南举行。省委常委、宣传部长李群，副省长、文博会组委会主任黄胜等领导出席了发布会。

7月29日，黄胜副省长专程来到我局，代表省委、省政府对省局表示感谢，向省局颁发“为奥运会火炬安全顺利传递做出突出贡献”的锦旗，并赠送祥云火炬。

山东电视台副台长吕芃和山东电视体育频道马骏在山东广电大厦门前传递圣火。

黄胜副省长等领导出席山东人民广播电台成立60周年庆典活动。

山东人民广播电台成立60周年庆典隆重举行。

黄胜副省长、刘长允局长等领导出席山东有线电视中心“抗震救灾——山东在行动特别节目”。

6月18日，山东省广播电视局举行抗震救灾一线记者报告会。

山东省广播电视局召开全局深入学习实践科学发展观活动动员大会。

首届山东广播电视“双十佳”播音员和节目主持人颁奖会议。

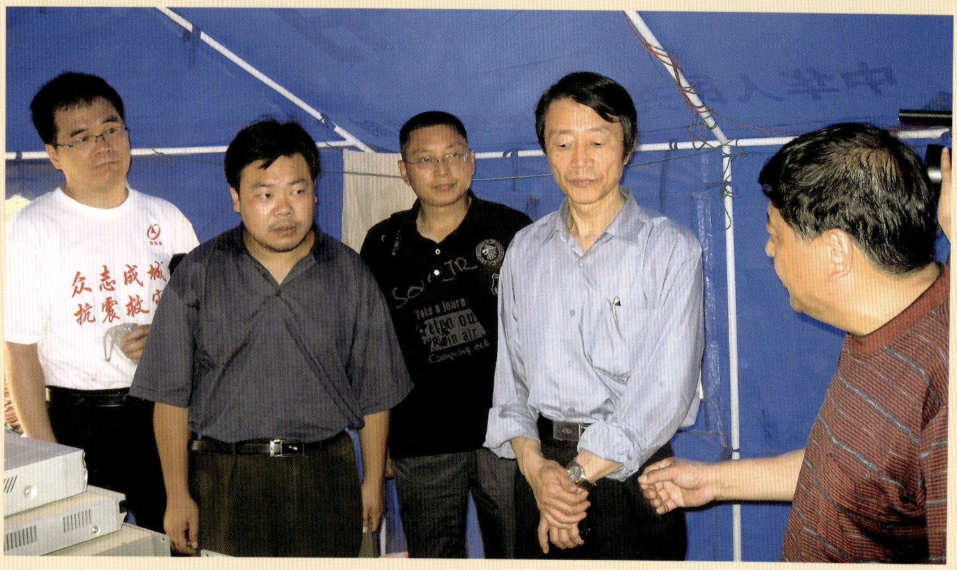

省广播电视局副局长王晓英在北川县擂鼓镇受灾群众安置点帐篷内了解广播电视临时发射点工作情况。

山东电台承办的2009山东省新年音乐会在山东会堂奏响。

2008山东军民春节联欢晚会。

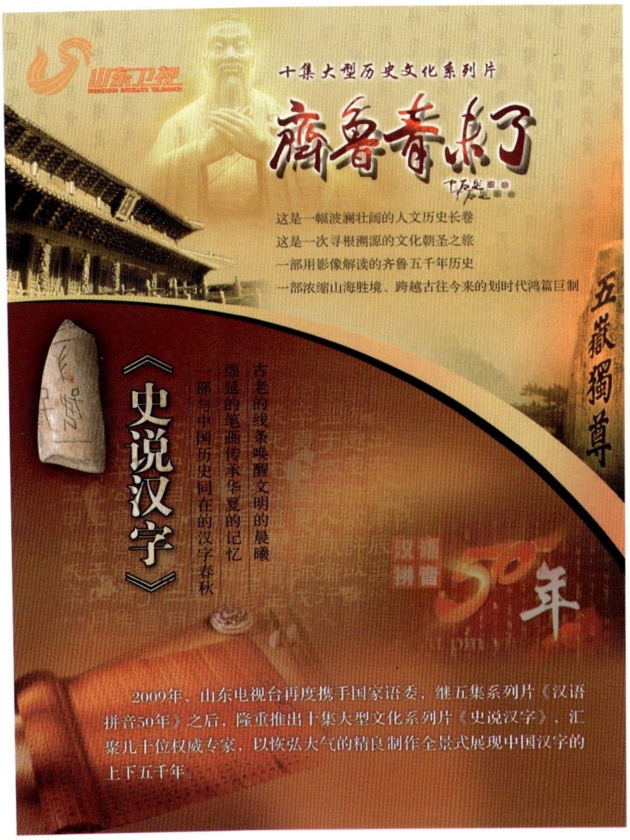

省电视台10集大型人文纪录片《齐鲁青未了》和5集系列片《汉语拼音50年》，在山东卫视和中央电视台10频道播出后，受到各方好评。

山东电视台记者钱云飞（右）和侯洪强在四川震区报道。

山东传媒职业学院实验教学楼。

山东传媒职业学院第一届大学生艺术节。

《山东广播电视年鉴》编委会成员

《山东广播电视年鉴》特约编辑

（按姓氏笔画为序）

丁　琪　聊城市广播电视局办公室副主任

王言卓　临沂人民广播电台总编辑

王金农　山东省广播电视局办公室副主任

史　军　山东人民广播电台总编室

汤兆仁　青岛市广播电视局办公室业务主管

刘国华　山东省广播电视局人事处副处长

许树才　烟台市广播电视局总编室副主任

邢树森　滨州市广播电视局总编室主任

吉晶平　山东省广播电视局计划财务处调研员

孙瑞春　山东传媒职业学院办公室主任

陈　杰　东营市广播电视局办公室副主任

杜玉松　山东省广播电视局总编室

何爱喜　莱芜钢铁集团公司有线广播电视站

李永祥　山东省广播电视局办公室副主任

李国梁　枣庄市广播电视局总编室

李桂焕　泰安市广播电视局（台）总编室副主任

宋红旗　潍坊市广播电视局总编室副主任

杨新征　莱芜市广播电视局办公室主任

邹玉鉴　山东省广播电视信息网络中心主任编辑

张凤鲁　山东电影电视剧制作中心

张　丽　威海市广播电视台（局）《威广通讯》编辑部

张继勇　胜利油田广电中心党政办公室主任

相　红　济宁市广播电视局（台）主任编辑

胡晓锐　山东电视台总编室

郭凤霞　兖州矿业集团有限责任公司电视站

郭延彬　德州市广播电视局总编室主任

主　　编：周　军
编辑部主任：张　干
责任编辑：汪　昕

简　目

目录

SHANDONGGUANGBODIANSHINIANJIAN 2009

山东广播电视年鉴

CONTENTS

特　载

特　辑

概　况

大 事 记

频道·节目·栏目

文章辑览

受众调查

科学技术开发与应用

广播剧·电视剧·电影

学术研究与出版

经　验

机构与团体

人物志

人名录

评 奖

对香港、澳门、台湾的交流

对外交流

企业台站

特　载

特　载

中共山东省委、山东省人民政府关于给予山东电影电视剧制作中心《闯关东》剧组通令嘉奖的通报

（2008年1月31日）

省委宣传部、省广电局、山东电影电视剧制作中心组织创作的52集大型电视剧《闯关东》，是一部弘扬艰苦奋斗、自强不息伟大民族精神的精品力作。在创作拍摄过程中，山东电影电视剧制作中心《闯关东》剧组以高度的责任感和敬业精神，团结协作，顽强拼搏，锐意创新，精益求精，勇攀艺术高峰，实现了我省电视剧创作新的历史性跨越。该剧作为2008年开年大戏在中央电视台一套黄金时间播出，引起社会各界广泛关注和赞誉，产生强烈反响，取得了社会效益和经济效益双赢，得到了中央领导同志和中宣部的充分肯定。为表彰《闯关东》剧组对繁荣发展我省文化事业做出的重大贡献，激发全省广大文艺工作者投身文化强省建设的积极性和创造性，经研究决定，对《闯关东》剧组给予通令嘉奖，并向山东电影电视剧制作中心颁发奖金。

全省各级文化部门和广大文艺工作者要以《闯关东》剧组为榜样，深入学习贯彻党的十七大和省第九次党代会精神，高举中国特色社会主义伟大旗帜，坚持社会主义先进文化前进方向，坚持“二为”方向和“双百”方针，贴近实际、贴近生活、贴近群众，创作出更多更好的文化产品，努力满足人民群众多层次、多方面、多样化的精神文化需要，为兴起社会主义文化建设新高潮，实现由文化资源大省向文化强省跨越，做出新的更大贡献。

省委副书记、省长姜大明在表彰奖励山东电影电视剧制作中心《闯关东》剧组大会上的讲话

（2008年1月31日）

同志们：

在全省文化建设工作会议召开不久，省委、省政府召开表彰奖励大会，对山东电影电视剧制作中心《闯关东》剧组给予通令嘉奖，对进一步推动我省文化大发展大繁荣，兴起文化建设的新高潮，很有意义。我代表省委、省政府向省影视中心《闯关东》剧组表示热烈祝贺，向为电视剧《闯关东》付出智慧和辛勤劳动的所有同志们表示衷心感谢！

央视一套黄金时段刚刚播完的52集电视连续剧《闯关东》，是令人瞩目的优秀代表作。《闯关东》这部电视剧弘扬了民族精神，展示了齐鲁儿女优秀品格，代表了“鲁剧”创作的新高度、新水平、新成就。它以鲜明的主题、强烈的震撼力和艺术感染力，引起全国观众的强烈共鸣，形成了收视热潮，被誉为一部具有很高思想性、艺术性的精品力作。该剧在央视一套播出期间，中央领导同志李长春、刘云山分别作出重要指示，给予高度评价。在全国宣传思想工作会议上，李长春同志还就这部电视剧讲了重要意见，给予充分肯定。中宣部专门组织召开了电视剧《闯关东》的创作研讨会，人民日报、中央电视台等中央主要新闻媒体进行了重点报道、系列报道。《闯关东》为山东赢得了荣誉，也为文化强省建设作出了重要贡献。这是省委、省政府高度重视文化建设的结果，是宣传文化单位和有关部门共同努力的收获，是剧组全体人员团结勤奋、锐意进取、精心创作的成就。我们要认真总结《闯关东》创作的成功经验，进一步把我省文学艺术创作提高到一个新水平。

第一，要牢牢把握正确的创作方向。《闯关东》深入发掘重大历史事件的丰富思想内涵，彰显、辉映了伟大的民族精神，表现了广大人民群众的铮铮铁骨和似水柔情，是进行民族精神和爱国主义教育的生动教材。广大文艺工作者要进一步增强责任感和使命感，坚持社会主义先进文化前进方向，在艺术创造中充分体现社会主义核心价值体系的要求，弘扬共同理想，培育民族精神，唱响时代主旋律，创作出无愧于时代、无愧于人民的好作品，更充分地发挥优秀文学艺术作品陶冶情操、净化心灵、提升境界的作用。

第二，要牢固树立精品意识。文艺精品是社会主义先进文化的重要标志，是创作水平和创作实力的反映。《闯关东》在创作过程的各个环节，都本着大制作、出精品的要求，坚持高起点、高标准，努力攀登艺术高峰，从而收到了较好的效果。但从总体上看，目前反映改革开放、现代化建设和社会进步的力作还比较少，

为广大人民群众喜闻乐见、在全国产生重大影响的精品还不够多。多出精品力作，是实现由文化资源大省向文化强省跨越的迫切需要，是人民群众的热切期盼。文艺工作者要进一步增强精品意识，认真研究人民群众精神文化需求，充分发挥齐鲁文化资源优势，学习借鉴中外文明成果，锲而不舍，精益求精，推出更多的精品，为文化的繁荣发展作出应有贡献。

第三，要坚持贴近实际、贴近生活、贴近群众。在《闯关东》创作过程中，主创人员跑遍了东北三省和山东的许多地方，从生活中得到灵感，从群众中获得营养，使该剧充满生活气息，具有很强的真实感，对广大观众有着强烈的吸引力和感染力。实践证明，无论过去还是现在，也无论是现实题材还是历史题材的创作，都要坚持“三贴近”，这是优秀作品产生的重要途径。山东历史文化、革命文化、现代文化和民间文化等文化资源非常丰富，在党的领导下，人民群众在革命、建设和改革的各个历史时期都创造了辉煌业绩，为文艺创作提供了丰富的素材和不竭的源泉。广大文艺工作者要发扬山东艺术家关注现实、关注民生的优良传统，摆正艺术与时代、艺术与生活、艺术与人民的关系，了解社会真情，把握时代脉搏，体验百姓情感，不断推出更多体现时代精神、民族风格、山东特色的精神产品，努力满足人民群众多层次、多方面、多样化的精神文化需求。

第四，要大力推进文艺创新。《闯关东》注重探索创新，把握艺术规律，积极开拓市场，实现了社会效益和经济效益双赢，闯出了“鲁剧”产业运作的新路子。在社会主义市场经济条件下，文化产品具有社会价值和经济价值的双重属性，这对文艺创新提出了新的更高要求，必须坚持把社会效益放在首位，实现社会效益和经济效益的有机统一。真正的文艺精品，不但主题深刻、形式新颖、制作精湛，而且应有良好的市场回报。《闯关东》的实践证明，主旋律的作品，只要精心打磨，创新探索，努力开拓，完全能够实现社会效益与经济效益的双赢。从这个意义上说，《闯关东》也是一次文化体制改革的成果，是一次文化创意的收获。各级文化部门要进一步解放思想，深化改革，积极推进文艺体制机制、内容形式和传播手段创新，促进题材、品种、风格和载体不断丰富，注重运用先进技术手段，增强文艺作品的吸引力和感染力，赢得观众，赢得市场。

当前，我省文化发展进入了重要战略机遇期。党的十七大发出了兴起社会主义文化建设新高潮、推动文化大发展大繁荣的号召，省第九次党代会确定了实现由文化资源大省向文化强省跨越的宏伟目标，全省文化建设工作会议对加快建设文化强省作出了全面部署。全省各级和宣传文化部门要进一步振奋精神，全面推进文化强省建设“八大工程”，为推动山东文化建设的繁荣发展做出新的贡献。

新春佳节即将到来，我代表省委、省政府，向全省宣传文化战线的同志们致以节日的问候和良好祝愿，祝大家身体健康、工作顺利、阖家欢乐！

谢谢大家。

省委常委、宣传部长李群在全省广电系统“双先”暨十七大安全播出表彰大会上的讲话

（2008 年 3 月 11日）

今天，我们召开大会，隆重表彰全省广播电视系统先进集体、先进个人和十七大安全播出先进集体、先进个人。在这里，我代表省委、省政府，向受表彰的单位和个人，表示热烈的祝贺！向在全省广播电视战线上辛勤劳动、无私奉献的同志们，致以诚挚的问候和衷心的感谢！

近年来，省委、省政府高度重视文化建设，高度重视广播电视事业发展。在省委、省政府的正确领导下，全省广播电视系统坚持以邓小平理论和“三个代表”重要思想为指导，深入贯彻落实科学发展观，围绕中心、服务大局，扎实推进各项工作，取得了显著成绩。突出表现在以下四个方面：一是新闻宣传牢牢把握正确导向，唱响时代主旋律，为全省科学发展、和谐发展、率先发展营造了良好舆论氛围，对中央两台供稿连续多年保持省级台第一，为宣传山东做出了重要贡献。二是节目创新成效明显，影视创作繁荣兴旺，涌现出《大法官》、《大染坊》、《铁道游击队》、《上学路上》等一大批精品力作，特别是电视连续剧《闯关东》代表了鲁剧创作的新高度、新水平、新成就，标志着鲁剧创作实现了新崛起，为全省宣传思想文化工作赢得了荣誉。三是广播电视业整体实力进一步增强，全省广电系统实现经营收入 55.1 亿元，其中山东广电总台实现经营收入 17.2 亿元。村村通广播电视、数字化建设快速推进，继续走在全国前列。山东广电中心等重要基础设施建设进展顺利。四是广播电视管理力度加大，加强广播电视安全播出工作，顺利完成转星任务，成功抵御干扰攻击，胜利完成十七大等重要会议和活动期间的安全播出任务。行业管理、内部管理不断增强，队伍建设、党风廉政建设不断取得新成绩，为事业发展提供了有力保障和坚实基础。这些成绩的取得，是全省广大广播电视工作者勇于奉献、努力奋斗的结果，充分证明了我们的广播电视队伍是一支思想觉悟高、业务素质高、业绩水平高的队伍，是一支在关键时刻勇于拼搏、敢打能赢的队伍。省委、省政府对全省广电工作是充分肯定的。这次表彰的全国和全省广电系统先进集体和先进个人，就是我们这支队伍的优秀代表。希望这次受表彰的先进集体和先进个人把荣誉作为新的动力和新的起点，戒骄戒躁，再接再厉，取得新的更大的成绩。希望全省广播电视系统广大干部职工向先进集体、先进个人学习，人人学习先进，人人争当先进，为广播电视事业发展做出新的贡献。

当前，我省文化建设面临重要战略机遇。党的十七大从深入贯彻落实科学发展观、实现全面建设小康社会奋斗目标的全局出发，发出了兴起文化建设新高潮、推动文化大发展大繁荣的号召。省第九次党代会提出了由文化资源大省向文化强省跨越的目标任务，全省文化建

设工作会议对我省文化建设作出了全面部署，山东文化大发展大繁荣的春天已经到来。广播电视作为发展社会主义文化的重要力量、传播社会主义核心价值体系的主力军，肩负着服务人民、推动社会进步的重大使命和责任。广播电视工作者要进一步深化对社会主义文化建设的重要地位和作用的认识，进一步增强做好广播电视工作的责任感和使命感，坚持高举旗帜、围绕大局、服务人民、改革创新，深入学习宣传贯彻党的十七大和省第九次党代会精神，以邓小平理论和“三个代表”重要思想为指导，深入贯彻落实科学发展观，更加自觉、更加主动地推动广播影视大发展大繁荣，更好地满足人民群众日益增长的精神文化需求，为全面建设小康社会、推进富民强省新跨越营造良好的舆论氛围。

一要牢牢把握正确的舆论导向。广播电视是党和政府的喉舌和重要的宣传舆论阵地，坚持正确的舆论导向始终是广播电视工作首要和根本的任务。要牢固树立政治意识、大局意识、责任意识，坚持团结稳定鼓劲、正面宣传为主，精心组织重大主题宣传，唱响科学发展、和谐发展、率先发展的主旋律。要认真落实“三贴近”原则，充分发挥广播电视声像俱佳、传播快捷的优势，把宣传党的主张与反映人民心声统一起来，创新宣传内容、宣传形式和宣传手段，不断提高舆论引导水平。3月9日，胡锦涛总书记出席了十一届全国人大一次会议山东代表团审议并发表了重要讲话。胡总书记在讲话中着重强调了三个问题：一是强调要加快转变经济发展方式，促进经济又好又快发展；二是强调要走中国特色农业现代化道路，推进社会主义新农村建设；三是强调要推进社会主义核心价值体系建设，增强社会主义意识形态的吸引力和凝聚力。总书记强调，山东历史文化底蕴深厚，在实现由文化资源大省向文化强省跨越的发展进程中，一定要把建设社会主义核心价值体系作为长期战略任务和现实紧迫工作抓紧抓好。总书记的讲话内涵丰富、思想深刻，对我们做好今后工作指明了前进方向。特别是在构建社会主义核心价值体系方面，广播电视要充分发挥自身优势，充分发挥主阵地作用，切实肩负起引导人民、鼓舞人民的历史使命。要加强新闻宣传管理，始终把安全播出作为首要政治任务常抓不懈，进一步强化措施、健全机制、完善手段，努力构建能够应对非法攻击破坏、重大技术事故和重大自然灾害的安全运行保障体系，不断提高安全播出运行水平和管理水平，确保广播电视安全播出和安全传输不出问题。今年的重大宣传任务较多，确保奥运会安全播出是重中之重，要制定切实可行的应急预案，重点防范非法攻击破坏，确保反应快捷、处置及时、万无一失。

二要大力繁荣广播影视作品创作生产。广播影视作品以其覆盖面之广、影响力之大和观众之多，在推动文化大发展大繁荣中起着别的文艺样式难以替代的重要作用。要准确把握社会文化生活的新特点和人民群众的新期待，认真总结《闯关东》等优秀广播影视作品的创作经验，加强创作规划，加大力度、下大力气、集中攻关，推出更多反映人民群众主体地位和现实生活、群众喜闻乐见的优秀广播影视产品，推出更多代表山东水平、齐鲁风采、山东气派的精品力作。要进一步增强精品意识，充分发挥齐鲁文化资源优势，加大对重点作品的创作和扶持力度，精心组织策划重点节目和栏目，打造广播电视艺术精品和品牌栏目，积极占领市场、赢得观众，实现社会效益和经济效益的统一，更好地满足人民群众精神文化需求。要发挥市场机制的作用，抓好广播电视衍生产品综合开发，加大宣传推广力度，积极开拓市场，增强我省广播影视作品的竞争力和影响力。

三要深化广播电视体制机制改革。改革创新是推动事业发展的不竭动力。要认真贯彻落实中央和省委关于深化文化体制改革的部署要求，正确处理改革、发展、稳定的关系，坚持稳中求进、好字优先，积极稳妥地推进各项改革。要加快组建山东影视集团，优化整合资源，形成以影视剧节目生产为主业、兼营相关产业、核心竞争力强的影视产业集团。要加大工作力度，推进广播电视网络资源整合。这两项是今年我们广播电视系统改革的重点。网络整合包括两个方面，一是要尽快整合广电系统的网站资源；可以采取市场融资的办法引进战略投资者，这样会办得更有活力和竞争力，才能迅速壮大，争得网上舆论的主动权。二是要优化整合广播电视传输网络资源。看准一项就改一项，看准一个领域就要坚决地改一个领域。电台、电视台要坚持以宣传为中心、牢牢把握正确舆论导向为前提，创新机制、增加活力、改善服务，着力在制播分离、成本核算和内部管理上下功夫。要积极研究和跟踪现代传媒技术，紧紧抓住数字技术、网络技术快速发展的有利时机，积极主动发展网络广播电视、手机电视、IP 电视等新媒体，抢占新阵地，把新媒体建设好、发展好。要把新媒体建设与产业发展紧密结合，以内容产业为重点，促进广播电视产业繁荣发展，不断增强我省广播电视的实力和竞争力。发展内容产业是改革的一个重点。同时，要积极研究和跟踪现代传媒技术的发展，3G 通讯技术出现以后，互联网、广播影视、通讯将融为一体，对互联网技术的迅猛发展，我们一定要有充分的认识。胡总书记讲，对于互联网我们已知的远不如未知。从事广播电视工作的同志要跟踪掌握新技术，不能抱残守缺、死守一块，守是守不住的。要占领思想舆论的主阵地，要形成正确导向，要构建核心价值体系，都要求我们在影响引导受众方面发挥更大的作用。山东 9200 多万人口中有 1200 万网民，新浪网每天点击人次是 9 亿，受众人数远远超过任何一家广播电台、电视台和报纸。所以，一定要研究现代传媒技术的发展趋势，学习它，跟踪它，巩固发展好我们现有的优势。山东有五个市是全国文化体制改革试点市，在广播电视的体制机制改革当中要率先突破，努力在政企分开、政事分开、事企分开方面带好头，把该由市场调节的要放到市场上去，把该抓的事情坚决抓好，这样我们全省广播电视事业产业才能够繁荣起来、活泼起来、发展起来。

四要加快推进广播电视村村通工程。实施广播电视村村通工程是推进社会主义新农村建设的重要举措，是农村公共文化服务体系的重要组成部分。要按照省委、省政府要求，落实责任、加大投入、强力推进，进一步完善农村广播电视基础设施建设，扩大广播电视在农村的有效覆盖，不断提高农村广播电视基本服务水平，保障人民群众基本文化权益。要进一步提高中央和省广播电视节目的覆盖水平，确保中央和省各套节目的完整、优先、安全、优质传输，确保党和政府的声音进入千家万户，让广大人民群众听上广播、看上电视，听好广播、看好电视。要坚持社会效益第一位，努力实现社会效益与经济效益的有机结合。要进一步丰富服务“三农”的广播电视节目内容，逐步增加节目播出时间，提高节目制作质量，同时要净化荧屏、净化声频，推出更多广大农民群众喜闻乐见的节目栏目。要着眼于建立长效机制，以工程建设推动农村公共服务体系建设，使广播影视发展成果惠及最广大人民群众。广播电视是兼具公益性和经营性的，对农村来讲，公益服务的任务非常繁重。要坚持社会效益第一位，实现社会效益与经济效益的最佳结合，社会效益与经济效益发生冲突时，经济效益要让位于社会效益。搞好公益服务，当好党和人民的喉舌，要切实加强管理，净化荧屏声频，对低俗节目、广告要坚决抵制，从省台带头，该撤的一律撤掉。广播电视一要繁荣、二要管理，两方面相辅相成，都要加强，不能偏废。广播电视是党和人民的喉舌，要确保人民群众听好广播、看好电视。中央的声音、省委省政府的声音必须确保传输到千家万户，中央和省里的节目必须完整转播，这是政治任务，来不得半点含糊，各地都要严格执行。

五要切实加强人才队伍建设。事业兴旺，尽在人才。要加大广播影视人才培养力度，完善人才培养激励机制，努力造就一批名编剧、名导演、名主持人等各类拔尖人才，造就一批名家大家，一批各专业领域的领军人物，一批掌握现代传媒技术的专门技术人才，一批懂经营善管理的复合型人才，为广播电视事业发展提供有力的人才支撑。要切实加强反腐倡廉建设和作风建设，深化“三项学习教育活动”，着力提高干部队伍素质，为广播电视事业发展提供有力保证。

同志们，在推动文化大发展大繁荣的进程中，全省广播电视系统责任重大，使命光荣。希望广播电视战线的同志们按照中央和省委要求，以高度的政治责任感、奋发有为的精神状态和求真务实的工作作风，扎实推进各项工作，努力开创我省广播电视工作新局面，为加快文化强省建设，推动我省经济社会又好又快发展做出新的更大贡献。

黄胜副省长在山东人民广播电台成立60周年庆典暨大型诗歌朗诵会上的讲话

（2008年11月7日）

各位来宾，同志们、朋友们：

在全省上下深入学习实践科学发展观、隆重纪念改革开放30周年的日子里，山东人民广播电台迎来了建台60周年。在此，我谨代表山东省人民政府，向山东人民广播电台以及全省广播工作者表示热烈的祝贺和诚挚的慰问！

60年前，在省城济南发出了山东广播第一声，由此开创了山东人民广播事业。从那一刻开始，山东广播的电波逐渐由弱到强，传遍齐鲁大地的千家万户和海内外的四面八方；山东广播的声音逐渐由小到大，成为省委、省政府联系全省人民群众的重要桥梁和纽带，成为引导、鼓舞、激励齐鲁儿女投身现代化建设和改革开放伟大事业的嘹亮号角，成为宣传科学理论、传播先进文化、塑造美好心灵、弘扬社会正气的华彩乐章。60年漫漫征途，60年艰苦创业，60年累累硕果。山东广播电台在峥嵘岁月中创业，在战胜困难中前进，在改革开放中发展。在省委、省政府的坚强领导下，紧紧围绕党委、政府的工作大局，始终牢牢把握正确的舆论导向，自觉坚持“二为”方针和“三贴近”原则，唱响主旋律，打好主动仗，在推动经济发展、塑造高尚精神、培育社会风尚、促进社会和谐等方面发挥了重要的思想保证、精神动力、舆论支持作用，为全省经济社会发展作出了重要贡献。

广播事业是党的新闻事业的重要组成部分，是党和政府的主流媒体之一。当前，全省上下正在全面贯彻落实党的十七大精神，满怀豪情地投身于经济文化强省建设的伟大事业。山东广播电台作为省委、省政府的喉舌，是我省文化建设的主力军，在全面建设小康社会的历史进程中担负着更加重要的光荣职责。希望广大干部职工进一步增强责任感、使命感，以建台60周年为新的契机，高举中国特色社会主义伟大旗帜，坚持以邓小平理论和“三个代表”重要思想为指导，深入贯彻落实科学发展观，围绕大局、服务人民，坚持解放思想、实事求是、与时俱进，坚持创新思路、创新方法、创新机制，发挥优势、突出特色，办出水平，努力成为拥有“一流节目、一流管理、一流人才、一流技术”的现代化省级电台，创造更加辉煌的工作业绩，续写山东广播新的篇章，为在新起点上实现富民强省新跨越做出新的更大贡献！

同志们，60年的辉煌和光荣，让我们深感骄傲和自豪！新征程的使命和责任，让我们充满豪情和决心。衷心祝愿山东人民广播电台抓住新机遇，迎接新挑战，再创新辉煌！

特　辑

特　辑

解放思想　改革创新
争当经济文化强省建设排头兵

——刘长允局长在全局2008年度总结表彰大会上的讲话

同志们：

刚才，局党组对全局先进集体和先进个人进行了隆重表彰。在过去一年里，这些先进集体、先进个人，为山东广电发展做出了重要贡献。在这里，我代表局党组，向受表彰的先进集体和先进个人，表示热烈的祝贺！

现在，我代表局党组向同志们报告 2008 年的工作，就 2009 年的工作进行部署。

一、关于2008年工作

刚刚过去的 2008 年，是极不平凡的一年。全局干部职工在省委、省政府的正确领导下，以邓小平理论和“三个代表”重要思想为指导，认真贯彻落实科学发展观，深入落实广播电视“一二三四五”的目标思路，继续解放思想，推进科学发展，圆满完成了各项目标任务。

（一）新闻宣传导向正确，引导有力

主题宣传、重大活动宣传高潮迭起。广播电视牢牢把握正确舆论导向，坚持团结稳定鼓励、正面宣传为主的方针，紧紧围绕省委、省政府的中心工作，精心组织、精心策划了党的十七大精神、省第九次党代会精神、省委工作会议、深入学习实践科学发展观、纪念改革开放 30 周年、北京奥运会、残奥会、十一运会倒计时等重大宣传，开办“精彩山东 · 辉煌 30 年”、“改革开放齐鲁行”、“应对挑战促进发展”等专栏、专题，为推动经济文化强省建设提供了强大舆论支持。精心组织，周密部署，成功直播奥运火炬在我省的传递活动，受到北京奥组委和省委、省政府领导同志的高度评价。对涉藏维稳、4 · 28 铁路事故、汶川特大地震灾害等重大突发性事件，迅速启动突发事件新闻报道机制，及时准确发布信息，为正确引导

舆论，凝聚人心，维护社会稳定做出了积极贡献。特别是在抗震救灾中，我局先后派出30多批80多名记者奔赴灾区一线采访报道，播出直播节目210多小时，播发新闻稿件3000多条，制作特别节目200多期，迅速营造了“一方有难、八方支援，众志成城、抗震救灾”的浓厚氛围，充分发挥了主流媒体的重要作用。根据省委、省政府援建北川要求，制定了恢复北川广播电视重建规划。之后我局又在全省率先采取挂职方式选派权珍琦等7位同志分两批奔赴北川帮助工作，为尽快恢复北川广播电视正常运行作了大量工作，创造了典型经验，受到省委、省政府的肯定，赢得了灾区广大干群的高度赞扬。

向中央两台供稿再创佳绩。省电台、省电视台精心选题，重点策划，加强调度，2008年在中央两台发稿继续保持全国省级台第一。省电台在中央人民广播电台发稿700多篇，在《新闻和报纸摘要》发稿近300篇；省电视台在中央电视台发稿1175篇，在《新闻联播》发稿635篇。

对外交流合作不断扩大。山东电视台与俄罗斯“中国频道”建立了合作关系，以卫星和互联网方式覆盖全俄及周边地区，已播出《中华泰山》、《美丽山东》等节目1000多分钟；与韩国KBS等合作进一步加强。继美国洛杉矶后，电视海外频道又在法国、新西兰、澳大利亚等成功落地，进一步扩大了我省对外宣传阵地。省电台与澳大利亚和美国达成了合作意向。

（二）精品生产取得新成绩

鲁剧品牌重新崛起。52集电视剧《闯关东》作为央视2008年开年大戏播出后，在全国形成收视热潮，受到省委、省政府通令嘉奖；在第24届中国电视金鹰奖评选中，《闯关东》夺得最佳长篇电视剧、最佳编剧、最佳摄像等七项大奖，成为最大赢家。2008年，影视中心开机拍摄《北大荒》等7部211集电视剧，生产电影5部，在央视等媒体播出影视剧8部216集，策划储备《南下》、《闯关东3》、《知青》等10多部500多集优秀影视剧目。电影《小胡同大尊严》成为11部国产片中唯一入围第四届好莱坞国际电影节最佳外语片提名影片。

广播电视节目质量提升。2008年，各台、各频道更加注重节目质量。省电台以打造“三品”为抓手，着力提高核心竞争力。《阳光政务热线》、《财富早班车》、《领舞生活》等成为品牌节目。广播新闻等频道在全省收听市场份额比去年有所提升。山东卫视在全国35个中心城市收视率排名前进三个位次，进入全国前十；在全国网4000测量仪数据中继续保持全国前三名。齐鲁频道以嫁接式创新积极推进节目研发，《拉呱》、《齐鲁开讲》等成为全国同类节目标杆。省电视台10集大型人文纪录片《齐鲁青未了》和5集系列片《汉语拼音50年》，在山东卫视和中央电视台10频道播出后，受到各方好评。电视《“科学发展 富民强省”纪念改革开放30周年大型歌舞晚会》、《谁不说俺家乡好》、《中国鲁商30年荣誉盛典》，广播《2009山东新年音乐会》等大型活动产生广泛社会反响，进一步提高了媒体美誉度和影响力。有线电视中心的《唐三彩》、《辛凯音乐汇》、《网络春晚》等节目在观众中都有一定的影响力。

一批优秀作品荣获大奖。在第十八届中国新闻奖(2007年度)评选中，全省8件获奖作品中有广播电视作品6件，广播消息《小账本里看巨变》、电视评论《7·18暴雨启示录》获得二等奖。广播作品《直播山东——真情的力量》、电视作品《鲁川血脉情 · 帮灾区人民建个家》被广电总局表彰为全国广播电视抗震救灾优秀节目。在全省支援四川抗震救灾优秀新闻作品评选中，省级广播电视分别有17件和25件作品获奖。还有一些优秀作品获得政府行业奖、中国广播电视协会奖等奖项。

（三）圆满完成广播电视安全播出任务

2008年重要播出保障期100多天，奥运火炬传递和北京奥运会等重要活动安全播出任务十分艰巨。为确保完成任务，技术部门早动手、早安排，认真完善应急预案，并反复进行演练；建成广播电视数字微波环路，协调落实安全保障各项措施；加强与610办公室、无委会等部门的协同配合，在全省联合开展了查处非法生产使用卫星电视无线电干扰器活动；全面启动安全播出应急预案，加强值班、监测和预警调度指挥，圆满完成了奥运火炬传递、奥运会开闭幕式及赛事等重大活动直播、转播任务，受到省领导的充分肯定。我局被国家广电总局表彰命名为全国奥运安全播出先进单位。

（四）“村村通”任务提前完成，覆盖工作、新媒体建设取得新成绩

“村村通”提前两年完成任务。2008年，是实施“村村通”工程的关键一年。我局加强与省发改委、省财政厅等部门沟通协调，对2067个20—50户自然村“盲村”和231个行政“返盲”村，及时下拨第一批省级建设补助资金2400万元，提前两年完成建设任务。

广播电视覆盖不断扩大。全省100多个无线台站已按时完成了中央广播电视节目无线覆盖工程建设任务，中央节目在我省的无线覆盖率有了较大提高，省级广播电视有效覆盖也有较大改善。山东卫视在全国覆盖总人口比2007年增加1500万，达到8.41亿，继续保持省级卫视第一。省电台体育休闲频道7月开播，新闻、生活、经济频道分别在日照、枣庄、聊城实现了落地。

数字化工作取得新进展。从2005年开始，青岛、淄博、临沂、济宁、泰安等地相继完成了有线电视数字化整体转换。2008年，潍坊、莱西等地全面完成有线电视数字化整体转换，烟台、日照、菏泽、枣庄等地数字化转换各项准备工作基本就绪。视网联公司与济宁和泰安合作，已完成城区数字电视整体平移工作，用户分别达到13万户和11万户。目前我省有线数字电视用户已达300万，继续位居省级前列。8月，数字高清地面电视在燕子山发射台试播，标志着我省地面电视数字化工作已经启动。

移动多媒体广播(CMMB)在全省试播。移动多媒体广播(CMMB)是继有线、卫星之后又一新的传播手段，既是新技术、新媒体，也是发展潜力很大的新兴产业。根据广电总局部署，成功进行了CMMB在济南的试验播出和收测工作，建立了节目平台和技术平台，开通了7套电视节目、2套广播节目，已在济南、青岛、东营等10市试验播出。为加快推进CMMB业务，我局成立了筹建领导小组，与全省17市局协商确定了中广卫星移动广播山东子公司组建方案框架，与移动多媒体广播(CMMB)总公司签署了全面合作框架协议。

（五）产业经营实现较快增长

广告创收超额完成任务。各台各频道知难而进，迎难而上，调整结构，转换思路，实现了广告创收平稳持续增长。2008年，全局广播电视广告创收15.76亿元，比上年增收1.93亿元，增长14%，成绩的取得来之不易。其中省电台完成1.72亿元，增长11%，在全国位次继续前移，广告结构进一步优化，软硬广告比例达到了6:4。省电视台完成11.66亿元。其中卫视频道6.7亿元，增长12%；齐鲁频道3.2亿元，增长15%，继续位居全国省级地面频道前列。有线电视中心完成2.38亿元，增长15%。

产业开发向多业务拓展。积极组织全省广

电系统参加2008山东文化产业博览会，5个项目初步入选省重点文化产业项目。山东电视台北京基地、上海基地业务发展势头良好。齐鲁音像出版社经营收入增长20%。青岛影视基地效益进一步提高。2008年，全局广告以外的产业经营收入总额7.83亿元。其中网络、内容等产业收入4.53亿元，增长34%；电视购物收入3.3亿元。

（六）体制改革迈出新步伐

在省委、省政府和省委宣传部直接领导下，山东影视集团有限公司于2008年12月31日揭牌成立。山东影视集团是由总台为主发起设立并控股的国有综合性影视文化企业集团。集团成立后，将综合发挥“鲁剧”品牌优势和市场优势，更好地优化配置资源，生产创作更多更好影视剧精品力作，积极拓展电视节目制作、新媒体开发，加快影视文化产业发展，力争用3至5年时间，形成主业突出、经济实力雄厚的大型文化企业集团，为全省文化强省建设发挥积极作用。通过整合局属网站资源，广视网点击率和社会影响力不断提高。2008年5月，报刊中心引入战略投资成立山东鲁视传媒有限责任公司，完成了从事业单位运作模式到现代企业管理模式的转型。

（七）山东广电中心即将竣工，传媒职业学院初具规模

历经4年艰苦建设，山东广电中心即将竣工，现已完成总工程量的98%，春节后可逐步投入使用。山东广电中心的建成使用，标志着山东广播影视基础设施水平跨入全国省级前列。经省政府批准教育部备案成立、占地1000亩的山东传媒职业学院，2008年招收首届新生近800人，全日制在校生规模将逐步达到5000人，成为我省广播影视专业人才培养的重要基地。此外，十一运会广播电视中心(IBC)建设已全面展开。

（八）着力构建长效机制，管理工作不断加强

不断完善收听收看、监听监看制度，拟定《山东省广播电视宣传管理条例(草案)》，宣传管理逐步走向法制化、规范化。《山东省广播电视播出机构管理信用等级考评办法(试行)》已经出台；会同省工商局等部门对全省广播电视自办节目频道、频率广告播放开展大检查活动，采取诫勉谈话、通报批评、缓发许可证等查处措施，进一步规范了全省广播电视播出秩序。建立由省综治办、公安等12个部门组成的境外卫星专项整治联席会议制度，在全省开展了“迎奥运，推动平安建设”卫星电视传播秩序专项整治集中行动，查处非法卫星设施销售点779个，收缴非法卫星设施9360余件(套)，拆除违规安装的卫星设施12000多座，取得显著成效。出台《山东省互联网视听节目服务备案管理办法》，使互联网视听节目管理步入正轨。制定下发《山东省广播电视节目传送业务审批管理暂行规定》，进一步加强了节目传送业务管理。财务统计审计完善制度，强化管理，有效保证了各项工作运行和事业发展。

（九）领导班子和干部队伍建设进一步加强

党风廉政建设扎实推进。认真落实中央《建立健全惩治和预防腐败体系2008-2012年工作规划》和《山东省建立健全惩治和预防腐败体系2008—2012年实施办法》，加强组织领导，落实“大宣教”措施任务，健全反腐倡廉制度，加强政风行风建设，推进反腐倡廉教育，取得明显成效。11月底，省委落实党风廉政建设责任制第四检查考核组来我局检查考核，对我局2007年以来落实党风廉政建设责任制情况给予充分肯定。

人才选拔培养工作取得新进展。推荐选拔国务院政府特殊津贴和省级有突出贡献中青年专家3人，第四批局级专业技术拔尖人才21人。省电台、省电视台、省有线电视中心创新形式，通过举办主持人大赛，面向社会公开招聘了12名播音员主持人，1400多人报名应聘。对全省广播电视系统先进集体和先进个人进行了表彰。

（十）深入学习实践科学发展观活动初见成效

2008年10月以来，我局按照中央和省委的部署要求，紧紧围绕省委确定的“科学发展、富民强省”的主题和“加快推进经济文化强省建设”的目标任务，紧密结合山东广播电视实际，扎实地开展了深入学习实践科学发展观活动。在开展集中学习的基础上，认真组织调查研究，开展解放思想大讨论和对照分析检查，提出了进一步贯彻落实科学发展观、实现山东广播影视又好又快发展的思路，研究制定了整改措施。通过开展学习实践活动，全局领导干部和全体党员对科学发展观的认识有了新提高，贯彻落实科学发展观的自觉性和坚定性进一步增强，解放思想、创新发展的决心更加坚定。目前正在制定整改方案，春节后还要继续抓好学习实践活动，争取好的效果。

（十一）“和谐广电”、“平安广电”创建活动等其他各项工作扎实推进

积极做好支援抗震救灾工作。全局共为灾区捐款700多万元，组织大型赈灾义演募捐活动10多次，募集捐款4亿多元。我局被中华全国总工会授予“抗震救灾 重建家园”工人先锋号荣誉称号。在“两好一高”机关创建活动中我局被授予省直机关先进单位称号。精神文明创建活动深入开展，局机关被授予省直文明机关，省电台通过省级文明单位复评，省电视台被评为省级文明单位，省有线电视中心被评为省直文明单位。“平安广电”建设取得新成绩，我局被评为2008年全省“平安山东建设先进单位”。法规、提案办理、信访等工作受到上级肯定，信息工作发稿数量、质量有大的提高。局政府网站建成开通。老干部服务工作获得多方满意和好评，受到省委、省政府表彰，局离退休干部处被评为全省老干部工作先进集体。老同志情系广电事业，关心支持事业发展，做出了表率和贡献。行政后勤改进管理，提高质量，职工工作和生活条件进一步改善。《山东广播电视报》、《时代影视》、《现代视听》质量水平和经济效益进一步提高。《山东广播电视发展史》(1948—1978)卷一出版。成功举办第十六届职工体育运动会，体育健身活动蓬勃开展。

以上成绩的取得，是省委、省政府正确领导的结果，是在历届党组打下的良好基础上，全局干部职工齐心协力、开拓奋进的结果。借此机会，我代表局党组向全局干部职工表示衷心的感谢和崇高的敬意！

二、认清形势，进一步增强推进广播影视科学发展的紧迫感、使命感

当前，山东广播影视发展正进入新的关键时期，面临新的形势任务。全省文化建设工作会议、省委工作会议作出了加快推进经济文化强省建设的重大决策，确立了实现由经济大省向经济强省、由文化资源大省向文化强省跨越的战略目标，标志着我省文化改革发展进入了一个新的阶段，赋予广播影视新的重大责任和历史任务。我们必须认清形势，牢记使命，开拓创新，以争当经济文化强省建设排头兵为已

任、为目标，在新起点上推进广播影视科学发展、又好又快发展。

一是要正视差距不足，切实增强推进科学发展的紧迫感。当前，国内媒介竞争加剧，竞争规模范围日益扩大，媒体间的角逐不再是低层次、低成本的成败较量，已上升到资本、人才、品牌战略层面的争夺，呈现出战略领先者加速成长的趋势。应清醒地认识到，尽管通过多年不懈努力，山东广播影视事业有了较大发展，各项工作取得了很大成绩，但与省委、省政府要求相比，与先进省市相比，我们在思想观念、体制机制、工作措施等方面都存在较大差距，突出表现在：核心竞争力不强，品牌节目少；机制不活，没有最大限度调动起方方面面积极性；缺乏高端人才，限制了事业的发展；资源分散，需要优化配置。我们要切实增强责任感和紧迫感，找到加速科学发展的现实途径，使广播影视成为经济文化强省建设中的一支重要推动力量。

二是要以科学发展观为引领，解放思想，改革创新。回顾我们走过的艰辛历程，每一次大的发展、大的进步，无一不是解放思想、改革创新的结果。推进广播影视科学发展，前提是解放思想，动力也在解放思想。要坚持以科学发展观武装头脑、开阔胸襟，转变思想观念，以科学发展观审视过去、总结经验得失，以科学发展观分析现实、查找突出问题，以科学发展观规划未来、完善机制，切实把学习科学发展观的成果转化为谋划发展的正确思路、促进发展的政策措施、领导发展的实际能力，努力把科学发展观贯彻落实到各项工作中去。要强化创新意识，弘扬改革创新精神，冲破因循守旧的思想约束，善于在创新中谋划正确思路，用改革的办法解决前进中的问题，用创新的手段培植新的优势。

三是要保持昂扬精神和进取锐气，增强克难攻坚的坚定信心。进入2009年，国际金融危机的影响仍在快速扩散和蔓延。我国的发展将在这一年面临进入新世纪以来最大的挑战，遇到的困难比预想的还要严重。虽然这场金融危机对我国广播影视业影响的程度还不好确定，但一定会不同程度地体现在广播影视各个领域。信心是做好一切工作的前提，越是面对困难和挑战，越是要坚定信心。是以积极进取的态度对待困难，还是畏难发愁、等待观望，两种不同的精神状态，有着截然不同的效果。要强化机遇意识，充分看到顺境是机遇，困难中也有机遇，关键是变压力为动力，变挑战为机遇。要强化市场意识，改变传统保守观念和计划经济的思维方式，善于把握市场经济规律，以积极进取的姿态参与市场的竞争。要强化率先意识，面对媒体新一轮发展的竞争，不进是退，慢进也是退，要居安思危，自我加压，积极进取，奋力争先，力求在又好又快发展上走在前面。只要我们坚定信心、迎难而上，就一定能够变压力为动力、化危机为机遇，开创广播影视繁荣发展的新局面。

三、突出重点，扎实工作，努力实现山东广电又好又快发展

今年是新中国成立60周年，是深入贯彻落实党的十七大精神的关键一年，也是我国应对国际经济形势复杂变化、保持经济平稳较快发展的重要一年。做好今年广播影视工作，任务繁重、意义重大。

2009年总的工作思路是：坚持以邓小平理论和“三个代表”重要思想为指导，深入贯彻落实科学发展观，牢牢把握“高举旗帜、围绕大局、服务人民、改革创新”的总要求，始终坚持正确舆论导向，以解放思想、改革创新为动力，以争当经济文化强省建设排头兵为目标，以大力实施精品打造工程、安全播出工程、改革创新工程、新媒体发展工程、产业发展工程、管理工程、人才工程“七大工程”为重点，推动山东广播影视又好又快发展，为实现富民

强省新跨越，建设经济文化强省做出新的更大贡献。

（一）以提高舆论引导能力和水平为重点，为全省加快推进经济文化强省建设创造良好的舆论氛围

紧紧围绕省委、省政府的中心工作，坚持团结稳定鼓劲、正面宣传为主，加强宣传策划，精心组织，重点抓好深入开展学习实践科学发展观活动、全国“两会”、省“两会”、新中国成立60周年等重大宣传报道工作，突出抓好十一运会广播电视宣传报道，做好成就宣传和典型宣传，为推动经济文化强省建设提供有力舆论支撑。尊重新闻宣传规律和信息传播规律，认真总结重大突发事件宣传报道工作经验，坚持“及时准确、公开透明”，完善重大突发事件报道工作的应急预案，提高舆论引导能力。严格宣传纪律，在重大问题、敏感问题和热点问题上把好关、把好度。加强和改进舆论监督，做到准确监督、科学监督、依法监督、建设性监督，不断增强广播电视的公信力和影响力。继续做好在中央台发稿工作，进一步搞好对外宣传。

（二）大力实施精品打造工程，加快提高核心竞争力

内容是广播影视的核心竞争力所在，要高度重视精品力作对提升广播影视核心竞争力的重要作用。山东广电中心等基础设施建成后，我们要把更多精力、财力转到内容生产上。认真总结《闯关东》、《齐鲁青未了》等精品力作的创作经验，推出更多既叫好、又叫座，党和政府认可、群众高兴、市场接受的广播影视作品。坚持“三贴近”原则，找准社会效益与经济效益的结合点、文化发展规律和市场经济规律的结合点，紧紧抓住创意、策划、投入、制作、市场开发、衍生产品推广等一系列环节，积极探索社会主义市场经济条件下精品创作的有效途径。继投入2000万元为山东卫视打造一档全国性品牌综艺栏目之后，继续在内部政策、资金使用、优秀节目上星播出等方面向山东卫视倾斜，把山东卫视这个龙头抬起来，推动整体上水平、上台阶。各台各频道都要制定措施，努力推出更多“两个效益”俱佳的广播电视节目栏目和重大活动。影视创作重点抓好《知青》、《闯关东3》等剧目的筹拍工作。重点剧目《南下》剧本创作和拍摄准备工作已经完成，3月份将正式拍摄；《沂蒙》要争取在央视黄金时间播出。要力保有1—2部作品打入央视一、八套黄金时间播出，有2—3部剧目获中央和国家级奖项。

（三）大力实施安全播出工程，确保十一运会和各重要活动安全播出

安全播出是广播电视工作的生命线。今年我国大事多、敏感问题多、热点问题多，10月份还将在我省举办十一运会，安全播出任务非常艰巨。要以确保十一运会和各重要活动安全播出为重点，按时保质完成十一运会IBC系统建设和网络配置，争取央视、央广的积极支持，确保高质量完成十一运会各项转播任务。进一步加强制度建设，针对新形势下出现的新情况，把加强防范和加强技术维护管理结合起来，进一步完善信号源、电力、监控监看等系统建设。同时，针对设备更新改造的趋势，加强技术培训，制定并不断完善应急预案，提高应急处置能力。抓紧建设省到各市的广播电视监测系统，进一步完善监管手段，全面提高安全播出保障水平。

（四）大力实施改革创新工程，以改革促发展

改革创新是推动广播影视发展的强大动力，必须坚持以改革促发展。要提高认识，积极稳妥地推进广播影视体制机制改革。一要加快推进山东影视集团各项改革。省委、省政府和省委宣传部高度重视山东影视集团的成立运营，要按照现代企业制度和现代产权制度要求，进一步完善公司法人治理结构，尽快形成以影视剧节目生产为主业、兼营相关产业、核心竞争力强的影视产业集团。二要做好电影行政管理职能调整划转工作。中央已经决定将电影行政管理职能调整划转广电行政管理部门。要按照省委、省政府和省委宣传部的安排部署，全面履行职责，积极加强协调，确保在3月中旬之前完成调整划转工作；抓紧制定出台电影改革发展规划，努力把电影改革向纵深推进；着力发展规模院线、跨区域院线、特色院线；推动县以下电影发行、放映体制改革，培育多种所有制形式的农村电影放映主体。三要坚定不移地推进娱乐、体育、科技等节目制播分离，抓好典型，总结经验，尽快在广播电视各频道全面推广。继续深化电台电视台内部劳动人事和收入分配制度改革，全面推行聘用制、岗位管理制和薪酬管理制，建立科学的激励、约束和竞争机制。

（五）大力实施新媒体发展工程，积极抢占发展新高地

加快发展新媒体，积极推进广播影视由单一传统媒体为主，向传统媒体与新兴媒体融合发展的重大转变，对于山东广电长远发展具有战略意义，必须下更大力气，采取更有力的措施。一要大力发展移动多媒体广播(CMMB)。2009年，确保全省用户达到30万，力争50万，2010年突破100万。二要以新广视网为重点，创新经营模式、创新节目内容，增加原创作品，增加互动功能，打造一流门户网站。并要积极发展网络广播电视。三要大力发展视频点播、交互电视、多媒体信息服务等有线数字电视增值业务。稳步推进“广视无限”手机电视业务的市场开发。四要加快推进有线电视数字化，继续推进有线电视整体转换。加快电台电视台数字化、网络化建设步伐，实现前期采访与制作、播出、存贮一体化。

（六）大力实施产业发展工程，确保产业经营收入持续快速增长

一要继续抓好广告经营，实现稳中有升。2009年，全局(总台)广告创收要确保增长12%，总额达到17亿元。二要特别加快广告以外其他产业发展。对现有公司和经营单位全面推行经营管理目标责任制。积极推进全局(总台)产业的资源整合与产权重组，推进山东广电产业规模化、集约化发展。支持北京、上海两个节目基地拓展新业务。大力发展广电内容产业。积极推进电视购物业务市场开发。2009年,全局广告以外其他产业经营确保增长16%，总额达到9.08亿元。

（七）大力实施管理工程，以管理保障发展

一要巩固和扩大“村村通”工程建设成果，加快由工程建设向公共服务体系建设转变，着力建立长效机制，确保广播电视村村通、长期通。继续稳步提高我省广播电视综合覆盖率。二要加强宣传管理。加快组建省广播电视节目监管中心，建立健全全省广播电视节目监管网络体系，净化声频荧屏，坚决抵制低俗之风，尽早出台《山东省广播电视宣传管理条例》。三要加强社会管理。要深入开展全省广播电视播出秩序专项整治活动，开展无“小耳朵”县区创建活动，进一步加强对卫星电视地面接收设施的管理，维护广播电视良好播出秩序。切实履行好监管职责，强化对信息网络视听节目服务的监管工作。四要加强内部管理。要以山东广电中心投入使用为契机，切实强化管理，全面提高省级广播电视数字化、智能化、网络化水平，同时，要盘活用活资源，推进全局后勤管理市场化、产业化。进一步规范工作秩序和流程，健全有效的管理制度，切实加强内部技术、财务、审计等各项管理。要重点解决目前存在的管理分散、设备购置重复浪费、影视剧多头购进、资源浪费、效益较差等问题，为事业发展提供有力保障。

（八）大力实施人才工程，为事业产业发展提供有力支撑

推动广播电视又好又快发展，关键在人才。一要深入开展学习实践科学发展观活动，全面推进党的建设，以党的建设带动队伍建设，确保活动取得实实在在的成效。二要大力营造尊重知识、尊重人才、尊重劳动、尊重创造的浓厚氛围，营造良好环境。积极稳妥地搞好局属单位处级干部竞争上岗工作，真正把那些想干事、会干事、干成事、不出事的干部选拔出来。深化人事制度、分配制度、用工制度改革，完善用人机制，加速高素质人才聚集，努力从根本上解决“人才瓶颈”。进一步加大人才选拔培养力度，加快优秀人才引进步伐，加强职工教育培训，提高人才队伍整体素质。不断完善制片人制度，大力推行制片人负责制。三要继续加大帮扶力度，加快建设山东传媒职业学院，使其尽早成为省重点高职示范院校。四要认真落实党风廉政建设责任制，积极推进惩治和预防腐败体系建设，重点加强对基本建设、干部选拔任用等重点工作的监督，抓好教育、制度、监督、改革、纠风、惩治各项工作落实。

（九）统筹兼顾，积极做好其他各项工作

认真抓好干部职工理论教育和理论武装工作，努力把党的政治优势、组织优势转化为推进争当经济文化强省建设排头兵的强大动力。继续深入开展“和谐广电”、“平安广电”建设活动，抓好文明创建活动。更加关注民生，关心职工切身利益，改善职工工作和生活条件，增加收入，加快改善职工住房条件，使职工实实在在共享改革发展的成果。强化内部治安管理，落实各项防范措施，一刻也不放松，确保安全稳定。做好行政后勤保障，认真解决职工群众反映的“停车难”等问题。要继续做好离退休干部的管理和服务工作，加大投入，改善条件，努力让老同志满意。做好《山东广播电视发展史》后几卷的编辑、出版和发行。继续做好广播电视科研工作。

同志们，做好今年的广播影视工作，责任重大，使命光荣。让我们在省委、省政府的正确领导下，振奋精神、坚定信心、齐心协力、扎实工作，确保完成全年工作任务目标，为加快我省经济文化强省建设做出新的更大贡献！

春节将至，我代表局党组，祝全局干部职工新春快乐，身体健康，阖家欢乐！

刘长允局长在全省广电系统“双先”暨十七大安全播出表彰大会上的讲话

（2008年3月11日）

今天，我们召开大会，隆重表彰全省广播电视系统先进集体、先进个人和十七大安全播出先进集体、先进个人。省委常委、宣传部长李群同志出席会议，充分体现了省委、省政府对广播电视工作的高度重视和对全省广播电视工作者的亲切关怀，给我们以极大鼓舞和激励。在这里，请大家以热烈的掌声，对省委、省政府和省委宣传部多年来对广播电视工作的关怀和支持，对省人事厅等兄弟部门给予广播电视工作的帮助支持表示衷心的感谢！同时，我代表省广电局向获得荣誉称号的单位和个人，表示热烈的祝贺和崇高的敬意！

2004年全省广电系统“双先”表彰大会召开至今4年来，在省委、省政府和省委宣传部的正确领导下，我省广播电视事业产业取得了新的长足发展。新闻宣传始终牢牢把握正确舆论导向，紧紧围绕省委、省政府中心工作，精心组织了一系列重大宣传战役，推出了一批先进典型，为全省科学发展、和谐发展、率先发展提供了有力舆论支撑。深入贯彻“三贴近”原则，精品生产成绩斐然。4年来有90多件广播影视作品荣获“五个一工程奖”等全国大奖，创作生产电影电视剧约1200部(集)，500多部(集)在央视各频道播出。特别是在省委宣传部的直接领导组织下创作的52集大型电视连续剧《闯关东》，作为2008年开年大戏在央视一套黄金时间播出后，赢得社会各界的广泛关注和赞誉，取得了社会效益和经济效益的双丰收，实现了我省电视剧创作新的历史性跨越。省委、省政府隆重表彰奖励《闯关东》剧组，对全省广电系统是极大的鼓舞和鞭策。充分发挥系统优势，严防死守，完善措施，狠抓落实，圆满完成了党的十七大等重要安全播出保障期各项任务。事业产业蓬勃发展。广播电视人口综合覆盖率达到97%以上；有线广播电视传输网络已达23.1万公里，网络干线通达全省99%的乡镇和85%的行政村，用户总数达到1300多万户，有线数字电视用户200万户；一批事关长远发展的重要基础设施已经建成和正在建设中；2007年底全省广播电视资产总额达到163.09亿元，比2003年底增长73%；经营创收收入达到55.13亿元，比2003年增长60%。全省广电系统享受政府特殊津贴、省级有突出贡献中青年专家、泰山新闻奖等高层次优秀专业技术人才已达100多人，初步造就出一支政治坚定、业务精通、纪律严明、作风过硬的广播电视人才队伍。

这些成绩的取得，归功于省委、省政府和省委宣传部的正确领导，归功于省委、省政府有关部门和各市党委、政府的大力支持，归功于全省广电系统干部职工的团结拼搏和激情奉献。今天表彰的先进集体和先进个人，就是全省广播电视系统群体中的优秀代表。

这次表彰的先进集体、先进个人，是严格

按照公开、公平、公正的原则，逐级推荐，层层审核，经过民主程序，评选出来的。他们来自不同的工作岗位，其中大多数来自基层第一线，来自艰苦的工作岗位。他们的先进事迹感人肺腑、催人奋进，在他们身上集中体现了忠于党、忠于人民的理想信念，锐意进取、开拓创新的时代精神，爱岗敬业、无私奉献的崇高品质，这些鲜明的特点是山东广电精神的升华和写照。

这次受到表彰的先进集体、先进个人，要视荣誉为责任，为鞭策，为动力，发扬成绩，再立新功。全省广电系统广大干部职工，要以先进为榜样，比学赶超，争先创优。各单位、各部门要在生活和工作中尊重、关心、帮助先进，倡导尊重先进、学习先进、争当先进的良好风尚。

当前，广播电视行业面临新的形势、新的要求，竞争激烈，任务艰巨。党的十七大发出了兴起社会主义文化建设新高潮，推动社会主义文化大发展大繁荣的伟大号召。省第九次党代会和全省文化建设工作会议，围绕加快实现由文化资源大省向文化强省跨越这一宏伟目标，做出了全面部署，山东文化强省建设的号角已经吹响，山东文化发展的春天已经到来。

在新的形势任务面前，我们要清醒地看到，与省委、省政府的要求相比，与先进省市相比，我们的工作还存在很多不足：思想观念不够解放，改革创新的步子不大；全省城乡广播电视发展不平衡，农村广播电视公共服务水平较低；资源优势整合与转化不充分，经营性产业发展相对滞后；人才结构不合理，创新型高端人才和复合型经营管理人才短缺等等。推动大发展大繁荣，建设文化强省，在激烈的竞争中赢得主动，实现新的更大崛起，山东广播电视担负着光荣而艰巨的历史使命。站在新起点，实现大发展，我们必须进一步解放思想，改革创新，增创优势，加快发展。全省广电系统要认真贯彻落实全省文化建设工作会议的部署，认真学习贯彻李群部长在这次会议上将要作的重要讲话，充分认识文化发展的重要性和紧迫性，更加自觉、更加主动地肩负起推动山东广播电视大发展大繁荣的历史责任；要充分发挥广播电视主流文化载体的巨大作用，更加自觉、更加主动地把握正确舆论导向，积极探索实现山东广播电视又好又快发展的路子；要坚定不移地解放思想，改革创新，整合资源，增创优势，特别是在包括网络整合、组建山东影视集团等改革方面取得突破性进展，更加积极主动地开创山东广播电视大发展、大繁荣的新局面。

事业任重道远，形势催人奋进。我们有决心、有信心，在省委、省政府的坚强领导下，以邓小平理论和“三个代表”重要思想为指导，全面贯彻科学发展观，开拓创新，锐意进取，求真务实，扎实工作，为建设文化强省，为在新起点上实现富民强省新跨越，做出新的更大的贡献，向省委、省政府和全省人民交上一份满意的答卷！

深入学习实践科学发展观
振奋精神　扎实工作
推动全省广播电视科技工作跃上新台阶

——王晓英副局长在2008年全省科技工作会议上的讲话

2008年是极不平凡的一年，我们国家经历了百年不遇的冰雪、地震灾害，也成功地举办了奥运会。今天我们在这里召开全省广播电视科技工作会议，这是在全省广播电视系统深入学习实践科学发展观活动，推动广播电视大发展的新形势下召开的一次重要的会议，会议的主要任务是总结2008年的科技工作，表彰在安全优质播出和技术维护管理工作中取得优异成绩的先进单位和先进个人，学习贯彻全国广播电视科技工作会议精神，统一思想，明确任务，研究部署2009年科技工作和事业发展，下面我讲二个部分的内容：

第一部分：2008年工作总结

在过去的一年中，在各级党委、政府的正确领导下，全省各级广电部门以邓小平理论和“三个代表”重要思想为指导，深入学习实践科学发展观，不断解放思想，坚持科学发展，共同努力，团结奋斗，克服困难，圆满完成了全年的安全播出和事业建设任务，安全保障能力明显增强，确保了奥运会等重大活动的安全播出，广播电视数字化步伐加快，新媒体发展取得重要进展，科技创新取得新成果，主要工作有：

一、加强领导，完善各项规章制度，提高安全保障能力，确保全年安全播出

1.加强领导，提高认识，健全规章制度。安全播出是广播电视的生命线，是广电系统一项长期的、艰巨的、基础的政治任务。2008年围绕保障奥运会及其重大活动的安全播出这一中心工作，各级广电部门根据上级对安全播出工作提出的新要求和出现的新情况，结合本单位实际，进一步完善了各项规章制度，细化岗位责任制，明确分工，将安全播出任务细化量化，使责任明确到每个部门和人员，从制度上为安全播出提供了有力的保障。

针对2008年重大活动多，安全播出保障期时间长达100多天的特点，各级广电部门加强了对安全播出工作的领导，完善和健全各项规章制度，坚持对干部职工进行经常性的思想教育，提高责任意识、大局意识和爱岗敬业精神。及时传达上级的指示和要求，使广大干部职工认清当前严峻的安全播出形势，提高对安全播出重要性的认识和责任心，在重要播出期内，各播出单位加强了值班力量，主要领导带班在一线指挥调度，工作人员坚守岗位，认真负责，按时报告播出情况。由于各级广电部门认识到位，制度完善，分工明确，认真负责地

作好各项工作，确保了全年播出任务的圆满完成。

2. 强化安全防范措施，不断完善安全播出应急预案，确保奥运会安全播出。保障奥运会期间广播电视安全播出，是2008年播出工作的重中之重，为了对奥运会期间可能出现的突发事件有充分的思想准备和完备的应对措施，及早发现安全播出中的问题，确保奥运期间的安全播出工作万无一失，在年初省局就进行了全面部署，制定了山东省广播电视局奥运会期间广播电视安全播出应急预案，对安全播出应急调度、突发事故的处置、事故报告程序、防插播、防破坏等做了具体规定，并把预案下发到全省各市广播电视局和省局属各播出单位，各级播出单位按省局要求，进一步强化安全防范措施，针对奥运火炬传递、奥运会直播转播任务的特点，制定了本部门安全播出应急预案。

省局于6月25日下发了《关于开展广播电视应急演练工作的通知》，要求各播出单位针对赛事转播、信号传输和播出进行应急演练。各单位根据要求制订了详细的演练计划，全面地设想了可能出现的突发事件，通过演练，对系统用电、不间断电源、信号备份、切换台、主、备份播出系统等与安全播出有关的部位进行了进一步的检验，对演练中发现的问题及时进行整改，使奥运会期间安全播出各项应急处置预案更加完善，切实可行，为奥运会安全播出提供了有力保障。

我省参与奥运火炬传递活动的济南、青岛、泰安、临沂、曲阜等城市，按照统一部署，克服困难，制定了详细的电视直播技术方案，并对传输线路进行了两次预演，认真排查了影响信号传输质量的环节，保证了直播信号的高质量传输，在各方面的共同努力下，山东火炬传递活动取得圆满成功，受到省领导和北京奥组委的表扬。青岛市作为奥帆赛承办地，安全播出保障任务更加艰巨，为此市局成立了以分管局长为指挥长的奥运会及奥帆赛安全播出指挥组，在奥运会前后48天里，每周召集各部门负责人总结汇报上周安全播出情况，查找隐患，提醒应注意事项，动员和布置下周安全播出工作，强调重点，紧张有序，忙而不乱，圆满完成了奥帆赛的转播任务。

3. 加强对设备的维护，完善基础设施，保障安全运行。近年来，各地对播出设备特别是发射设备大多进行了固态化更新改造，08年为确保全年的安全播出，各级广电部门再次加大了投入，使机房、供配电等基础设施得到进一步的完善，省局投资对泰山、蒙山和莱阳转播台10kV高压电缆进行更新改造，沂山台完成了山顶道路的硬化，更新了部分发射机，枣庄、德州、陵县、武城等地新建发射机房，淄博、东营、沾化等地，结合中央无线覆盖工程，对机房、供配电、防雷等设施进行更新改造，对铁塔进行维护，提高了安全播出保障水平；各有线电视网络管理部门加强了对线路的维护，在重要保证期加大线路巡查力度，临沂、淄博等地有线网络，为保障奥运期间有线网络的供电，购置发电机和UPS电源，确保了有线网络信号的畅通。

4. 严格管理，加强监督，确保各项制度和措施落到实处。坚持并不断完善安全播出检查评比制度。目前全省大多数市局建立了自己的检查评比制度，对安全播出工作突出的单位进行表彰奖励，提高了对安全播出工作的重视程度和工作热情。德州、济南、烟台、东营、济宁等市出台了详细的量化评比细则，对安全播出检查项目进行细化、量化，并逐年根据安全播出的新形势和检查的要求对检查细则进行修改补充，每年的检查各有侧重点，使每项制度措施都落到实处，从管理上为安全播出提供了有力的保障。在奥运会等重要播出活动前，各单位在原有例行检查的基础上，根据总局的部署，对所有播出环节进行了多次的专项检查，查找事故隐患和薄弱环节，及时有效进行改进，确保播出不出问题。

5. 加强与相关部门的协作，共同做好广播电视安全防范工作。目前各市局均与610办、综治办、无委等部门成立了联合办公室，把防范无线干扰、有线网络插播等工作列入了当地综合治理的范围，青岛、淄博、东营、滨州等市广电部门与相关单位联合，对各项应急预案和防范措施进行联合演练，确保在任何情况下，及时有效地防范敌对势力对广播电视的干扰破坏。

为确保奥运会期间各种通讯手段的畅通和广大人民群众正常收听、收看广播电视节目，省广播电视局联合省无线电管理办公室于5月20日联合下发了《关于集中查处非法生产和使用无线电干扰器进一步规范广播电视台站管理工作的通知》，要求各地在6月上旬集中查处非法生产和使用卫星电视无线电干扰器，进一步规范广播电视台站的管理。省局与省无委成立了联合检查组赴济宁、临沂、聊城、德州等地，对查处情况进行督查。各市广播电视局按照通知要求与当地无委成立了专项整治工作领导小组，将责任落实到部门，落实到人，对所属台站的技术参数进行了认真检查，对电磁环境进行了测试，加强了销售市场的监督检查。全省共查封了3个非法电台，查处了两个卫星干扰器销售点，协调临沂、泰安、聊城、菏泽等地对6个卫星干扰设施进行了查处。

二、扩大广播电视覆盖，完善广播电视公共服务体系

1. 村村通工作取得显著成果。2008年是实施村村通工作的关键一年，作为省政府承诺的为农民办的实事之一，该工作得到了各级党委政府和广电部门的高度重视，省局加强了与省发改委、财政厅等部门的沟通协调，及时下拨了2400万元补助资金，各市的配套资金也及时到位，加上相关市、县广电工作人员努力工作，提前2年完成全省2067个20—50户自然村“盲村”和231个行政“返盲”村“村村通”广播电视工程任务。

2. 继续扩大广播电视无线覆盖，完善广播电视公共服务体系。2008年是扩大中央广播电视无线覆盖工程关键的一年，年初的冰雪灾害，使我省一部分设备未能如期到货，对工程进度造成了不利的影响。为按总局要求确保中央广播电视无线覆盖工程建设任务在奥运会前完成，省局加强了组织协调，及时与总局、各有关市、县广电局及设备厂商沟通联系，组织有关人员到工程建设单位进行督察，了解各地工程进度，及时解决出现的问题，各市也加强了检查督促，各相关台站高度重视，科学制定技术方案和工程实施计划，做到责任落实、任务落实，主动作好各项准备工作，积极配合设备厂家及时安装调试设备，确保了工程的顺利进行。德州、临沂等台因正在进行铁塔建设，新设备无法安装到位，也积极想办法，通过对现有设备的调整，实行代播，6月31日前，中央广播电视无线覆盖一、二、三期工程中，我省75个台站均按总局规定的时间完成了建设任务，保证在奥运会期间，广大农村地区更好地收听、收看中央广播电视节目，这一工程使中一电视节目在我省的无线覆盖扩大了近10个百分点，中七无线覆盖从零扩大到了65%以上。

2008年省局在沂山转播台增加了10kW电视发射机，转播省公共频道的节目，覆盖潍坊、临沂地区，使该节目无线覆盖增加11%，在泰山转播台按频率规划将山东卫视发射机由10kW扩大到30kW，使山东卫视覆盖效果有了很大的改善，可增加全省近2%的人口覆盖。

为确保无线覆盖工程建设质量，使新设备确实达到扩大覆盖提高收听收看质量的效果，按总局的要求，省局制定了工程验收办法，各市成立了验收小组，检验工程质量、测试发射设备，实地收测覆盖效果，及时与相关单位联系解决验收中发现的问题，直至设备达到预期

的效果。目前，除个别台站外，中央无线覆盖2006、2007两年在我省的工程已基本验收完毕，投入运行。

进一步完善了扩大省广播电视无线覆盖的技术方案，现已报省有关部门，有望在今年实施。

3. 有线电视通村入户率有较大提高。2008年各地加快了有线电视通村入户的步伐，其中临沂、潍坊、枣庄等市围绕新时期村村通工作，将有线电视通村入户工作层层分解，加大资金筹措和督察考核力度，落实责任，新建改建光缆线路，增加光节点，发展农村用户，圆满完成全市村村通任务。至2008年底临沂市实现了行政村和50户以上自然村有线电视村村通；潍坊市行政村有线电视通村率达100%，全市全年新增加用户16.6万；枣庄新增光节点194个，开通241个自然村，同时发展农村用户近4万户。至2008年底，全省有线电视总户数超过1400万。

三、加大投入，更新设备，提高播出系统的可靠性和信号质量，加快广播电视数字化进程

1. 台内数字化率进一步提高，2008年是广播电视事业投入较大的一年，许多市、县的电台、电视台，都投入了大量的资金，更新录编播设备，建立媒资存储系统，进一步提高了广播电视节目的播出质量，台内数字化网络化水平有了较大的提高。潍坊、淄博两市投资均超过800万元，购置新型广播直播车，对电视台硬盘播出系统进行升级改造，电视台演播室电脑灯光系统进行改造，增强了节目播出的稳定性和安全性，提高了播出质量；对原有的节目存储系统进行扩容升级，新建电视媒体资源管理系统，实现了广播电视节目管理、储存的全电子化和电视新闻专题综艺类节目的资源共享。德州电视台投资近500万元更新全部的播控设备，装修机房，新上11个工作站的非线编网络，新增了6部蓝光盘摄像机，全面提升节目的制播质量。全市各县局共约投入近300万元，新购置数字设备，完善采、编、播系统。临沂、日照、东营、寿光、青州等市县也进行了设备投入，使录、制、编、播、存等各个环节数字化程度有所提高。目前，济南、青岛台内数字化率已达到95%以上，在国内处领先水平。

2. 有线电视数字化工作稳步推进，青岛、淄博、临沂、潍坊、泰安、济宁等市在对中心城区进行数字电视整体转换后，将工作重点放在提高服务质量，增加付费节目，开发新业务，提供个性化服务等方面，并开始着手向所辖县（市、区）延伸，促进县区的整体转换。其中青岛的莱西已完成整体转换，城阳、胶州等区、市整体转换工作已启动；潍坊网络中心新上了数字电视县（市、区）业务运营支撑系统，为各县（市、区）整体转换提供了技术平台，昌乐等县已于2008年下半年启动了数字整体转换工作。济宁市已将数字信号送至辖区各县市，邹城市广电局完成了农村有线数字电视（DVB–S）前端设备的安装、调试工作，并利用济宁市局信号源（DVB–C）搭建了本地的数字平台，完成前端设备由模拟向数字的升级改造，将在近期完成全市有线电视整体转换工作。根据2008年底的初步统计，我省有线电视数字用户增加近100万户，总数超过300万户。目前，济南、烟台、日照、菏泽、枣庄、威海等地已制定了有线电视数字整体转换进度方案，筹备物价听证会，积极开展准备工作，今年将全面推进有线电视数字化整体转换工作。

3. 根据总局统一部署，对分米波规划进行了调整，奥运会前，青岛开播了标清、高清两个地面数字电视频道，省局在济南燕子山发射台试播数字高清电视，收到了良好的效果，为下一步在全省开展数字地面电视覆盖规划，进行无线覆盖由模拟向数字转换提供了必要的试验依据。

在对省属高山台的微波线路进行了数字化

改造后，省局微波总站今年又与网络中心合作，通过光纤与微波的对接，形成环网，使高山台信号源有了可靠的保障。2008年12月省局下文，停用模拟微波线路，这标志着我省广播电视信号传输全部实现了数字化。

4. 数字移动多媒体广播（CMMB）覆盖网络在我省各地全面展开，去年上半年，总局在全国37个城市建设CMMB覆盖网络，进行试验播出，我省的济南、青岛参与此次试验。10月初，总局召开全国移动多媒体广播电视工作电视电话会议，张海涛副局长作了《解放思想，形成合力推动我国移动多媒体广播电视又好又快发展》的动员报告，根据报告中提出的“构建全国统一标准的传输覆盖网络；建立统一的条件接收和运营支撑体系；建立符合现代企业制度的合格市场运营主体”的基本思路，我们积极筹备公司组建工作及覆盖网的规划建设工作。省子公司已于春节前注册成立，并在全国率先与总局总公司签署了合作协议，与各市分公司的合作协议也已签署。在总局的主持协调下，进行大量场强预测和频率计算及协调工作，对现有规划进行调整，确定了我省各市CMMB频率规划；10月份在各市积极配合协助下，总局对全省十五市发射站点进行勘察，确定了技术方案，年底前进行工程施工和设备的安装调试。济南、青岛两地已于北京奥运会前开通运行，东营、济宁、泰安、烟台、威海、临沂、日照、菏泽、聊城、莱芜等地也于春节前开通，预计今年上半年，我省所有市均可开通运行，用户可通过CMMB终端设备，在全省十七市收听收看广播电视节目。

四、加强科技管理工作和技术培训，提高科技人员素质，提高广播电视节目制作水平

1. 开展广播电视节目录制技术质量奖的评比，去年共组织了全省51个广播节目、65个电视节目的技术质量奖的评审工作，并把优秀节目报总局评奖，其中3个广播节目获得总局一等奖。开展科技创新奖、合理化建议与技术改进奖的评比，调动技术人员的积极性，鼓励和督促技术人员进行技术革新，今年有5个项目上报总局。今年还开展了全省合理化建议与技术改进奖的评选，上报省局的258个项目，内容涉及有线、无线、传输、供电等各个方面，评出一等奖25项，二等奖76项，三等奖145项。

2. 为使广大技术人员更好地掌握新技术，充分利用新设备，提高全省电视节目录制技术水平，省局于7月初举办了电视节目录制技术培训班，共培训技术人员100多人，从参加录制技术质量奖评比的节目来看，节目的技术质量有了较大的提高。

3. 组织了2008年广播电视传输技术能手竞赛，全省17个地市和省直各单位经考试推选出120余名选手参加了省局的竞赛考试，选拔出参加广电总局组织的技术能手竞赛的3名选手全部获奖，其中一等奖1名，二等奖2名。

4. 认真贯彻落实总局25号令，加强广播电视设备器材入网认定和质量管理，协助总局完成了12个生产厂家50多个产品的抽样工作。

五、积极做好抗震救灾援助北川工作

四川地震发生后，省局积极部署抗震救灾。根据省局安排，6月上旬制定了对北川灾区广播电视应急恢复和重建工作方案。6月10日省局领导带领工作组冒着余震和洪水的危险赶赴灾区，与有关单位负责同志座谈，到擂鼓、任家坪等受灾群众安置点了解情况，在此基础上，制定了北川广播电视灾后恢复重建方案报省发改委。8月份按照省援川办要求，拟定了北川广播电视村村通建设方案。在我局的大力无私支援下，8月份北川广播电视应急恢复工作基本完成，受到各级领导的充分肯定，恢复重建项目也已基本落实。同时积极参加抗震救灾捐助活动，做好技术专业人员援川协调工

作。全省各市广电部门也积极参与援助灾区的工作，体现了一方有难八方支援的精神，为灾区的恢复重建作出了积极的贡献。

六、做好十一运会广播电视转播筹备工作

十一届全运会将于10月在我省召开，本届全运会规模大，比赛地点分布广，全省17个市和部分高校都承担了比赛的任务，广播电视转播任务繁重，除中央、省级广播电视机构外，各分赛区都有大量的广播电视信号采集、公共信号制作及信号传输任务。在省组委会的领导下，我们确定了赛会国际广电中心（IBC）的技术方案，编制了对各比赛场馆广播电视转播的技术要求，包括广播直播场馆及直播间技术要求，电视转播对场馆的相关需求，光传输设备技术标准，网络传输要求等。为了进一步明确责任分工，把各场比赛转播任务落到实处，拟定了“关于做好第十一届全运会广播电视直播工作的通知”，明确了省市赛区各自的任务分工，提出了转播工作的技术标准和任务要求，以便各地全面做好广播电视转播工作。

第二部分：面临的形势和今后的任务

2009年广播电视科技工作任务更加繁重，在前不久召开的全国广播影视科技工作会议上，王太华同志做了重要讲话，全面阐述了高新技术特别是数字技术对广播影视的重大意义，要求我们：要充分利用高新技术发展传统媒体，充分利用高新技术发展新媒体，充分利用高技术提高传输覆盖能力，充分利用高新技术提高安全播出能力，充分利用高新技术加强和改善管理能力。我们要认真学习王太华等领导同志的讲话精神，结合今年实际工作，贯彻落实全国广播影视科技工作会议部署和要求，抓好今年的各项工作。

一、全面加强管理，狠抓落实，坚持不懈做好安全播出工作

2009年我国大事多，敏感问题多，安全播出工作任务更加繁重，今年是我国建国60周年大庆，年初全国两会即将召开，10月份，十一届全运会将在我省举办，同时今年还有一些敏感时间节点，敌对势力极有可能会借机对我广播电视进行攻击破坏，安全播出面临着一场场硬仗。几年来，我们一直强调广播电视安全播出保障体系的建设，各级广电部门也将安全播出作为重点，在队伍建设、制度建设、技术设施改造等方面进行大量的工作，采取了一系列切实有效的措施，安全播出保障水平有了很大提高。

长期的稳定容易滋生麻痹松懈的思想，放松管理，造成发生内部事故的隐患，今年2月9日由于中星6B卫星发生故障，致使该卫星传输的中央和地方150多套节目中断47分钟，这是一次严重的教训，一个环节出现问题，可能造成全局性的严重后果，对此，我们切不可麻痹松懈，必须警钟长鸣，不仅要防范非法攻击破坏，还要应对突发事件、重大技术事故和灾害事故，我们要牢固树立安全播出是广播电视生命的观念，始终把安全播出作为头号政治任务常抓不懈。

安全播出涉及的部门多、战线长、环节多，各级广电部门要把安全播出工作从局部的单项工作向全局的安全保障体系建设转变，从单纯技术工作向综合协调转变，全面提高安全播出保障水平。

1. 要建立和进一步完善安全播出监管体系。加快建立健全安全播出监测和调度指挥机构体系，各播出单位要对播出的各环节实行全过程监测，及时发现故障，妥善处理。总局将建立集安全播出管理和节目内容监管于一体的监管平台，省局也将启动监测系统建设。各级管理部门要做到对辖区内所有节目的播出情况

了如指掌，对运行情况实行有效监督。要继续建立并不断完善各项规章制度和应急预案，对外加强安全防范，对内加强管理，层层落实工作责任，严格执行各项制度，认真查找存在的薄弱环节和安全隐患，将事故隐患消灭在萌芽状态。要不断调整优化安全防范措施，完善安全播出应急预案，按照严而又严、细而又细、实而又实的要求，确保预案和各项防范措施及时有效。

2. 采取有效技术手段，切实提高安全保障能力。完善的技术设施是确保安全播出的重要物质基础，各地要继续加大投入，优化传输和播出系统配置，加强供电等配套设施的安全保障，完善备份措施和灾备系统，提高应对非法攻击破坏、重大技术事故和重大自然灾害的能力。这次中星6B卫星故障后，总局在中星9号上建立了包括各省节目信号的备份信号源，各地要加快安装接收备用信号源系统，确保信号源安全可靠。要优化系统配置，全面提高系统可靠性，对传输、发射、信号源、供电等各环节要全面排查，排除隐患，搞好备份措施，做到防患于未然。

3. 抓好播出队伍建设，提高安全播出管理水平。好的制度措施要靠一线的工作人员正确的执行操作来实现，要突出抓好基层一线队伍建设，强化安全意识和责任意识，加强操作技能、应急处置应知应会等业务培训，提高一线人员处置突发事件、排查技术故障的能力。各级广电部门要认真贯彻落实《国家广电总局广播电视安全播出事件/事故管理规定》，严格执行上报程序，总局编制的广播电视安全播出事件/事故管理系统软件去年已下发至各市，各单位要学习使用好，应用新技术搞好安全播出管理。要严肃纪律，严格操作规程，避免因人为责任和处置不当等原因，延迟事故处理，扩大事故影响，提高安全播出管理水平。

二、统筹多种技术手段，进一步完善广播电视公共服务体系

我们广电系统始终把提高广播电视人口覆盖率作为推进事业发展的重要基础性工作来抓。近年来，各级政府加大投入，先后实施了广播电视村村通、中波台省市共管、扩大中央节目无线覆盖等工程，使农村地区的广播电视覆盖率大幅提高，广播影视公共服务能力明显增强，目前我省广播电视覆盖率均达97.5%以上，有线电视用户超过1400万户，处国内领先行列。同时，我们也清醒地看到，广播影视基本公共服务还没有实现均等化，城市和农村之间、发达城市与欠发达地区之间的差距较大。目前我省有近60%家庭主要依靠地面无线方式接收广播电视，主要分布在广大农村，农村群众能接收到的节目数量和质量很有限，农村群众听好广播、看好电视的需求还没有完全满足。因此要因地制宜，采用多种技术手段，扩大和改善广播电视覆盖。

1. 无线覆盖是我国农村群众最经济、最便捷的收听收看方式，是国际上广播电视提供公共服务的通用手段。因此无论其他方式如何发展，无线覆盖都必须切实加以保证，这是国家赋予我们广电部门的基本任务，也是我们广电部门义不容辞的责任。今年上半年，总局将组织对扩大中央广播电视节目无线覆盖工程进行验收，各地要按照要求，做好验收准备工作。按国办发〔2006〕79号文件要求，对广播电视无线发射设备改造和运行经费纳入各级政府财政预算，各级广电部门要积极主动做好工作，落实并管好、用好无线覆盖经费，切实维护好中央、省和当地无线发射设备，确保无线台站的安全运行；要建立无线覆盖和村村通工作长效机制，要采取加强监测系统建设和网上公开发射台信息等方式，接受广大群众监督，保持全省无线覆盖的长期稳定。

2. 有线覆盖是我国城镇居民接收广播电视的主要方式，是带有公益性质的有偿服务，已成为我国广播电视事业的重要组成部分。发展有线电视，一定要尊重群众的意愿，从当地实际出发，主要在城镇和有条件的农村地区加快发展，满足当地群众收看多套节目的需求。

3. 继续推进村村通工作。由于我省地形、人口分布、经济发展不平衡等因素的影响，在全省单纯依靠有线电视和地面无线方式，无论在技术上还是在经济上都已很难进一步有效提高人口覆盖率。直播卫星具有覆盖面广、节目套数多、信号质量好、覆盖成本低、接收设备便宜、安装使用方便等优势，去年6月发射的中星9号直播卫星，采用我国自主知识产权的信道编码技术标准，利用该接收设施无法接收其他卫星上的节目，在安全上有保障。因此，中央明确要求采用直播卫星方式，作为解决边远地区“盲村”村村通的主要手段，有效提高广播电视覆盖率和覆盖质量，从技术上根本解决听不到听不好广播、看不到看不好电视的问题。各级广电部门要有思想准备，从管理、技术等方面做好各项准备工作。

三、加快推进广播电视数字化进程，满足人民群众的新需求、新期待

1. 提高台内数字化水平。近几年来，各级广电部门加大了投入，使各级电台、电视台的台内数字化水平有了较大的提高，省台及济南、青岛、淄博、济宁、临沂等市播出系统数字化率达90%以上，市以上及大部分县级广播电台、电视台实现硬盘播出，信号存储传输基本实现数字化。但从全国的统计看，我省的数字化率处于中下水平，与我省的政治、经济实力极不相符，根据我们了解的情况，数字化率低的主要原因是各级电台、电视台大部分还在使用模拟视音频切换器、调音台等周边设备，影响了整体数字化率的提高，为此各级广电部门要对照总局关于提高广播电视台数字化水平的要求，查找差距，明确工作方向，加大投入，尽快提高数字化水平，提供质量更高、效果更好、内容更丰富、方式更多样的节目与服务，为下一步开展新媒体业务提供更多更好的节目源。

2. 加快全省有线电视数字化工作，推动有线网络向多业务、多功能发展。我国广播影视数字化首先从有线电视切入。经过多年的努力，全省已有6个市进行了整体转换，有线数字电视用户已超过300万户。今年要继续加快推进有线电视整体转换，济南、烟台、枣庄、威海及青岛、济宁的县、市都启动了整体转换工作，我省有线数字化得到进一步发展。目前全国有线数字电视用户已达4000多万户，我们要加快发展，首先在城市，逐步向县城扩展，用3至5年的时间完成数字化转换，使有线电视成为现代化的多媒体信息平台。在有线电视数字化的过程中也存在着问题，在一些地方，数字化没有给人们看电视带来根本性的变化和方便，只是简单将现有模拟节目转换成了数字节目，增加了部分节目，没有增加其它的多功能服务，人们没有充分感受到数字化的好处，对机顶盒操作不方便、服务不到位、涨价过多等方面有意见。在实际操作中，有的地方只注重提价、注重速度，忽视服务、忽视质量，工作方法简单，群众有问题没有得到及时解决，形成了不满情绪。为确保有线电视数字化健康稳定发展，各级广电部门要把以人为本、用户至上放在更加突出的位置，转变思想观念，增强服务意识，加强业务开发，完善服务规范，加快建立与数字化相适应的有线电视技术体系、业务体系、服务体系和管理体系，加快建立科学合理的服务质量评价办法和监督管理机制，推动有线电视数字化又好又快发展。要积极利用硬盘机顶盒、双向化改造等多种方式，使有线电视网络成为党和政府联系群众、社会各界及家家户户能够享用的公共信息平台，满足人民群众的新需求、新期待。

3. 加快推进数字地面电视工作。今年广电

总局将要编制数字地面电视覆盖网的规划，国家也会在政策、经费等方面提供支持，推动数字电视覆盖网的建设，我省各级广电部门要抓住全运会将在我省举办这一契机，争取在更大的范围内开展数字地面电视广播，向广大无线受众提供质量更高、内容更丰富的广播电视服务，从根本上提高公共服务质量。

4. 要加快高清电视的发展，高清电视是数字电视的最大亮点，对于拉动内需、带动相关产业发展具有至关重要的作用。省市电视台要把建立高清电视制播系统作为数字化发展的重点，要建立全面推进数字化、网络化、高清化发展的整体思路。要抓住当前的战略机遇期，积极推进现有电视频道节目实现标清与高清同播，逐步实现标清电视向高清电视的过渡。首先，要大力加强高清节目制作，加快高清电视节目储备，注重培养高清节目制作人才，为高清频道的开办奠定坚实的基础。统筹有线网络、地面无线、直播卫星等多种传输覆盖手段，推动标清与高清同播，使高清电视通过各种途径进入千家万户。

四、抓住机遇，形成合力，积极发展新媒体

要继续做好发展移动多媒体广播的各项工作。移动多媒体广播电视是新技术、新媒体，可以填补广播电视对流动人群的覆盖和服务空白，总局已初步确定全国移动多媒体广播电视发展总体方案。各级广电部门要以发展移动多媒体广播电视为契机，创新体制机制，严格规范管理，加快构建传输快捷、覆盖全国、全程全网的现代广电传播体系，走集约化、规模化、产业化发展道路，促进我国广播影视产业发展上一个新台阶。我省要抓住全运会这一契机，配合上级部门，做好当地覆盖网建设工作，争取在已开通发射点的基础上，做好网络总体布局规划工作，使各市城区达到良好覆盖，为更好地开展新业务，扩大用户群，推动移动多媒体这一新媒体业务的发展打下良好的基础。各级广电部门要严格遵守纪律，在网络建设、节目设置等方面要严格按总局统一标准和规划，不得擅自行事，确保移动多媒体业务在我省有序发展。省级和有条件的市级广电播出机构要创新观念，开拓思路，加快发展网络广播电视，加快广播电视由单一传统媒体为主，向传统媒体与新兴媒体融合发展的重大转变。

五、全面动员，积极行动，做好十一届全运会广播电视转播工作

广电部门承担着十一运会转播工作，它是十一运会宣传的重要手段，其转播水平的高低和传输质量的好坏，是一届运动会举办水平的重要标志之一。承担这样的大型综合性体育比赛的转播任务，在我们山东广播电视历史上是第一次。2008 奥运会的精彩转播，为我们提供极好的广播电视转播范例，但也使广大广播电视受众对我们转播的期待要求大大提高。本届运动会赛程密集，项目众多，场馆分散，对我们的转播工作提出了很高的要求。能否高质量、高水准地完成好十一运会转播、传输任务，既是对全省广电系统形象的检阅和展示，也是对全省广电系统工作能力和工作水平的重大考验。全省广电系统一定要从讲政治的高度，增强大局观念，充分认识做好十一运会重要活动和赛事转播工作的重要性、紧迫性和特殊性，把做好十一运会转播工作摆上重要议事日程，加强领导，抓紧部署。

各分赛区要按省组委会下发的《做好十一届全国运动会广播电视直播工作的通知》和黄胜副省长讲话的要求，抓紧做好转播前的准备工作。要按照通知中各场馆和节目信号的技术要求，对现有的转播、传输设备进行一次全面检查，检查落实设备和系统要求，不能满足转播要求的，要抓紧整改；需要新建的，必须立即制定建设方案，按期完成建设任务；需租用上级台或兄弟省市设备和转播团队的，要尽快与相关单位进行联络协商，落实所需经费。省电台、电视台要做好与中央媒体及各省转播团队的联络协调工作，做好对各市转播人员的技术培训。转播期间，各地都要安排技术骨干、调用优良设备用于十一运会的转播。对分配的转播任务，要按质、按量、按时完成，不谈条件、不讲价钱，不推诿扯皮。

十一运会各项赛事分布在全省17市的多个场馆，要优质完成各项重要活动和赛事的转播任务，在第一时间把现场信号安全可靠地传回IBC（国际广播电视中心），必须要有一个强有力的网络体系来支撑，切实保障信号传输的安全、优质、可靠，这是广播电视服务十一运会的一项重要的基础性任务。省市要分级负责、分头落实，抓紧完善现有网络和设备，确保满足十一运会信号传输的要求。省网络中心要做好省干线的扩容改造，各市广电部门要按要求做好属地场馆到机房的路由建设，县（市）有赛事安排的还要做好市级干线的建设。

六、加强科学管理、加强队伍建设，推动广播电视事业健康可持续发展

1. 要加强对无线覆盖网的管理，近年来，由于广电体制等多方面因素的影响，个别地方的广电部门从当地利益出发，违反广播电视的政策法规，擅自改变技术参数，甚至设置卫星无线干扰器，对周边地区广播电视及其它无线业务造成了干扰，也对我们制定扩大中央省台节目无线覆盖方案和下一步编制数字地面电视的规划形成很不利的影响。去年我们和无线电管理部门联合，对这些问题进行检查和查处，对个别单位进行了通报批评。今后各级广电行政管理部门要加强管理，对擅自改变参数造成干扰的，要按《广播电视管理条例》等法规的有关条文进行处理，维护广电无线电秩序，确保广电无线覆盖网健康可持续发展。

2. 要高度重视安全工作，结合近期发生的央视新址火灾等重大事故，各单位要对本单位用电、消防、交通、治安、防御自然灾害措施等与安全生产密切相关的环节进行认真细致的检查，采取措施，排除隐患，防范各类安全事故，确保人员安全、设备安全，确保安全播出。

3. 开展技术培训、技术能手竞赛及录制技术质量等一系列的技术评比活动，鼓励技术人员学习钻研新技术，开展科技创新和技术改进，提高广电技术人员的业务素质和技术水平，适应广播电视日新月异的新技术、新业务发展的需要。

4. 加强对入网设备认证及质量监管工作，把好设备入口关，保证广播电视系统设备质量，为确保安全优质播出提供保障。

我们在今后一段时期的工作中，要很好地学习理解科学发展观，要结合广电科技工作的实际，特别注意统筹协调好六个方面的关系：一是广播、电视、电影协调发展；二是城市和农村平衡发展；三是数字化和模拟技术平稳过渡；四是传统媒体和新兴媒体融合发展；五是事业和产业并重；六是无线、有线和卫星覆盖形成合力。要增强大局观和责任意识，不断提高我们的工作能力和工作水平，推动我省广电科技工作迈上更高台阶。

同志们，今年是改革开放30年，经过改革开放的伟大实践，我们站在了新的历史起点上，我国广播影视已进入大发展大繁荣的新阶段。让我们以邓小平理论和“三个代表”重要思想为指导，深入学习实践科学发展观，振奋精神，团结协作，形成合力，以饱满的精神状态和旺盛的斗志，艰苦奋斗，扎实工作，推动我省广播影视又好又快发展，为全面建设小康社会、构建和谐社会做出更大的贡献！最后，我代表省局，向到会全体代表并通过你们向全省广播电视科技工作者表示衷心的感谢！感谢大家一年来的辛勤工作和对省局工作的支持和帮助，谢谢大家！

概　况

概 况

山东省广播电视概况

基本情况

2008 年，山东广播电台数：广播有省级台1座，市级台 17 座，共 18 座；电视有省级台 1 座，市级台 17 座，共 18 座。节目套数：省级广播 8 套，市级广播 47 套，县级广播 95 套，共 150 套；省级电视 9 套，市级 56 套，县级 98 套，共 163 套。

制作节目情况，全省制作广播节目 440190 小时，总播出时间 765791 小时，全省制作电视节目 180671 小时，总播出时间 886915 小时。

广播电视覆盖情况，全省广播覆盖人口 9106.72 万人，覆盖率 97.60%；全省电视覆盖人口 9101.94 万人，覆盖率 97.55%。

全省发射台和转播台数量，中短波 33 座，调频 129 座，电视 157 座。网络总长 279239.37 公里。

有线广播电视户数 1371 万户，其中农村有线广播电视户数 736 万户，其中数字有线广播电视用户 268 万户，有线广播电视入户率 48.43%。

全省广播电视从业人员 36962 人，其中管理人员 4633 人，各类专业技术人员 21954 人，其他人员 10375 人。

全省广播电视系统收入情况，总收入 700637.06 万元，实际创收收入 661243.57 万元，其中广告收入 344775.45 万元，广播广告收入 49724.96 万元，电视广告收入 277097.94 万元；网络收入 242013.94 万元，其中有线广播电视收视费收 177498.39 万元。

主要业绩

2008 年全局干部职工在省委、省政府的正确领导下，以邓小平理论和“三个代表”重要思想为指导，认真贯彻落实科学发展观，深入落实广播电视“一二三四五”的目标思路，继续解放思想，推进科学发展，圆满完成了各项目标任务。

（一）新闻宣传导向正确，引导有力

主题宣传、重大活动宣传高潮迭起。广播电视牢牢把握正确舆论导向，坚持团结稳定鼓劲、正面宣传为主的方针，紧紧围绕省委、省政府的中心工作，精心组织、精心策划了党的十七大精神、省第九次党代会精神、省委工作会议、深入学习实践科学发展观、纪念改革开

放30周年、北京奥运会、残奥会、十一运会倒计时等重大宣传，开办“精彩山东·辉煌30年”、“改革开放齐鲁行”、“应对挑战　促进发展”等专栏、专题，为推动经济文化强省建设提供了强大舆论支持。精心组织，周密部署，成功直播奥运火炬在我省的传递活动，受到北京奥组委和省委、省政府领导同志的高度评价。对涉藏维稳、4·28铁路事故、汶川特大地震灾害等重大突发性事件，迅速启动突发事件新闻报道机制，及时准确发布信息，为正确引导舆论，凝聚人心，维护社会稳定做出了积极贡献。特别是在抗震救灾中，我局先后派出30多批80多名记者奔赴灾区一线采访报道，播出直播节目210多小时，播发新闻稿件3000多条，制作特别节目200多期，迅速营造了“一方有难、八方支援，众志成城、抗震救灾”的浓厚氛围，充分发挥了主流媒体的重要作用。

向中央两台供稿再创佳绩。省电台、省电视台2008年在中央两台发稿继续保持全国省级台第一。省电台在中央人民广播电台发稿700多篇，在《新闻和报纸摘要》发稿近300篇；省电视台在中央电视台发稿1175篇，在《新闻联播》发稿635篇。

对外交流合作不断扩大。山东电视台与俄罗斯“中国频道”建立了合作关系，已播出《中华泰山》、《美丽山东》等节目1000多分钟；与韩国KBS等合作进一步加强。继美国洛杉矶后，电视海外频道又在法国、新西兰、澳大利亚等成功落地，进一步扩大了我省对外宣传阵地。

（二）精品生产取得新成绩

鲁剧品牌重新崛起。52集电视剧《闯关东》作为央视2008年开年大戏播出后，在全国形成收视热潮，受到省委、省政府通令嘉奖；在第24届中国电视金鹰奖评选中，《闯关东》夺得最佳长篇电视剧、最佳编剧、最佳摄像等七项大奖，2008年，影视中心开机拍摄《北大荒》等7部211集电视剧，生产电影5部，在央视等媒体播出影视剧8部216集，策划储备《南下》、《闯关东3》、《知青》等10多部500多集优秀影视剧目。电影《小胡同大尊严》成为11部国产片中唯一入围第四届好莱坞国际电影节最佳外语片提名影片。

广播电视节目质量提升。2008年，各台、各频道更加注重节目质量。省电台以打造“三品”为抓手，着力提高核心竞争力。《阳光政务热线》、《财富早班车》、《领舞生活》等成为品牌节目。山东卫视在全国35个中心城市收视率排名前进三个位次，进入全国前十；齐鲁频道的《拉呱》、《齐鲁开讲》等成为全国同类节目标杆。省电视台10集大型人文纪录片《齐鲁青未了》和5集系列片《汉语拼音50年》，在山东卫视和中央电视台10频道播出后，受到各方好评。电视《“科学发展　富民强省”纪念改革开放30周年大型歌舞晚会》、广播《2009山东新年音乐会》等大型活动产生广泛社会反响，进一步提高了媒体美誉度和影响力。有线电视中心的《唐三彩》、《辛凯音乐汇》、《网络春晚》等节目在观众中都有一定的影响力。

一批优秀作品荣获大奖。在第十八届中国新闻奖(2007年度)评选中，全省8件获奖作品中有广播电视作品6件，广播消息《小账本里看巨变》、电视评论《7·18暴雨启示录》获得二等奖。广播作品《直播山东——真情的力量》、电视作品《鲁川血脉情·帮灾区人民建个家》被广电总局表彰为全国广播电视抗震救灾优秀节目。在全省支援四川抗震救灾优秀新闻作品评选中，省级广播电视分别有17件和25件作品获奖。

（三）圆满完成广播电视安全播出任务

2008年重要播出保障期100多天，为确保完成任务，技术部门早动手、早安排，认真完善应急预案，并反复进行演练；建成广播电视数字微波环路，协调落实安全保障各项措施；加强与610办公室、无委会等部门的协同配合，在全省联合开展了查处非法生产使用卫星电视无线电干扰器活动；全面启动安全播出应急预案，加强值班、监测和预警调度指挥，圆满完成了奥运火炬传递、奥运会开闭幕式及赛事等重大活动直播、转播任务，受到省领导的充分肯定。我局被国家广电总局表彰命名为全国奥运安全播出先进单位。

（四）“村村通”任务提前完成，覆盖工作、新媒体建设取得新成绩

“村村通”提前两年完成任务。2008年，我局加强与有关部门沟通协调，对2067个20—50户自然村“盲村”和231个行政“返盲”村，及时下拨第一批省级建设补助资金2400万元，提前两年完成建设任务。

广播电视覆盖不断扩大。全省100多个无线台站已按时完成了中央广播电视节目无线覆盖工程建设任务，山东卫视在全国覆盖总人口比2007年增加1500万，达到8.41亿，继续保持省级卫视第一。省电台体育休闲频道7月开播。

数字化工作取得新进展。2008年，潍坊、莱西等地全面完成有线电视数字化整体转换，烟台、日照、菏泽、枣庄等地数字化转换各项准备工作基本就绪。视网联公司与济宁和泰安合作，已完成城区数字电视整体平移工作，目前我省有线数字电视用户继续位居省级前列。8月，数字高清地面电视在燕子山发射台试播，标志着我省地面电视数字化工作已经启动。

移动多媒体广播(CMMB)在全省试播。根据广电总局部署，成功进行了CMMB在济南的试验播出和收测工作，建立了节目平台和技术平台，开通了7套电视节目、2套广播节目，已在济南、青岛、东营等10市试验播出。

（五）产业经营实现较快增长

广告创收超额完成任务。各台各频道实现了广告创收平稳持续增长。2008年，全局广播电视广告创收15.76亿元，比上年增收1.93亿元，增长14%，其中省电台完成1.72亿元，增长11%，在全国位次继续前移。省电视台完成11.66亿元。其中卫视频道6.7亿元，增长12%；齐鲁频道3.2亿元，增长15%，继续位居全国省级地面频道前列。有线电视中心完成2.38亿元，增长15%。

产业开发向多业务拓展。积极组织全省广电系统参加2008山东文化产业博览会，5个项目初步入选省重点文化产业项目。2008年，全局广告以外的产业经营收入总额7.83亿元。

（六）体制改革迈出新步伐

在省委、省政府和省委宣传部直接领导下，山东影视集团有限公司于2008年12月31日揭牌成立。山东影视集团是由总台为主发起设立并控股的国有综合性影视文化企业集团。集团成立后，将综合发挥“鲁剧”品牌优势和市场优势，更好地优化配置资源，生产创作更多更好影视剧精品力作。

（七）山东广电中心竣工，传媒职业学院初具规模

历经4年艰苦建设，山东广电中心竣工，它标志着山东广播影视基础设施水平跨入全国省级前列。经省政府批准教育部备案成立、占地1000亩的山东传媒职业学院，2008年招收首届新生近800人，全日制在校生规模将逐步达到5000人，成为我省广播影视专业人才培养的重要基地。此外，十一运会广播电视中心

(IBC) 建设已全面展开。

(八)着力构建长效机制，管理工作不断加强

拟定了《山东省广播电视宣传管理条例(草案)》，宣传管理逐步走向法制化、规范化。《山东省广播电视播出机构管理信用等级考评办法(试行)》已经出台；会同省工商局等部门对全省广播电视自办节目频道、频率广告播放开展大检查活动，进一步规范了全省广播电视播出秩序。建立由多个部门组成的境外卫星专项整治联席会议制度，在全省开展了“迎奥运，推动平安建设”卫星电视传播秩序专项整治集中行动，取得显著成效。出台《山东省互联网视听节目服务备案管理办法》，使互联网视听节目管理步入正轨。

(九)领导班子和干部队伍建设进一步加强

党风廉政建设扎实推进。认真落实中央《建立健全惩治和预防腐败体系2008—2012年工作规划》和《山东省建立健全惩治和预防腐败体系2008-2012年实施办法》。11月底，省委落实党风廉政建设责任制第四检查考核组来我局检查考核，对我局2007年以来落实党风廉政建设责任制情况给予充分肯定。

人才选拔培养工作取得新进展。推荐选拔国务院政府特殊津贴和省级有突出贡献中青年专家3人，第四批局级专业技术拔尖人才21人。

(十)深入学习实践科学发展观活动初见成效

2008年10月以来，我局按照中央和省委的部署要求，紧密结合山东广播电视实际，扎实地开展了深入学习实践科学发展观活动。在开展集中学习的基础上，开展解放思想大讨论和对照分析检查，提出了进一步贯彻落实科学发展观、实现山东广播影视又好又快发展的思路。

(十一)“和谐广电”、“平安广电”创建活动等其他各项工作扎实推进

积极做好支援抗震救灾工作。全局共为灾区捐款700多万元，组织大型赈灾义演募捐活动10多次，募集捐款4亿多元。我局被中华全国总工会授予“抗震救灾　重建家园”工人先锋号荣誉称号。在“两好一高”机关创建活动中我局被授予省直机关先进单位称号。此外，局机关被授予省直文明机关，省电台通过省级文明单位复评，省电视台被评为省级文明单位，省有线电视中心被评为省直文明单位。“平安广电”建设取得新成绩，我局被评为2008年全省“平安山东建设先进单位”。《山东广播电视报》、《时代影视》、《现代视听》质量水平和经济效益进一步提高，《山东广播电视发展史》(1948—1978)卷一出版。

山东广播电视新闻研究所

山东人民广播电台概况

2008年，全台上下开拓创新、锐意进取，取得了重大进展：新闻宣传导向正确、引导有力；“三品”建设迈出新的步伐；经营创收再创历史新高；技术事业发展取得新的进步。

一、宣传工作再创佳绩，圆满完成各项报道任务

首先，宣传工作围绕中心，服务大局，唱响主旋律、打好主动仗。主题宣传贴近生活，重点突出。把贯彻落实科学发展观作为贯穿新闻宣传工作的主线，在《山东新闻》、《山东新闻联播》中开设《高举旗帜，科学发展——贯彻落实党的十七大精神》、《节能减排，山东在行动》等专栏，重点报道了省委、省政府的决策部署、重要会议以及活动安排，深入报道各部门、各市的积极举措和做法。围绕改革开放30周年，新闻频道开设了《新行业，新生活——我们的30年》专栏，透过行业衍变的历史进程，反映改革开放以来的巨大变化；经济频道推出“我家的巨变”有奖征文活动，共收到征文稿件500多篇，82篇优秀作品结集出版。其他频道结合各自特点开展了形式多样的纪念改革开放30周年宣传活动。

常规报道立足优势，不断丰富创新。在认真做好日常重大活动和会议报道的同时，积极探索创新广播新闻宣传形式。2008年全省“两会”、全国“两会”期间众多代表、委员走进山东台直播间是一大亮点，特别是全国“两会”期间30多名与会代表、委员走进北京直播间，与主持人和听众朋友直接互动，新闻频道、山东广播网进行音频、视频综合直播，全方位报道大会盛况和山东代表、委员风采，开山东媒体之先河。

重大事件报道快速及时，体现了广播优势。在重大事件、突发事件的宣传报道中，按照中央和省里的要求，台里立即成立宣传报道领导小组，精心策划、积极组织、统筹协调，各部门、各频道及时、准确、大密度进行宣传和充分报道。5·12汶川地震发生后，各频道第一时间播发消息。全台全力做好组织协调工作，及时传达有关部门精神，积极组织开展向灾区献爱心行动。记者部调度驻地记者，全力做好支援抗震救灾的发稿工作。新闻频道打通了从早6点到凌晨1点的节目，推出特别节目“抗震救灾——我们众志成城”，全方位、多角度、大纵深地报道震区灾情和抗震救灾实况。经济、生活、文艺等7个频道开辟专栏，开展了声势浩大的抗震救灾宣传活动。自5月13日首批记者奔赴灾区，先后共派出了7批11名记者深入灾区一线采访，在全台上下的共同努力下，圆满完成抗震救灾新闻报道任务。

北京奥运会、残奥会的宣传报道工作任务繁重。省电台提前谋划，各部门团结协作，圆满完成了各项报道任务。本次奥运报道实现了山东广播的四个第一：第一次全天候全程直播奥运赛事；第一次直播中国军团所有夺金赛事；第一次在奥运赛场设立直播间组成奥运报

山东广播新闻频道奥运直播报道

道组报道奥运赛事；第一次以持证记者身份进入奥运场馆展开深入报道。其中，奥运圣火在山东传递的直播报道受到中宣部和中央台领导的高度评价，认为山东电台的火炬传递直播是全国火炬直播成功的典范。

对中央台供稿再夺第一，荣获十连冠。在取得“九连冠”的基础上，2008年再接再厉，在中央台共播发稿件700多篇，继续保持全国省级电台第一名。

其次，大型活动组织周密，富有成果，提升了影响力。各频道、部门立足自身优势，积极举办各种社会活动近百次，这些活动策划新颖、富有特色，取得了良好效果。

心系灾区，全力开展支援灾区工作。汶川大地震发生后，全台干部职工纷纷奉献爱心，通过捐款、认捐活动板房、缴纳“特殊党费”、捐赠棉衣棉被等方式多次支援灾区，累计向灾区捐款70余万元。

第三，创优工作再获佳绩。2008年获中国新闻奖二等奖1个，推荐参评中国广播奖作品3个、中国金话筒奖作品3个，获山东省精品工程奖8个，获山东省新闻奖一等奖11个，二等奖11个，山东广播奖一等奖33个，二等奖49个。

获国家广电总局“录制技术质量奖”一等奖2个，二等奖3个；“广播播出技术质量奖”二等奖1个；华东地区广播技术年会技术一等奖2个，二等奖4个；获省局技术改进奖一等奖2个，二等奖2个；获山东省新闻工作者协会一等奖1个。

二、打造“三品”取得新进展

“三品”建设是提升山东电台核心竞争力的重要手段。打造“三品”战略实施以来，各频道、部门认真贯彻落实台里要求，将“三品”建设不断推向深入。目前，全台八个频道框架已经确立，各频道定位日趋准确明晰，大多数频道具备了一些品牌节目，像《田园晚风》、《林雨一刻钟》等老名牌风采依旧，《山东新闻》、《新闻早报》、《财富早班车》、《欢乐八方》等14档节目在台节目综合考评中荣获2008年度优秀节目称号。在品牌节目的带动下，新闻频道、经济频道在济南地区收听市场份额比上一年分别提升了1.16%和2.27%。随着综合势力的增强，部分频道已具备了品牌向频道整体发展的条件，正在向品牌频道方向迈进。

品牌广告取得了新进展。2008年广告结构得到进一步优化，品牌广告实现了45%的大幅增长，全台软硬广告比例达到了60:40；一批制作精良、可听性强的优秀广告脱颖而出。在今年中国广告协会广播委员会举办的“第24届全国优秀广播广告作品评选”中，新闻频道创作的《青岛啤酒》荣获全国一等奖。

围绕打造“三品”，进一步完善了节目综合考评体系，为实施奖罚和调整节目提供了依据。目前已形成专业公司调查数据、台内节目听评会打分、节目广告吸纳指标、听评科听评打分、专家听评打分、听评网综合评价指标六个组成部分，重新调整了评估结构量化系数。

三、广告创收及产业经营再创新高

2008年，经营创收任务十分繁重，经营中心充分发挥职能作用，加强与行业代理公司沟通合作，想方设法开拓经营思路；传媒公司不断拓展创收渠道，加大创收力度，确保了广告创收及产业经营的平稳持续增长，全年总收入达1.72亿元，超产创收近1000万元，在全国位次继续前移。

2008年，通过实行行业代理制与自营相结合、行业独家代理和综合累计代理相结合的复合经营模式，把重点开发的13个行业推向市场，面向社会公开竞标，并成功代理出去。在广告经营工作中，正式下文出台了《广告代理制运营管理规定》，从山东电台和代理公司的权利义务、管理服务，到代理公司的签约管理、合同管理、播出管理、绩效管理等方面，进行科学界定和细致系统的规范，对A、B、C三大类别广告资源进行了更加合理的规划和区隔。

第三产业经营实现了平稳发展。传媒公司完成总收入4560万元，实现利润55万元。技术公司2008年完成营业额1200万元，上涨20%，其中上交50万元。华港酒店通过积极拓宽经营渠道，2008年已实现略有赢余。

四、技术发展取得新成就

3套中波节目、9套调频节目全部实现了全年安全优质播出。圆满完成了全国“两会”、省“两会”、抗震救灾重要播出保障期、奥运火炬山东境内传递、奥运会、残运会转播等重要播出任务。

覆盖落地工作扎实推进。新大楼封顶后，对旧楼发射天线形成反射，严重影响了广播发射质量。技术部积极组织开展调研、论证，加班加点、不畏艰苦，经过努力，提前把在济南的6套调频节目从旧楼切割到新楼的发射塔，有效扩大了在济南地区的覆盖，使节目响度、音质有了明显提高。新上调频8个：新闻、生活、经济分别在日照、枣庄、聊城落地；7月份，体育休闲频道在济南开通。

完成确定了卫星转播车的设计方案和网络化的无线移动采访和直播模式的初步方案。节目共享资源系统、网上在线广播的架构正在有条不紊的积极推进，为发展新媒体提供了基础保障。

五、管理机制进一步健全完善

修订完善了《山东电台绩效考核暂行办法》。在2007年试运行《绩效考核暂行办法》的基础上，2008年对各项考核指标进行了细化调整，特别是在节目综合考评、频道收听调查、广告结构调整、财务经费核算等方面做了较大修改。

六、队伍建设和党建工作再上新台阶

学习实践科学发展观活动开展以来，台党委制定了实施方案，全台党员干部深入开展学习实践科学发展观活动。

2008年，全台有6个集体、31位个人由于在抗震救灾中成绩突出荣获省及有关部门记功奖励；在奥运宣传工作中，有3个集体、13位个人立功受奖；在十七大安全播出宣传工作中，有3位个人立功。2008年底，山东电台顺利通过了“省级文明单位”复查，这是精神文明创建工作取得的又一佳绩。

山东电视台概况

2008年，山东电视台全体职工在局党组和台党委的正确领导下，坚持正确的舆论导向，深入学习实践科学发展观，“面向市场、创新发展”，面对重大事件和突发事件，经受了一次又一次严峻考验，圆满完成了省委、省政府交给的宣传任务，取得了令人满意的成绩。

一、圆满完成了重大事件、突发事件的宣传报道

（一）“两会”报道

“两会”报道是每年宣传工作的重点，2008年各频道、各部门在报道内容和形式上都有新突破。全国“两会”新闻中心第一次在北京设立演播室；第一次开办以记者名字命名的《周诺看两会》专栏；第一次开展跨团采访报道，邀请了10多位政协委员、人大代表做客演播室。向中央电视台《新闻联播》发稿31条，收到很好的宣传效果。

（二）奥运火炬传递和奥运会报道

奥运火炬接力是北京奥运会开幕前最重要的一项宣传活动，为充分展示奥运圣火在山东传递的盛大场面，山东电视台整合资源，由各部门派出精兵强将，圆满完成了山东五个城市的火炬传递全程直播。

奥运会期间，各部门、各频道都围绕奥运会推出系列宣传活动：卫视频道、齐鲁频道开办了专栏，新闻中心、体育频道联合推出演播室谈话节目。齐鲁频道还联合全国经济节目协作省部分理事台，在北京设立演播室，开辟奥运直播谈话节目，成为全国地面频道联合进行奥运报道的一个亮点。为做好青岛奥帆赛的报道，新闻中心和体育频道全方位开拓采访资源，报道出比赛事本身更丰富、更人性化、更有文化色彩的奥帆赛。尤其值得提出的是，技术部经过北京奥组委BOB严格的全球选拔，有6名技术人员有幸参加了奥运会比赛的转播。体育频道8名优秀摄像人员组成的奥运转播团队，参加了奥运会男、女足球决赛阶段的11场比赛和颁奖仪式的转播工作，成为唯一一支进入国家体育场鸟巢进行现场直播的国内转播团队，他们为BOB制作了1710分钟高质量的国际公用信号，赢得了国内外同行的称赞，获得了奥组委的高度评价，为山东电视台争得了荣誉。

（三）面对突发事件，反应迅速，报道及时、准确、适度

年初，南方遭遇重大冰雪灾害，卫视《早新闻》第一时间进行报道并推出宣传片，齐鲁频道与全国SNG协作体联系，与湖南、广州电视台联合现场直播；4月28日山东周村发生铁路脱轨事故，《民生直通车》记者最早赶到现场，对我省及淄博当地政府积极营救遇险群众进行了全面及时的报道。

5月12日四川汶川大地震发生后，山东电

视台反应迅速，迅速播发了四川汶川大地震的流码信息。台里迅速成立了以台长为组长的全台应急宣传领导小组，第一时间派出记者奔赴前线，成为山东诸多媒体中第一个到达灾区的媒体。全台先后派出21批次75名记者深入地震灾区采访，向中央台和山东电视台发回上千条一线的报道。

为配合赈灾宣传，启动了以“情义山东 心系灾区”为总标题的特别报道，并逐步增加抗震救灾报道的力度和播出量。在全国哀悼日期间，全台六个频道全天并机直播抗震救灾特别节目和转播央视节目。新闻中心在公共频道14小时直播“山东——绵阳一家人”特别节目。文艺部在短短一周的时间，组织策划了三场大型现场直播，尤其是全省宣传文化系统“鲁川血脉情——帮灾区人民建个家”大型赈灾义演募捐晚会，募集善款就达4.16亿元。省委书记姜异康对这次晚会给予充分肯定：“这次活动组织得很好，弘扬了万众一心、同舟共济的伟大精神，表达了山东人民与灾区人民心心相印，携手共渡难关的坚强决心，有力地支援了抗震救灾工作。”各栏目也都制作了特别节目。抗震宣传期间，山东电视台在央视一套《新闻联播》播发抗震救灾新闻50条，与中央台连线直播、报道8次。

山东电视台在做好抗震救灾宣传工作的同时，围绕“情义”定位，开展了一系列的爱心奉献活动。

山东电视台的主持人在晚会上表演诗朗诵

（四）改革开放30年等战役性宣传

2008年山东电视台从不同角度集中宣传了改革开放30年山东各地发生的巨变。多个栏目开辟专栏，全面报道山东各地30年取得的巨大成就。

面对金融危机，《山东新闻联播》开辟专栏，对金融危机的影响和山东各地党委政府应对金融危机采取的各项政策和措施进行了及时的跟进报道，并播出了10集专题报道《应对金融危机》。

2008年，山东电视台对中央台供稿再次名列全国第一。全年累计发稿1175条，《新闻联播》发稿635条，其中头条提要56条，单条31条。这已是山东电视台向中央台发稿连续十七年蝉联第一。

二、完善创新服务体系，节目质量不断提高，精品节目不断涌现，全国收视率全面提升

2008年围绕节目创新和打造品牌，总编室面向全台的收视数据服务工作进行调整，为全台自办节目创新提供数据支持。2008年山东卫视的电视剧定位锁定“情义大剧”，实行剧场目标考核，引进优秀节目。山东卫视靠节目创新，科学编播，推动收视率大幅提升。山东卫视在全国35个中心城市的收视率同比增长45%，在省级卫视排名前进三个位次，进入全国前十名，在全国网4000测量仪数据，收视率同比增长25%，在省级卫视排名前进两个位次，进入全国前三名。

各频道自办栏目质量都有创新和

提高。卫视频道的《先声夺人》、《阳光快车道》、《天下父母》等栏目收视率都较去年有不同程度的提升。齐鲁频道对自办节目进行“嫁接式创新”，在观众和同行中产生了广泛影响。各频道也都创办了自己的新栏目和活动，扩大了频道的影响力。

山东电视台制作的精品工程10集大型人文纪录片《齐鲁青未了》和与国家语委合作的5集系列片《汉语拼音50年》，为山东和中国文化建设做出了贡献，两部片子在山东卫视和中央电视台10频道播出，受到了各级领导和专家的好评。其中，《齐鲁青未了》由中国电视艺术委员会牵头在京组织了研讨会，专家给予高度评价。

2008年山东电视台制作的综艺节目和大型文艺晚会好戏连台。《科学发展，共建家园——2008山东军民春节晚会》、《辉煌岁月——纪念济南解放六十周年文艺晚会》、《荣成月·中华情》、《第二届全国演艺界十大孝子颁奖盛典》、《山东省十大新闻人物颁奖典礼》、《山东十大经济人物颁奖》、《第十一届全运会会徽、吉祥物发布文艺晚会》等一系列晚会都得到了领导和观众的好评。

三、精品生产大丰收，获奖作品创新高

2008年，山东电视台精品生产有8件作品获国家级政府奖，其中1件作品获中国广播影视大奖，1件作品获中国广播影视大奖提名奖，4件作品获中国新闻奖。2件作品获国家政府行业奖。19件作品获国家级学会奖。

四、对外交流不断扩大，为宣传山东做出贡献

2008年山东电视台与俄罗斯“中国”频道签署了友好合作协议书，进行业务交流和多方面的合作。目前，山东电视台已向俄“中国”频道提供《中华泰山》、《美丽山东》、《齐鲁青未了》等节目约1000分钟，节目将通过俄罗斯“中国”频道以卫星和互联网方式覆盖全俄及周边地区。山东电视台与韩国KBS加强合作，共同在山东拍摄了纪录片《西海岸时代的到来》，在韩国KBS黄金时段播出，引起很大反响。还通过中国黄河电视台向美国斯考拉提供了32期介绍山东的节目。

五、技术部门以高度的政治责任感和不懈努力，确保全年安全播出和全年节目制作任务，技术事业不断发展

（一）以高度的政治责任感，确保全台所属频道的安全播出

安全播出是山东电视台技术工作的首要任务，重中之重。2008年安全播出工作经受了严峻的考验。为确保重大宣传任务的安全播出，制作部、技术部、总编室播控中心、地球站、发射台、办公室动力科和各频道技术人员，每个岗位都根据自己的工作性质制定了详细应急预案。在奥运会等重要播出时间，主任值班，实施双岗制，做到万无一失，确保安全播出，受到了广电总局和省局的肯定和表扬。

（二）以宣传工作为中心，开展技术创新，为全台宣传工作提供高质量的技术服务

2008年，山东电视台对400平方米、250平方米和150平方米三个演播室进行数字化、高清化改造，山东电视台演播室已全面实现数字化。

2008年5月总局自主研发的CMMB手机电视在燕子山成功开通。

地球站自主开发数字设备网管系统，2008年5月份通过省科学技术厅的科技成果鉴定，

达到国内先进水平，在全国的广播电视地球站系统中具有推广价值。

六、广告创收突破11亿，产业经营进入发展期

全台广告创收 11.75 亿元，在 2007 年高起点的基础上，又增加了 1.47 亿元，完成了局里下达的任务，为山东广电事业发展做出了新贡献。

加强落地覆盖工作。2008 年卫视频道覆盖人口达 8.41 亿，继续名列省级卫视第一。

上海基地 2008 年运营良好，所管理的读书频道 2008 年 5 月份成功完成上海落地工作，增加频道用户 30 万。

北京基地在新媒体业务方面有所突破。

七、党务、纪检工作得到加强，人事制度、内部管理改革迈出新步伐。行政管理更高效，后勤服务更周到

党委纪检部门组织全台深入学习实践科学发展观活动，办公室围绕全台宣传工作，做好组织协调和服务保障。

山东电影电视剧制作中心概况

一、影视艺术创作取得新成绩

（一）艺术生产健康稳定发展

2008 年中心的电视剧生产以精品创作为龙头，坚持“三贴近”的创作原则，适应市场化发展趋势，电视剧艺术创作保持健康稳定发展。全年开机拍摄 7 部 203 集电视剧，有《北方有佳人》（34 集）、《生死线》（42 集）、《北大荒》（30 集）、《我的美女老板》（20 集）、《胖瘦啤酒屋》（24 集）、《五朵警花》（23 集）、《誓言永恒》（30 集）。

2008 年电影创作继续实施广泛联合和“小成本、小制作”的制片策略，抓质量促数量，电影生产保持在全国第三方阵前列地位。全年生产电影 5 部，有《海之梦》、《幸福的兔子》、《心愿》、《黄河口》、《斗牛》。

（二）剧目播出发行又有新突破

以《闯关东》登上 2008 年央视开年大戏为主要标志，实现了山东电视剧创作史上新的突破。全年在中央电视台等媒体播出了《闯关东》（52 集）、《活着真好》（48 集）、《女工》（28 集）、《警中英雄》（32 集）、《烈火警魂》（20 集）、《家族的荣誉》（30 集）、《海之梦》（电影）、《潍坊集中营》（5 集电视纪录片）等 8 部 216 集影视剧目和电视纪录片。影片《海之梦》于奥运会举办期间在央视电影频道播出取得了良好的社会效益和经济效益，受到广电总局领导的充分肯定。电影《小胡同大尊严》被国家广电总局电影局定为纪念改革开放 30 周年重点推介的 10 部国产新片，并入围美国洛杉矶第四届好莱坞国际电影节上展映影片，成为 11 部国产片中唯一入围最佳外语片提名

的作品。

（三）剧目获奖又获新成果

《闯关东》在全国众多优秀剧目中脱颖而出，一举夺得第二十四届中国电视“金鹰奖”最佳长篇电视剧奖、最佳编剧奖、最佳摄像奖、最佳照明奖等七项大奖，《开创盛世》获长篇电视剧三等奖。为表彰《闯关东》的成功，省委、省政府年初专门召开表彰大会给予剧组通令嘉奖。

李幼斌、萨日娜分获“金鹰奖”观众喜爱的男女演员奖

（四）项目储备更加丰富

中心加大策划力度，加强与全国有影响力的编剧的密切合作，项目策划能力有了明显改善，成功策划储备了一批比较成熟，基本达到拍摄水准的剧本和项目。这些剧目有电视剧：《南下》、《闯关东 3》、《知青》、《金山》、《大舜》、《天上的伙伴》、《小小飞虎队》(新版)、《水浒少年》(新版)和电影《沂蒙六姐妹》、《落日重围》、《将军情》、《山东馒头》、《歌与海》等10多部500多集，这些剧目都在2008年陆续投入拍摄。

二、体制改革取得新进展

2008年是中心体制改革积极推进的一年。根据国家、山东省文化产业发展和文化体制改革精神，按照山东省委宣传部和省广电局的部署，在省委宣传部的正确领导下，按照局党组的部署和要求，经过反复研究论证，制定了组建山东影视集团的方案，经省委省政府批准，山东影视集团于2008年12月26日经省工商行政管理局批准，依法登记注册。标志着山东影视剧创作进入了一个新的发展时期，对进一步推动山东广电事业和产业大繁荣、大发展起到积极的推动作用。

三、产业效益持续稳定增长

（一）音像出版效益稳步增长

音像出版严格执行党的新闻出版方针，加大财务监管力度和人才、人力资源管理，实现事业收入年增长20%的目标，圆满完成全年工作任务。全年出版选题877个，其中音像选题766个、电子选题104个。VCD193个、DVD202个、CD335个、AT36个、CD-ROM86个、DVD-ROM18个。出版了《中国非物质文化遗产》、《震撼世界的七日》、《黑金地的女人》、《马文的战争》、《同仁堂》等近600种影视、音乐、科教类音像节目。全年制作专题片达50余部。

节目交流工作面向市场及需求变化，圆满完成了全年供片工作。向全省市（地）级电视台发行电视剧26部计809集，向县级电视台发行节目1045部(集)。加工DVD和数据光盘90485片，BTA带2427盒。市（地）电视台回款率为 86.21%，县级电视台回款率为 97.64%。其中《仁者无敌》、《芸娘》、《美丽人生》、《乔省长和他的女儿们》、《还君明珠》等剧在各市电视台获得了较好的反响和较高的收视率。参与投资拍摄了《我们的八十年代》、《北方有佳人》、《生死线》等 3 部电视剧。

（二）辉煌世纪公司继续强化市场探索，积极推行市场化运作

辉煌世纪公司发挥北京设立办事处的作用，广泛联络人才，策划剧目，扩大合作，成为“鲁剧”的重要有生力量。电视剧《女工》发行取得初步成功，在北京电视台四套晚间黄金剧场播出，收视率一路攀升，两周平均收视率达到 7%，单集最高收视率达到 9.4%。《警中英雄》、《烈火警魂》在省市台播出也有很好的收视率。《家族的荣誉》、《警中警 2》、《马鸣风萧萧》3 部剧目的发行也初见成效。

中心发行部努力开拓市场，买断了《卧底金三角》、《关中盗墓贼》两部电视剧本，策划创作了电视艺术片《拍案说宝》，全年广告经营额为 280 万元。

（三）产业开发稳步推进

中心本着“立足行业优势，整合社会资源”的思路，继续积极探索产业开发途径，有些项目已做了大量基础性工作，与有关单位进行了深入洽谈，尽力吸引和拉动社会资源、资金参与。影视文化商用楼、山东柳埠影视基地、山东昌乐月亮湾影视旅游园区等项目都在积极筹划运作中。

山东传媒职业学院概况

一、山东传媒职业学院成立，首次招生形势喜人

2008 年是山东省广播电视学校实现历史性转变的一年，由一所普通中等专业学校成功转型为高等职业院校——山东传媒职业学院，迈进高等教育行列。

年初，山东省高校设置评议委员会通过建立山东传媒职业学院的建院评估。

2 月 29 日，山东省人民政府鲁政字【2008】48 号《山东省人民政府关于同意建立山东传媒职业学院的批复》同意在山东省广播电视系统培训中心的基础上建立山东传媒职业学院。明确山东传媒职业学院系专科层次的全日制普通高等学校，实行省教育厅与山东省广播电视局共管，以山东省广播电视局为主的管理体制。

4 月 9 日，国家教育部批准山东传媒职业学院备案，学院有了专属国标代码 14193。7 月 11 日省机构编制委员会鲁编【2008】14 号批复同意省广电局关于学院的副厅级编制，明确了内设机构、教辅机构和教学机构。

省教育厅批准山东传媒职业学院首次招生 5 个专业：播音主持艺术、电视节目制作、影视广告、广播电视网络技术和有线电视工程技术，招生计划 400 人。在 2008 年秋季招生中

因报名考生踊跃，省招生主管部门同意为学院增加招生名额，学院共计招收普通高职新生643人，超招生计划60%，部分学生的高考成绩达到二本分数线，学生素质良好的现象，鼓舞了教职员工办好学院的信心。

山东传媒职业学院实验教学楼。

二、加强师资队伍建设，聘请专家办学

为适应学院发展，弥补专职教师不足，学院报请省广播电视局同意，于8月和12月通过公开招聘的形式(参加省属事业单位公开招聘考试)，招聘了13名具有研究生学历硕士学位的教师，提高了学院教师队伍的学历层次。截至2008年底，山东传媒职业学院具有硕士学位以上教师23人，博士1人，在读博士3人，副高级职称以上18人，中级职称22人，教师队伍发生了质的变化。为了加强部分特色专业的教学指导，学院聘请了相关专业的带头人担任系负责人。

三、成人教育工作适应市场需求，保持发展势头

成人教育积极适应高职院校的发展要求，调整思路、理顺头绪，工作又上新台阶。成人教育处由原来的函授、远程和培训三个科室整合而成。2008年由于中国传媒大学自身原因远程教育停招一年，函授招生145人，继续保持了在全国的领先地位。在教学管理中，注重强化服务意识，以人性化的管理赢得学员的信任。在学生的学籍、英语学位考试、论文审阅和答辩的诸多环节中，严格按照程序进行，指导和帮助学员圆满地完成了论文的答辩工作，受到了学员的广泛好评。

培训方面，2008年完成了全省300余人的普通话测试和换证工作，举办了广播电视系统人事科长和市县广电局长培训班。培训中心还举办了灵活多样的艺术类考前辅导班，共辅导培训全省各地艺考生110人。

四、新校区工程完成预期任务，顺利完成校区搬迁

8月底学校搬迁至章丘新校区。新校区建设克服资金不足的困难，想方设法筹措资金，安排教学设备、后勤设备的到位，保证了秋季新校区的如期使用。

山东有线电视中心概况

2008年山东有线电视中心深入学习实践科学发展观，“聚精会神搞建设、一心一意谋发展”。在宣传管理、事业发展、人才培养、技术进步、广告经营和产业开拓等各个方面，都取得了突出的成绩。

一、学习实践科学发展观，创新经营机制

有线中心坚持“创新 · 共赢 · 希望”的理念，充分发挥中心集体的智慧，提高科学决策能力，进行了几次比较大的节目改版活动，并公开公正地完成了合同工招聘、制片人竞争上岗、广告部门负责人竞选等活动。结合中心实际情况，积极探索机制改革。打破了原来以频道体系为主的人事安排和节目制作格局，在全台设立了新闻中心、文艺中心、节目中心和广告中心四个中心，实施流程再造，业务衔接更加流畅，目标考核更加明确。

二、坚持创新思维，做好宣传工作与品牌建设

（一）认真搞好新闻宣传与对外宣传工作，发挥好新闻监督和喉舌作用

在抗击南方冰雪报道、抗震救灾报道、奥运报道、文博会宣传中，山东有线电视中心都派记者到一线，采访观众最感兴趣的消息，多次受到表彰。

为了更好地做好外宣工作，山东有线电视中心创建并经营的海外频道，除在美国洛杉矶地区落地外，2008年又通过IPTV等方式，落地到法国、新西兰、澳大利亚等国家，对山东的外宣工作做出了重要贡献。频道定位“突出山东，兼顾全国，面向欧美华人华侨”，成为山东省对外宣传的重要阵地。

（二）认真进行节目创新，让电视节目真正贴近社会，贴近群众，贴近生活

2008下半年，中心三个频道进行了比较大的节目改版，提出了创新机制，优化结构，集中编排，跨越发展的整体思路。首先整合影视、综艺、生活三频道优势资源，实施“72小时编排”。全天72小时无缝编播，网状布局，保留了三个频道的拳头栏目，新上了几档非常有竞争力、能够得到观众认可的新节目。做到在节目制作上突出专业性，在节目编排上突出整体性，在宣传战役上突出协同性。

影视频道注重电影、电视剧的推广宣传，收视率稳步上升。从2008年年底起，重磅打造三大剧场（《首播剧场》、《好剧点播》、《每周一剧》）、三大影院（中午的《酷影100》、晚间的《精品影院》、双休日白天的《周末电影院》）和三大栏目（《明星面对面》、《影视俱乐部》和《影视大派送》）。改版方案已初见成效，节目市场份额进一步扩大。

2008年生活频道成为中心的一个大亮点。年初改版，生活频道成为山东第一家没有电视

剧的互动电视频道。下半年又继续改版，强化新闻性，加强市地互动，在收视率和影响力上有了新突破。《生活帮》、《做客生活帮》、《八点听书》、《新闻快线》等栏目构成大新闻板块，特别是《生活帮》栏目，重视舆论监督尤其重视进展和结果。

综艺频道《综艺满天星》2008年度进行了“唱响主旋律”、“美丽新偶像——旅游形象大使选拔”、“白话聊斋”演员选拔等三大主题活动。12月全新改版,《综艺满天星》紧紧围绕歌、舞、游戏，设计精彩环节，在演播室摆下擂台，选手互相竞技飙歌，现场观众踊跃参与，深受观众欢迎。

黄胜副省长、省广电局领导出席山东有线电视中心“2009全球华人网络春节联欢晚会”

三、积极策划系列重大活动，突出媒体影响力

在抗震救灾活动中，山东有线电视中心派多名记者分批赶赴灾区一线，报道灾区群众的生活状况，联系急需的赈灾物资，积极倡导募捐行动，并组织由多辆运输车组成的爱心车队，经过两天两夜奔波，将赈灾物资送往北川县。这是山东唯一的由媒体发动和组织的救灾车队，受到省委书记和省委宣传部的关注。山东有线电视中心还主办、承办了3场抗震救灾晚会，一是山东宣传系统的抗震救灾晚会。二是与红十字会联合主办的“抗震救灾山东在行动”特别节目。晚会展现了山东各界在汶川大地震中“前方救援、后方支援”的动人场面。三是与济南慈善总会联合主办的“让爱延续——支援四川抗震救灾大型慈善义演”，两岸三地著名演员同台奉献，为灾区筹得善款1000多万元。

另外，中心还举办了全球华人网络春节文艺晚会、迎奥运文明榜样颁奖晚会、文博会宣传等多项大活动。

四、坚持发展的观念，积极开拓文化产业

电视广告是根本，有线中心圆满完成年度创收任务。

同时紧紧围绕电视主业，进行多方面的产业拓展。目前，中心拥有的文化产业公司，涉足电视购物、动漫产业、内容产业衍生品开发、数字电视业务等多个方面。

成功打造了电视购物乐拍商城。居家购物频道是国家广电总局批准的山东唯一的专业电视购物频道。2008年乐拍会员超过了70万人，订单销售额达到4亿元，并实现盈利。

在动漫业务方面，积极参与山东动漫市场的发展。承办了首届山东国际动漫艺术节暨中国（山东）首届国际玩具节，做了许多招商引资的工作，使之成为第二届山东文化产业博览会上的一个亮点。在全省设立“炫玩部落玩具连锁店”，实行品牌加盟销售。

积极进行节目制播分离的探索。节目在满足本台播出的同时，面向市场发行。《么都馆》、《麻辣大剧院》、《派对》发行到全国10多个省市电视台，《娱乐双响炮》发行全国20多家省市电视台。联合制作的52集大型情景剧《白话聊斋》正在筹划拍摄。进一步推进制播分离试点，将在播的部分节目进行市场化制作和销售。

围绕电视节目内容进行衍生品开发。已经将《生活帮》、《么都馆》和《唐三彩》等品牌进行了保护性注册，并依托《假日旅游》栏目多年来积累的大量海内外旅游资源和旅游信息，成立了山东龙视国际旅行社，进行旅游项目的开发和旅游线路的经营。

数字电视业务发展迅速。山东视网联媒介发展股份有限公司投资数字电视取得良好效果。济宁、泰安视通广电数字网络有限公司分别完成了城区数字电视整体转换工作，济宁数字电视用户达到13万户，泰安数字电视用户11万户，两个公司都实现盈利。

借助海外频道的平台，开展国际传媒业务。自2007年春节开始的一年一度的全球华人春节网络联欢晚会成为中心的一个品牌，一个对外交流和业务拓展的平台。《大羽华裳》即将开始海外演出，已经与美国达成演出意向，正在洽谈澳大利亚、日本演出。

山东省广播电视信息网络中心概况

2008年，网络中心全面落实科学发展观，以安全传输、网站宣传与管理、网络多媒体业务开发等工作为重点，更新观念、团结协作、扎实工作，很好地完成了全年的工作任务。

一、圆满完成了安全传输任务

安全播出是网络中心最重要的一项工作，中心始终把网络安全放在各项工作的首位来抓，经全体同志们的共同努力，很好地完成了春节、全国两会、省两会、五一节、国庆节、元旦及2008奥运会火炬传递、奥运会、残奥会等重要时期的保障任务，确保了广播电视信号的安全优质传输，做到了重要时段“0”秒停播。特别是奥运会火炬传递保障出色，受到了总局的表扬。

（一）全年高质量地完成省9套、中央11套、多套广播及DVB信号向17市（地）的传送任务。向总局回传新闻素材等共计196次，约9600分钟。完成现场直播信号回传41场次，共计8835分钟。全年各市（地）通过省网向省电视台回传新闻共约5万分钟。播出视频点播节目累计近8500小时，未出现一起人为责任事故。

（二）完成了重要时期的安全传输任务。今年仅与奥运相关的重要播出保障期就有近两个月。网络中心全体人员全力以赴，加班加点，重点保障。7月19日至23日，奥运火炬在山东境内传送，为保证现场信号的安全优质回传，中心事前安排技术人员多次赴相关市（地）进行信号检查测试，帮助市（地）解决部分传输设备指标不合格等问题，确保奥运火炬现场信号的安全优质传输。

在奥运会和残奥会召开期间，网络中心成立了安全播出领导小组，完善了应急保障预案，主要领导靠前指挥，分管领导跟班作业，了解掌握设备和线路运行情况，及时处置各种故障。巡线人员坚持全天候巡线，传输机房实行双岗值班，圆满地完成了传输任务。

二、加强光缆线路维护管理，确保了光缆线路的安全

省干线网有3200多公里光缆线路，其中有2400多公里为架空方式敷设，为了保证重要播出时段光缆线路的绝对安全，工程部门加大了巡线力度，增加了巡线人员，延长了巡线时间。一年来共编制光缆线路改建计划10多项，全年外出施工100多天。重要保障期、重点时段和重要节目的传输畅通率达到了100%；平时光缆线路和网络设备的畅通率也达到了98.5%以上。全年共完成线路中断抢修42次，保障光缆线路畅通。另外，还协助总局做好设备及山东境内565公里国干网线路维护工作，较好地保障了总局设备和光缆线路的安全运行。

三、继续做好电视会议保障工作

省府电视会议系统直接为省直各部门提供服务，是广电对外服务的一个重要窗口。由于各市（地）分会场归属单位不同等原因，省中心对各分会场管理协调难度较大，整体服务质量达不到要求。针对存在的问题，中心加大了与各市（地）协调管理的力度，并制定了自身改进的措施，积极主动地加强与市（地）分会场的沟通，认真改进自身存在问题，使电视会议服务质量有了明显提高，全年出色地完成了电视会议实况转播14次，得到了有关领导的充分肯定。

四、网络多媒体业务持续稳定发展

（一）视频点播业务顺利进行

现有7个频道，主要有电影、各类电视剧、播出动画片、休闲和健康类节目。特别是自办的健康栏目深受老百姓喜爱。全年共制作节目8800多小时，播出电影2190多部，各类电视剧3700多集，其他节目共730多小时。与省气象局签定了气象信息合作协议，既丰富了节目内容，又增加了创收。

（二）互联网接入业务服务水平有新的提高

为确保安全和服务到位，中心技术人员在雨季到来之前对整个接入网络设备进行了一次详细的巡检，对功能下降和雷击烧坏的设备及时进行了更换，同时强化服务意识，通过多种方式加强与用户的沟通，保证了用户上网的正常运行，全年没有出现用户针对服务质量的投诉。

（三）积极推进手机电视项目的开展

2008年对手机电视的版面及内容进行了几次较大的改版，突显手机看电视“随时随地”、“个性化”和“可交互”等显著特点。节目内容为四大类：直播节目类、精品节目类、视音频点播类、实时交互性资讯类。节目内容在继续保持娱乐定位的同时，加大了资讯类节目的比重，内容覆盖面更加广泛，受到了广大用户的欢迎。

（四）网络数据传输业务得到巩固

充分利用省到十七市（地）的光缆传输网，为用户提供高速、稳定的传输通道，满足用户各项业务的需求。

五、加强广视网人员管理，确保各项宣传任务圆满完成

2008年，广视网严格审发稿制度和论坛先审后发制度，宣传和技术人员实行24小时值班，及时处理网上突发舆情，确保了网上

舆论导向正确。在山东两会、南方冰冻雪灾、“3·14”拉萨打砸抢烧严重暴力事件、“5·12”汶川大地震、北京奥运会火炬传递、奥运会、残奥会、神七飞天、山东文博会、三聚氰胺奶粉事件、改革开放30周年等重大网络主题宣传上，严格按照中央和省委的部署，精心组织、周密策划，通过发布动态新闻、制作专题专栏、在论坛发布引导主题等多种手段，以及文字、图片、音视频等多媒体形式，牢牢把握正确舆论导向，旗帜鲜明地宣传社会主义核心价值体系，宣传党的路线、方针、政策，用强大的正面声音占领网上阵地，形成昂扬向上、团结向上的网上舆论氛围。全年制作大型专题十余个，发稿数千篇。多次和省电台、省电视台互动，对他们的大型活动进行现场直播，收到了良好的宣传效果。

山东省广播电视计划财务管理概况

2008年省局共实现收入23.71亿元，其中财政补助收入8327万元，广播电视广告收入157517万元，其他事业产业收入71256万元。

一、财务管理工作

（一）部门预算工作：随着部门预算管理的不断完善，省财政已将省局23个事业单位的所有收支全部纳入了部门预算管理。按省财政厅要求，通过二上二下的程序，布置、汇总编报了2008年省局部门预算，并报省财政、省人大审批后批复下达各单位执行。

2008年部门预算编制加大了三个方面的管理力度：一是加强结余资金的管理，要求各单位分析形成的结余资金的原因，除没完工的专项资金结余可在下年度继续使用外，其他结余资金要编入下年预算收入；二是对人员支出和日常办公支出推行定额管理办法，对各单位的基本支出预算根据省财政测算的定额进行测算和审核；三是推进项目评审和绩效考评，要求各单位的项目支出，提供事前论证和事后评审、绩效考核。

（二）决算工作：年底做好与省财政、局属各单位的拨款对账工作，布置、汇总编报全局事业单位部门决算和基本建设决算。对照年初财政批复的部门预算，编制预算执行情况说明分析。

（三）年初下达各单位年度创收任务、上缴任务指标。按照内部“收支两条线”制度，完成收入资金上划，根据单位预算安排和业务进度及时做好各单位预算资金拨付和上交款扣缴。确保各单位正常业务的资金需要。

对省局广告收入的创收情况和事业支出每月进行汇总，及时向党组提供创收进度，为局领导进行经营决策提供可靠的依据。

（四）按财政厅的要求完善了省局事业单位的政府采购网上系统。实现了与财政厅政府采购系统、协议供货系统的对接，2008年完成政府采购6700多万元。

（五）省财政、局属各单位、开户银行之间实现了网上资金拨付，改变了以往的拨款方式。财政补助资金直接拨到各二级单位，年度完成全局7927财政补助经费的网上拨款。

（六）配合省税务对局属各事业和相关公

司13个单位的涉税问题情况进行调查。起草了《我局对省地税局检查处理意见和建议的反馈报告》。

（七）组织局属单位财务人员参加财政部门预算、国库集中支付、决算业务、政府采购实务及各项业务相关软件进行了培训，组织全局会计人员参加了年度继续教育学习。

二、中央无线覆盖工程工作

中央广播电视无线覆盖工程是一个跨年度的任务，今年是工程任务最重的一年。

在历时两年多的无线覆盖工作中，中央财政转移支付我省更新改造工程资金9707万元，涉及我省96个台站，122部发射机；运行维护经费2127万元，涉及我省155个台站。在全处同志以及科技处的密切配合、共同努力下，我省无线覆盖工程的相关工作全部按总局要求的时间顺利完成。

三、资产管理

（一）完成所属单位2300万元的资产报废工作，协助电视台、蒙山台对4辆闲置汽车进行拍卖，解决了多年遗留的报社划拨给电台的房屋建筑物问题。

（二）对局属31个事业单位进行国有资产统计和产权登记，并上报财政厅，使得我局各独立核算单位和计财处以及财政厅都有了一套完整的固定资产明细账，实现了国有资产的随机和动态管理。因工作成绩突出，山东省广播电视局被省财政厅评为国有资产统计和产权登记工作先进单位。

（三）向财政厅和国资委分别报送了2007年度企业会计决算。

（四）编报2009年度的基建计划，对东院超计划的情况与发改委投资处和社会处多次协调。

四、统计工作

（一）编辑整理了2005至2007三年来的全省广播电视统计资料，资料包含了省、市、县三级三年的统计年报表。

（二）完成了2007年度全省统计年报工作。

（三）强化细化了2008年统计月报和半年报工作。在工作中更加注重时效性、完整性、真实性的要求，增加了更多的填报单位，及时完整地获取第一手统计资料。加强了统计月报分析，除每月固定的数据文字分析外，加强调查，利用文字图表等综合形式，就月报中重要的指标进行了横向、纵向的比较分析，力求为领导提供更直观、更详实的数据材料。

（四）召开了全省广播电视统计工作会议。传达了总局广播影视工作会议精神，对明年在全省范围推进统计信息网上直报、全省文化及相关产业统计监测报表制度、统计工作考核奖励机制等工作进行了安排部署。

（五）为山东省广播电视志—续志提供财务部分稿件；编写了山东省广播电视统计志，统计志回顾了自建国以来至今我省广播电视统计工作走过的历程。

五、审计工作

（一）根据局党组的要求，年初向局属各单位下发了《进一步加强我局内部审计工作的通知》。

（二）完成了对新闻研究所、网络中心的经费预算执行情况的财务审计和对网络公司的经营及投资效益审计。

（三）对广电中心及媒体产业大厦工程实施跟踪审计。

山东省广播电视社会管理概况

2008年以来，在广电总局和传媒机构管理司的领导下，按照科学发展观的要求，山东省局围绕播出秩序、卫星管理和村村通等工作，突出重点，科学谋划，不断调整工作思路，强化工作落实，较好地完成了全年各项工作任务。

一、全省广播电视播出秩序初步达到规范有序

一是建立机制，落实长效。在充分调研和征求意见的基础上，省局制定出台了《山东省广播电视播出机构管理信用等级考评办法（试行）》，实行百分考核。考评工作按照属地管理的原则，从下到上组织实施，每季度通报一次考评情况，年底进行全年综合评分通报。同时，省局还建立考评奖惩制度，将考评情况与评选先进、机构年检相挂钩，做到奖罚分明。

2008年以来，对个别地方播出机构通过有线电视网开办的党员远程教育频道，及时下发督办通知，并进行了严肃查处，纠正了其违规行为。

二是自查自纠，力求实效。结合《播出机构（频道）许可证》换发，进一步规范全省播出秩序。为巩固整治成果，我省专门组织开展了播出机构“回头看”自查自纠活动。随后，省局又下发文件，将总局正式批准的省市广播电视节目频道、频率名称通过“广视网”向社会予以公示，接受社会公众监督。11月份，省局又组织17市局分管局长和社管科（处）长分成四路，按照制定的检查标准和条件对口互查，进一步巩固了整治成果。

三是加大力度，严肃监管。为迎接北京2008年奥运会和青岛奥帆赛，营造和谐的声屏氛围，省局先后多次下发和转发了加强广告管理的通知，加大了对虚假和不良、违规广告播放的监管力度，并会同工商、卫生、药检等6部门对奥运期间广告播放管理情况进行了检查，对发现的违规问题及时处理解决。据统计，全年对接到的101件次投诉进行了查处，与4家违规播放广告的播出机构负责人进行了诫勉谈话，对3家播出机构下发了正式整改通知，对3家播出机构进行了全省通报批评。

四是借助外力，强化管理。省局会同省工商行政部门对17市分别下发了《关于加强全省广播电视自办节目频道、频率和广告播放管理的通知》，要求各级行政部门切实履行职责，严格按照广电总局规定要求开办广播电视频道、频率和规范广告播出。对于违规擅自开办的广播电视节目频道、频率，各级广电、工商等行政部门有权停止其播出和广告经营、发布行为，并视情进行处罚。

二、卫星电视传播秩序专项整治效果明显

一是积极加强与省级有关职能部门的协调和联系，并报经省政府批准，建立了由省综治办、公安、国安、工商、质检等12个部门组

成的境外卫星专项整治联席会议制度，加大了对全省卫星电视传播秩序组织领导和协调工作的力度，有力地促进了专项整治工作的深入开展。全省17市大部分已建立起联席会议制度。

二是以迎奥运为契机，狠抓了全省卫星电视专项整治工作。组织召开了全省卫星电视专项整治工作会议，起草下发了“迎奥运，推动平安建设”卫星电视传播秩序专项整治集中行动的通知。8月中旬，又联合省公安、610、国安、工商等部门，对全省集中整治情况进行了督导检查；对个别地方违规接收境外卫星电视节目进行了查处。

为鼓励先进，省局还联合省综治办等10部门联合下发了《关于评选全省“迎奥运推动平安建设”卫星电视传播秩序专项整治集中行动先进集体和先进个人的通知》，对340个先进集体和662名先进个人进行了评选表彰。

全省卫星专项整治工作，经过各地的共同努力，取得了显著成果。

三、广播电视村村通工作得到有力推进

协调省有关部门落实并下拨了全省2067个20户以上自然村“盲村”的2400万省级配套资金，同时加强日常督导和检查，下发了关于村村通广播电视工程建设任务的标准和要求。截至2008年12月底，国家下达的村村通任务全部完成，较“十五”规定的时间提前了两年。

四、强化了对网络视听节目治理的整治力度

2008年，我省积极加强与省通信管理部门的沟通联系，加大了对违规从事视听节目服务网站的监督和查处力度。一年来，仅省局就已对60余家在山东注册或服务器在山东的视听节目网站进行了监督检查，对14家有非法或不良视听节目的网站责令其限期整改，对其中6家违规网站下发了整改通知书，对9家违规从事视听节目服务的网站建议省通信管理部门予以关闭。全省各地按照省局的要求，通过对违规视听节目网站下发整改通知、召开网站负责人会议、与公安等部门联合进行查处等措施，规范了全省网络视听节目的传播。

另外，我省对全省互联网视听节目管理的分管局长和行政人员进行了集中培训。同时，加强了奥运期间网络视听节目的安全播出监督检查，组织开展了对广播电视新兴视频载体的调研活动。

五、行政法规建设卓有成效

2008年，先后制定了《山东省广播电视播出机构管理信用等级考评办法（试行）》，建立了《山东省境外卫星电视传播秩序专项整治工作部门联席会议制度》。另外，为进一步规范和加强对网络视听节目和节目传送业务的管理，还制定下发了《山东省广播电视节目传送业务审批管理暂行规定》和《山东省互联网视听节目服务备案管理办法》。

山东省广播电视科技事业建设概况

一、基本情况

1. 各地对播出设备特别是发射设备大多进行了固态化更新改造，2008年为确保全年的安全播出，各级广电部门再次加大了投入，使机房、供配电等基础设施得到进一步的完善，省局投资对泰山、蒙山和莱阳转播台10kV高压电缆进行更新改造，沂山台完成了山顶道路的硬化，更新了部分发射机。

2. 2008年是实施村村通工作的关键一年，作为省政府承诺的为农民办的实事之一，该工作得到了各级党委政府和广电部门的高度重视，省局加强了与省发改委、财政厅等部门的沟通协调，及时下拨了2400万元补助资金，各市的配套资金也及时到位，加上相关市、县广电工作人员努力工作，提前2年完成全省2067个20—50户自然村“盲村”和231个行政“返盲”村“村村通”广播电视工程任务。

3. 继续扩大广播电视无线覆盖，完善广播电视公共服务体系。6月31日前，中央广播电视无线覆盖一、二、三期工程中，我省75个台站均按总局规定的时间完成了建设任务，保证在奥运会期间，广大农村地区更好地收听、收看中央广播电视节目，这一工程使中一电视节目在我省的无线覆盖扩大了近10个百分点，中七无线覆盖从零扩大到了65%以上。

二、数字化工作与新媒体业务

1. 台内数字化率进一步提高。2008年是广播电视事业投入较大的一年，许多市、县的电台、电视台，都投入了大量的资金，更新录编播设备，建立媒资存储系统，进一步提高了广播电视节目的播出质量，台内数字化网络化水平有了较大的提高。年底，济南、青岛台内数字化率已达到95%以上，在国内处领先水平。

2. 有线电视数字化工作稳步推进。青岛、淄博、临沂、潍坊、泰安、济宁等市在对中心城区进行数字电视整体转换后，将工作重点放在提高服务质量、增加付费节目、开发新业务、提供个性化服务等方面，并开始着手向所辖县（市、区）延伸，促进县区的整体转换。根据2008年底的初步统计，我省有线电视数字用户增加近100万户，总数超过300万户。

3. 根据总局统一部署，对分米波规划进行了调整，奥运会前，青岛开播了标清、高清两个地面数字电视频道，省局在济南燕子山发射台试播数字高清电视，收到了良好的效果，为下一步在全省开展数字地面电视覆盖规划，进行无线覆盖由模拟向数字转换提供了必要的试验依据。

在对省属高山台的微波线路进行了数字化改造后，省局微波总站与网络中心合作，通过光纤与微波的对接，形成环网，使高山台信号源有了可靠的保障。2008年12月省局下文，停用模拟微波线路，这标志着我省广播电视信号传输全部实现了数字化。

4. 数字移动多媒体广播（CMMB）覆盖网络在我省各地全面展开。上半年，总局在全国

37个城市建设CMMB覆盖网络，进行试验播出，我省的济南、青岛参与此次试验。10月初，总局召开全国移动多媒体广播电视工作电视电话会议，根据会议要求，省局积极筹备公司组建工作及覆盖网的规划建设工作。省子公司已于春节前注册成立，并在全国率先与总局总公司签署了合作协议，与各市分公司的合作协议也已签署。在总局的主持协调下，进行大量场强预测和频率计算及协调工作，对现有规划进行调整，确定了我省各市CMMB频率规划；10月份在各市积极配合协助下，总局对全省15市发射站点进行勘察，确定了技术方案，年底前进行工程施工和设备的安装调试。济南、青岛两地已于北京奥运会前开通运行，东营、济宁、泰安、烟台、威海、临沂、日照、菏泽、聊城、莱芜等地将在下年初开通。

三、业务培训及获奖情况

1. 开展广播电视节目录制技术质量奖的评比，2008年共组织了全省51个广播节目、65个电视节目的技术质量奖的评审工作，其中3个广播节目获得总局一等奖。开展科技创新奖、合理化建议与技术改进奖的评比，调动技术人员的积极性，鼓励和督促技术人员进行技术革新，有5个项目上报总局。还开展了全省合理化建议与技术改进奖的评选，上报省局的258个项目，评出一等奖25项，二等奖76项，三等奖145项。

2. 为使广大技术人员更好地掌握新技术，充分利用新设备，提高全省电视节目录制技术水平，省局于7月初举办了电视节目录制技术培训班，共培训技术人员100多人，从参加录制技术质量奖评比的节目来看，节目的技术质量有了较大的提高。

3. 组织了2008年广播电视传输技术能手竞赛，全省17个地市和省直各单位经考试推选出120余名选手参加了省局的竞赛考试，选拔出参加广电总局组织的技术能手竞赛的3名选手全部获奖，其中一等奖1名，二等奖2名。

山东省广播电视产业发展概况

2008年，在省委、省政府的正确领导下，全省广电系统认真贯彻落实我省服务业和文化产业发展的战略部署，扎实推进体制机制改革，大力发展广播影视产业，综合经济实力不断增强。全省广电系统实现产业经营收入65亿元，位居全国广电系统前列。

一、成功组建山东影视集团

根据省委、省政府关于文化产业大集团发展战略的总体要求，今年着力开展了山东影视集团的组建工作。山东影视集团组建的基本思路是整合我省影视制作、发行、放映优势资源，引进战略合作伙伴，组建山东影视集团有限公司，带动山东影视制作产业的规模化和集约化发展，使山东成为全国重点影视剧生产销售基地，使山东影视集团公司成为我国东部地区综合实力最强、在全国影响力较高的大型骨干影视文化企业。在省直有关部门的大力支持下，山东影视集团有限公司的工商注册工作已基本完成，在业界产生了较为广泛的影响。按照发展规划，山东影视集团计划用3至5年左右时间，实现山东影视制作产业规模化、集约化发展，形成主业突出、经济实力雄厚的大型文化企业集团，成为全国重点影视剧生产销售基地和我国东部地区综合实力最强、在全国影响力巨大的骨干影视文化企业。

二、大力发展广电主导产业

今年以来，受宏观经济形势持续下滑、抗震救灾、金融危机等因素影响，我省的广播电视产业经营面临空前严峻的经营压力，广告、网络和影视内容产业等主导产业都出现了不同程度的经营困境。在这种形势下，省市各级广电机构因势而变、努力拼搏，积极采取有效措施，进一步加大内部管理和市场开发力度，克服了种种不利因素，确保了广电主导产业整体保持稳定增长态势。

2008年，全省广电系统实现广告经营收入34亿元，实现网络经营收入19.8亿元。青岛、济南、淄博、潍坊、临沂等市地广电的主导产业收入也达到了较高水平。2008年，省影视中心拍摄的52集电视连续剧《闯关东》作为开年大戏在中央电视台一套黄金时间播出，引起社会各界广泛关注和赞誉。该剧得到了中央领导同志和中宣部的充分肯定，并被省委省政府通令嘉奖，在第二十四届中国电视金鹰奖评选中荣获七项大奖；该剧的发行收入已超过4000万元，不但收回投资而且获得了较好的经营收益。以《闯关东》为代表的“鲁剧”的再次崛起标志着我省影视剧内容产业的发展取得新的突破。

三、积极推进新媒体产业和动漫产业快速发展

今年以来，山东广电系统认真落实广电总局“统筹传统媒体、新媒体发展，大力加强阵地建设”的总体要求，统筹规划、科学布局，采取措施积极主动地发展广播电视新媒体产业，全面推进手机电视、移动电视、网络广播电视、数字付费频道运营等业务，抓住机遇加快开拓山东广电的发展空间，目前正在着手准备与广电总局合作共同开发的山东CMMB手机电视业务。山东广电与中国孔子基金会、深圳凤凰星影视公司合作开发的《孔子》动漫项目进展顺利，已邀请季羡林、范曾、孔祥东、叶兆言、李冯等知名人士担任顾问或主创，目前项目已进入中期制作阶段。

四、积极组织参加2008山东文化产业博览会

9月27日至29日，2008山东文化产业博览会在济南成功举办。作为此次文博会的承办单位之一，省广电局(总台)认真落实省委、省政府的工作部署，在新闻宣传报道、展览展示、文化活动、产业项目招商等各方面积极配合、全力以赴，为文博会的成功举办做出了有益贡献。本届文博会是全省广电系统第一次以整体形象集中展示。展会期间，山东广电形象展区以大气的展区设计和丰富多彩的现场活动受到与会领导和观众的一致好评。山东广播电视主题形象展被文博会组委会授予“优秀展示奖”，同时省广电局(总台)承办的新媒体产业发展论坛、美丽山东城市形象大使大赛等活动被授予“优秀活动奖”。

五、山东传媒职业学院正式招生

4月19日，我省第一所传媒类全日制高职院校——山东传媒职业学院在济南挂牌成立。学院实行省教育厅与省广电局共管、以省广电局为主的管理模式，全日制在校生规模为5000人。该校坐落在经十东路，建筑面积12万平方米，设有中国传媒大学继续教育学院山

东分院、省普通话水平测试站、广播电视系统特有工种职业技能鉴定站等成人教育及职业评估机构。7月份起，山东传媒职业学院正式面向全国招生。

山东广播电视报刊中心概况

2008年报刊中心正视现实、迎接挑战，通过一年的不懈努力，一报三刊的各项指标都呈现出良好的上升趋势。

一、大胆探索创新　加强队伍建设

2008年5月，报刊中心在资源整合、优势互补的前提下，进行大胆的探索创新，成立了山东鲁视传媒有限责任公司。

公司成立后，经过一系列调整，降低了运营成本，改变了原有的简单落后的线性管理模式，通过矩阵式管理有效提升了各部门横向、纵向的协作能力，从而取得了转企改制工作的全面成功。

报刊中心利用多种形式对在职员工进行系统培训。同时，与山东财政学院、山东经济学院燕山分院等院校签订了大学生就业实习基地的合作协议，为报刊中心的发展储备了更多的人才资源。

二、强化创新意识　提高编辑质量

2008年，报刊中心各媒体都进行了不同程度的改版、创新，并举办了一系列大大小小的活动，在求新求变中不断寻找新的增长点。

（一）《山东广播电视报》继续秉承办“最好看的城市家庭周报”的办报目标和宗旨，在内容策划、编辑上，牢牢坚持“有情、有味、有理、有用”的四有原则，紧紧围绕广电做文章，推出了一大批有分量、有影响力的好选题策划。

汶川大地震发生后，通过到四川实地采访，以及和广电媒体联动，报刊中心推出了一系列高质量的新闻报道；在奥运期间，通过连线电视台记者、开幕式现场观众，推出了独家的山东运动员奥运报道、开幕式亲历感受等稿件；两岸通航，采访了首批赴台旅游的济南游客。

随着对广播电视资源的深入挖掘，与山东卫视、齐鲁台、山东有线电视台建立了稳固、深入的合作关系：成功策划了热播剧《闯关东》系列报道，取得良好社会效果。

继国庆节成功推出《山东往事》特刊之后，又强力策划推出了《家周刊》，将“家庭周报”的概念进一步强化，内容也更加贴近百姓生活。

（二）《视周刊》全面升级到全彩印刷，进一步强化、突出了杂志的时尚感、灵动性，与此同时，以“眼界 · 创意 · 新灵感”为口号，对版面设置、栏目设计、互动活动进行了全方位调整，市场反馈良好。

在内容方面，加强了对社会热点的关注、报道力度，特别是汶川地震发生后，在第一时间对社会各界支援汶川的情况进行了报道，并与中国诗歌学会联合推出特刊——“5 · 12”抗震诗图集《诗祭汶川》，受到了社会各界知名人士和广大读者的高度评价，并因此得到了省委宣传部的嘉奖。

（三）《时代影视》在每期一次的读者调

查表反馈活动中，每本杂志的读者满意度都在95% 以上。2008 年策划出版了增刊《东方神起 2 辑》，6 万多册很快就销售一空。

2008 年度，《时代影视》荣获中国广播影视报刊协会授予的“中国广播电视品牌期刊”称号，全国仅有两家；在龙源期刊网排名 TOP100 名中，名列国内同类期刊第 2 名，海外第 4 名。

（四）《音乐大观》作为一份专业音乐杂志，在对音乐理念、流派的解读上，追求精、深、准；在杂志整体风格设计和文字表述上，则力求新、奇、炫，因而，在城市新锐音乐人群中，拥有众多的忠实拥趸。

三、引进战略投资　推进机制改革　构建管理体系

2008 年报刊中心成功吸引战略投资，于 5 月成立山东鲁视传媒有限责任公司，完成了从事业单位的运作模式到规范的现代企业管理模式的转型，开全国广电平面媒体改革之先河。

报刊中心全面推进机制改革。首先，明确了部门及岗位工作职责，理顺了各岗位上下级报告关系。编写岗位职责说明书，优化了人员、岗位设置。

其次，将以技术职务为基础的级别工资制，转变为以岗位价值为基础的岗位工资制，建立了“以岗定薪、岗变薪变”的新的薪酬管理体系。

第三，引入 KPI 绩效考核的基本理念和做法，将整体战略管理目标进行层层分解，有效衡量不同专业、不同层次员工的工作业绩，实现对员工业绩的科学、全面考核。

四、拓展品牌营销思路　提升综合影响力

2008 年，《山东广播电视报》荣获国新数据研发中心授予的“最受广告主、广告商青睐的时尚消费类报刊”称号；在中国广播电影电视报刊协会举办的全国广电报先进单位评选活动中，名列全国省级广播电视报前五强，获得“全国知名品牌改革创新示范单位”称号。

《视周刊》经过全新改版、包装设计，从整体风格到编辑内容的定位调整，从大量活动的策划到与各电台、电视台的合作，品牌影响力正逐渐增强，逐步向时尚娱乐主流期刊的方向迈进。在 2008 年度“中国广播电影电视报刊协会广播电视期刊专业委员会优稿评选”中，《视周刊》多篇稿件获奖。

山东省广播电视协会概况

2008 年，山东省广播电视协会紧紧围绕山东广播电视的改革与发展，努力开展广播电视理论研究和学术交流，组织全省优秀广播电视节目评选，进一步加强分支机构管理，规范各类活动，探索开展自律维权工作的有效途径和可行办法，协会工作水平不断提高，促进了山东广播电视事业发展。

一、适应形势发展需要，积极推进理论研究与学术交流

山东省广播电视协会组织动员全省广电系

统广大干部职工，有针对性地开展专题理论研讨活动，积极撰写学术论文，进行学术交流，努力促进广播电视文化事业和文化产业发展。为进一步推动理论创新和业务研究，有效地组织全省广播电视工作者深入思考、认真调研，将2007年度全省广播电视节目奖一等奖作品汇编成光盘，下发到17市广播电视协会，为促进理论指导实践、活跃学术研讨气氛创造了条件。此外，召开了山东经济广播节目研讨会和纪录片研讨会，促进了经济广播节目和纪录片制作水平的提高。

二、圆满完成山东广播影视大奖评选和优秀作品推荐工作

2008年，山东广电协会继续认真贯彻落实局党组提出的打造精品战略，进一步完善评奖标准，规范评奖程序，圆满完成了山东广播影视大奖广播电视节目奖、广播文艺奖、广播剧奖、播音与主持作品奖、广播电视外宣奖等省级政府奖以及山东省县（市区）广播电视作品奖（协会奖）的评选工作，共评选出优秀作品420件。在此基础上，及时推荐优秀作品参加中国新闻奖、山东新闻奖评选。在第十八届中国新闻奖（2007年度）评选中，全省共有9件作品获奖，广播电视作品7件，省电台的《小帐本里看巨变》、省电视台的《7·18暴雨启示录》、青岛电视台《寻找爱心伞》获二等奖，省电视台的《牵手》、《英雄孟祥斌》，青岛电视台的《新闻最前线》和宁阳电视台的《庄稼汉情注国家能源法》获三等奖。在山东新闻奖中，广播获一等奖12件，电视获一等奖12件。同时，积极组织参与第24届中国电视金鹰奖评选，由山东省委宣传部、山东省广播电视局组织策划，山东电影电视剧制作中心等制作出品的52集大型电视剧《闯关东》，一举夺得七项大奖。

三、改进评奖程序，扩大评奖效果，不断规范完善广播电视节目奖评选工作

3月13日至17日，召开了2007年度山东广播影视大奖广播电视节目奖评选会，坚持公平、公正、公开的原则对评选工作进行了多项改革和创新。一是调整评委组成结构。既聘请了中广协会的著名专家、省委宣传部的领导和省局的老领导，又从省直高校和大众日报社聘请5位专家教授参加评选，扩大了评委参加范围，强化学术研究气氛，促进评奖工作理论与实践的结合。二是改进评选程序，提高透明度。评委打出分数后，迅速进行统计，评选结果第一时间反馈到各评审组，增强评奖的透明度，确保评选结果公开、公正、公平。三是实行评委会集体审议定评一等奖作品。改变过去小范围定评的做法，将评奖结果拿到全体评委参加的定评会上，由各评审组组长介绍一等奖评选情况，征求全体评委意见，确保评出公信力和权威性。

同时，为推动广播电视宣传的改革与创新，提高全省各级广播电视节目、栏目的质量，不断拓宽思路和视野，省协会邀请中广协会张振华、王汝峰、赵立凡、赵宇辉参与评奖，并进行讲评。张振华副会长作了“传播时代理念是最重要的创新”精彩讲座，会后，将点评录音整理，在《现代视听》刊发，为全省广大广播电视从业人员研究广播电视新闻规律，提高宣传技巧，进一步提高广播电视新闻、社教节目制作水平提供珍贵资料。

山东广播电视新闻研究所概况

新闻研究所是我局理论研究的机构，主要承担了刊物出版、理论研讨以及“发展史”、“年鉴”、“史志”编撰工作。2008年主要工作如下：

一、提高《现代视听》的学术质量，进一步扩大刊物在国内外的影响

2008年以来，《现代视听》秉承“传播科学理论成果，打造新锐学术阵地”的现代理念，超越地域限制，面向全国办刊。不但加强向国内一流学者约稿，而且加大了主题策划的力度，重点打造“视听专论”、“媒介与文化”、“学术前沿”、“探索思考”等各名牌栏目，并有一大批全国知名专家、博导为《现代视听》撰稿。到目前为止，《视代视听》已出版12期，发表论文300篇，约40篇文章在《新华文摘》和《新闻与传播》上转载或辑目，还有多篇文章在《中国广播电视理论动态》作论点摘编。

今年《现代视听》正式被上海图书馆《全国报刊索引数据库》收录。7月，《现代视听》被中国广播电影电视报刊协会评为“首届中国广电十佳学术期刊”。《现代视听》网上订户转载和征订量也不断提高，尤其在海外影响逐步扩大。据清华大学“中国知网”统计：今年《现代视听》机构用户总计为1556个，比去年增加147个，主要分布在9个国家和地区，个人读者分布在22个国家和地区。目前，除国内名校和重要图书馆订阅《现代视听》外，港、澳、台地区的香港大学、香港中央图书馆、台湾中央研究院、台湾国防大学、台湾汉学中心也开始订阅。

《现代视听》今年还首次被美国国会图书馆、法国国防部、英国剑桥大学、日本中央大学、新加坡国立大学所收藏和订阅。综上所述，刊物的影响力在国内尚处于领先地位。

二、《山东广播电视发展史》的编撰

2008年，《发展史》编辑部按《编撰大纲》要求，在时间紧、任务重的情况下，把握编写的正确方向，现已完成了内容编写的关键阶段（约150万字）。第一卷已交付出版社近期出版，第二卷正在抓紧编撰之中。

三、完成“年鉴”改版及“史志”初稿编撰

2008年版《山东广播电视年鉴》作了全面改版，充实了重点栏目的内容，增加了内文图片，全面反映了去年全省广电系统一年来的重大活动，共18个栏目、约90万字，即将出版。此外，还向《中国广播电视年鉴》、《中国新闻年鉴》、《山东省年鉴》提供了10万字的稿件。今年我局被《中国广播电视年鉴》编辑委员会评为先进集体和先进个人单位。

研究所承担的另一项工作是编撰《山东广播电视志》。这项工作于2003年启动，至今已

第4个年头，其时间跨度为1990年至2005年，共16年。2008年《山东广播电视续志》主要是按2007年调整后的大纲目录进行了重新编写，补充了相关资料，于今年7月完成了初稿。大约100万字，初稿报送省史志编纂委员会后，根据史志委的意见重新调整了部分章、节、目。现在补充和完善初稿，预计今年年底完成全部初稿。

四、课题研究开展情况

近几年，新闻研究所每年承担并完成了一项国家级课题，今年向中国广播电视协会申报的“当代中国农民媒介素养教育研究——以山东为例”获立项。目前，已完成该课题的资料收集整理，并开始了部分章节的撰写，拟于明年完成后上报。

山东教育电视台概况

一、坚持正确舆论导向 教育宣传工作得到切实加强

紧紧围绕党的教育方针和全国教育大局，把教育宣传作为山东教育电视台工作的重中之重，突出宣传重点，注重宣传时效，积极创造良好的舆论氛围，全年采编播发教育新闻3000余条，新闻专题50余部。一是突出宣传报道了汶川大地震后党和政府及社会各界众志成城、抗震救灾的新闻，开辟了“抗震救灾教师英雄榜”、“抗震救灾英雄少年”、“为党添彩”等专题版块，采编抗震救灾新闻200余条，有效地宣传并推动了全省教育系统的抗震救灾工作。二是大力宣传我省出台的一系列推进素质教育的新举措。以宣传全省中小学素质教育工作会议精神为重点，采编播报包括高考改革、促进高校内涵发展等相关内容报道600余条。三是重点宣传了教育系统涌现的先进模范人物，宣传报道包括五一表彰的先进工作者、全省十佳创新教师和教育系统优秀党员等人物专题40多个。四是突出了喜迎和欢庆北京奥运会的相关报道，播出奥运新闻和专题上百条。

二、大力加强频道规划与节目建设 频道形象有较大提升

坚持“弘扬先进文化，服务现代教育”的办台理念，秉承教育立台、特色办台的方针，进一步加强了频道规划和节目建设，重点加强了《名家论坛》、《留洋故事》、《教育新闻》、《教育资讯》及新开办的《问教》等栏目建设，节目质量进一步提高。在引进节目方面，力求体现教育专业特色，引进了《奇趣大自然》、《纪录·探索》、《育婴专家》、《世界名校》和《大师》等一批广受好评的节目。安排播出了《中国命运的决战》、《长征》、《红岩》、《青春之歌》、《钢铁是怎样炼成的》、《铁道游击队》等经典剧目。

2008年度山东教育电视台的日平均收视率在全国所有频道中排名第47位，在省级卫视中排名第22位。推荐参加中国教育电视协会的评奖作品，获优秀教育电视节目一等奖3项，二等奖3项，三等奖3项；获优秀论文一等奖1项，二等奖2项。

三、高度重视切实加强安全播出工作

先后投资近1000万元完成了播控中心数字硬盘和地球站设备的建设，使节目全部实现数字化硬盘播出，各项技术指标均达到国家广电总局的标准要求，建立了突发事件应急制度，制订了应急处理预案，有效预防了“法轮功”等非法信号的干扰，圆满完成了抗震救灾、举办奥运会等重要新闻的转播任务。荣获国家广播电影电视总局颁发的“北京奥运会广播电视安全播出保障工作先进单位”称号。

四、加强广告经营管理　节目落地工作取得新进展

积极探索适合教育电视台发展的广告经营管理模式，扩大经营创收，取得了较为显著的效果，广告额比上年增长了40%。

节目落地覆盖工作取得新进展，2008年在上海、天津两市实现节目入网。解决了在烟台、威海两市的节目入网问题，实现了节目在我省17个市地级城市的全部覆盖。

五、电化教育

一是组织开展了全省中小学电脑制作活动和电脑机器人竞赛活动。二是组织对我省“十一五”教育技术重点研究课题及省教育科学“十一五”重点课题《信息技术在中小学优质教育中运用策略与方法的研究》子课题的中期评估及阶段性研究成果的评选工作。三是先后组织了全省小学、初中信息技术与课程整合观摩课评选、电化教学优质课及农村现代远程教育工程应用优质课评选和全省电教论文评选活动。四是开展了电教软件产品的初审、软件推荐目录的征订发行等工作，组织了全省中小学多媒体网络课件评选活动。

六、远程教育

按照省委组织部要求，圆满完成了山东省农村党员干部现代远程教育专用频道节目采集、制作和播出工作。进一步加强了与山东省农村党员干部远程教育中心的业务工作交流，调整了采集任务和课件交流的流程规范，明晰了职责，提高了工作效率。

济南市广播电视概况

一、新闻宣传工作取得新突破，舆论引导能力进一步增强

2008年，济南广电不断增强政治意识、大局意识和责任意识，认真履行主流媒体职责，牢牢把握正确舆论导向，新闻宣传工作不断取得新突破，济南广电的主流媒体作用得到充分发挥。

（一）新闻节目质量得到提升

在完整、准确、及时、无偏差、圆满完成重大宣传任务，确保正确舆论导向的前提下，两台按照新闻立台的理念，大力推进新闻创新，扩大新闻信息量，延长新闻节目时间，增加新闻直播分量，丰富新闻报道形式。济南电视台新闻频道每天的新闻自采量由165分钟增加到

225分钟，增加了36.4%，其中直播新闻占到55分钟。电视台自办节目收视率排名前10位的全部是新闻类节目。济南电台新闻频道每天的新闻播出时长由175分钟增加到235分钟，增加了34%。电台自办节目收听率排名前10位中，有6档是新闻类节目。两台新闻节目质量的不断提升，增强了引导力和影响力，彰显了主流媒体地位。

（二）新闻应急报道能力得到提升

汶川特大地震发生后，电台、电视台先后派出5批次11名记者赶赴灾区一线采访，第一时间、第一现场发回各类稿件200多篇，充分体现了两台新闻的快速反应能力、应急报道能力和舆论引导能力。省委宣传部给予济南电视台新闻节目中心记集体三等功、济南电台新闻节目中心嘉奖，两名记者记三等功、四名记者嘉奖。

（三）新闻大型现场直播能力得到提升

在奥运火炬传递直播活动中，济南电台与中央电台中国之声的合作，从直播的前期策划、方案制定、文稿撰写、节目主持和现场采访报道，全部由济南电台完成，首次实现了中央、省、市台联合并机直播。济南电视台在高质量完成现场转播工作的同时，派出多名主持人出色完成了主演播室、点火启动和收火仪式以及直播全部过程的主持工作。

（四）新闻重大主题活动能力得到提升

在纪念改革开放30年和济南解放60周年的宣传中，电台携手全国30家交通广播电台联合策划并同时播出了大型系列报道《30年30城》，在全国产生较大反响。电视台精心策划、制作、播出了《诚信、创新、和谐之路——济南改革开放30年回顾》和纪念济南解放60周年大型文献纪录片《古城新生》。

二、节目创新创优取得新突破，两台影响力进一步扩大

（一）品牌节目的支撑

一是强化对老品牌节目的提升改造。电台整合早间新闻节目，加大新闻容量，早间新闻板块的整体收听率增长了51.89%。电视台对《今晚》节目进行了改扩版，收视率达到7.8%，市场份额始终保持在20%以上；《有么说么》改版为《有么说么新闻大社区》，85分钟节目的平均收视率比改版前增长了近一倍。二是两台围绕本土化、地域化特点，强化对新品牌节目的打造。电视台共推出了《男说女人周末故事》、《怀旧金曲》、《小学插班生》等新节目24个，电台分别推出了《听说很好看》、《我的汽车有话说》、《936红歌会》等新节目。

（二）品牌频道的支撑

两台按照品牌频道的要求，重点打造新闻频道，使两个新闻频道影响力和市场份额得到显著提升。电台新闻频率的市场占有率达到22.21%。电视台新闻频道的平均市场份额达到8.05%。

（三）影视剧的支撑

电视台新闻频道剧场市场份额达到5.69%，比上一年增长20%，都市女性频道剧场份额达到3.88%，比上一年增长77.2%。

（四）大型活动的支撑

电台组织开展的“十佳播音员主持人评

选”、“济南电台60年庆典晚会”以及“抗震救灾公益行动系列直播”活动，电视台策划组织的“姹紫嫣红中国年10城市春晚”、山东快书英雄会“万人雨中迎奥运”及颁奖盛典、“我们血脉永相连”和“爱涌泉城 援建北川”赈灾直播晚会等一系列大型活动，大大提升了两台的整体形象和社会影响力。

5月31日“爱涌泉城 援建北川”抗震救灾晚会

（五）精品生产的支撑

电台播音员杨波荣获2008年度“中国播音主持金话筒奖”主持人奖。电视片《腾飞之翼》等5件作品获山东省第八届精神文明建设“精品工程”奖，11件作品获得山东省广播电视新闻奖一等奖，3件作品获得山东省广播文艺奖一等奖，6件作品获得山东省电视艺术“牡丹奖”一等奖，6个栏目被评为山东省广播电视十佳栏目和山东省新闻名专栏。

三、科技创新取得新突破，安全播出保障水平进一步提高

（一）出色完成了安全播出任务

2008年的安全播出重点保障期长达81天，安全播出各相关部门完善应急预案，落实责任制度，圆满完成了奥运会等重要保障期的安全播出任务，受到省广电局的通报表彰。

（二）科技创新取得新突破

电视台全台网项目获得国家广电总局科技创新一等奖。这是全国广电系统的科技最高奖，也是我局首次获得这一殊荣。“济南电视台高清电视转播车”通过了省广电局的技术鉴定。另外，还有6个节目获得全国广电技术质量奖，12个节目获得全省广电技术质量奖，14个项目获得全省广电合理化建议和技术改进奖。

（三）广播电视覆盖取得新进展

电台新启用了调频发射台，彻底消除了济南东、南部收听盲区。济南电视台7套节目在各县（市）区全部实现落地，解决了长期以来济南台节目覆盖不完整的问题。

四、有线电视“村村通”工作取得新突破，广电公共服务网络建设进一步完善

提前一个月全面完成了有线电视“村村通”建设任务，全市农村有线电视通村率达到99.9%，入户率达到71.8%。网络中心正进一步推进城区有线电视、数字电视和宽带网络的发展。

五、经营创收取得新突破，全局经济实力进一步增强

在汶川大地震后国家对广告播出实行近两个月特殊管理的情况下，通过加强内部经营管

理，开拓经营思路，调整广告结构，强化收视费征缴和网络稽查，确保了经营创收的稳定增长。全局经营收入同比增长 17.61%。

六、社会和行业管理得到新加强，全市广电发展环境进一步优化

一是积极履行行政执法职能，加强了对全市播出机构、广告播放、卫星接收和视听节目的管理，组织开展了卫星电视传播秩序专项整治和广播电视广告专项治理活动，会同公安、国家安全、信息产业等部门对含有违规视听节目和淫秽色情等内容的非法网站进行了清理整顿。二是主动发挥协调和沟通作用，逐步理顺了与县区局的关系，妥善解决了县区网络上划资产存量返还等历史遗留问题。三是认真抓好“村村通”建设的组织协调和落实工作，确保了“村村通”工作的圆满完成。

青岛市广播电视概况

一、宣传工作成效显著

（一）重点工作宣传

青岛广电各媒体推出内容丰富、各具特色的奥运、奥帆节目，开办北京演播室，全力以赴完成了2008青岛奥帆赛的宣传报道，中宣部《新闻阅评》全面介绍了青岛广电报道奥运会奥帆赛的经验和做法，青岛广电被省委省政府评为奥运宣传突出贡献单位，广播电台被中华全国总工会授予“全国五一劳动奖状”，青岛电视台新闻中心被授予“全国工人先锋号”，电视台主持人朱月明被授予“全国五一劳动奖章”，青岛电视台技术中心和有线网络工程部被青岛市委市政府评为突出贡献单位；不断深化十七大精神主题宣传，高质量完成了落实科学发展观、构建和谐社会、建设社会主义新农村、全国、省、市“两会”以及“环湾保护、拥湾发展”战略等重大宣传任务；策划推出《辉煌三十年》《青春青岛》等大型系列专题报道，扎实推进改革开放30周年宣传，全方位展现了改革开放以来青岛政治、经济、文化、社会等各方面的巨大变化和成就；全面深入做好抗震救灾、抗击浒苔、应对金融危机、扩大内需等重大突发事件的宣传报道，营造了积极向上的舆论氛围。

4月30日，青岛电视台举行了“与奥运同行”——庆祝北京奥运会开幕倒计时100天特别节目

（二）对外宣传

青岛电台、电视台加强选题策划，创新内容形式，狠抓典型宣传，全年在中央电台和中央电视台发稿，继续保持全国同等城市前一、二位，其中在央视《新闻联播》发稿，位居全国同等城市第一名。青岛电视台分别在南非国家电视台、日本东京大都会电视台、台湾东森电视台和美国斯科拉电视网举办了“青岛电视周”，境外友好电视台达到了12个，共计播出节目22部集；通过中国黄河电视台、美国斯科拉电视台、ECHOSTAR电视网等海外播出平台，共在境外播出专题片28部（集），在北美地区播出后，获得了较高的评价；与市外宣办共同举办“境外媒体看青岛”大型电视采访活动，邀请了包括澳大利亚、南非、日本、俄罗斯、西班牙、新加坡等7个国家的境外主流电视媒体，来青进行了为期6天的电视采访活动，取得了圆满成功。

（三）精品创优

青岛电台、电视台有7个栏目荣获全省“十佳栏目”和“名专栏”。电台在本地收听市场的占有率达到85%以上，所属的新闻、经济、交通、音乐四个频率分别跻身全国城市电台同类频率综合实力前八强；电视台整体市场占有率达到31.15%，继续保持青岛地区收视优势地位。全局共有65件作品获得全省一等和全国二等以上奖项。

（四）积极拓展宣传新阵地

青岛传媒网完成电台全部频率和两台所有新闻节目网上直播，完成市政府新闻发布会直播60多场，网站总有效访问量增长30%；有线数字传媒以“电视杂志”的新定位进行了全面改版，重点频道收视率明显增长；移动数字电视着力构建全市覆盖网，成为奥帆委指定户外电视宣传合作伙伴，已在2000多辆公交车和3000辆出租车上安装数字视听系统，受众人群达200多万；中华美食频道在全国实现跨23个省市70个城市和港澳台的落地播出，机顶盒用户达到1100万，收费用户接近20万，并获得第三届中国创意产业年度大奖。

二、技术不断发展

（一）安全播出

全年共组织广播、电视、有线17次实战演练和3次郊区大规模防无线插播演练，确保了奥帆赛等重要播出期安全播出万无一失，荣获“全省北京奥运会安全播出保障工作先进单位”、“全省年度安全优质播出管理先进单位”等荣誉称号。

（二）技术进步

对电视、调频、中波覆盖进行了全面收测，完善了发射台站基础设施，顺利完成广电总局无线覆盖项目，实现了奥运期间无线数字高清、标清电视节目和移动多媒体广播的按时开播；加强技术设施建设和设备资源整合，完善适应中心频道制要求的技术服务保障体系；积极探索创新技术手段，实现了奥运火炬传递和奥帆赛、残奥帆赛开闭幕式及赛事的海陆空立体转播。电台对总控机房和三个频率的直播机房进行了改造和设备数字化升级；电视台初步建设微波信号城域传送网络和新的新闻网系统，对新闻演播室、发射台控制室、后期机房和数字转播车等进行了升级改造。

（三）全面推进有线网络建设和数字电视新技术发展

青岛有线网络中心积极加强骨干网及分配网规模化主动调试维护，全年新建、改建各类光节点480个，新建地下管网86.4公里，无源光网络累计覆盖42.7万户；完成数字电视机顶盒插卡升级转换11.8万户；承接的国家科技部“数字媒体示范工程”课题通过规划论证，进入小区试点；承担的广电总局“基于有线数字电视的多业务示范网”、青岛“数字社区”等项目顺利实施。青岛有线数字电视荣获首届“中国文化产业创新奖”，“基于有线数字电视的电子支付系统”项目荣获广电总局科技创新一等奖；完成郊区有线数字电视60万户，莱西、胶州和黄岛、城阳、崂山等区市已全部或基本完成所辖城区和农村有线数字电视整体转换，每年可为当地广播电视平均增加收入2000多万元。

三、内部管理水平进一步提升

（一）巩固中心频道制改革成果

进一步完善目标绩效考核体系和薪酬分配体系，推进内部经济核算体系建设；加强对新体制的跟踪和调研，不断完善配套政策，实施流程再造，使新体制的运行更加顺畅。电台宣传、经营“两分开”工作取得阶段性成果。电视台建立以强势频道为主导的“一帮一”体制，逐步扶持拉动弱势频道，取得明显成效。加大制播分离的改革尝试，探讨面向社会进行公司化运作及联合社会力量制作节目实现资源共享、合作共赢的新模式。

（二）有线网络集团企业化管理体系全面投入运行

规范董事会决策和台委会议事流程，有效提升了内部决策和执行效率；调整完善内部组织架构，建立实施企业化的人力资源管理体系、企业化的财务管理与核算体系、企业化的岗位薪酬和绩效考核体系，取得了良好的管理效益和经济效益。

（三）完善基础管理

加强目标绩效管理、干部人事管理、宣传管理、技术管理、财务管理，制度建设取得较大成效，提高了管理层次。积极开展“迎奥运、绿色视听在行动”活动，卫星电视专项整治行动取得实效，荣获全省卫星电视专项治理先进集体，在全省综合考核中名列第一。完成广电中心监控系统改造和油改气节能改造，降低了运行成本。加强安全保卫工作，圆满完成了以奥帆赛、残奥帆赛为重点的年度安全保卫任务，被省公安厅记集体二等功。

四、全面加强人才队伍建设和党风廉政建设

认真开展队伍作风建设集中教育活动，通过学习讨论、对照检查、整改提高三个阶段，重点解决了我局干部职工队伍在思想作风、学风、工作作风、生活作风和组织纪律等方面存在的部分突出问题，进一步提高了全局干部职工的政治素质和业务素质。汶川大地震发生后，全局干部职工和单位为灾区捐款120多万元。

潍坊市广播电视概况

一、围绕中心，贴近本土，宣传质量和水平有了新提高

围绕中心，突出主题，舆论引领水平和服务水平有了新提高。紧紧围绕市委、市政府“一六三三”工作思路和任务目标，坚持正确舆论导向，坚持“三贴近”原则，充分发挥媒体优势，重点组织了贯彻落实科学发展观、贯彻落实中央和省、市委工作会议精神、抗震救灾、奥运宣传、创建国家卫生城市、省级文明城市、滨海新区开发、节能减排等主题宣传，圆满完成了市人大、政协会议，风筝会、菜博会、文展会、鲁台会、青岛潍坊周、发展文化产业等重要宣传任务。做到了宣传重点突出，导向正确，基调平稳，有力地配合和促进了全市各项工作的开展，受到市委、市政府领导的充分肯定。

创新意识增强，节目本土化战略和品牌拉动战略取得明显成效。潍坊电台、电视台、广播电视报贴近受众需求，办好民生新闻，整合节目资源，打造品牌形象。市电台积极推进频率专业化，新闻、经济、交通、健康4个频率的总体平均收听占有率为62.5%，比上年增长13.7%。市电视台积极打造新闻、经济双主频道，自办栏目由2007年的5个增加到9个，自办节目时间增加到240分钟，进一步加大了对本地新闻事件的报道力度，使节目更加贴近群众，形成了较为稳定的观众群体，收视率稳步提升。广播电视报通过改版，增强了贴近性、可读性和服务性。

对上宣传成效显著。潍坊市广播电视局（总台）先后印发了《县市区广播电视宣传工作先进单位考评办法》、《关于进一步做好对上发稿工作的通知》等。2008年，全市在中央两台播出稿件120多件，其中潍坊电台、潍坊电视台在中央电台《新闻和报纸摘要》、《全国新闻联播》和中央电视台《新闻联播》等重要新闻栏目发稿50多件。潍坊电台在省电台发稿获通讯报道优秀集体一等奖。潍坊电视台在省电视台《新闻联播》发稿位居全省第三，荣获先进集体一等奖。各县市区广播电视局在省台、市台发稿比上年度有较大幅度增长。

节目创优再创新高。为鼓励多出精品，总台制定了《关于精品创优和上宣作品奖励办法》。全市有30多件作品在全国获奖，140多件作品在全省获奖。潍坊人民广播电台创作的广播剧《野风谷上的三个兵》、潍坊电视台创作的电视剧《我是一个兵》、电视理论专题片《旗帜——从三元朱村的发展看新农村建设的实践方向》等5件作品，荣获山东省第八届精神文明建设“精品工程”作品奖。潍坊广播电视报被评为“全国知名品牌、改革创新示范单位”。

充分发挥媒体平台优势，做好抗震救灾宣传和社会募捐工作。5月12日四川汶川大地震发生以后，潍坊广播电视总台组织潍坊电台、电视台、广播电视报在第一时间做出反应，努力做好抗震救灾宣传、社会募捐等工作。组织“万众一心众志成城——潍坊市抗震救灾募捐义演”等各种规模的社会募捐义演活动10次，募集捐款捐物2112.49万元；市直广电系统全

体干部职工捐款、交纳“特殊党费”91.71万元。

开展社会宣传活动，扩大广播电视媒体社会影响力。潍坊电台《行风在线》栏目获得国务院纠风办高度评价。市电视台协助中央电视台组织拍摄了《寻宝——走进潍坊》。

钟耕民局长把捐款交到北川桂溪中学师生代表手中

二、立足长远，超前谋划，事业建设和社会管理取得新进展

加强对县市区村村通工作的调度指导。2008年全市有线电视用户达到190万户，比去年增长20万户，行政村通村率达到100%，入户率达到85%。新时期广播电视村村通任务全面完成。全市广播电视综合人口覆盖率达到100%。

数字电视整体转换工作进展顺利。中心城区数字电视整体转换全部完成，提前一年完成市政府确定的工作目标。启动了县市区数字电视整体转换。本着“存量保值，增量分成”的原则，组建了山东昌乐天润网络有限公司，开展昌乐城区数字电视整转工作，开辟了一条以市场运作方式进行社会事业建设的新途径。

2008年先后规划了潍坊广电技术中心、潍坊转播台搬迁新建、中国潍坊三名文化城、潍坊少儿艺术培训中心等4个项目。其中，潍坊转播台新台已经开工建设。广电技术中心、三名文化城已通过两轮规划论证。对移动电视项目进行了考察论证。

投资300多万元购建广播直播车，多项技术指标创全国第一，成为省内最先进的移动广播直播车。投入400多万元进行设备更新改造。投资近500万元进行了电视台演播厅大屏幕更新、演播室电脑灯光系统改造、数字硬盘播出系统数字化改造，购建了媒资管理系统。投资1600万元的高清电视转播车完成招标工作。

安全播出和社会管理工作得到加强。全面完成了抗震救灾、奥运会、元旦、春节等重要时期的安全播出任务。组织开展了广播电视播出机构信用等级评选工作。开展了对非法安装卫星天线的管理，广播电视播出秩序持续改善。

三、强化调整，坚持创新，产业发展实现新突破

以优化市场资源配置和效益最大化为导向的总体经营思路日趋成熟。按照“主业抓调整，产业抓开拓，重点抓项目”的工作思路，不断推动经营体制和机制创新，积极调整优化广告结构，努力拓宽产业发展领域，扎实搞好重点项目建设。

经营机制创新取得新突破。对潍坊广电传输有限公司进行了股份制改造，对市广电网络中心进行了转企改制。成立了潍坊星光少儿艺术文化传播有限公司，收购组建了天泽网络科技有限公司，实现了由广电媒体向互联网新媒体的拓展，广电产业内涵得到进一步丰富。

经营结构调整取得新进展。经营结构日趋合理。通过组织公益活动、商业促销、文化宣传等方式，扩大了媒体影响力。总台全年实现经营收入2.01亿元，同比增长23.93%。

四、深化改革，强化管理，发展基础得到新加强

以质量效益为中心、以制度规范为主题的精细化管理理念深入人心。广播电视工作各环节深入实施精细化管理，促进了节目质量和工作效益的提升。

五、加强业务培训，推进文化建设，广电队伍素质有了新提高

深入开展了和谐创建、文明创建工作，队伍素质不断提高。局（总台）被评为“省级文明机关”、“市直部门绩效考核先进单位”、“和谐创建组织工作奖”，市电视台被评为“省级文明单位”。

淄博市广播电视概况

纪念改革开放30年文艺晚会

一、宣传质量明显提高

（一）新闻宣传导向正确，舆论引导水平有了新提高

全局上下始终牢牢把握正确的舆论导向，牢固树立政治意识、大局意识、责任意识、阵地意识、质量意识，新闻宣传取得显著成绩。围绕市委、市政府的中心工作和重大决策部署，开设了“科学发展富民强市”、“节能减排淄博在行动”、“抗震救灾众志成城”、“坚定信心应对挑战”等新闻专栏，舆论引导能力明显提升。围绕北京奥运会、纪念改革开放30周年、陶博会等重大活动、重大事件，策划了“奥运聚焦”、“辉煌之旅”、“我身边的巨变”等系列报道，收到良好的宣传效果。

（二）加大对上对外宣传力度，对上重点报道实现新突破

2008年加大了对中央台、山东台重点新闻栏目的发稿力度。电台在中央电台发稿得分468分，获中央台突出贡献奖，在省台发稿得分4162分，名列全省市地台一等奖第一名。电视台在中央电视台发新闻片181条，在山东卫视《山东新闻联播》发新闻片679条，在中央电视台、山东卫视《山东新闻联播》发新闻

片总量名列全省市地台“双第一”。

（三）树立节目立台立报理念，节目质量不断提高

制定出台了《淄博市广播电视总台（局）加强宣传管理的有关规定》、《重大事件新闻应急预案》等管理制度，用制度规范日常节目运作。电台拓展现有广播资源，在新闻广播尝试了调频、中波两套频率统分结合的个性化节目播出，新开办了《1143故事汇》等栏目，电视台新开办了《实事直通车》栏目，将《现在直播》和《新闻天下》两个栏目打通并实现直播，电台、电视台都建立了节假日特殊编排方案，使节目的制作、播出更加贴近市场，贴近受众，5个电视频道实现了24小时不间断播出。据央视索福瑞调查数据显示，电台收听市场份额达到52.22%，电视台最高收视市场份额达28.84%，创近年来新高。作品获奖实现新突破，18件作品获省新闻奖，18件作品获牡丹奖，75件作品获山东广播影视大奖。

（四）精心策划组织大型活动

发挥广播电视传播迅速、影响面广的优势，精心策划了一系列大型活动。特别是四川汶川地震发生后，电台在全市率先发起“情系灾区 淄博舞动爱心结”系列捐助活动，电视台举办“心相连　爱相连”大型赈灾义演募捐活动，共向社会募集善款680余万元。还圆满完成了陶博会文艺晚会、淄博十大人物评选颁奖晚会等晚会的组织录制工作。成功举办了咱老百姓的春节晚会、淄博市少儿春节晚会、淄博市新年音乐会、十大女企业家颁奖典礼等晚会。

二、社会管理规范有序

（一）广播电视实现安全优质播出

局党委高度重视安全播出工作，层层落实安全责任，重点岗位实行24小时值班；在全国两会、省、市人代会、政协会等重要安全保障期，在南方雪灾、“4·28”胶济铁路特大事故、四川汶川地震等突发事件中，在奥运会、残奥会等重大活动中，强化措施，强化责任，确保了安全优质播出。

（二）卫星电视整治成效明显

建立卫星电视整治长效机制，卫星电视整治工作首次列入《全市政法工作要点》和《平安淄博建设工作要点》，纳入了对县（区）社会治安综合治理和维稳工作目标管理“一票否决”考核项目。开展了为期3个月的全市卫星电视传播秩序专项整治行动，共查处非法销售窝点530处，收缴私自销售、安装和使用的卫星地面接收天线2257个。

（三）行业管理进一步加强

发挥行业管理职能，加大行业管理力度，尤其是在突发事件宣传中，加大了对全市广电系统的统一管理和协调；对个别播出机构擅自开办自办节目等违规问题进行了查处，依法关闭了个别乡镇广播电视站违规开办的电视节目；加强了对车载、楼宇等公共视听载体的监督管理，加强了对企事业单位有线电视站的技术管理和播出节目的审查、年检工作；规范卫星电视接收秩序，严禁接收未经广电总局批准的境外卫星电视频道；圆满完成了农村中央广

播电视节目无线覆盖工程，全面完成全市20户以上已通电自然村“村村通”建设任务，进一步扩大了广播电视无线覆盖。全市广播电视行业管理更加规范有序。

三、事业发展稳步推进

（一）数字电视创新发展

积极开拓农村数字电视市场，在数字电视现代农业频道中新开设了《专家博客》和《新型农民百家讲坛》栏目，实行存量增量分类考核，鼓励发展新业务，开拓新市场，发展宽带用户1万户，全市数字电视用户达45万户，农村数字电视用户10.4万户。双向有线数字电视项目获得国家广电总局科技创新一等奖。

（二）广播电视数字化水平进一步提高

加大技术投入，投入资金1000万元，对广播发射台设备、西山发射台广播电视天馈系统、80平米电视新闻直播演播室、200平米演播室、非线性编辑设备及六楼机房、直播间、备播间进行了升级改造。扩大了广播电视覆盖范围，提高了节目制作能力。

（三）经营创收稳步发展

2008年，全局实现收入3.24亿元。其中，电台实现收入2843万元，电视台实现收入7400万元，淄博声屏报实现收入804万元，网络中心实现收入1.99亿元，其中增量业务收入4850万元，较好地完成了年度经营创收任务目标。淄博电视台被国家广电总局授予全国首批广播电视广告示范单位称号。

（四）新媒体发展迈出新步伐

依托广电资源，积极发展新媒体业务。成立了淄博广电网站，调整、充实了人员。移动数字电视、移动多媒体广播电视进展顺利。

四、管理服务水平不断提高

加强行政管理，制定下发了总台（局）《关于加强督查工作的意见》，着力提高执行力和行政效率，保证了全局工作的高效运转；加强干部人事管理，制定了2008年干部职工理论学习计划。

五、队伍建设不断加强

（一）班子和队伍建设进一步加强

领导班子强化政治理论学习，认真学习了党的十七大和十七届三中全会精神、科学发展观理论；加强基层党组织建设，对11个基层党组织进行了调整充实；加强党风廉政建设，制定下发了《2008年党风廉政建设和反腐败工作实施意见》。加强职工队伍建设，通过岗位自学、邀请专家讲课、外出学习等多种形式，提高职工的业务素质。

（二）深入开展学习实践科学发展观活动

在开展深入学习实践科学发展观活动中，被确定为全市学习实践科学发展观典型单位。

烟台市广播电视概况

一、坚持正确舆论导向，大力实施节目创新，宣传工作取得新成绩

一是突出中心工作，主旋律宣传导向正确引导有力。围绕学习实践科学发展观、贯彻十七大和十七届三中全会精神、纪念改革开放30周年、抗震救灾、北京奥运、“两会”、创建文明城市等中心工作，各宣传中心迅速反应，开展了立体化、大密度、多角度、全方位的战役性宣传报道，在全市营造了良好的舆论氛围，充分发挥了主流强势媒体在经济社会发展中的作用，得到各级领导和社会各界的充分肯定。二是突出重点选题，对上对外宣传收效明显。广播中心在中央台《新闻和报纸摘要》节目发稿29条，头题2个。在《山东新闻》发稿444条，头题15个，荣获省广播电台集体记者一等奖第一名。电视中心在中央电视台《新闻联播》发稿47条，综合头题3个。在山东电视台发稿1392条,《山东新闻联播》头题30个，发稿总数位居全省第二，荣获全省电视新闻宣传工作先进集体一等奖。外宣方面，广播在国际台播发通稿131条，专题26组。三是突出开拓创新，宣传创优成果逐步显现。广播对所有频道进行了全新改版，更好地体现了为民服务宗旨，提高了节目的可听性，其服务民生的经验被新华社《内参选编》和《大众日报》刊载报道。电视注重品牌效应,按照“三贴近”原则，对《新闻直通车》、《民生大道》等不断创新调整，进一步增强了节目的贴近性、互动性和服务性，收视率和市场占有率在全国城市台中名列前茅。电视报不断改革创新，被中国广播影视报刊协会评为“全国知名品牌，改革创新示范单位”，综合排名位居全国第七、全省第一。胶东在线继成为国家重点新闻网站后，又获得了广电总局视音频许可证，并荣获全国网络视频联盟“2008年度贡献奖”等项大奖。创新创优力度的加大，使精品力作不断涌现，在省以上评奖中，全局有70多件作品获奖，

9月18日，由胶东在线网站承办的第七届全国地方网联研讨会在烟台召开

获奖作品数量和质量均好于往年。

二、围绕科学和谐发展，突出抓好重点工程，事业建设有了新进展

一是广电中心基本竣工。广电中心是全市重点文化基础设施。烟台局坚持高起点、高标准、高水平，精心组织，强化调度，严格管理，全力推进大楼建设，确保了如期竣工。二是广播电视“三通”工程扎实推进。完成了全市剩余的9个20户以下自然村有线电视建设任务，实现了“村村通”。全市新发展有线电视用户5万户，入户率达到92%，覆盖率继续保持全省、全国领先。三是有线电视数字化整体转换工程正式启动，年内完成转换10万户。四是设备升级改造力度加大。自筹资金600多万元，对正在使用的广播、电视、网站等设备进行了更新改造。

三、立足传统主导业务，积极探索新兴业务，广电产业发展实现新突破

一是广告创收在困境中突破。面对频频发生的自然灾害，以及突如其来的金融危机带来的冲击和影响，各创收单位通过调整优化广告结构，规范经营管理，特别是推行广播广告代理制等有效措施，使广告创收同比增长20%，创收总额再创历史新高。二是内容产业在协作中突破。电视中心采取与社会公司协作的方式，使内容产业发展实现了历史性突破。电视连续剧《家比天大》、糖果剧《非常公寓》已面向全国发行，《阳光别墅》与多家卫视台签订了合作协议。动画片《晶莹小子》在中央电视台少儿频道播出，并跻身美、法、日、韩等海外市场。三是新媒体业务在创新中突破。移动电视覆盖进展迅速，接收终端总数近1500个。

四、严格落实管理措施，规范广电传播秩序，安全优质播出得到新保障

一是坚持预防为主，全面加强安全播出和安全生产管理。围绕北京奥运及重大活动、重要节日的安全播出，局里与各相关单位签订了责任状，层层落实责任，强化监管。确保了全系统没有发生责任事故。同时，高度重视安全生产管理，认真落实安全生产责任制，防止了安全事故发生。二是严格执法，不断加大社会管理力度。共查处违规销售窝点20多个，没收非法设备480多台套。查处非法有线电视用户1300多户。三是加强行业监管，规范广播电视传播秩序。关停违规传输视听节目网站10个。

五、解放思想更新观念，提高素质改进作风，和谐广电建设结出新硕果

一是进一步加强了班子队伍建设。按照市委部署安排，精心组织开展了解放思想大讨论活动，为推动广电事业又好又快发展夯实了思想基础。举办了广电系统领导干部读书会，提高了领导干部的政策水平和执政能力。组织了各类培训班十多期，有效提高了干部职工的业务素质。二是切实加强了党的建设，使党组织的战斗堡垒和党员的先锋模范作用得到充分发挥。抗震救灾中，全局364名党员交纳“特殊党费”37.5万元。三是继续深化行业作风建设。在年终的“万人评机关”活动中，广电局列热点部门第31位，网络中心在“万人评窗口”活动中列公共服务类第13位。

威海市广播电视概况

一、宣传工作

（一）阵地宣传

“自主创新年”宣传贯穿全年，突出了新一轮解放思想活动、“创建全国文明城市”、“抗震救灾”、迎办奥运等重要活动、重大主题、重大事件的宣传报道，以“企业家谈发展”、“人民谈创业”等专栏、专题的报道营造了浓厚的舆论氛围；先后开办专题、专栏20多个，采集播发重头稿件160多篇，制作播发相关公益广告近20条，抗震救灾宣传实现了电视首次跨省区连线报道，受到省委宣传部表彰，有1个先进集体被记三等功，1人被记三等功，2人获嘉奖。

（二）对外宣传

广播在参与威海东北一家亲活动中实现威海台与东北7台的大型互动直播，三名记者跟随市委宣传部等有关部门行程近5000公里，途径东三省。共播发广播新闻稿件83篇，记者现场报道45个，先后与途经城市台同步推出联播两地城市特别节目9期，每期时长在半小时到1小时之间。与山东人民广播电台直播节目现场连线4场，在省电台发稿得分2364分，获得省对上发稿集体一等奖，在中央电台《新闻与报纸摘要》节目中发稿21条；电视在山东卫视发稿605条，在中央电视台《新闻联播》发稿18条。其中《威海生态文明的辩证法》在中央电台《新闻与报纸摘要》节目头条播出，时长3分钟，省委常委、宣传部长李群批示给予表扬。高质量地完成了最新版威海常备外宣专题片、创建全国文明城市申报片、纪录片等的拍摄制作任务，全年制作外宣专题片30多部。

二、节目、栏目

（一）节目创新

威海广播电视台《人居生活频道》自2008年8月份正式组建，12月15日正式开播，立足威海本土，确立以“非常、自然、真诚”作为频道理念，推出主打栏目日播一小时大型互动直播节目《我爱威海》、至情至性新锐话题节目《合欢树下》、城市资讯节目《人居生活指数》等。以《空中看威海》的形式纪念改革开放30年的大型直播活动，在威海广电史上首次采用高科技动力飞艇空中拍摄，俯拍威海城市全景，行程六个小时，同时播放了反映威海各行各业发展成果的专题汇报片20余个；首次采用卫星、微波、网络立体综合传输手段全程、全方位联动直播，是多种传媒技术在全天大时段直播过程中的综合应用；首次采用主持人空中直播、地面卫星车直播、演播室直播三位一体全天候互动直播，体现了真正意义上的全民互动大直播，实现了威海广电20余年发展史上的一大创举和突破。

创办了威海第一个“百姓演百姓事”的栏

“改革开放30年　空中看威海”大型直播活动启动仪式

目剧《咱老百姓的故事》，首次使电视剧创作、生产步入固定化、常态化，并为以后走向市场打下了基础。其中《招聘》在由中国广播电视协会主办的第三届全国栏目剧评优年会上获得三等奖。

（二）品牌更新

对《行风热线》栏目进行了扩容、提速和延伸，上线单位新增了5个，听众在当天就能听到热线回音，而且延伸开办了城市服务管理广播《城市之音》，全年热线电话2000多个，群众满意率达98%以上；《直播威海》栏目的收视率接近25%。《畅通威海》栏目服务交通、服务百姓受百姓赞扬；市委书记王培廷、市政协主席、市委宣传部长刘玉党批示给予表扬；《威海发展论坛》、《威海骄傲》、《威海区域新闻》、《城市之音》、《威海故事》等一批新栏目、新节目正在快速成长中。

（三）精品创作

2008年全台获省以上政府奖的作品共75件，其中一等奖14件，二等奖27件，超额完成全年任务。《直播威海》、《说说吧》、《海峡金桥》分别获得山东省广播、电视“十佳栏目”；《质量日报》被评为“山东省新闻名专栏”；《韩语播报》荣获山东广播电视外宣奖对外栏目唯一一等奖；《寒夜千人大搜索》获电视外宣专题一等奖；新闻系列报道《文艺工作者的楷模——邹树君》获2008年度山东省精品工程奖。

三、管理工作

（一）队伍建设

一是促学习，通过给干部和职工分别发三本书，带动了全局学习气氛的不断提高；二是抓引进，通过公开招考，从近400人的报名者中最后录取14名编辑记者，从100多人中选拔出6名播音员、主持人；三是促竞争，通过竞争上岗，选拔了人居生活频道、专题节目制作中心等6个部门的负责人；四是抓培训，逐步选派一线工作人员入传媒学院进行深造。

（二）形象推介

充分发挥电视媒体优势，以“策划见效，服务增效”及活动营销提升媒体形象和价值，全年成功举办了春秋两季车展、家装购物节、名校直通车等大型活动30多场，依托大型活动开发的广告收入占本地广告收入的三分之一；全年举办各类晚会30多场，特别是春节文艺晚会走向社会办节目、走出电视台办春晚，取得良好的社会效益和经济效益；通过广电精神、频道理念、主持人形象、重点栏目推介、政务公开内容等上墙、包装，办公区间面貌焕然一新，提升了文化含量，展示了广电形象；2008年，被省人事厅、省广电局联合授予“全省广播电视系统先进集体”；被省精神文明建设委员会命名表彰为“省级文明单位”荣誉称号；被省政府授予“全省离退休干部先进集体”称号。

（三）管理增效

面对生存压力，新领导班子牢固树立“勤俭办一切事业”思想，不断强化全体干部职工的成本节约意识，深入开展“管理效益年”活动，向管理要效益、要效率，靠管理增效能，全年累计节约480万元。

（四）社会监管

进一步加强了社会管理的力度，先后两次与市公安局、市国家安全局开展联合执法行动，对擅自安装卫星地面设施和违法接收境外电视节目的行为进行专项整治，共整治小区29个，检查用户719家，被省广电局等十个部门联合授予“全省卫星电视传播秩序专项整治集中行动先进单位”称号。

四、安全播出

确保了奥运期间广播电视的安全播出，全国广电系统安全播出预警信息发布系统已全面建成，为安全播出工作提供了重要的技术支撑；与无线电管理处联合查缴了卫星前端干扰器，严防卫星接收前端的地面干扰；进一步加强供配电、监听监看等配套设施建设，提高播出系统的安全可靠性；加强各发射台的道路、供电、信号传输等基础设施建设和管理，提高广播电视抵抗自然灾害的能力；注重加强与公安、601办、综治办和无管处等部门的配合，提高了协同作战能力。广播电视安全优质播出工作继续保持全省地市台先进水平，荣获全省安全优质播出管理先进单位。

五、网络发展

一方面加快数字电视推广力度，为实施全市数字电视整体平移积极创造条件，一方面加快有线电视网络建设与改造。全市有线电视入户率已达到87%以上；年内发展有线电视用户11000户，完成双向网改造用户15000户；发展数字电视用户2093户；在巩固完善全市有线电视“村村通”工作成果的基础上，采取积极有效措施，推动“村村通”向“户户通”发展。

枣庄市广播电视概况

一、围绕中心，服务大局，宣传工作在六个方面取得了新成绩

一是强化了对全市重点活动和国家重大事件的宣传报道，围绕全市招商引资、奥运宣传、纪念改革开放三十周年等一系列活动和事件，市电台和电视台分别开办了《实施五城同创，建设文明枣庄》、《奥运进行时》、《辉煌枣庄——纪念改革开放三十周年》等专栏专题。

二是加大了对十七大和十七届三中全会精神以及经济工作的宣传力度。市电台和电视台开办了《深入学习贯彻十七届三中全会

精神》、《坚定信心、迎接挑战》等专栏。滕州局、台儿庄局、山亭局等也分别开设相关栏目，营造了积极向上的舆论氛围。

三是提高了对突发事件的应对和处置能力。对2008年2月份南方雪灾和5·12汶川大地震两大突发事件，制定了《关于新闻宣传及播控出现重大情况的应急处置预案》；市电台在《枣庄新闻》节目设置"情牵汶川，心系灾区"专栏；市电视台拍摄制作的电视专题片《大爱无疆——消防武警贾广超的特殊蜜月里的战斗》同时在中央电视台和山东电视台播出；新闻特写《家乡人民悼念折翅雄鹰——张鹏》在山东电视台《新闻联播》节目播出。同时，先后三次派出三组记者赴灾区进行跟踪采访。

四是注重品牌意识和栏目创优意识，全面提升节目质量。市电台共有35件作品在国家级和省级组织的评奖活动中获奖，有4件作品被评为中国广播电视协会专家奖，其中广播理论《"三百工程"探寻新农村之路》、广播剧《美丽的谎言》获得山东省第八届"精品工程"奖；市电视台有165件作品在全省政府奖评比中获奖，其中，《红灯记》入围24届中国电视金鹰奖，并获得省电视艺术牡丹奖一等奖，《爱的轮回》获省"五个一"精品工程奖，《轮椅上的冠军梦》、《灵璧纪石》获国际选片会银奖。

五是提高创新意识，开办特色栏目。市电台新开播了《枣庄科技》、《青春在线》、《小米音乐公社》、《我爱旅游》、《声音玩具》等节目。市电视台《财富枣庄》栏目开播成功。

六是强化对上报道意识，对上宣传再创佳绩。市电视台在中央电视台上稿24条，其中联播9条，在山东电视台发稿523条，其中联播230条，头条9条。滕州局在中央台发稿15条，在省电台、电视台分别发稿373条、110条。

张冠中局长在"走进新时代"——枣庄电台纪念改革开放30周年活动上致辞

二、事业和产业在六个方面实现了新突破

一是成立了枣庄微山湖影视文化传播有限公司。该公司的成立，标志着枣庄市影视剧产业化运作进入实质阶段。

二是电视剧生产创作迈出坚实步伐。2008年在电视剧生产创作上重点策划了《台儿庄》、《大窑门》、《运河支队》、《小小飞虎队》、《车神奚仲》、《范仲淹》等6个选题，部分剧目取得明显进展，30集电视连续剧《台儿庄》已完成策划。

三是有线电视"村村通"工程稳步推进。全年累计投入资金1120余万元，新开通176个有线电视自然村，新铺设光缆610公里，电缆530公里，新发展农村用户4.15万户，基本实现了全市行政村和50户以上自然村的"村村通"广播电视目标。全市有线电视用户达到45万户，覆盖用户达到52万户，总资产1.6亿元。

四是加快推进全市有线电视数字化转换步伐。枣庄数字电视中心机房和数字电视传输平台主体工程完工，枣庄数字电视中心机房前端设备招标会议圆满完成。

五是设备更新改造力度大。市电视台新上

了LED大屏幕；市广播电视监测台改造、购置了机房设备，实现了对无线电视节目的实时监控；市微波站新上一套8G数字微波传输设备。

六是多措并举搞创收，将优质节目和影视剧创作作为新的创收手段。以节目为中心，以广告经营和"村村通"为两翼，三点齐发，形成了有效、有序、有力的经营创收模式，在2008年经济形势不稳、经济政策多变的大环境下，市电台、电视台和市传输中心因时制宜，采取有效的创收手段，圆满完成了创收任务。

三、安全播出和社会管理工作常抓不懈

依法查处本市个别地方私自建台、擅自安装播出设备、改变上级批准的技术参数、扩大功率等违规违纪问题；持续抓好卫星电视传播秩序整治和不良广告的整治工作。各区（市）局积极联合地方相关部门，加大稽查和打击力度，整治了一大批违法、违规现象。

四、建立"三心"教育长效机制，队伍建设取得良好成绩

2008年初，局党委提出要把两项活动作为一项长效机制，抓紧、抓好、抓出成效，重点在于正确处理做人与做事的关系，提倡做到"三个到位"（即感恩的心到位，无私的心到位，诚实的心到位），争创"三个一流"（即"争创一流的班子，争创一流的队伍，争创一流的业绩"）。极大地调动了干部职工干事创业的积极性。

全面加强干部作风建设，研究制发了《2008年党风廉政建设和反腐败工作实施意见》，深入开展"算好清廉每笔帐、走好人生每一步"的警示教育，把教育与管理相结合，严格组织人事纪律。

济宁市广播电视概况

一、新闻宣传与节目创新实现了新突破

始终坚持正确舆论导向，精心组织广播、电视、广电报等视听、平面媒体，先后开展了抗震救灾、学苏北精神、创文明城市、奥运火炬传递、应对金融危机等15个大型宣传战役和一系列重要宣传活动，为全市科学发展营造了良好舆论氛围。

对上发稿，广播在省电台发稿得分1812分，获全省17市电台对上发稿第二名，在中央台播放稿件15篇。电视在山东卫视各栏目播出新闻近千条，在中央台发稿近百篇，特别是12月份在省台《新闻联播》栏目发稿29条，基本做到了一天一条，实现了对上发稿的历史性突破。

广播正式启动了收听率调查，对各系列台进行了重新定位、改版，节目专业化越来越强；电视成功完成了各频道的整体化系统包装，地域文化特色更加明显，荧屏形象有了质的提升；广电报不断加大改版力度，加强了与优势媒体的合作，报纸的影响力不断增加。《直

播民生》迎来三周年庆典，栏目组被市政府记集体二等功。精心策划组织了“感动济宁”十佳人物评选、播音员主持人选拔大赛等大型活动十几个，以活动带宣传、以活动促宣传的宣传新模式，已成为增强广电传媒影响力的重要载体和有效途径。

市委副书记、市长张振川到《直播民生》栏目慰问

二、经营创收实现了新突破

2008年，全系统共实现创收12038.05万元，超额完成全年任务，比上年增长1308.24万元，增长12.2%。其中，网络中心农网部创收381.46万元，超额65.85%；广播中心创收648.30万元，超额8.05%，同比增长36.44%；广告中心创收4299.81万元，超额7.5%，同比增长12.6%；网络中心创收3357.50万元，超额5.58%，同比增长11.6%；广电报社创收463.35万元，超额0.8%，同比增长5.07%；视通公司实现利润946.25万元，超额14%，同比增长48.9%。

三、改革调整工作实现了新突破

在用人上实行了“两级聘任、两级管理”，明确了岗位管理制，对干部职工实现了由身份管理到岗位管理；对聘任人员与正式在编人员一样，统一考核、评选先进、聘任职务；在分配上逐步向岗位绩效工资制度过渡。电视改革实行了板块节目总制片人制，推出了《直播济宁》等一系列全新栏目，自办节目时间由原来的75分钟增加到120分钟，整体节目质量不断提高。

四、事业建设实现了新突破

一是积极争取省市配套资金840万元，累计投入1920万元，架设杆路1042.85公里，敷设光缆2639.2公里，全市20户以上自然村有线电视开通率超过90%，农村有线电视总户数达到56万户。全年共安装电视发射机2套、广播调频发射机1套，圆满完成了中央台节目无线覆盖工程，实现了中央电台第一套节目和中央电视台第一、第七套节目对全市农村地区的无线有效覆盖。二是有线电视数字化整体转换力度进一步加大，基本完成了市区的有线网络改造，总户数超过15万户；各县市有线电视数字化已陆续启动。三是全年累计投资超过1000万元，新购置广播转播车、新闻移动电视直播车各1辆和一批数字调音、采访设备，200平米演播室通过总局测试验收并正式投入使用。四是启动了广播电视综合服务中心项目；广播电视观光发射塔正式列入市重点工程项目。

五、社会管理工作实现了新突破

以市委办公室、市政府办公室文件形式下发了《关于加强卫星电视广播地面接收设施管理的意见》，在全市开展了“迎奥运、推动平安建设”卫星电视传播秩序专项整治集中行动，共查处违法安装使用“小耳朵”6700余套，捣毁非法销售“小耳朵”窝点100余处，被评为全省迎奥运专项整治活动先进集体。

六、安全优质播出实现了新突破

认真贯彻“不间断、高质量、既经济、又安全”的技术维护总方针，圆满完成了重要节假日、奥运会、残奥会等共92天重要播出保障期的安全播出任务。成功进行了奥运火炬传递、孔子文化节等29场重大活动的广播电视现场直播，提供电视会议、车载电台服务50多次，确保了万无一失，优质安全。

七、新媒体建设实现了新突破

成功申办了济宁新闻网站，取得了网络传播视听节目许可，与中国电信和中国联通分别签署了100兆和200兆互联网IP专线接入协议，使济宁新闻网的互联网出口达到了300兆带宽，网站建设成功迈出关键性步伐。移动多媒体广播发射系统建成试播。

八、领导班子和人才队伍建设实现了新突破

在全系统深入开展了转变干部作风建设年活动，组织开展了与市检察机关的廉政共建活动，干部作风建设和反腐败工作扎实推进。组织开展了新一轮干部竞争上岗，一批年富力强的优秀人才走上了管理岗位，为干部队伍增加了新生力量，促进了干部队伍素质的提高。成功举办了全国范围内的播音员主持人大赛，选拔充实了一批播音专业人才，有力提升了电视荧屏形象；完成了全市广电系统160余名新闻采编人员的培训考试，组织了全市广电系统技术能手竞赛，队伍综合素质有了新的提高。

泰安市广播电视概况

一、紧紧围绕市委、市政府中心工作，努力营造经济社会发展良好舆论环境

（一）精心组织，协同配合，重大活动宣传卓有成效

广播电视在新闻栏目中开设了《继续解放思想，推进科学发展》专栏，及时报道全市学教活动情况。5·12汶川地震发生后，开设了抗震救灾众志成城专栏，及时报道泰安市抗震救灾工作。报道我市派遣救援队、医疗队、卫生防疫队奔赴灾区和社会各界为灾区捐款捐物、党员踊跃交纳特殊党费及全市组织生产、抢运灾区急需的帐篷、板房等情况，先后发稿1600多条。奥运火炬在泰安传递，局领导高度重视，购置了新的转播设备，精心安排，反复演练，圆满完成了历时2个半小时的火炬传递直播。实现了此类重大活动广播、电视直播零的突破。同时为中央两台、省两台提供了全方位的直播信号服务，中央台各频道滚动播出泰安圣火传递新闻10多

次。广播、电视分别在《泰安新闻》中开辟了大型新闻专栏《建设经济文化强市，打造国际旅游名城》，先后就东平湖水浒文化、岱岳区大汶口文化、宁阳县蟋蟀文化、新泰市体育文化等进行了探讨式采访，对泰安市近60项非物质文化遗产进行了介绍；广播、电视、广电报等进行了大型专题报道《辉煌泰安：改革开放三十年》，全方位展示泰安市改革开放30年来在经济建设、政治建设、文化建设、社会建设、生态建设和党的建设等方面取得的伟大成就。

7月22日，泰安局圆满完成了奥运圣火的传递直播

（二）精心策划，积极争取，对外宣传工作再创佳绩

继续与中央电视台《走遍中国》栏目合作，摄制了《走遍中国 · 新泰专辑》五期。与中央电视台《艺术人生》栏目合作，摄制了《艺术人生》特别节目《清明》。《泰山讲坛》栏目继续稳步推进，已现场录制52期。

广播在中央台发稿60多篇，其中在《新闻和报纸摘要》节目中播出8篇；被中央台评为优秀供稿单位。电视在中央台《新闻联播》发稿16条，山东卫视发稿574条，其中《新闻联播》272条，齐鲁电视台87条，被评为对上报道先进单位。

（三）积极探索，打造品牌，自办节目创新有了历史性突破

电视新闻新推出了《新闻背后》和《夜线》栏目，新闻类自办节目每天达到了80分钟。《新闻零距离》由录播实现了直播。电视社教中心推出了《故事人生》栏目，《天天说事》由原来每天30分钟增加到了40分钟，专题类自办节目达到了每天60分钟。广播在办好《政风行风热线》、《901百姓热线》等名牌栏目的同时，推出了大型民生互动直播节目——《晓溪为您办事》，增设《整点新闻》，开办了儿童节目——《可爱进行时》和广播股市节目——《股市导航》。

（四）科学选题，认真创作，精品生产取得好成绩

大力实施精品战略，做到早选题、早策划、早储备，保证了精品创作数量和质量。广播电视有30多件作品获省级以上奖励。电视系列报道《岱顶铸警魂》获得山东省精品工程奖，《且赢高枕卧烟霞——李白与徂徕山》获中国广播电视学会三等奖，《政风行风热线》获得山东省广播节目类十佳栏目奖，《感动泰安》现场直播获山东省文艺牡丹奖一等奖。

（五）担当责任，回报社会，广播电视社会影响力不断增强

充分发挥广播电视栏目优势，围绕服务百姓、回报社会，举办了一系列大型社会公益活动。通过这些活动，进一步扩大了广播电视在社会上的影响，提高了广播电视的社会公信力和美誉度。

二、突出创收重点，全力保证经营收入稳中有升

（一）广告创收稳中有升

受全球金融危机和市场疲软的影响，广告受到了强烈的冲击。广告公司、广播中心、广播电视报社及承担创收任务的各个中心，克服重重困难，均完成了年度目标任务。

（二）网络经营创收取得新进展

2008年，相继开通了各个县市区和肥城矿业集团的数字电视信号，数字电视业务收入有了较大提高。互联网系统业务量有较大增长，取得了很好的经济效益。

三、牢牢抓住发展不放松，大力推进事业建设

（一）全面完成村村通工作任务

各县市区都将此项工作列入了为人民群众办的实事之一，2008年全市新增有线电视用户15万户，是历史上有线电视发展最快的一年。

（二）数据业务稳步提高，新增互联网用户4000户

（三）数字电视实现新突破

加快了各县市城区数字电视平移步伐，到年底发展数字电视用户15000多户，全市数字电视用户达14万户。11月初，数字电视双向平台已经开始试运行。

（四）广播电视中心大楼正式投入使用

经过两年多的艰苦奋战，一座集办公、节目制作、播出和传输于一体的现代化的综合大楼正式建成使用。

四、以安全优质播出为目标，扎实做好技术保障工作

（一）技术装备、技术保障水平实现新跨越

以奥运圣火传递直播为契机，完成了两个固定点一个移动点的大型户外直播。高标准装备演播室，实现《新闻零距离》直播。

（二）安全播出取得新突破

荣获全省“确保奥运会安全播出先进单位”称号。技术中心荣获“全国广播电视技术维护先进单位”荣誉称号。全市有7家台站被评为省级优胜台。

五、加大行政执法力度，推进社会管理法制化

（一）卫星电视专项整治取得新成果

查处非法销售业户51家，端掉非法生产窝点2个，查扣收缴非法生产的卫星天线422面，拆除收缴非法安装使用的卫星电视接收设施1450套，荣获全省“卫星电视传播秩序专项整治先进单位”称号。

（二）依法管理取得新进展

起草了《泰安市广播电视设施保护管理办

法》，并由市政府颁布，于2008年1月9日正式实施。

六、加强内部管理，着力提高工作运行质量

（一）加强内部管理工作

分门别类印制成3册规章制度汇编，对每一项工作都提出了明确具体的规范和要求。

（二）加强宣传管理工作

强化频道规划定位和频道形象设计宣传，提高了节目预告频率和水平，增强了节目的可视性。

七、强化人才队伍建设，不断提高职工综合素质

以继续解放思想、推进科学发展学习教育活动为抓手，大力加强思想政治工作，加强人才培训和人才引进，为全局工作开展创造了良好条件。先后邀请多位知名专家来市局作报告，从人员素质、宣传理念、节目创新、媒体走向等方面进行了培训，提高了全局干部职工的政治素质和业务水平。

加强外出学习和交流。由局领导带队先后到南京、无锡、苏州学习节目创新；到邯郸、邢台和北京学习办好广播政风行风热线经验；到日照、徐州学习广告创收；到青岛学习节目直播及人员管理，有力地促进了各项工作的开展。

临沂市广播电视概况

一、围绕中心，服务大局，牢牢把握正确舆论导向，营造了良好的舆论氛围

（一）顺利完成了一系列重大宣传任务

圆满完成了抗击低温雨雪冰冻灾害、抗震救灾、北京奥运会、创建全国文明城市、改革开放30周年、应对金融危机等一系列重大战役性宣传，深入开展了党的十七大和十七届三中全会、市“两会”、“四市五城”战略目标、推动文化大发展大繁荣、建设经济强县等主题宣传。广播电视强有力的宣传，对统一全市上下的思想，发展大好形势，加快大临沂、新临沂建设，发挥了重要作用，营造了良好的舆论氛围。

（二）广播、电视向上发稿继续保持了全省第一的先进位次

市广播电视台全年在省广播电台发稿位居全省第一位，在中央台发稿30多篇；在省电视台《山东新闻联播》中实际发稿869条，位居全省第一位，在中央台发稿66条，其中《新

闻联播》发稿33条。向上发稿工作的开展，树立了临沂的良好形象，提升了临沂外在的知名度和美誉度。

（三）节目不断改版创新，注重品牌打造，质量有了新的提升

《行风热线》节目开通了三区版，电视进一步加强了栏目品牌打造，各栏目从形式到内容都有了很大改进，栏目的贴近性进一步增强，特色进一步突出。加强了节目监听监看，大力抵制低俗之风。临沂广播电视报对报纸进行了改版。在省级以上节目评奖中，全局共有60多件作品获奖。

（四）积极组织开展了一系列活动，有力地扩大了广播电视的影响

一年来，先后组织了"众志成城 抗震救灾"沂蒙人民与地震灾区人民心连心募捐活动、"2007临沂经济年度人物"、"2007感动临沂年度人物"颁奖典礼、《临沂广播电视报》创刊20周年庆典晚会等一系列活动，增强临沂广电的影响力，提升临沂广电的社会形象。

5月17日，临沂市广播电视局举办"众志成城抗震救灾"沂蒙人民与地震灾区人民心连心募捐活动

二、经营创收稳步增长，为事业建设提供了有力的财力支持

2008年，由于受抗震救灾、奥运会、金融危机等重大事件的影响，广告创收困难增大。在这种严峻的形势下，全局各经营创收单位和全体经营创收人员不等不靠，积极调整思路，采取措施，开发市场，搞活营销，加强管理，确保了经营创收稳步增长。全局全年共完成经营创收14024.78万元，同比增长20.3%。

三、事业建设扎实推进，进一步夯实了加快发展的基础

（一）实现了全市所有20户以上自然村有线广播电视村村通

2008年5月6日，召开了全市有线广播电视村村通、户户通会议，开始了由村村通向户户通的战略转变。全年新开通20—50户自然村982个，实现了所有20户以上自然村有线广播电视村村通；新发展有线广播电视用户57400户，入户率达到60%，圆满完成了市委、市政府交给的"为民工程"任务。

（二）临沂广播电视发射塔建设进展顺利

经过紧张施工，中心筒建设已达地上210米，桁架和桅杆全部制作完毕，塔楼部分的梁、柱、网架已制作完成80%。

（三）临沂城区有线电视网络进一步完善，数字化水平进一步提高

进一步加快临沂城区有线电视网络建设，全年新增有线电视用户10342户，新增数字电视用户10706户。目前，临沂城区数字电视整体转换工作已基本结束，已上报省局组织验收。

（四）广播电视的有效覆盖进一步扩大

中央电视节目无线覆盖工作全面完成，山东电视台少儿频道在全市各县区全部落地，顺利完成了西藏汉语频道的落地和在县区转播。临沂转播台的搬迁工作先后完成了新址的征地、平面规划设计、专家论证意见、地上附着物清理等工作，正在做开工的准备工作。

四、实现了广播电视的安全播出

进一步加强了对广播电视安全播出的管理，不断完善各项规章制度和应急预案，加强播出机房的管理，强化值班人员思想和业务的教育与培训，确保了安全播出。全年共完成广播、电视现场直播、转播189场。特别是在抗击低温雨雪冰冻灾害、四川汶川特大地震、北京奥运会等重大活动、重大事件期间，全体值班人员认真负责，严密监视设备和信号，严格按规范操作，确保了重要播出保障期的安全播出，确保了中央、省、市的政令畅通。

五、切实加强了对广播电视的社会管理

（一）开展了卫星地面接收设施专项整治

2008年5月5日，召开了全市卫星地面接收设施专项整治会议，开展了卫星地面接收设施专项整治。共印发、张贴《通告》110500份，查处非法安装卫星电视广播地面接收设施23804件，查扣卫星电视接收机1460余台、锅面天线1600余个、高频头1460余个，卫星地面接收设施专项整治工作取得很大成效，受到省广播电视局的表彰，并作为经验在全省推广。

（二）广播电视广告播放管理取得显著效果

加大对违规广告的查处力度，及时责令停播与抗震救灾、创建全国文明城市、迎奥运不相符合的广告，使违规广告得到较好治理。

（三）加强对互联网上传播视听节目和播出机构的管理

建立了互联网视听节目监管平台，安排专人值班；加强对广播电视播出机构的管理，进一步规范了节目套数和台名、台标、呼号。

（四）加强对广播电视节目制作经营单位的管理

加强对各种文化传媒广告公司、影视制作、企业形象策划设计、电视节目制作公司的管理，使全市广播电视节目制作经营单位管理纳入规范有序的轨道。

六、稳步推进体制改革

经市委、市政府批准，将临沂人民广播电台、临沂电视台、临沂有线广播电视台、临沂有线广播电视传输中心合并，成立了临沂市广播电视台，为隶属于市广播电视局管理的正县级事业单位。市局重点做好行业管理，新组建的广播电视台，重点是办好广播电视，包括宣传、经营创收、内部机制转换和新媒体开发，广播电视体制改革迈出了新步伐。同时，市广播电视台新成立了活动策划与制作中心、广电艺术中心。对市广播电视台广播各频率总监、电视广告中心主任等中层职位进行了竞争上岗，对临沂广播电视报社中层职位进行了竞争上岗，进一步完善了目标责任制管理和奖惩激

励机制，体制改革和机制转换进一步促进了广播电视事业和产业的繁荣发展。

七、班子、队伍建设得到进一步加强

其一，领导班子建设有新的加强。2008年，临沂市委对局、台领导班子进行了调整，进一步加强了局、台领导班子的力量。同时，对部分科级干部进行了调整，科级干部队伍结构进一步优化。

其二，进一步加强了队伍的政治业务学习。认真组织局台领导班子成员和广大干部职工学习十七大、十七届三中全会精神，学习新闻宣传业务知识、经济知识和科技、法律等知识，不断扩大从业人员的业务知识面和胜任本职工作的能力。

其三，加强了队伍的作风建设和党风廉政建设。在干部职工中大力倡导爱岗敬业精神，加强了职业道德教育，坚持“三贴近”，大力纠正行业不正之风，坚决反对有偿新闻。积极做好党风廉政建设工作，反腐倡廉教育的内容不断深化、形式不断创新，党风廉政建设得到进一步加强。

日照市广播电视概况

一、新闻宣传亮点频现

紧紧围绕市委、市政府中心工作，声屏报网发挥各自宣传优势，把握正确导向，积极引导舆论，圆满完成了解放思想大讨论活动、抗震救灾、北京奥运会、纪念改革开放30周年四大战役性宣传任务，为全市经济社会又好又快发展提供了有力的舆论支持。同时还围绕社会主义文化大繁荣大发展、创建省级文明城市、青岛日照合作峰会等重大工作部署进行了高密度的宣传，为全市经济社会发展创造了浓厚的舆论氛围。特别是抗震救灾宣传反应敏捷，行动迅速，声屏报网把握适度、整体联动，开设抗震救灾专题专栏10余个，推出了日照市支援灾区工作的先进典型——莒县农民抗震救援队、日照钢铁等，在全国全省引起了较大反响。仅用5天时间，率先在全省举办了“情系灾区、奉献爱心——日照市对口支援灾区四川绵阳慈善募捐晚会”，募集捐

5月22日，在日照广电中心举办了“情系灾区 奉献爱心”——日照市对口支援灾区四川绵阳募捐晚会

款2200万元，晚会还在山东电视台实况播出，产生了广泛地影响。

二、对上报道取得新突破

进一步完善了外宣奖励机制，加强了外宣工作调度和督查力度，把扩大日照的外在影响力作为重点牢牢抓在手上，积极主动与省台、中央台沟通，广播电视上联播、上提要的能力明显增强。全年电视在山东台发稿376条，其中在山东新闻联播发稿136条，创历年来联播发稿量新高；广播荣获省电台集体记者一等奖第二名。广播电视在中央台发稿也取得了突破性进展。日照网联合中国城市网成员单位创建了“中国城市联播窗”，播发宣传日照稿件1000余件，进一步拓展了外宣空间。

三、宣传创优全面丰收

进一步完善了广播电视节目创优奖励措施，节目创优再创佳绩。全年获得国家、省级各类奖项近60个，有10余件作品获省级一等奖，获奖数量和档次创历史最好水平。其中，大型电视系列片《日照东方》获国家纪念改革开放30周年电视纪录片银奖，纪录片《金牌情》连获山东电视牡丹奖纪录片一等奖和山东省人民政府首届“泰山文艺奖”三等奖大奖，“日照网首页”获山东广播影视大奖网络新闻奖十佳网页奖，位列全省广电网站前五名。

四、大型活动影响扩大

充分发挥广电集声、屏、报、网于一体的优势，整体联动，相互配合，密切合作，紧紧围绕党和国家的大事，紧贴全市经济社会发展的实际，策划组织了一系列重点活动，推出了一些好作品。

五、广播电视村村通工程基本完成

坚持把有线电视村村通作为广电部门支持新农村建设的重要抓手，全年全市新发展有线电视村285个、有线电视用户6.7万户，全市有线电视用户突破60万户，有线电视村达2920个，有线电视进村入户率分别达98%和63%，分别比去年同比增长了11个和4个百分点，基本实现了有线电视村村通。

六、自主经营创收再创新高

2008年在突发性事件多、金融危机导致的经济下滑等不利因素影响下，局台自主经营创收达8656万元，比去年同比增长13%，再创历史最好水平。

七、卫星电视整治工作成效显著

2008年，卫星电视专项整治工作取得前所未有的成绩，共查处非法销售卫星地面接收设施黑窝点160余处，拆除和没收违规设置的卫星地面接收设施9014套，卫星电视专项整治工作取得阶段性胜利。

八、技术工作保障有力

在资金压力较大的情况下，先后投资460万元，对原有硬盘自动播出系统做了存储容量的扩充，完成了新闻非编网的升级改造，购置了40平米LED大屏幕和彩幕，对演播室灯光音响部分设备进行了升级改造和全新的装修，新增了数字微波传输设备，对电视无线发射机进行了固态化改造，电视新闻频道、影视频道发射全部实现固态化。同时进一步加大安全播出工作力度，完善了安全播出应急预案，圆满完成了奥运会、党的十七届三中全会等重要保障期安全播出任务。

九、其他工作有序展开

把开展"管理效益年"活动作为提高广电工作整体水平的一项重要措施来抓，实行了绩效目标考核管理，进行了量化细化考核，对部门、个人实施无缝隙管理、全方位考核，充分调动了干部职工的积极性、主动性。进一步加强了队伍建设，继续开展了"全员培训"活动，将培训纳入干部职工日常考核，按类别派出业务骨干到国家、省台进行业务对口学习，提高了干部职工的政治和业务素质。

德州市广播电视概况

一、新闻宣传工作积极主动，重点突出，为全市经济社会又好又快发展营造了良好的舆论氛围

（一）围绕中心，服务大局，舆论导向坚强有力

广播电视台、报及时开设专题专栏，深入开展贯彻落实党的十七大和十七届三中全会精神、落实科学发展观、优化发展环境和提高机关效能宣传活动；开展全市实施五大发展战略、南融北接、"双城联创"、新农村建设、打造区域经济文化高地等重点工作的宣传。

（二）重大事件和突发事件的宣传成效突出

一是全力抓好抗震救灾宣传报道，鼓舞全市人民支援灾区建设的工作热情。5·12汶川大地震发生后，迅速成立了抗震救灾宣传报道组。两台一报开设"抗震救灾，众志成城"专题专栏，集中报道地震灾情和市委市政府及广大干部群众参与抗震救灾和为灾区募捐等救助活动情况。二是采取多种形式，深入开展奥运宣传工作，调动起了干部群众以实际行动支持奥运的工作热情，营造了浓厚的"奥运年"氛围。三是认真部署做好"纪念改革开放30周年"宣传工作，参与组织了评选"德州改革开放30周年十件大事"等活动。

（三）节目创作和精品创优取得了新的突破

狠抓节目质量、倡导争先创优，精品创作又迈上了新台阶。2008年共有12件作品获省级奖。获奖数量和等次实现了新的突破。广播在省台用稿在全省系统排名位次又有新的提升，并再次荣获集体记者一等奖，实现了集体记者一等奖14连冠。德州电视台在山东卫视发稿460多条，其中《山东新闻联播》216条，头条7条，同比增长17%；在中央台《新闻联播》发稿7条，其他栏目15条。

（四）舆论监督工作赢得社会广泛赞誉

德州广播电视局充分发挥主流媒体的职能优势，认真贯彻"三贴近"原则，坚持镜头对准基层，话筒伸向群众，真实反映群众心声，

得到了广大人民群众的真心称赞。德州广播电台与市纠风办联合开办的《承诺热线》栏目，全年共接受投诉电话2675个，有2670个得到圆满解决，办结率达99.81%。吴翠云市长在2008年市政府报告中对《承诺热线》节目取得的成绩给予了充分肯定。

2008年度局工作总结表彰大会

二、技术与事业建设稳步推进，广播电视播出质量和水平明显提高

（一）有线电视入户工程进展迅猛，数字电视用户逐步增加

2008年，全市有线电视用户已达到114.58万户，其中城区30.79万户，农村83.78万户，城乡综合入户率达到80%，完成了年初预定的任务目标。全市光缆主干线里程已达到11568.85公里。有线电视新入开发小区67个，预交初装费的住户达到11980户，已开通10420户。数字电视用户总计达到7000多户。

（二）完成了广播电视新发射塔的主体工程建设

新建广播电视发射塔工程自2008年4月份开工，10月份发射塔及发射机房主体工程已基本完工，整体配套设施建设已全面启动，年底已正式投入运营。

（三）圆满实现了广播电视安全优质播出

组织召开了全市广播电视科技暨安全播出工作会议，对安全播出工作进行了全面部署，并对安全播出防范预案及部分制度进行了细化，制定了防无线插播、防卫星攻击、防有线网络插播、防突发事件等具体防范预案，进一步完善了安全播出保障体系。在春节、两会、五一、北京奥运会、十一等重要播出保障期和敏感期之前，分别组织了全面的安全播出检查，对各单位存在的隐患提出了整改意见。德州广播电视局在省安全优质播出优秀管理单位评选中取得第三名的好成绩。

三、多措并举，迎难而进，确保完成经营创收任务

面对世界全球金融危机的严峻形势，德州局及时采取有效应对措施，调整工作部署，广开收入渠道，努力增加经营收入。超额完成了年初确定的经营创收任务，为事业发展奠定了坚定的物质基础。

四、认真落实党风廉政建设责任制，进一步提升了班子和队伍的整体形象

局党组认真落实分工负责制和党风廉政建设责任制，实行“一岗双责”。坚持民主集中制原则和民主生活会制度，重要问题集体研究决定，有效保证了党组决策部署的客观公正，保证了成员间的团结统一。

聊城市广播电视概况

一、宣传工作精彩纷呈

一是新闻宣传再攀新高。紧紧围绕市委、市政府中心工作，唱响主旋律，打好主动仗，圆满完成了建市10周年、抗震救灾、北京奥运会、纪念改革开放30周年四大战役性宣传任务，充分发挥了舆论主阵地作用。围绕“落实年”、社会主义文化大繁荣大发展、建设生态文明市等重大工作部署进行了高密度的宣传，为全市经济社会发展创造了浓厚的舆论氛围。

聊城市广播电视局举办的纪念改革开放30周年大型晚会——《水城欢歌》现场

二是对外宣传再传捷报。广播电台在省台发稿累计844分，电视台在山东卫视用稿420件，其中联播头条15条，在中央电视台用稿30件，均完成了年初制定的任务。尤其是中央电视台《新闻联播》中播发的一系列稿件以及中央电台《全国新闻联播》头条播出的重头稿件反响强烈。与中国教育电视台合作拍摄的两集专题片《古城水韵》和《水城绿风》、与旅游卫视合作拍摄的“聊城风光片”等都在更高层面上宣传推介了聊城。

三是文艺宣传再唱好戏。2008年春晚在省台播出，并获得“牡丹奖”一等奖。《纪念改革开放30周年文艺晚会——水城欢歌》反响强烈，广受好评。大型活动迈开了步伐，找到了路子，与中通集团等企事业单位联合举办各类活动达16场，活动的策划、组织、协调水平和经济创收能力日渐增强。

四是内容生产再谱新篇。“水城之春、夏、秋、冬”形象片、频道包装片等，展示了较高的制作水平；大型纪录片《水路桥的故事》、《大潮涌动风帆起——聊城市纪念改革开放30周年掠影》，系列报道《凤凰涅槃》等都在艺术性的表现力上有了新突破。

五是精品创作再闪亮点。《民生面对面》被评为“全省十佳民生栏目”；广播节目《行风热线》成为领导关注、群众信赖的一个品牌栏目；《水城故事》在扩版为一周三次播出后，内容更加丰富；《聊城财经》填补了财经节目的空白；纪录片《老人与狗》为聊城电视台第一次摘得中国金鹰奖和山东泰山奖，纪录片《吃亏的吸铁石》获得中国小康工程最佳作品奖。

2008年，电台、电视台获得国家、省级

各类奖项50多个，创造了建台以来的最高记录。

二、技术工作喜结硕果

一是技术改造初战告捷。筹资1500多万元对电视台摄、录、编、播、控设备进行了全面的升级改造，对编播机房和演播室进行了全新的装修构建，首次实现了全台网络化、数字化、智能化，首次建起了“媒资”管理系统、“一卡通”管理系统和专业演播室，实现了工作理念、工作方式的根本性转变，实现了制播质量和工作效率质的飞跃。

二是安全播出成效显著。更换了无线发射设备，健全了各项规章制度，制定了安全播出应急预案，进行了实战演练，实现了重要安全保障期零事故，技术保障水平上了一个新台阶。

在社会管理方面，加强与政法机关的联动，查处非法卫星接收设备4000多台（套），查处有线电视私接户2000多户，查处损坏广电设施的案件10余起。

三、广告经营稳步增长

推行“专业化经营、规范化管理、市场化运作、优质化服务”的广告运行模式，鼓励全员创收，规范专业经营，增强广告吸纳力。2008年在突发性事件增多、金融危机导致的经济下滑等不利因素影响下，全局上下积极应对，坚定信心，努力拓宽创收渠道，建立了灵活的市场反应机制，通过多种方式研究市场、接轨市场、捕捉市场、开发市场，运用价格杠杆作用稳定了客户，通过创新广告形式吸引了客户，顺利地完成了年度创收任务。

四、节目编排日趋科学

对电视频道进行了全新改版和重新定位，对节目框架进行了重新调整。频道特色日益显现，节目编排更加科学，时段划分更加明晰，基本实现了定时、定量播出，向标准化生产、差异化编排、规范化播出迈进了一大步。同时，加大了审查和监管力度，杜绝了违规操作、暗箱操作，保证了节目和广告的有序播出。

五、网络发展态势良好

努力扩大有线电视网络覆盖，圆满完成省局下达的156个自然村的通村任务，新架光纤干线130多公里，新埋市区地下管线20多公里，新开光接点50多个，提前4个月完成了市委、市政府下达的农村有线电视新增用户3万户的任务。全年新增农村有线电视用户近5万户。

建立起快速维修队伍，提高了客服电话办结率，提升了广电网络服务水平。

《聊城视窗》网站取得了新闻网站资质，顺利开通了手机电视，网络经营平台不断延伸。

六、制度建设逐步规范

不断健全完善新闻宣传、节目编排、广告经营、设备运行、行政管理等一系列规章制度，使各项工作初步做到了有章可依，有据可循。

将规章制度汇编成册，发放到每个部门，并就制度的学习和落实进行了专门安排，初步建立起了涵盖全局方方面面的制度体系，充分体现了“依靠制度管人管事”的理念。

七、队伍建设得到加强

强化职工业务培训，本年度，局（台）共有557名同志分13期参加了技术和业务培训，并进行了严格的考试测评，提高了整体业务技能。2008年，局（台）荣获全省安全优质播出先进集体、广播电视管理工作先进集体等荣誉称号10余个，60多人次获省、市记功和表彰。

东营市广播电视概况

一、宣传工作

（一）重点宣传贴紧中心

坚持团结稳定鼓劲、正面宣传为主的方针，紧紧围绕市委、市政府的中心工作，重点组织了学习贯彻十七大精神、牢固树立科学发展观、实施黄河三角洲开发建设战略、“四大主体产业区”、“三路两港一场”、“三网”绿化工程、纪念改革开放30周年暨建市25周年等重大主题宣传，为全市经济社会发展营造了良好的舆论氛围。汶川大地震发生后，整合采编力量，集中所有时段，打破常规，连续作战，形成了“万众一心，众志成城，抗震救灾”的浓厚氛围，激发了全市人民的民族自豪感。

（二）大力推进宣传创新

贯彻全市新闻宣传工作座谈会精神，建立了新闻阅评制度，增强新闻宣传的针对性和指导性，提高舆论引导水平。按照频道专业化、栏目品牌化、节目精品化的要求，电视台增加了《民生在线》节目的播出密度，广播电视报、电视二频道进行了改版，更好地满足受众的需要。

（三）社会活动成效明显

组织开展了东营市首届十大经济人物评选、东营市首届旅游产品博览会、全市行业歌曲大赛等20多场次公益性活动。其中，“爱心人士免费送考”连续举办了5年，每年都动员100多辆出租车和私家车为困难学子提供“一助一”的接送服务；“牵手寒门学子，搭建爱心之桥”助学活动也连续举办了5届，先后募集资金40多万元，帮助180名家境困难的学生走进大学校门。

（四）精品生产卓有成效

加强精心创作，带动宣传质量整体上水平。广播剧《新书记上任》荣获中国广播剧研究会银奖。电视剧《黄河口之恋》等5件作品入选省精品工程，为东营市夺得优秀组织奖做出了突出贡献。市委宣传部授予东营广电局“实施山东省第八届精神文明建设‘精品工程’突出贡献奖”。

（五）加大市外宣传力度

严格落实市外宣传责任制，扩大东营的知名度和美誉度。市电台在省台用稿量位居全省第2位，电视台位居全省第8位。历时一年半，协助中央电视台拍摄了5集大型电视纪录片《黄河入海流》。

二、事业建设

（一）加快有线电视建设

以解决20户以上的自然村通有线电视为

重点，大力推进农村有线电视建设。全市农村有线电视通村率达到99.6%、入户率达到79%，走在全省前列。

（二）积极拓展延伸业务

把发展数字电视作为广播电视新的经济增长点，推出多种型号和价位的机顶盒，满足不同用户群体的需求。有线数字电视用户发展到1.2万户。开通了移动多媒体广播电视服务项目，通过CMMB手机等多种终端扩大广播电视覆盖，培植广播电视新的经济增长点。

（三）加大经营创收力度

强化策划意识，把广告当成节目来做，努力增加品牌广告的播出量。完善广告招标制和代理制，培植大客户，努力提高广告的制作水平和传播效果。走出了一条品牌营销、活动营销、专业性营销的创收路子。前11个月，全局经营创收达到3638万元，比去年同期增长20%以上。

三、社会管理

（一）依法加强社会管理

5月份，通过巡回宣传、播发宣传口号、发放明白纸等形式，在全市开展了大规模的广播电视法规宣传月活动。成立了由王吉能副市长任组长的全市卫星地面接收设施专项整治集中行动领导小组，对非法生产、销售、安装、使用卫星地面接收设施的行为进行集中查处。

（二）切实加强宣传管理

建立完善了重大问题请示汇报、先审后播和重播重审等规章制度，加强对热线谈话类节目、现场直播类节目的审查把关。制定了《关于进一步加强宣传管理的意见》和《关于维护舆论安全集中整治行动实施方案》，出台了《东营市广播电视宣传管理44条》，印发给每一位编辑记者，严格把关防错。

（三）高度重视安全播出

在局门口和各播出机房全部安装了门禁系统，对所有播出设备、UPS电源、消防器材、监控设施、配电室等进行集中检修和维护，奥运会期间播出机房实行24小时领导带班和双人值班，有线电视网络实行24小时巡查。

四、队伍建设

其一，大力加强班子建设，提高驾驭广播电视工作的能力和水平。在全局干部职工中开展了“实践科学发展观，争当黄河三角洲开发建设排头兵”活动，把解放思想、提升境界放在首位，努力使局台领导班子成为政治坚定、求真务实、开拓创新、勤政廉洁、团结协作的战斗集体。

其二，大力加强队伍建设，营造一支干事创业的干部职工队伍。年初开展了“学制度、抓作风、构和谐、树形象、促发展”教育活动，统一思想，凝聚力量。首次面向全国公开招选播音员主持人，努力用优厚的待遇和良好的发展环境引进人才、留住人才、用好人才。在市直单位中率先开展了专业技术职务内部聘任试点工作，着力化解职称评聘矛盾。

滨州市广播电视概况

2008年是滨州市广播电视史上发生重大变化的一年，从6月中旬开始，滨州市广播电视局原辖的滨洲人民广播电台、滨州电视台、鲁北晚报社、滨洲广播电视信息网络公司和滨洲电视发射台等事业单位与滨州市广播电视局分离，划归新组建的国有企业滨洲传媒集团，滨州市广播电视局只行使行业管理和行政执法职能，对分离出去的事业单位及局属财产不再行使领导和支配权。在新的形势下，滨州市广播电视局自觉转变观念，积极工作，圆满完成各项任务，基本保持了稳定和工作的连续性。

一、上半年整体工作全面推进

（一）紧紧围绕中心，严把舆论导向

紧紧围绕奥运年、改革开放三十年、滨州市科学发展关键年等这一宣传主线，周密组织。及时下发上级主管部门和市委市政府关于做好新闻宣传工作的指示，确保宣传政策的落实；先后5次召开会议部署年度和阶段性重点工作任务，宣传任务计划性好、重点突出；组织所属媒体开设了“贯彻落实十七大精神，建设和谐新滨州”、“众志成城，抗震救灾”、“争创省级文明城市”、“粮丰林茂北国江南”等专栏，营造了昂扬向上、和谐发展的氛围；集中报道全市求真务实、科学发展的优秀成果和典型经验40多篇，对全市跨越式发展出现的新变化、新成就进行了重点推广；坚持做好审查、监管等各项宣传制度的落实，确保了宣传质量的不断提高。

（二）注重突出特色，节目质量有所提高

电视台对各栏目普遍进行了改版扩版，电视《滨州新闻》固定为15分钟，《民生关注》延长到20分钟，《希望的田野》扩版为每周三期，新创办了少儿文艺栏目《金苹果》；电台调整节目的时间设置，新开办了《诚信购物》、《奥运风云》、《864服务热线》、《高考咨询联络工作室》等适合各个层次听众的自办节目，并完成全市科学发展现场观摩会等多项大型直播任务近10次；5·12汶川大地震后，除积极做好抗震救灾宣传外，还与滨州市委宣传部共同联合市直九家单位主办了滨州义演书画义卖募捐活动，现场募捐达270多万元，与市红十字会、交通等部门联手举行大型募捐直播，筹得社会捐助近百万元，派出一线记者2人到汶川现场采访，及时准确发回了来自灾区一线的报道，反映了帮助灾区重建家园的事迹；年内荣获省以上学术奖励33项。

（三）技术事业稳步推进，健康发展

依法加强行业管理，规范播出秩序。完成了中央广播电视节目一期覆盖的任务；召开了“迎奥运、推动平安建设，卫星电视传播秩序专项整治活动”动员大会，对个别电台违规播出的行为进行了依法、妥善处理。

注重抓好安全播出工作。强化制度落实和

日常规范化管理，设备指标常年保持在甲级，连续十一年在全省安全播出工作考核中都名列前三名，取得了全省先进十一连冠的佳绩。在三月份召开的全省安全播出工作会议上，滨州电视发射台再次获得第一名的好成绩。

二、下半年转变职能、加强管理工作

（一）毫不放松地抓好宣传管理

先后召开了广播电视工作部署会议、年鉴（史志）会议、广播集体记者会议，传达了全省广播电视工作会议精神、宣传管理会议精神，组织学习了《山东省广播电视宣传管理条例（草案）》，对条例草案的内容进行了调研，上报了意见建议。截至11月底，全市8家广播电台已经连续14年取得全省广播集体记者一等奖，获得"满堂红"十四连冠。

（二）坚持不懈地抓好安全播出

制定和完善了广播电视应急预案，先后多次专门召开奥运会和残奥会期间的广播电视节目播出会议，对广播电视网络、编播机房等关键部位实行全时间、专人值班防控，确保了安全优质播出，被省广播电视局表彰为奥运会、残奥会广播电视安全优质播出先进单位。同时，依法加强卫星电视设施传播秩序专项整治，查获非法卫星电视接收设施500多套。积极贯彻国家和省广电局关于依法对全市广播电视播出机构进行了集中清理整治。

菏泽市广播电视概况

一、宣传工作主题突出，成效显著

紧紧围绕市委、市政府的工作部署，牢牢把握正确的舆论导向，充分发挥自身媒体优势，高唱主旋律，打好主动仗，组织开展了贯彻落实党的十七大精神、纪念改革开放30周年、万名干部下乡、创建优秀旅游城市、迎奥运保奥运、支援抗震救灾等一系列有声势、有影响的重大宣传活动，经受住了考验，圆满完成了一个接一个的工作任务，全年新闻宣传导向正确、特色鲜明、高潮迭起、精品纷呈，为全市科学发展、和谐发展、跨越发展、更好更快发展营造了良好的舆论氛围。

二、精品创优工作取得新突破

2008年，菏泽市广播电视局（台）共有40多件新闻、文艺作品和6部电视纪录片获得省以上各项奖项。其中，电视纪录片《疯人日记》被中国电视纪录片学术委员会评为全国十佳纪录片。菏泽电视台是唯一一家获得此奖项的地市级电视台。电视纪录片《小村纪事》获中国农村电视纪录片优秀奖；电视科普作品《我从哪里来》获国家广电总局科技创新奖科普作品类三等奖。电视纪录片《娘啊，我要回家》在中央台中文国际频道播出后，激发了许多华人华侨的爱国、爱乡热情。

《疯人日记》荣获中国电视纪录片十佳作品

三、事业建设取得新进展

一是基本完成20户以上自然村村村通广播电视工程建设任务。2008年积极开展了20户以上自然村村村通工程建设。争取到市财政200万元专项资金，同时菏泽市局拿出120万元配套资金，采取有线传输和数字微波相结合的方式，基本完成了20户以上村村通工程建设任务。

二是有线电视数字化整体转换工作稳步推进。积极进行数字电视推广实验，深入到居民住宅小区广泛宣传推广和安装数字电视，圆满完成年度既定目标任务，收视效果良好，为下一步整体平移摸索了经验，打下了基础。

三是广播电视无线覆盖明显加强。按照上级要求，积极进行中央广播电视节目无线覆盖工程建设，顺利完成了市直、曹县、单县、巨野和郓城农村中央广播电视节目无线覆盖工程的建设任务。

四是电视节目采编和制作水平进一步提高。共投入600多万元，购置了非线性编辑网络及媒资管理系统，配备了21部全数字化高清标准的摄像机，满足了各类新闻、专题、广告、文艺节目的数字化、网络化制作要求。

四、社会管理工作取得新成效

一是依法开展非法卫星电视广播地面接收设施专项整治活动。专项整治活动期间，全市累计出动宣传车100余辆次，印刷有关宣传资料3万份，制作悬挂宣传条幅100多条，播发相关新闻稿件100余条，查处非法商户42家，收缴非法接收天线3790面，高频头3620个，接收机2080台。

二是进一步规范广播电视播出秩序。按要求对全市各播出机构台标、呼号、技术参数等项目进行了年检。加大了对广告播放的监管力度，着力加强寻医问药、涉性节目以及虚假违法广告的管理，使各播出机构的广告播出总时间基本控制在规定范围内，全市广播电视广告播出进一步趋向于制度化、合法化、规范化。

五、队伍建设得到进一步加强

一是加强班子建设。菏泽市广播电视局（台）党委大力倡导团结、务实、高效和勤政廉政的工作作风，坚持定期召开民主生活会，坚持领导干部“一岗双责”，努力塑造团结和谐、公信力强的领导班子集体形象。二是狠抓干部职工队伍建设。定期召开全体干部职工和中层干部会议，不断总结经验，分析存在的问题，督促加以整改。三是扎实推进党风廉政建设和反腐败工作。

六、成功举办了菏泽电视台建台20周年庆典活动

为庆祝建台20周年，成立了9个工作组，录制电视专题片《走过二十年》，制作精致画册《流光溢彩》、《菏泽电视台二十年纪念邮册》和《菏泽电视台二十年纪录片精选》，出版了菏泽电视台建台二十周年丛书优秀作品卷《春华秋实》、纪念文集卷《风雨兼程》，隆重举行了庆祝大会暨大型晚会《我们一起走过》。

莱芜市广播电视概况

一、紧扣全市中心工作，积极开展新闻宣传，为全市经济社会又好又快发展营造了浓厚的舆论氛围

（一）对内宣传声势强劲

一年来，莱芜市广电局紧扣市委、市政府的工作部署，认真组织实施了一系列重大战役性宣传报道。在统筹城乡一体化宣传、创建文明城市宣传、三大板块四大功能区的宣传、抗震救灾宣传等重大主题性宣传活动中，电视台、电台充分发挥强势媒体的宣传作用，精心选题、用心谋划、创新工作，使广电宣传做到了导向正确、主题鲜明、声势有力、成效显著，较好地突出了市委市政府的工作意图，为全市改革发展提供了强大的舆论支持。我们还按照市里的安排，承担并完成了《土地流转》、《创建文明城市》、《和谐之路》等20多部专题汇报片的制作；承接完成了“莱芜市2007度工作创新奖颁奖典礼”的策划实施和现场录制；承担完成了全市企业家春节招待会的方案策划、台本串联、现场主持等工作；承担完成了元宵节焰火音乐晚会的文稿创作和现场解说，为对外招商引资、城市形象宣传、重点工作汇报、典型经验介绍等提供了及时有力的业务支持。

（二）对上宣传再创新高

年初确定了“高位突破、亮点突出”的外宣原则，把供稿目标瞄准了中央电视台《新闻联播》和山东卫视《山东新闻联播》两个重要栏目，加强对上宣传。截至2008年底，在山东卫视发稿277条，其中《山东新闻联播》用稿150条，重点稿55条；在中央电视台发稿13条。在省电台发稿 251篇，其中重点稿39篇；在中央电台发稿4篇，为宣传莱芜、扩大莱芜在省内外的知名度和影响力发挥了积极作用。

第四届“青春莱芜——现代生活时尚展演”现场

二、以广播电视“村村通”入户工作为重点的技术事业建设稳步推进

加大对广播电视“村村通”入户工作的推进力度，把钢城区作为突破口，加强宣传发动，落实扶持政策，全面跟踪服务，使广播电视村村通的入户工程得以顺利开展。截至2008年底，钢城区累计发展用户28000余户，全区入户率超过了50%，部分乡镇入户率达到90%以上。

三、积极开拓思路，拓宽经营领域，广播电视产业经营水平进一步提升

在《赢周刊》成功改版的基础上，新推出了《赢周刊52》，两刊总发行量达到5万多份，知名度和影响力进一步扩大。莱芜电视台成功举办了2008第四届“青春莱芜——春季现代生活时尚展演”。展会吸引了近百家企业参展；联合山东电视台举办了全省17城市电视台“走进雪野”电视短片大赛暨系列活动。为推进全市文化建设进程，促进莱芜文化产业繁荣起到了积极的作用。

四、强化行政执法，加强行业管理，广播电视发展秩序进一步规范

一是认真做好卫星电视地面接收设施管理工作。与钢城保安公司签订协议，联合对钢城区域内的非法卫星地面接收设施进行逐村逐户集中清缴。共收缴非法卫星地面接收设施500多台套。查处非法经营户200多家，收缴各类非法卫星地面接收设施1000多台套，农户自行拆除1800多台套。二是加强了对互联网视听节目的管理。对查到的14家有视听节目内容的违规网站下达了限期改正通知书。

五、改善内部管理，推进机制创新，广播电视事业发展活力不断增强

今年以来，莱芜市广播电视局本着“创新图发展，管理出效益”的理念，以创新机制为重点，在节目生产机制、用人分配机制、管理运行模式等方面积极探索实施内部机制改革，取得了明显成效。

大事记

大 事 记

1 月

1 月 1 日—4 日，由山东电视台牵头创意的全国 7 家省级电视台体育频道联合成立的中国电视体育联播平台全新改版后正式播出，在全国覆盖人口达 4 亿。1 月 4 日，中央政治局常委、全国政协主席贾庆林和中央政治局委员、北京市委书记、北京奥运会组委会主席刘淇等领导同志到全国电视体育联播平台视察工作，并对联播平台的创办给予充分肯定。

1 月 11 日，在第三届中国传媒创新年会颁奖典礼上，山东广播交通音乐之声荣获 2007 年度中国创新广播电台（频道）十强。

山东广播交通音乐之声荣获 2007 年度中国创新广播电台十强

本届中国传媒创新年会由中国报业网、中国人民大学新闻学院、复旦大学新闻学院、国务院新闻办公室《网络传播》杂志联合主办，首次将广播媒体创新列为中国传媒创新年会表彰内容。

1 月 13 日，“2007 山东年度新闻人物评选”举行颁奖典礼，省委宣传部副部长刘宝莅、山东省新闻工作者协会主席高挺先、山东广播电视局局长刘长允、山东电视台台长韩国强等领导出席了颁奖典礼。公共频道和网站进行了现场直播，山东卫视次日重播。

1 月 16 日，第 20 届电视文艺“星光奖”在上海大剧院揭晓。山东电视台共获得 4 项大奖和一个提名荣誉奖。其中，《天下父母》栏目获“优秀电视文艺栏目奖”；《共创和谐——2007 年山东军民春节联欢晚会》获得“优秀电视综艺节目奖”；《龙腾盛世贺新年——2006 年 16 省市元旦戏曲文会》获“优秀电视戏曲节目奖”（合作）；《舞林盛典——华东六省一市 2007 迎春晚会》获“优秀电视综艺节目奖”（合作）；《盛世童乐——2007 年十省市少儿春节晚会》获提名荣誉奖（合作）。

1 月 23 日，省广电局（总台）召开 2007 年度总结表彰大会，表彰先进，回顾总结 2007 年工作，对 2008 年工作做出安排部署。省局党组书记、局长刘长允代表党组作了题为《解放思想 改革创新 整合资源 再创优势 实现山东广播影视新崛起》的报告。

1 月 25 日，山东有线电视中心成功录制

《Happy 中国年——2008 全球华人网络春节联欢晚会》，这是一台新颖别致、时尚前卫、大气热烈的大型电视晚会，荣获了山东电视艺术牡丹奖金奖、全国“春晚”好作品奖、泰山文艺奖二等奖等多项大奖。

1 月 27 日，在北京举行的 2008 中国活动营销峰会暨品牌活动颁奖盛典上，山东广播交通音乐之声荣获 2007 年度中国十大最具影响力品牌活动机构。

1 月 29 日晚，由青岛市委、市政府主办，青岛市委宣传部和青岛市广播电视局等共同承办的“盛世欢歌奥运年”2008 年青岛市春节文艺晚会在青岛市人民会堂举行。青岛市领导阎启俊、夏耕、王文华、王伟等观看了文艺晚会。

1 月 30 日上午，淄博市委书记、市人大常委会主任刘慧晏在市委秘书长宋军继、市委宣传部长郭利民等领导的陪同下到淄博市广播电视总台（局）检查指导工作，走访慰问广播电视工作者。

淄博市委书记刘慧晏视察淄博广电局

1 月 31 日，山东省委、省政府在济南隆重召开表彰奖励大会，对省影视中心《闯关东》剧组给予通令嘉奖。省委书记、省人大常委会主任李建国向省影视中心主任王汉平颁发奖牌，省委副书记、省长姜大明向《闯关东》总导演张新建颁发奖金并讲话。省局党组书记、局长刘长允代表省局在大会上发言，介绍了《闯关东》剧组创作情况。

1 月 31 日，由山东电视台创作的 5 集系列片《汉语拼音 50 年》审片会在国家教育部召开，国家教育部语言应用管理司司长王登峰、副司长张世平及相关学科的专家学者等参加了会议。

1 月，山东电台被山东省委、山东省人民政府授予 2007 年度“省级文明单位”称号。这在全省新闻系统是第一家，极大提升了山东广播的社会影响力，是省电台精神文明创建工作取得的又一佳绩。

2 月

2 月 1 日晚，由青岛电视台《QTV 对话》栏目承办的 2007 年“感动青岛”十佳人物评选颁奖典礼在青岛电视台 800 平米演播室举行。青岛市委宣传部长王伟、市人大常委副主任马泽、副市长王修林、政协副主席郄晋生、市广电局局长楼树军出席颁奖活动。青岛电台、青岛电视台及青岛传媒网对颁奖典礼进行了直播。

2 月 3 日，2008 山东军民春节联欢晚会《科学发展 共建家园》在山东会堂举行。晚会紧扣“科学发展”主题，反映山东军民着力推进工作，坚持又好又快地发展，热情歌颂山东军民携手并肩共创和谐的豪迈情怀。于 2 月 5 日在卫视频道黄金时间播出。

2 月 4 日，青岛市委常委宣传部长王伟、市纪委书记何建平、副市长王修林走访慰问青岛市广播电视局。王伟部长对青岛市广播电视局圆满完成以宣传为中心的各项工作任务给予充分肯定。

2 月 4 日，莱芜市委书记、市人大常委会主任于建成在市委宣传部长毕玉惠、市委秘书长刘建良、副市长刘杰的陪同下到莱芜市广播电视局走访慰问，看望春节期间坚守岗位的广播电视干部职工。

2月7日，由济南电视台和上海电视台、广州电视台、成都电视台、昆明电视台、沈阳电视台、西安电视台、合肥电视台、长春电视台、武汉电视台联合举办的“2008姹紫嫣红中国年”十城市春节晚会，在以上十城市电视台主频道同时播出。济南是这次晚会的东道主，通过这次晚会，不仅展现了泉城的风采和全市人民热情，而且对于扩大济南在全国的影响力和知名度，提升城市形象起到了积极的作用。

由中央电视台、济南市委宣传部、济南电视台联合摄制的大型纪录片《走遍中国 走进济南》于2008年2月17日—23日在中央电视台中文国际频道（CCTV-4）和济南电视台娱乐频道同步播出，每集30分钟，连续播出7天。节目播出后，在海内外引起强烈反响。

2月18日晚，青岛电视台、青岛电台对克利伯2007—2008环球帆船赛青岛站颁奖典礼进行现场直播。山东省副省长黄胜，青岛市委副书记、市长、奥帆委主席夏耕，市委常委、宣传部长、奥帆委副主席王伟，市委常委、统战部长、奥帆委常务副主席臧爱民，市人大常委会副主任马泽，副市长、奥帆委副主席胡绍军等出席颁奖典礼。

2月18日，由中国社会科学院、中国伦理学会、山东省广播电视局、山东电视台共同主办的“天地缘杯第二届中国演艺届十大孝子颁奖盛典”在人民大会堂举行。国家广电总局副局长胡占凡、中国社科院副院长龙永枢、中国伦理学会会长陈瑛以及山东电视台台长韩国强和总编辑祝丽华等出席了颁奖典礼并为获奖者颁奖。

2月，经山东省人民政府批准，省内第一所传媒类全日制高职院校——山东传媒职业学院成立。

2月，广电总局授予山东省广播电视局“国家广播电影电视总局十七大安全播出集体”荣誉称号，山东电视台的刘光巍获得全国十七大安全播出先进个人一等功荣誉称号。

3 月

3月9日，全省广播电视科技工作暨2007年度安全优质播出总结表彰会议在莱芜召开。省广播电视局副局长王晓英出席会议并讲话，莱芜市副市长刘杰出席会议。

3月11日，山东省广播电视系统先进集体、先进个人暨十七大安全播出先进集体、先进个人表彰大会在济南隆重举行。省委常委、宣传部长李群出席大会并作重要讲话。

3月11日—12日，省广电局在济南召开全省广播电视局长会议，传达贯彻全国广播影视局长会议和省委常委、宣传部长李群在全省广播电视系统“双先”暨安全播出表彰大会上的重要讲话精神，安排部署2008年全省广播电视工作任务。

3月12日—17日，2007年度山东省广播影视大奖广播电视节目奖评选会在潍坊召开。中国广播电视协会副会长张振华、山东省广播电视局局长刘长允、省委宣传部、省记协、省级新闻媒体及17地市广电局负责人参加了会议，潍坊市委宣传部长刘明珂，副市长王桂英出席会议。会后，评委和专家对本次获奖节目进行了讲评。

3月14日，山东广播经济频道联合济南、青岛、淄博、潍坊、烟台、泰安、济宁、枣庄、滨州等地经济电台，首次举办省内最大规模的3·15广播直播。“改善消费环境——我们的责任”，10道空中电波在齐鲁天空交织成网，联手擎起维护消费者权益的大旗，同时传递3·15维权最响亮的声音。

3月19日，潍坊市委书记张新起、副书记崔建平、市委常委、宣传部长刘明珂、市委常委、秘书长刘德成等领导在广电局长钟耕民陪同下，先后视察了三名文化城项目和广电技术中心项目。局长钟耕民对广电文化建设项目进行了汇报。

3月19日，受聊城电视台邀请，央视等全国各大媒体记者参加了第七届江北水城运河古都（聊城）文化旅游节暨庆祝建市十周年新闻发布会，此发布会在国务院新闻办公室新闻发布厅举行。

3月19日—4月1日，山东电台特派记者郑晋奔赴希腊现场报道奥运圣火点燃盛况，并探访了奥林匹亚、马拉松、雅典等北京奥运火炬圣火闪耀的著名奥林匹克地标。山东电台成为在奥林匹亚现场直播北京奥运圣火点燃仪式，并全程追随圣火传递的国内三家电台之一。

3月19日到4月1日，山东电台特派记者赴希腊报道奥运圣火点燃盛况

3月21日，中国广播电影电视报刊协会授予烟台等9家城市广播电视报中国广播电影电视报刊荣誉最高奖——“全国知名品牌·改革创新示范单位”称号。

3月23日，山东广播生活频道会同中央人民广播电台都市之声等全国99家城市广播，在北京红领巾公园举行盛大仪式，宣布中国城市广播联盟北京奥运报道中心成立，标志着该联盟的全国百家城市电台共同启动了《圣火照耀城市》奥运报道。

3月23日晚，青岛电视台都市奥帆频道、青岛电台音乐体育频道“奥运之声”启动仪式在电视台800平方米演播室举行。青岛市委党委、宣传部长王伟，副市长王修林和青岛市广电局党委书记张相逢，局长、台长楼树军出席启动仪式。

3月27日，由聊城市广播电视局承办，山东省第二十届电视艺术“牡丹奖”评奖会在聊城举行。省文联党委书记、副主席于钦彦、省艺术家协会常务副主席曾昭明、省影视中心主任王汉平、市委宣传部长贾少勇出席开幕式。这是聊城市广播电视局首次承办全省电视艺术“牡丹奖”评奖。

3月，山东电视台新闻中心派出15人的两个报道组奔赴全国“两会”，并首次在北京建立演播室，开辟“周诺看两会”专栏，在中央台《新闻联播》发稿30条，名列省级电视台榜首。

3月，全国“两会”期间，山东广播新闻频道首次在北京设立直播间，邀请30多名与会代表、委员走进直播间与主持人和听众朋友直接互动，新闻频道、山东广播网进行音频、视频综合直播，全方位报道大会盛况和山东代表、委员风采，开山东媒体之先河。

4 月

4月1日—8日，青岛电视台推出《理冰访问》系列节目——“市长话民生”。青岛市副市长王书坚、张惠、王修林、吴经建、张元福、胡绍军、马世忠先后进青岛电视台新闻演播室，就市民关心的住房、教育、医疗、就业、三农、食品安全和公共卫生等问题，回答记者和网上市民的提问。

4月5日—6日，国家广电总局副局长田进一行在省局党组书记、局长刘长允等陪同下，先后来到烟台、威海市广电局调研工作。调研期间，田进对我省广播电视工作给予了充分肯定。

4月11日，省广电局在济南召开了全省卫星电视传播秩序专项整治工作部门协调会议，省综治办、法院、检察院等12个部门有关负责同志参加了会议。

4月23日，省广电局召开首届山东广播电视“双十佳”播音员和节目主持人颁奖大会，表彰奖励首届山东广播电视“双十佳”播音员和节目主持人。

4月23日—27日，中国广播电视协会城市电视台（电视新闻）委员会2007年度（第十八届）城市电视新闻节目创优评析会在济南举行。全国44家省会城市电视台、副省级电视台、部分地市电视台和北京卫视台的90名代表参加了本次评析会议。

4月24日—26日，由青岛电视台生活服务频道承办的中国广电协会法制节目工作委员会2008年度理事会在青召开，来自全国各省市电视台的30多位总监、制片人代表参加了会议。会上，青岛电视台生活服务频道负责人介绍了频道及法制专题栏目《新说法》有关情况。

4月25日—28日，由青岛电台经济频道承办的中国广播电视协会经济节目工作委员会2007年度全国经济广播优秀节目评析会在青举行。会议共收到了来自全国31个省市的117篇稿件，共评出一等奖17名。

4月29日，我省重点新闻网站——新“广视网”在济南开通。省委宣传部长李群出席开通仪式并点通网站。省广电局局长刘长允在开通仪式上致辞。

4月，由山东电视台《天下父母》栏目节目汇编而成、中国青年出版社出版的《孝·道 ＜天下父母＞感动中国的50个真情故事》一书，成为国家新闻出版总署向全国青少年推荐的百种优秀图书之一。

4月，济南电视台全台制播网络获国家广电总局科技创新奖一等奖，填补了济南市广播电视局在全国广电系统技术创新最高奖的空白。济南电视台全台制播网络系统共有492台（套）站点，140台服务器，182个功能站点以及超过100TB的存储容量，全面支撑起济南电视台七个频道全面数字化、网络化、流程化的节目制播和管理业务。

4月，淄博市广播电视总台（局）技术中心完成的《全程文件化新闻制播一体网络系统》项目，荣获国家广电总局科技创新奖三等奖。

5 月

5月1日，山东电视台上海基地（上海众邦文化传媒有限公司）运营的中国数字电视读书频道正式在上海落地。首期落地用户达30多万，覆盖用户达794万。

5月1日—3日，由潍坊市人民政府、潍坊市委宣传部主办，潍坊市广播电视局和潍坊广播电视报社承办的2008潍坊汽车·房产家居文化节在潍坊富华国际展览中心举行。

5月8日，由中国电视艺术委员会、山东省委宣传部、山东省广播电视局、山东电视台共同主办的十集大型电视纪录片《齐鲁青未了》座谈会在北京召开。省委常委、宣传部长李群评价该片：“《齐鲁青未了》这部片子是利用电视艺术的手法来反映中华文化，特别是齐鲁文化的一次积极的探索，也是山东文化建设的一个成果的显示。”8月份，省委副书记、省长姜大明对《齐鲁青未了》给予高度评价：《齐鲁青未了》是一部成功的大型电视纪录片，应进一步充分发挥该片的作用。

5月12日，四川汶川大地震后，山东广播电台、山东电视台迅速作出反应。省广播电台推出特别节目“抗震救灾——我们众志成城”。之后，共派出7批11名记者深入灾区采访。5月16日，山东广播新闻频道启动“汶川地震全天直播特别节目”。山东电视台在震后播发了流码信息，派出记者奔赴四川前线。成立了全台应急宣传领导小组，先后派出了57名记者深入地震灾区采访，全台启动了以“情义山东，心系灾区”特别报道，举办了“鲁川血脉情——帮灾区人民建个家”、“万众一心、众志成城、抗震救灾”等多场赈灾晚会。此外，山东电视台在中央台《新闻联播》播发抗震救灾新闻50条，与中央台连线直播、报道8次。

5月17日，全国人大常委会委员、教科文卫委员会主任委员白克明率领全国人大教科文卫委员会立法调研组对青岛市广播电视局《广播电视传输保障法》进行调研。国家广电总局副局长赵实、国家广电总局计财司司长邹伟、科技司司长王效杰、法规司司长才华出席座谈会。青岛市委常委、宣传部部长王伟、副市长王修林、山东省广电局局长刘长允和青岛市广电局党委书记张相逢、局长楼树军出席座谈会。

5月17日，国家广电总局副局长赵实在青岛市调研城乡电影事业发展情况。山东省委常委、宣传部长李群、青岛市委常委、宣传部部长王伟以及山东省广电局、省文化厅和青岛市广电局、青岛市文化局领导陪同调研。调研组对青岛市近年来城乡电影事业的发展给予充分肯定。

5月17日，临沂市广播电视局、临沂电台、临沂电视台、临沂广播电视报社在临沂人民广场联合举办了“众志成城 抗震救灾”沂蒙人民与地震灾区人民心连心募捐活动，共募集善款675万元，全部交由市红十字会捐赠四川汶川大地震灾区。

5月21日，泰安市委书记杨鲁豫在市委宣传部长白玉翠、副市长徐恩虎陪同下，到泰安市广播电视局调研，对广电体制给予充分肯定，对广电局不断解放思想、勇于改革创新给予高度评价。

5月22日 晚20：20—22：20，青岛电视台新闻综合频道对四川受灾地区部分伤员转运青岛进行了现场直播。直播期间，中央电视台新闻频道《抗震救灾 众志成城》特别报道对青岛转运灾区伤员情况进行了长达7分钟的连线直播。

5月22日，在日照广电中心1000平米演播室，日照率先在全省举办了“情系灾区 奉献爱心”——日照市对口支援灾区四川绵阳募捐晚会，现场募集捐款2200万元，并在山东电视台进行了实况播出，也是在全省范围内由山东电视台播出的第一场抗震救灾募捐晚会。

5·12汶川大地震发生后，为支持灾区抗震救灾，济南电视台快速反应，于5月22日和5月31日连续举办了两场大型赈灾直播晚会“我们血脉永相连”和“爱涌泉城 援建北川”。两场晚会共为灾区同胞募得善款4000多万元。

5月23日晚，“鲁川血脉情 · 帮灾区人民建个家”——山东省宣传文化系统抗震救灾大型赈灾义演募捐活动在山东广电总台1200平米演播大厅成功举行。募得款项4.1亿元，省局在现场以山东广播电视总台名义捐款200万元。

5月23日—25日，潍坊电视台《直播潍坊》栏目记者赶赴四川地震重灾区，采访报道潍坊对口支援灾区情况。先后采访制作了七集特别报道《点亮希望》。7月7日，《直播潍坊》栏目记者再次赶赴四川灾区，制作了一部34分钟的专题片《潍坊市抗震救灾援川前线纪实》，并制作了纪录片《我们在一起》，该纪录片被中国电视艺术家协会评为“全国城市台抗震救灾优秀电视节目”，被山东省新闻工作者协会评为“山东省抗震救灾优秀新闻节目”。《直播潍坊》全体记者荣立山东省抗震救灾三等功。

5月24日，省委常委、宣传部长李群代表省委、省政府到省广电局看望慰问赴四川地震灾区采访记者家属，并与从地震灾区返回的第一批记者座谈，对下一阶段的抗震救灾宣传报道工作提出要求。

5月26日，在中国传媒大学举办的“中国原创广播电视栏目40佳暨中国原创电视栏目高峰论坛活动”中，山东广播乡村频道的《现代乡村》栏目入选首度颁发的2007中国原创广播栏目20佳奖项。

5月26日，济南电台新闻广播在灾区启动了“万台收音机进帐篷”活动。与济南市红十字会联合定制的一万台收音机陆续送到虹口、绵阳、彭州、北川等重灾区的群众手中。

5月26日，济南电台新闻广播在灾区启动了万台收音机进帐篷活动

5月27日，由山东省红十字会、山东有线电视中心联合主办的“抗震救灾——山东在行动”特别节目在山东电视影视频道、综艺频道、生活频道现场直播，广视网、大众网、山东新闻网、新浪网对晚会进行了同步直播。四川电视台妇幼频道、绵阳市电视台重播了这场主题晚会。山东省副省长、省红十字会会长黄胜亲临节目现场。

5月27日，青岛市广播电视局与KBS环球战略局（韩国）签订了《关于播放城市宣传片的合作协议》。按照协议要求，KBS在6月1日至8月24日期间，通过国际卫星电视频道KBS Workd免费播放青岛奥帆赛和青岛城市形象宣传片。

5月29日，省广电局和省发展改革委、财政厅联合下发通知，对由省确认列入国家和省“村村通”建设规划的2067个20—50户的自然村“盲村”和231个行政“返盲”村，按照适当向广播电视发展落后地区倾斜的政策，下拨第一批省级建设补助资金2400万元。

5月30日晚，由青岛市委宣传部、山东电视台、青岛市广电局等单位联合主办，山东电视台少儿频道、青岛电视台都市频道承办的“山海相连 童心同行”六一儿童节特别晚会在青岛市人民会堂举行。青岛市委副书记王文华，市委常委、宣传部长王伟，副市长张惠等领导与近千名学生一同观看了晚会。

5月，济南电视台媒体资产管理系统正式启用，从而将传统的模拟磁带存储变为电子数据存储，提高了媒体资产的利用效率和安全性，标志着济南电视台媒体资产管理数字化水平进入到了全国领先的行列。

6 月

6月18日，省广电局（总台）在总台1200

平米演播大厅举行抗震救灾一线记者报告会。

6月23日，山东广电局对在抗震救灾中涌现出的山东人民广播电台新闻频道、山东电视台新闻中心（公共频道）等20个先进集体，王新立、侯洪强等238名先进个人进行通报表彰。

6月23日，山东电视台全程策划的“港岛互动 共推奥运”大型活动之“放歌奥运”晚会在青岛拉开帷幕，标志着第六届青岛奥林匹克文化节开幕。山东卫视、香港卫视、青岛电视台对此进行了现场直播。国际奥委会委员、香港奥委会会长霍震霆，北京奥组委委员叶文虎，山东省委常委、宣传部长李群，青岛奥帆委主席、青岛市市长夏耕，山东电视台台长韩国强等领导和嘉宾出席了启动仪式。香港亚洲电视台、山东电视台、青岛电视台对启动盛典进行了直播。

6月26日—28日，2008年山东电视新闻宣传工作会议在莱芜市召开。山东电视台台长韩国强出席会议并作重要讲话，新闻中心主任林修功主持会议，十七市台新闻中心主任参加了会议。

6月27日，由山东省委组织部、宣传部、省广播电视局主办，山东电视台承办的《永远跟党走——山东省庆祝中国共产党成立八十七周年文艺晚会》完成录制。山东省委组织部部长李玉妹和宣传部部长李群等亲临现场观看演出。6月29日，在山东卫视黄金时段播出。

7 月

7月2日，全省互联网视听节目管理培训暨社会管理工作会议在威海召开。山东省广播电视局副局长徐方明，威海市委常委、秘书长张剑出席了会议。会议传达了全国互联网视听节目管理座谈会精神，交流了我省各地市局社会管理工作的经验和做法。威海市广播电视局刘新波局长介绍了威海市广播电视宣传工作、事业建设、社会管理、改革创新等情况。

7月12日，正在四川北川县视察山东对口援建工作的省委副书记、省长姜大明专程来到北川临时广播电视台帐篷播音室，亲切看望慰问山东广电局首批赴北川县广电局挂职顶岗支援重建人员，察看山东广电局捐赠的无线广播电视发射接收设施运行情况。

7月13日（申奥成功纪念日），山东电视台与香港亚视共同就“港岛互动，共推奥运”活动在香港举行欢庆盛典，山东电视台总编辑祝丽华出席典礼。中央台《新闻联播》、《人民日报》、搜狐网等对活动进行报道。

7月15日—16日，山东省委常委、宣传部长李群到四川省北川县考察文化重建工作时，专程来到北川县广电局，看望慰问山东广电局首批赴北川县广电局挂职顶岗支援重建人员。

7月17日，山东体育休闲广播正式开播。山东体育休闲广播STAR FM102.1（星光调频）是由国家广播电影电视总局、山东省广播电视局批准的全新的、专业的以体育休闲为主的省级体育休闲广播频道。该频道是山东省内唯一一家以体育资讯为主要内容，以休闲产品为辅助的新形态广播频率。

7月21日上午8时，以“帆船之都 扬帆之旅”为主题的北京奥运火炬青岛传递起跑仪式在青岛奥帆中心丈量大厅码头举行，中央人民广播电台、中国国际广播电台、中央电视台、山东电视台、青岛电台、青岛电视台及国内外多家媒体对火炬传递过程进行全程直播。

7月21日，奥运圣火在临沂市传递。临沂市广播电视台全程直播传递盛况，整个直播持续4个多小时，全面介绍了临沂经济社会发展情况，展现了革命老区发生的翻天覆地变化，树立了大临沂新临沂的良好形象。

7月21日，奥运圣火在临沂市传递，临沂市广播电视台进行了广播、电视现场直播

7月21日—23日，2008北京奥运会祥云火炬在山东青岛、临沂、曲阜、泰安、济南传递。山东电视台卫视频道、公共频道、齐鲁频道、体育频道同时直播，圆满完成了火炬在鲁传递直播和新闻报道任务。山东电视台吕芃、曹军、李毅、马骏、书匀、焉磊等火炬手代表广播电视系统参与济南火炬传递。

7月22日，2008年北京奥运会祥云火炬在泰安传递，泰安市广播电视局圆满完成了奥运圣火泰安站传递的广播、电视直播任务，实现了此类重大活动直播零的突破，同时为中央两台、省两台提供了全方位的直播信号服务，得到省市领导和中央台、省台的高度评价和赞扬。

7月23日，济南新闻广播、济南交通广播联合中央人民广播电台、山东人民广播电台对奥运圣火在济南的传递进行了4个多小时的《圣火耀泉城》全程直播，全面报道奥运火炬传递的盛况，展示新泉城。本次直播活动是中央、省、市电台首次实现并机直播，全程直播设置三个直播现场，动用了7名主持人，有近20名记者沿途连线报道。

7月28日，潍坊市广播电视局长座谈会在昌乐召开。会议期间同时举行了山东昌乐天润网络有限公司揭牌仪式和潍坊转播台新台奠基仪式，市委常委、宣传部长刘明珂、市政府副市长王桂英出席仪式。

7月29日，山东省黄胜副省长在省政府副秘书长司安民等陪同下，专程来到山东广电局，代表省委、省政府对省广电局圆满完成奥运火炬传递直播任务表示衷心感谢，向省广电局颁发“为奥运会火炬安全顺利传递做出突出贡献”锦旗，并赠送祥云火炬。

7月29日，泰安广电中心大楼正式启用。省广播电视局副局长魏绍水，中央电视台地方新闻部主任唐经刚，市委副书记、市长李洪峰，市委宣传部长白玉翠等出席启用庆典仪式。新落成的泰安广电中心大楼是一座集办公、节目制作、播出和传输于一体的现代化的综合大楼，主楼高22层，总面积3万平方米。

7月29日、30日，由中国国家汉语国际推广领导小组、山东省政府主办，山东省教育厅承办的首届“汉语桥”世界中学生中文比赛半决赛和决赛在济南电视台1000平米演播室进行。共有来自24个国家的选手参加比赛。

7月，山东广电局被中华全国总工会授予“抗震救灾 重建家园”工人先锋号荣誉称号。

7月，山东省委组织部授予山东电视台新

闻中心赴四川抗震救灾前线临时党支部为第一批“支援抗震救灾先进基层党组织”，山东电视台侯洪强、宋基金、王羲同志被评为第一批“支援抗震救灾优秀共产党员”。

7月，济宁市广播电视局(台)微波中继车投入使用，该车配备了四路数字化讯道，其中两路为微波讯道，设备达到了全国电视微波中继车的先进水平，实现了微波拍摄、信号传递。自中继车启用以来，圆满完成奥运火炬曲阜传递的现场直播任务，并成功录制了孔子文化节开幕式和首届世界儒学大会等多个大型活动。

8 月

8月4日，国标地面数字电视高清频道(42CH)在青岛电视发射塔试运行播出。这是青岛电视台首次播出国标地面数字电视高清节目(CCTV高清)。

8月9日晚，北京第29届奥林匹克运动会帆船比赛启动仪式在青岛奥林匹克帆船中心主题公园隆重举行。山东省委副书记、省长姜大明向火炬手交接火炬。青岛市委副书记、市长、奥帆委主席李炳华、国际奥委会执行委员兼北京奥运会协调委员会委员黄思绵致辞。山东电视台、香港亚视、青岛人民广播电台，青岛电视台进行全程直播。

8月12日—14日，省广电局在泰安召开全省广播电视局长座谈会。

8月30日，52集电视剧《闯关东》获第24届中国电视“金鹰奖”最佳长篇电视剧奖、最佳编剧奖、最佳摄像奖、最佳照明奖，李幼斌获观众喜爱的电视剧男演员奖、金鹰电视艺术节最佳表演艺术奖，萨日娜获观众喜爱的电视剧女演员奖。

8月，山东电台圆满完成奥运宣传报道任务。本次奥运报道实现了山东广播的四个第一：第一次全天候直播奥运赛事；第一次直播中国军团所有夺金赛事；第一次在奥运赛场设立直播间组成奥运报道组报道奥运赛事；第一次以持证记者身份进入奥运场馆展开深入报道。

8月，山东电台推送的2007年度优秀作品《小账本里看巨变》获得第十八届中国新闻奖二等奖，这是省电台在历届中国新闻奖评选中第五次获此奖项。

8月，经北京奥组委BOB层层筛选，由山东电视台体育频道组成的7人奥运转播团队，在北京工人体育场、中国国家体育场转播共计11场北京奥运会男、女足球决赛阶段的比赛和2场男、女足球的颁奖仪式，制作了1710分钟高质量国际共用信号，得到奥组委的高度评价，成为唯一一支进入国家体育场进行现场直播的国内转播团队。奥运结束后，转播团队又被邀请去制作残奥会的国际公用信号。

9 月

9月6日—7日，中国广播电视协会纪录片工作委员会在潍坊举办2008国际获奖节目观摩及突发事件应对高级研修培训，来自省内外广播电视制作播出机构电视制片人、影视制作公司及潍坊市宣传部门有关领导、业务骨干120多人参加了培训。中广协会纪录片工作委员会常务副会长贡吉玖、副会长冷冶夫，潍坊市委宣传部副部长丁汉邦，市广电局局长钟耕民出席。

9月7日晚，青岛电台、青岛电视台现场直播了北京2008年残奥会帆船比赛启动仪式的盛况。中央电视台在央视一套和新闻频道并机直播的《聚集残奥会》节目中，先后三次插播北京2008年残奥会帆船比赛启动仪式直播信号。

9月18日上午，由淄博电视台和长春电影制片厂联合拍摄的电影《山东汉子》，在618台淄博广电度假村举行开机仪式。淄博市委宣传部长郭利民、长春电影制片厂副厂长杨庆瑞及主要演员等参加了开机仪式。《山东汉子》作为一部建国六十周年的献礼影片，故事主要反映四川汶川地震发生后，山东人民全力以赴支援灾区的感人事迹。

9月19日，由潍坊市人民政府主办，潍坊市广播电视局（总台）、广播电视报社承办的第三届中国（潍坊）汽车工业展览会在富华国际展览中心开幕。市委常委、宣传部长刘明珂、市人大常委会副主任杨继生、市政协副主席郑汝智、中国汽车工业协会展览部主任申跃生出席开幕式，广电局局长钟耕民主持开幕式。本次车展共设2.3万平米展区，交易金额达到期1.2亿元。

9月22日—26日，济宁市广播电视局圆满完成2008山东（国际）文化产业博览会参展任务，济宁曲阜分会场布展面积120平米，展示了数字电视的增值业务及高清电视演示。省委常委、宣传部长李群对济宁局展厅给予高度评价。

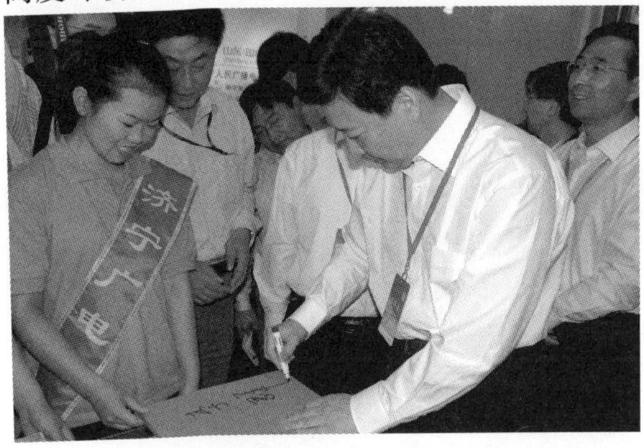

省委宣传部长李群在山东省文博会曲阜分会场济宁广电局展厅视察

为纪念济南解放60周年暨改革开放30年，中共济南市委宣传部、济南电视台联合拍摄制作了六集大型文献纪录片《古城新生》。9月22日—27日在济南电视台新闻频道播出后，反响强烈。《古城新生》通过《决战时刻》、《泣血长歌》、《重生岁月》、《火红年代》、《春潮涌动》、《和谐泉城》六集节目，全方位、多角度地讲述60年来济南这座古城的传奇故事，真实地展现泉城济南新生的历史画卷。

9月25日上午，威海广播电视台倾全台之力精心打造的第三频道——人居生活频道今天正式开播推介。市委书记、市人大常委会主任王培廷，市政协主席、市委宣传部长刘玉党，市纪委书记董天祥，市委秘书长张剑，市人大常委会副主任邓洪爱，市政协副主席李凤俊出席了人居生活频道开播推介晚会，王培廷、刘玉党等市领导还参观指导了三频道的筹备情况。

在推介晚会上，市委书记、市人大常委会主任王培廷为人居生活频道开播推介按下了启动按钮。

市委书记王培廷启动《人居生活频道》开播仪式

9月25日—28日，2008年全国广播影视系统行风建设暨纪检监察工作座谈会在青岛召开。中央纪委委员、中纪委驻国家广电总局纪检组组长王莉莉，青岛市委常委、宣传部长王伟，山东省广电局局长刘长允出席会议并讲话。国务院纠风办、中央纪委三室有关领导，国家广电总局，全国各省市、自治区、直辖市、计划单列市广电部门，中央人民广播电台、中国国际广播电台、中央电视台纪检组组长（纪委书记）等130人出席会议。

会议结合全国广播影视系统纪检监察工作实际，研究探讨如何从制度法规方面加强广电行业重点领域、重要岗位的监督与检查。

9月27日—29日，2008山东文化产业博览会在济南举行。山东广电局（总台）积极组织全省广电系统参加文博会，5个项目初步入选省重点文化产业项目。展会期间，山东广电形象展区以大气的展区设计和丰富多彩的现场活动受到与会领导和观众的一致好评。

9月28日，菏泽电视台举行成立二十周年庆祝大会。省委宣传部副部长刘保聚、山东电视台台长韩国强、菏泽市市长刘士合、市政协主席贾风英、市人大第一副主任杨永昌等领导同志及淮海经济区城市电视台协作体成员台和我省兄弟市广电局、电视台的负责同志出席庆祝大会。

9月28日，菏泽电视台成立二十周年

10 月

10月14日，“欢乐齐鲁，吉祥中国——中华人民共和国第十一届运动会吉祥物、主题口号发布文艺晚会”在山东电视台1200平米演播室举行。经过山东省委、省政府和国家体育总局审定，最终“泰山童子”和“和谐中国、全民全运”的口号成为十一运会的吉祥物和主题口号。国家体育总局局长刘鹏及我省省长姜大明、省委宣传部长李群、副省长黄胜等出席发布会。

10月15日，省广电局召开全局深入学习实践科学发展观活动动员大会，传达学习中央和省委关于开展深入学习实践科学发展观活动的重要精神，对全局学习实践活动进行动员部署。

10月19日，正在四川省北川县考察文化工作的中央政治局委员、中央书记处书记、中央宣传部部长刘云山，在视察灾区重建途中来到擂鼓镇板房文化活动室，听取山东广电局赴北川广电局挂职顶岗支援重建工作组组长权珍琦的汇报，对山东广电局派出人员支援北川广播电视事业恢复重建的做法给予充分肯定。

10月21日，由山东省委宣传部、山东省文学艺术界联合会主办的山东省首届泰山奖文艺奖颁奖典礼落下帷幕，山东电视台文艺部《科学发展 共建家园——2008山东军民春节联欢晚会》获得一等奖；《2007年第八届中国蓬莱“和平颂”国际青少年文化艺术盛典开幕式文艺晚会》获得三等奖，主持人王俐获突出贡献个人奖。

10月，山东广播经济频道的《新闻大屏幕》栏目在第十八届中国新闻奖评选新闻专栏复评中被评为优秀栏目。《新闻大屏幕》栏目是一档综合性新闻资讯栏目，以温馨亲民的题材、和暖诚恳的风格赢得听众认可。

10月，日照电视台历时8个月摄制完成的12集大型电视系列片《日照东方》在日照电视台播出。该片总长360分钟，集中展现了改革开放30周年来，日照迅速崛起的辉煌成就。作为日照市第一部影像志，作品已移交日照市档案馆永久保存。

日照市改革开放30年影像志大型电视系列片《日照东方》荣获国家纪念改革开放30周年电视纪录片银奖

11 月

11月3日，华东地区城市电视台第27届新闻协作会在青岛市召开，来自华东地区30家电视传媒机构的台长、新闻部主任及上海世博会新闻主管参加了会议。会上，各成员台代表对华东地区电视新闻协作网改进方案、建国60周年多城市互动采访方案、上海世博会联合报道方案等多个重要新闻协作议题进行了深入交流。

11月3日，《临沂广播电视报》创刊20周年庆典晚会在临沂广电中心演播大厅举行，临沂市委书记连承敏、市长张少军为《临沂广播电视报》创刊20周年题词，市委宣传部长丁凤云出席庆典仪式并讲话，中国广播电影电视报刊协会等7家单位发来贺信，社会各界和全国各地广播电视报也纷纷来电来函祝贺。同时，临沂广播电视报社还策划了系列活动，出版了创刊20周年珍藏特刊等。

11月6日，国务院纠风办副主任施泽华在山东省纠风办主任徐国立、青岛市纪委副书记李晓平的陪同下，视察了青岛电台《行风在线》栏目。

11月7日，山东电台成立60周年庆典暨大型诗歌朗诵会隆重举行。省委宣传部长李群为山东电台60周年台庆发来贺信。副省长黄胜、省记协主席高挺先等领导出席庆典并观看了大型诗歌朗诵《岁月如歌》。山东电台老领导、离退休老同志和400多名员工欢聚一堂，隆重庆祝山东广播事业暨山东电台创建60周年。

11月7日晚，淄博市广播电视总台（局）举行庆祝第九个中国记者节联欢晚会。市委副书记侯法生、市委宣传部长郭利民、市人大常委会副主任薛安胜、副市长段立武、市政协副主席尚秋云等领导与记者们一同观看了演出。

11月11日，山东新闻界庆祝中国记者节暨表彰大会在济南举行，山东电视台荣获“第三届全省新闻系统先进单位”称号，韩国强台长出席大会。

11月13日，山东省广播电视数字微波环路传输网建设落成开通仪式举行。

11月13日，中华全国新闻工作者协会在青岛召开“青岛广电宣传创新创优高层研讨会”，中国记协书记处书记李存厚、中国记协国内部副主任孙正一、清华大学传媒学院副院长李彬、中国人民大学传媒学院教授周小普、省记协副主席何荣德、张作生等专家学者出席研讨会，青岛市委常委、宣传部长王伟会见了与会专家。与会专家学者就青岛广播电视宣传创新创优工作取得的成绩，进行了深入的研讨和交流。

11月13日，中华全国新闻工作者协会在青岛召开“青岛广电宣传创新创优高层研讨会”

11月，东营市广电局成功举办了2008中国（东营）国际石油装备与技术展览会大型演唱会。

12 月

12月7日，滕州市广播电视局举办了“滕州红荷杯”首届中国环保形象大使暨红荷形象大使决赛。十届全国人大环境资源保护委员会主任委员、中华环保联合会副主席毛如柏，中华环保联合会副主席兼秘书长曾晓东等领导出席了本次活动，这是滕州局承办的首次全国性的大型赛事。本次大赛由滕州市人民政府发起，与中华环保联合会共同主办。

12月9日，中纪委常委、监察部副部长、国纠办副主任屈万祥在山东省纪委书记杨传升，青岛市副市长王书坚、市纪委书记何建平和青岛市广电局党委书记、局长张相逢，纪委书记宋立建的陪同下，视察青岛电台新闻频道《行风在线》栏目。

12月12日，青岛市广电系统纪念改革开放30周年大型文艺晚会——“岁月如歌”在青岛电视台800平米演播室举行。青岛市人大常委会副主任马泽、副市长王修林、市政协副主席郄晋生、市委宣传部常务副部长吕振宇等领导出席观看了晚会。晚会对全市广电系统第二届职工文艺汇演获奖单位和获奖节目进行了表彰。

12月14日，山东省纪念改革开放30周年大型歌舞晚会《科学发展　富民强省》在山东会堂录制，晚会规模之大、参演人员之多，无论舞台美术、灯光设计，还是高科技的运动都创下历年之最，得到省委书记姜异康和其他省委领导的高度评价，省委常委、宣传部长李群专门批示要求山东电视台再接再厉，不断进取创新，再立新功。

12月16日晚，淄博市纪念改革开放30周年《盛世交响》文艺晚会在淄博广电大剧院举行。市领导刘慧晏、周清利、岳长志、侯法生，驻淄部队首长、劳动模范及群众代表1000余人观看了演出。《盛世交响》讴歌了党的十一届三中全会以来，在党的正确领导下全国各族人员走向繁荣富强的光辉历程，反映了改革开放30年来全市各行各业的发展变化。

12月29日晚，青岛电视台、青岛财经日报社、新浪网、商周刊社联合主办的“改革开放三十年青岛财经人物颁奖盛典特别节目——盛世盛典”在青岛举行。青岛市委常委、宣传部长王伟，市政协副主席刘明君和青岛市广电局党委书记、局长张相逢出席活动。

活动邀请了中国著名经济学家、国务院发展研究中心主任王梦奎，中国社会科学院金融研究所研究员易宪容，著名经济学家、中国决策研究院院长管益忻进行现场点评。青岛电台、青岛电视台对活动进行了现场直播。

12月31日，山东影视集团有限公司揭牌仪式在济南举行。中宣部副部长焦利发来贺信，省委常委、宣传部长李群，副省长黄胜出席揭牌仪式并为山东影视集团有限公司揭牌。

12月31日晚，青岛市委副书记、市长夏耕来到青岛市广电局，通过广播向全市人民致以新年的问候和祝福，并看望慰问了广电干部职工。

12月，青岛电视台播出了8集电视系列片《青春青岛》。该片总长240分钟，全景式地表现了青岛自1978年以来，从城市布局、城乡变革、青岛制造、开放步履、文化精神、民生幸福、未来走向等诸多方面的转折、变革、发展等沧桑巨变和青岛人开拓创新的精神历程，展现了青岛大开放、大发展的恢弘画卷。

12月，临沂市实现了全市20户以上自然村有线广播电视村村通。2008年5月6日，临沂市委、市政府召开了全市有线广播电视村村通、户户通工作会议，开始了由有线广播电视村村通向有线广播电视户户通的战略转变。2008年新开通20—50户自然村982个，新发展有线广播电视用户16万户，入户率达到60%。

频道·节目·栏目

频道·节目·栏目

频　道

山东广播体育休闲频道

山东人民广播电台

山东广播体育休闲频道 STAR FM102.1（星光调频）是由国家广播电影电视总局、山东省广播电视局批准的全新专业省级体育休闲广播频道。

该频道以“传播体育资讯、提供休闲服务、倡导健康生活方式”为主要宗旨，是山东省内唯一一家以体育资讯为主要内容，以休闲产品为辅助的新形态广播频率。体育休闲频道的口号是“星光调频，从分享开始”，其节目具有明显的资讯性、背景性、伴随性的特点。

开播时间：2008 年 7 月 17 日

播出时间：每日 4: 50 至次日凌晨 1: 00

节目 · 栏目

《他乡家园》

山东人民广播电台

《他乡家园》栏目以“展现他乡人群生存状态，关注他乡人群命运走向”为栏目宗旨，注重服务性、实用性、可听性，重点服务于在他乡奋斗人群的工作、生活。

农民工群体是栏目的重点关注对象，栏目紧密结合农民工就业、培训做文章，开展促进农民工就业的“春风行动”，开设特别节目“就业快车道”，积极帮助农民工就业。

开播时间：2008 年 3 月

播出时间：每天 17: 00—18: 00

播出频道：山东广播乡村频道

《就业直通车》

山东人民广播电台

《就业直通车》是一档关注就业、创业的资讯服务类栏目，栏目宗旨是成为听众就业的好伙伴、创业的好帮手。

栏目主要涉及求职、招聘、职业充电、创业领域的政策解读、资讯传递、成功经历分享等内容，同时为听众热线和短信发布信息提供平台和相关咨询服务。

开播时间：2008 年 1 月

播出时间：每天 13: 30 播出，周一至周五节目时间为 30 分钟，周六、周日直播 60 分钟

播出频道：山东广播经济频道

《黑皮学院》

山东人民广播电台

《黑皮学院》是一档以娱乐新闻、热点话题、彩铃及新歌推荐、音乐广播剧等元素为主的娱乐脱口秀栏目。

“黑皮”取英文单词“happy”的谐音，寓意“轻松、快乐”是栏目的主要基调。主持人主持风格个性化，活泼、麻辣。栏目氛围轻松时尚，互动性强。栏目开播以来，已拥有固定的收听群体，尤其在各大中院校学生群体中有较高影响力和知名度。

开播时间：2008 年 4 月

播出时间：每天 21: 00—22: 00

播出频道：山东广播交通频道

《娱乐冲击波》

山东人民广播电台

《娱乐冲击波》是一档综合资讯服务类栏目，选取新闻时讯以及与人们生活息息相关的民生、气象、汽车等资讯，强调贴近性与服务性。

主持风格清新自然，强化主题音乐功能，让听众犹如聆听专业有声音乐杂志。节目编排上，每一个时段都根据不同收听人群的不同需求，对资讯和歌曲的选择也各有侧重。

开播时间：2008 年 1 月

播出时间：每天 7 个整点加两个半点播出 9 次，每次 30 分钟

播出频道：山东广播文艺频道

《养　生》

山东电视台

《养生》是山东电视台融汇古今中外养生保健知识，按照新的生活理念，策划制作的一档栏目：节目以全新的理念，简单实用的养生方法，使人们一看就懂、一学就会、一用就灵，让您和家人健健康康一百岁。

开办时间：2008 年 1 月 1 日

播出时间：每日 6: 00—6: 20

播出频道：卫视频道

《新闻追踪》

山东电视台

《新闻追踪》栏目是一档客观的、冷静的，又是科学的、公正的深度报道栏目。栏目的定位和宗旨是“直通现场、直追源头、直面生活、直击本质”。《新闻追踪》报道的内容是：新闻事件的追踪、重要政策的解读、热点问题的透析、丑恶现象的鞭挞。

开办时间：2008 年 1 月 1 日

播出时间：每日 18: 15—18: 25

播出频道：卫视频道、公共频道

《先声夺人》

山东电视台

综艺节目《先声夺人》，以主题化的歌词接龙游戏，通过团体绝技表演，表演嘉宾、参赛选手和现场观众的三重互动，共同引爆周末晚间的全民娱乐。

开办时间：2008 年 1 月 6 日

播出时间：周日 21: 25—22: 25

播出频道：卫视频道

《神州话体育》

山东电视台

《神州话体育》以体育界焦点事件、运动健康生活中的时尚、唯美、趣事为话题，打造出旁征博引、观点碰撞的谈话类节目。以个性丰富的信息量和鲜明犀利的观点吸引观众，内容涉及道德、情感、正义、法律、审美、胜败等，引发出给予人们生活启示、人性光彩的元素。

开办时间：2008 年 1 月 3 日

播出时间： 每日 20: 35—21: 20

播出频道：体育频道

《天下球》

山东电视台

《天下球》依托千场球赛独家版权，囊括欧洲顶级足球联赛、中超、NBA、CBA、男排女排国内联赛、网球四大满贯、ATP 巡回赛等顶级赛事，凭借平台独特地位和视角，分析赛事、追访人物、表露观点、展现乐趣，立志打造囊括各项球类赛事的综合类专题旗舰品牌。

开办时间：2008 年 10 月 16 日

播出时间：周四 20: 35—21: 25

播出频道：体育频道

《魅力体育》

山东电视台

《魅力体育》栏目由“魅力人物”、“魅力焦点”和“魅力瞬间”等板块组成，向观众展示极限运动、橄榄球、帆船赛、滑雪、皮划艇、斗牛等特色赛事，同时，通过与网站等媒体合作的形式，全方位使用丰富的媒介资源，以视频、图片、网友语录等作为节目架构，从多元化、娱乐化的角度来展现世界体坛近期发生的热点事件。

开办时间：2008 年 1 月 1 日

播出时间：每日 12: 20—12: 35

播出频道：体育频道

《新闻女生组》

山东电视台

民生故事栏目，情感援助行动。一档以情感、家庭、伦理事件为内容的民生故事类栏目，每一个故事都是一次情感援助行动。明星记者，深度参与。七位女生是栏目最显著的形式特征。在节目中，她们深入到事件中，既有感性的体悟，又有理性的思索，重要的是在情感上伸出援助之手，为当事人化解矛盾，成就美好生活。

开办时间：2008 年 1 月 1 日

播出时间：周一至周六 18: 55—19: 25

播出频道：公共频道

《民生三人行》

山东电视台

《民生三人行》是深度民生专题栏目。就老百姓关心的热点、难点问题，进行追踪，寻求解决途径，力争做“有结果”的民生新闻报道。三位个性鲜明、风格各异的记者以讲故事的手法，力图打破民生新闻常规的叙述模式，打造个性张扬、风格独特的民生新闻样式。

开办时间：2008 年 1 月 16 日

播出时间：周一至周六 19:25—19：35

播出频道：公共频道

《新奇秀》

山东电视台

《新奇秀》是民生服务与娱乐化新闻资讯的电视杂志类节目。主持人幽默秀＋天下奇闻资讯。节目主持人采取情景式串联方式，串起“疯狂大主编”、“新奇搜天下”、“惊悚一笑”、“小奇有约”等板块。栏目风格惊奇麻辣，轻松搞笑，幽默风趣。

开办时间：2008 年 1 月 1 日

播出时间：每日 17: 25—17: 55

播出频道：公共频道

《直通书记市长》

山东电视台

《直通书记市长》旨在搭建百姓与党政领导直接对话的电视平台。主持人在演播室连线，把百姓反映的热点难点问题直接反映给书记市长，或者将普通百姓请进演播室，与主持人面对面交流，并就当事人反映的问题现场跟当地政府负责人电话连线，寻求解决办法，书记、市长与百姓“零距离对话，心贴心沟通”，互动性强。

开办时间：2008 年 1 月 16 日

播出时间：周一至周五 21: 45—22: 00

播出频道：公共频道

《星随剧动》

山东电视台

为了让观众能够更好地了解齐鲁频道热播电视剧的幕后花絮，《星随剧动》栏目邀请热播电视剧的导演、主演等主创人员亲临节目现场，和现场观众互动，向更多的电视观众解密电视剧拍摄过程中的精彩花絮，让观众在欣赏电视剧的同时，还能够了解背后的故事。

开办时间：2008 年 3 月 10 日

播出时间：月播节目 12: 30—13: 30

播出频道：齐鲁频道

《新聊斋》

山东电视台

《新聊斋》是一档报道国内外奇闻轶事的汇编类节目。节目的宣传语是：谈天谈地妙在其中，看人看事拍案惊奇。《新聊斋》不再谈狐说鬼，但抓住了《聊斋志异》的本质：弘扬真善美，抨击假恶丑。

开办时间：2008 年 11 月 8 日

播出时间：每日 17: 08—17: 18

播出频道：齐鲁频道

《健康总动员》

山东电视台

《健康总动员》栏目是一档日播、直播类医疗节目。以传播健康知识、改善生活质量为最高宗旨。致力于树立省内名家名院风范，介绍医疗信息和科学技术，提高普通大众的健康意识，并为人们的求医问药提供服务指南。《健康总动员》栏目全程直播，板块内容包括：“健康大讲堂”、“健康常青树”、“荐医台”、“医林速递”。

栏目名称：《健康总动员》

开播时间：2008 年 1 月 1 日

播出时间：每日 9: 00—10: 00

播出频道：少儿频道

《做客生活帮》

山东有线电视中心

《做客生活帮》是现场直播的情感援助类节目。每天有一位嘉宾走进演播室和主持人新燕谈情感中的困惑和婚姻中的迷茫。它秉承了《生活帮》热心帮办的特色，把生活频道一直倡导的民生、公益、互动的理念融入到节目中。

开播时间：2008 年 1 月

播出时间：每日 19: 00—20: 00

播出频道：生活频道

《八点听书》

山东有线电视中心

《八点听书》是大型纪实类新闻故事节目。它采用目前国内最流行的节目形态，以说书的形式讲述最生动、最真实的故事。每期搜集全国各地的法制、探秘、悬疑故事，优中取精，加以全新的包装和制作。

开播时间：2008 年 12 月

播出时间：每日 20: 00—20: 30

播出频道：生活频道

《新闻快线》

山东有线电视中心

《新闻快线》栏目，侧重政治性较强的新闻，具有很强的时效性和舆论性，其理念是以轻松的方式传播严肃的资讯，以国际、国内、省内最新的资讯为主要内容，热评焦点事件，为关心时事的观众提供了一个良好的资讯平台。

开播时间：2008 年 12 月

播出时间：每日 20: 35—20: 55

播出频道：生活频道

《喜剧学院》

山东有线电视中心

《喜剧学院》是全新娱乐搞笑栏目。著名导演、演员武文，扮演憨气十足、趣怪古板的老师，主持人李鑫、歌手殷光栋等人扮演学生，组成捣蛋大军，师生间斗智斗勇，笑料百出。开心课堂、快乐实习生、幽默剧，全场挑战观众的爆笑神经，成为山东电视娱乐节目的一大创新。

开播时间：2008 年 12 月

播出时间：周日 19: 25—20: 25

播出频道：综艺频道

《超级运动会》

山东有线电视中心

《超级运动会》节目把许多体育竞技项目游戏化，吸引全民参与，人人挑战。足球九宫格，篮球九宫格、俯卧撑、倒立行走……寻常的体育项目，不寻常的参与体验，“和谐中国，全民全运”的理念在游戏中融会到每个人的心中。

开播时间：2008 年 12 月

播出时间：周五、周六 19: 25—20: 25

播出频道：综艺频道

《唐三彩》

山东有线电视中心

《唐三彩》是山东省首档以展示优秀非物质文化遗产为主的大型文化栏目。本着“寻访散落民间的传统文化，挖掘非遗背后的感人故事”的栏目理念，栏目关注重点文化项目品牌，全力挖掘整理、包装开发。

开播时间：2008 年 10 月

播出时间：周日 21：05

播出频道：生活频道、山东省广播电视总台海外频道

《早安泉城》

济南人民广播电台

《早安泉城》是针对中老年听众，重点打造的早间新闻服务类栏目，在原有节目的基础上，全新改版，推出了“新闻速览、温馨提示、健康晨曲、泉城气象”四个小栏目。突出了新闻的时效性和权威性，生活资讯的贴近性，主持风格亲切自然。

开播时间：2008 年 1 月 1 日

播出时间：每日 6: 00—6: 30

播出频道：新闻广播

《我的汽车有话说》

济南人民广播电台

《我的汽车有话说》是济南交通广播以《刘敏热线》为平台开办的一档栏目。节目致力于解决消费者遇到的诸如汽车质量、售后服务等等汽车消费类问题。栏目开办以来受到了广大汽车消费者的普遍欢迎。

开播时间：2008 年 1 月 1 日

播出时间：周一、三 11: 00—12: 00

播出频道：交通广播

《怀旧金曲》

济南电视台

《怀旧金曲》是一档音乐类日播节目。每期节目围绕一个主题，通过一首首经典老歌讲述一段令人魂牵梦绕的往事或刻骨铭心的情感，使经典金曲成为人们传递情感、品味人生的空中桥梁。

开播时间：2008 年 5 月 1 日

播出时间：每日 20: 08—20: 38

播出频道：娱乐频道

《小学插班生》

济南电视台

《小学插班生》是一档成人益智类节目，栏目演播室模拟学校的场景，这所“小学”里参赛嘉宾的身份是一名“新同学”，重新“插班”。节目形态以节目嘉宾在演播室现场答题为主，穿插场外拍摄、短信互动等，形成内外结合、场内场外沟通互动的立体播出效果，形式新颖，内容丰富，节目播出后受到观众好评。

开播时间：2008 年 6 月 1 日

播出时间：周五、周六 19: 30—20: 05

播出频道：少儿频道

《有么说么新闻大社区》

济南电视台

《有么说么新闻大社区》栏目是对《有么说么》的全新改版，《社区新闻》、《社区秀场》、《社区聊吧》、《社区故事》加上三个由卡通主持人报道的《社区气象站》、《社区广播站》、《社区导播台》，七个子栏目形成了一个相互关联、互为补充的栏目群，融合了新闻、曲艺、影视、音乐、动漫等多种元素，使该栏目更具亲和力、吸引力。

开播时间：2008 年 11 月 25 日

播出时间：每日 17: 15—18: 40

播出频道：新闻频道

《女性时间》

崂山广播电视中心

《女性时间》是由崂山区妇联与崂山广电中心联办的一档社会女性专题栏目。

开播时间：2008年

播出频道：QTV-崂山频道

播出时间：周日19:35—19:55

《百姓故事》

即墨电视台

《百姓故事》采用平民化的视角讲述老百姓的故事，展现人间真情冷暖。节目制作精细，人物典型，故事性强，收视率高。

开播时间：2008年1月1日

播出频道：新闻频道

播出时间：周日20:12—20:27

《新闻天天报》

潍坊人民广播电台

《新闻天天报》是一档晚间新闻直播节目。力求以快速、权威、大视野的特点为听众梳理当日及最新发生在潍坊以及县市区的新闻，并侧重民生新闻，追踪新闻热点，进行深度报道，反馈《行风在线》解决问题的新闻。

开播时间：2008年1月

播出时间：周一至周五17:00—17:40

播出频率：新闻频率

《我要说声谢谢你》

潍坊人民广播电台

《我要说声谢谢你》是一档以爱心为主题的公益性社教节目，让听众说心里话，说感恩故事，为需要帮助的听众提供力所能及的帮助。通过节目弘扬正气，传递爱心，关注社会热点问题。

开播时间：2008年1月

播出时间：每日10:00—10:30

播出频率：新闻频率

《财富加工场》

潍坊电视台

《财富加工场》是一档服务潍坊经济、关注百姓生活的新闻集纳式经济栏目。栏目紧紧围绕"柴米油盐，衣食住行，挣钱理财"等百姓关心的问题，初步实现了"《财富加工场》开启财富之门"的栏目宗旨。

开播时间：2008年1月

播出时间：每日19:50—20:10

播出频道：经济生活频道

《说法时间》

潍坊电视台

《说法时间》是一档法制性栏目。一方面是通过典型的案例，解读法律条文，向受众释法；另一方面，充分发挥媒体的舆论监督作用，对各行各业进行监督报道。《说法时间》重在普法与舆论监督，以新闻事件切入，让百姓参与互动，并请专家顾问点评。

开播时间：2008年1月

播出时间：每日20:15—20:30

播出频道：经济生活频道

《大家说吧》

潍坊电视台

《大家说吧》是一档访谈栏目，立足反映民生的选题，运用不同形态，以“贴着本土本地办电视”的理念，围绕有趣有用做文章。

开播时间：2008年1月

播出时间：周一19:00—19:40

播出频道：经济生活频道

《服务到家》

潍坊电视台

《服务到家》是一档热线服务性栏目，不设主持人的形式办电视节目，栏目真实再现记者帮助当事人解难题的过程，它正在成为潍坊电视台的一个“服务品牌”。

开播时间：2008年1月

播出时间：每日18:24—18:34

播出频道：经济生活频道

《话说寒亭》

寒亭区广播电视局

《话说寒亭》主要介绍寒亭人文历史、地理环境、名胜古迹、历史事件、姓氏源流等。

开播时间：2008年1月

首播时间：周日19:55—20:10

播出频道：新闻综合频道

《咖啡心语》

安丘人民广播电台

《咖啡心语》是一档社教性节目。节目宗旨：突出人文关怀情感类谈话。

开播时间：2008年1月

播出时间：周一至周五15:30—17:00

播出频率：调频89.1兆赫

《身　边》

安丘电视台

《身边》是一档社教性节目。节目宗旨：反映民生民意，贴近实际、贴近生活、贴近群众。

开播时间：2008年5月31日

播出时间：周一、三、五20:00—20:30

播出频道：新闻综合频道

《读　书》

昌邑电视台

《读书》栏目以读书为切入点，引导和弘扬积极向上的人生观和读书观，营造和谐的精神空间，为广大观众创造一个共同交流分享的文化平台。

开播时间：2008年1月5日

播出时间：周六18:45—18:57

播出频道：综合频道

《魅力青州》

青州电视台

《魅力青州》是一档历史文化节目，它以挖掘青州悠久的历史文化底蕴为己任，节目融历史性、文化性、故事性为一体，力求通过优美的文字、精美的画面，系统、多层面地展现青州5000年历史文明。

开播时间：2008年5月14日

播出时间：周四18:35—18:50

播出频道：新闻综合频道

《有啥说啥》

青州电视台

《有啥说啥》栏目是一档民生新闻栏目，该栏目坚持以人为本的原则，以平民视角、民生内容、民本取向传达百姓心声，营造和谐舆论。报道触角深入到社会民众的生活中，给与普通大众以真切的社会关怀。栏目包括《第一现场》、《百姓百事》、《画说新闻》、《声音》等板块。

开播时间：2008年5月13日

播出时间：周二、周五19:55—20:10

播出频道：新闻综合频道

《1023民生在线》

临朐人民广播电台

《1023民生在线》是一档民生节目。节目定位为“关注百姓生活，为您排忧解难”，主要服务百姓生活、提供信息发布，为百姓搭建轻松的生活桥梁。

开播时间：2008年5月

播出时间：周一至周六10:30—12:00

播出频率：新闻频率

《情感伊甸园》

临朐人民广播电台

《情感伊甸园》是一档情感故事类节目。节目定位于“用真情触摸心灵，用故事启迪人生”。主要为听众提供情感倾诉的最好空间。

开播时间：2008年5月

播出时间：每日22:00—22:25

播出频率：新闻频率

《娱乐任我行》

淄博人民广播电台

《娱乐任我行》节目打破常规，通过轻松时尚的调侃、幽默诙谐的点评、新颖独特的互动，营造轻松愉快的休闲娱乐氛围。节目定位：休闲娱乐类节目，为驾车乘车一族量身定做。充分发挥直播节目互动方便快捷的优势，以送奖品的形式推进节目进程，衔接各个板块，力求达到“放松你我、娱乐大众”的效果。

开播时间：2008年10月27日

播出时间：每日15:00—16:00

播出频道：交通文艺频道

《音乐畅游》

淄博人民广播电台

《音乐畅游》是一档以华语流行音乐为主的晚间音乐节目。针对晚间驾乘一族、白领，打造温暖、时尚的感性生活。其中，《娱乐新闻》栏目每天介绍娱乐圈最新动态、明星八卦。《Music最爱》栏目用一周的时间专门介绍某个歌手或某张专辑或某个音乐流派。

开播时间：2008 年 10 月 27 日
播出时间：周一至周五 20: 30—21: 30
播出频道：交通文艺频道

《心情故事》

淄博人民广播电台

《心情故事》是一档以讲述故事为主的情感类节目。爱情类故事以长篇的为主，亲情的以中篇的为主，励志的以短小的为主。

开播时间：2008 年 8 月 25 日
播出时间：周日 20: 30—21: 30
播出频道：交通文艺频道

《实事直通车》

淄博电视台

《实事直通车》是淄博市委组织部与淄博电视台联合开办的一档大型直播访谈节目。由政府各职能部门主要负责人带领全体班子成员走进演播室，就有关政策、热点问题与电视机前的观众进行面对面的交流。

开播时间：2008 年 12 月 21 日
播出时间：周日 18: 30—19: 26
播出频道：新闻综合频道

《和谐山城》

博山电视台

《和谐山城》是一档以报道本地区构建和谐社会，促进地方经济发展为节目宗旨的电视专题类栏目。

开播时间：2008 年 3 月 1 日
播出时间：隔周六 17: 35—17: 50
播出频道：博山电视台

《颜山孝水》

博山电视台

《颜山孝水》是一档以记录博山风土人情，突出博山“孝”文化，展现博山地域文化特色，介绍博山迤逦风光、璀璨文化、人文故事为宗旨的电视专题类栏目。

开播时间：2008 年 3 月 7 日
播出时间：隔周六 17: 35—17: 50
播出频道：博山电视台

《读报时间》

枣庄人民广播电台

《读报时间》是一档集趣味性、知识性、可听性为一体的读报类节目，以各类报纸中的事件和信息为线索，融新闻性、服务性、趣味性为一体，将一周内各地报刊集萃与社会民生、百姓生活息息相关的话题，浓缩后以“说”的方式传给听众，给人以生动感受。

开播时间：2008 年 5 月 11日
播出时间：周日 16: 00—16: 30
播出频道：新闻综合频道

《我爱我家》

枣庄人民广播电台

《我爱我家》节目宗旨是：轻松传播知识，真情关注民生，热诚服务百姓，携手共建和谐。

开播时间 :2008 年 7 月 1 日
播出时间 : 周一至周五 10: 30—10: 55
周六、周日 19: 30—19: 55
播出频道 : 经济生活频道

《枣庄科技》

枣庄人民广播电台

《枣庄科技》节目是一档宣传科技政策，推广科技典型和经验，传播普及科学知识，展现枣庄市科技工作者风采的节目，旨在宣传推广全市最新的科研成果，让听众崇尚科学、热爱科学。

主要栏目：《科技与生活》、《科技成果推广》、《权威访谈》、《科技与财富》、《科技企业巡礼》。

开播时间：2008 年 1 月 23 日

播出时间：周一至周六 17: 30—18: 00

播出频道：新闻综合频道

《财富枣庄》

枣庄电视台

《财富枣庄》是一档以人物为主线的专访节目。栏目宗旨是把握经济动脉，讲述人物故事，启迪大家智慧，共创财富生活。栏目力求贴近生活，做到生活化和平民化。

开播时间：2008 年 2 月 9 日

播出时间：隔周六 18: 30—18: 45

播出频道：枣庄电视台

《警界纵横》

台儿庄电视台

《警界纵横》是台儿庄电视台与区公安局联合开办的一档公安专题节目。目的是提高公安工作的透明度和影响力，展示公安工作，报警界动态。开设了《警方动态》、《刑案追踪》、《治安广角》、《交警视窗》、《警企联线》、《卫士风采》等子栏目。

开播时间：2008 年 10 月 8 日

播出时间：每月两期，周三 20: 10—20: 25

播出频道：台儿庄电视台

《运河清风》

台儿庄电视台

《运河清风》是台儿庄电视台与区纪委联合开办的一档党风廉政专题节目。主要目的是及时报道纪检监察工作动态，引导廉政建设舆论，推出党风廉政建设新典型新经验新做法。开设了《廉政动态》、《热点聚焦》、《深度报道》等子栏目。

开播时间：2008 年 5 月 30 日

播出时间：每月一期，周五 20: 10—20: 25

播出频道：台儿庄电视台

《新闻要览》

薛城电视台

《新闻要览》前身是 1994 年创办的《一周新闻》，改版为周刊式新闻回顾栏目。采取主持人演播室播报的形式与观众沟通，分板块串联回顾一周新闻，并配以精辟的话题、丰富的资讯、轻松的播报风格来吸引观众。

开播时间：2008 年 10 月

播出时间：周六 20: 00—20: 10

播出频道：薛城电视台

《古薛新韵》

薛城电视台

《古薛新韵》是薛城电视台一档专题栏目，以宣传改革开放三十年来，全区人民在区委区政府的正确领导下，所走过的光辉历程和取得的骄人成绩，展现广大人民群众昂扬向上的精神风貌。

开播时间：2008 年 10 月

播出时间：周日 19: 35—19: 50

播出频道：薛城电视台

《多彩生活》

薛城电视台

《多彩生活》是薛城电视台一档都市生活专题栏目，以流行、时尚、健康、快乐为栏目定位，采取主持人现场主持的形式，宣传科学文明、健康向上的生活方式，引导广大市民热爱生活、品味生活。

开播时间：2008 年 8 月

播出时间：周五 19: 35—19: 45

播出频道：薛城电视台

《话说身边事》

滕州人民广播电台

《话说身边事》以群众关心的社会热点及新鲜时尚的生活话题为主题，以现场采访、深度报道、专题访谈的形式播出。

开播时间：2008 年 5 月 1 日

播出时间：周一、三、五 9: 00—9: 40

播出频道：滕州电台

《四季乡村》

滕州电视台

《四季乡村》是一档专题服务类栏目。栏目报道涉农经济发展过程中涌现出的致富经验和创新做法，给观众以启迪智慧、更新观念的真实例子。同时，发现、推介乡村的特色饮食、特产文化，探寻农村乡土人情，全方位、多角度地反映农村文化生活。

开播时间：2008 年 2 月 1 日

播出时间：每周三、五 19: 00—19: 10

播出频道：滕州电视台

《晓溪为您办事》

泰安广播新闻台

《晓溪为您办事》是一档服务生活的民生节目，节目以接听听众热线电话的方式，通过解答问题，用联系实际、生动活泼的语言解读国家政策和地方法规，创新了报道形式，极大地提升了广播媒体的社会影响。

主要栏目:《市民热线》、《热线反馈》、《城市零距离》、《城市万事通》、《安全新干线》、《医疗服务指南》、《社区内外》等。

开播时间：2008 年 11 月 1 日

播出时间：每日 7: 30—8: 00 首播

15: 30—16: 00 重播

播出频率：广播新闻台 FM93.2

《司机时间》

泰安广播交通台

《司机时间》节目突出服务性、可听性，由两名主持人以交流谈话方式主持，根据司机的具体需求，设计话题，分别开通了交警、交通等部门，以及汽修、汽车专卖等热线，随时提供管理、违章播报等具体细致的咨询服务。

开播时间：2008 年 5 月 1 日

播出时间：每日 10: 00—11: 00

播出频率：交通台 FM106.8

《零距离夜线》

泰安电视台

《零距离夜线》是一档晚间新闻栏目，秉承精彩生活、第一现场的报道理念，贴近百姓、贴近生活、贴近实际，突出快节奏、大容量、服务性、平民化。内容包括本地新闻、妙说天下事、生活资讯等。

开播时间：2008 年 10 月 16 日

播出时间：周一至周六 21: 45—22: 15

播出频道：新闻综合频道

《新闻背后》

泰安电视台

《新闻背后》是一档新闻故事类节目，节目宗旨：感怀生命故事，真实震撼心灵。向您揭示新闻幕后鲜为人知的事件，展现平凡人生中不平凡的故事。

开播时间：2008 年 10 月 16 日

播出时间：周一至周六 22: 20—22: 40 首播

播出频道：新闻综合频道

《故事人生》

泰安电视台

《故事人生》是一档故事类栏目，节目宗旨：看世间百态，品人情冷暖，坦露百姓真挚情感，讲述生活精彩故事。

开播时间：2008 年 10 月 16 日

播出时间：周一至周六 20:10—20:30 首播

播出频道：生活频道

《社区大舞台》

泰山区有线电视频道

《社区大舞台》是一档现场互动性文艺节目，宗旨为打响“社区欢乐使者”文化品牌，促进社区文化建设，满足社区群众日益增长的文化生活需求。

开播时间：2008 年 4 月 26 日

播出时间：周六 20: 00—20: 55

《民生聚光灯》

宁阳电视台

《民生聚光灯》是一档民生类电视新闻杂志栏目。栏目以“理性的精神，感性的传播”为理念，秉承“为政府分忧，替百姓说话”的宗旨，将“民”和“生”融入主旋律，把国家的方针政策尽可能地用民生化的方式传达体现。

栏目分《热点聚集》、《深度体验》、《百姓上电视》三大板块。

开播时间：2008 年 3 月

播出时间：周六 20: 00—20: 15

播出频道：宁阳电视台

《新闻点播》

临沂市广播电视台

《新闻点播》栏目是与听众进行互动的新闻点播节目，轻松点播新闻，随时随地，随心所欲，动动手指，新闻点播，畅听天下新闻。

开播时间：2008 年 5 月 1 日

播出时间：每日 16: 00—17: 00

播出频率：新闻广播

《民生直通车》

临沂市广播电视台

《民生直通车》是一档民生类新闻栏目。该栏目以关注百姓的衣食住行、喜怒哀乐、忧患疾困为己任，用百姓的语言、平民的视角描述百姓日常生活，为百姓解决困难。

开播时间：2008 年 9 月 1 日

播出时间：每日 15: 30 —16: 00

播出频率：新闻广播

《金融热线》

临沂市广播电视台

《金融热线》是临沂市广播电视台经济广播与临沂市各大银行、保险公司、证券公司等金融机构联合推出全市唯一一档财经类直播节目。节目旨在满足广大市民不断增长的金融服务需求，搭建起金融企业与市民之间沟通的桥梁。

开播时间：2008 年 6 月 6 日

播出时间：每日 7: 55—8: 20

播出频率：经济广播

《男左女右》

临沂市广播电视台

《男左女右》是一档音乐交友节目，让都市中的红男绿女，在音乐的陪伴下敞开心扉，在缘分的天空中，用真情温暖彼此孤寂的心灵。

开播时间：2008 年 12 月 18 日

播出时间：周一至周五 18: 00—19: 30

周六、周日 22: 00—23: 00

播出频率：经济广播

《行风热线》(三区版)

临沂市广播电视台

《行风热线》(三区版)是由临沂市政府纠风办公室与临沂市广播电视台联合主办的一档舆论监督类广播直播节目。以“替百姓说话，为政府分忧”为宗旨，切实解决影响群众生产生活的实际问题，是临沂市广播电视台《行风热线》节目的拓展和延伸，在全省率先实现了《行风热线》节目的各县区全覆盖。

开播时间：2008 年 11 月 6 日

播出时间：每日 10: 40—11: 00

播出频率：经济广播

《八点新时空》

临沂市广播电视台

《八点新时空》栏目定位：立足服务，关注三农。栏目口号: 新沂蒙、新农村、新时空。栏目内设有《新时空资讯》、《小胖来帮忙》等子栏目。

开播时间：2008 年 8 月 1 日

播出时间：周二、五 20: 00—20: 20

播出频道：农科频道

《河东纵横》

河东区有线电视台

《河东纵横》栏目宗旨：展现地方风采、促进经济文化繁荣。栏目定位：以及时报道最新时政活动，解读中央省市区对农政策，反映河东农村、农业现代化进程，展示全区农村优秀传统文化、农民淳朴民风为主要内容。

开播时间：2008 年 7 月 3 日

播出时间：周二、四、六 20:45
播出频道：临沂市河东区有线电视台

《105.1 新闻网》

蒙阴县广播电视台

《105.1 新闻网》节目宗旨：让新闻更加贴近百姓生活，达到新闻立台目的，树立强势新闻媒体社会形象。

开播时间：2008 年 9 月
播出时间：每日 6:00
播出频道：新闻频道

《105.1 新闻网帮您办》

蒙阴县广播电视台

《105.1 新闻网帮您办》节目宗旨：为企业招贤纳才，提供求职求聘舞台，发布信息服务大众。

开播时间：2008 年 9 月
播出时间：每日 8:30
播出频道：新闻频道

《现在开庭》

蒙阴县广播电视台

《现在开庭》节目宗旨：普及法制知识，服务经济发展。

开播时间：2008 年 8 月
播出时间：周一、三、五 19:30—20:00
播出次数：每月 2 期
播出频道：综合频道

《一听可乐》

苍山县广播电视台

《一听可乐》是一档广播曲艺类栏目。主要内容有相声小品、故事轶闻和幽默小品文等，以及节目、演员的背景简介和评价。

开播时间：2008 年 1 月 1 日
播出时间：每日 10:30—11:30
播出频率：苍山县广播电视台

《生活互联网》

苍山县广播电视台

《生活互联网》是一档广播信息服务类栏目。主要内容有特价和二手信息、健康咨询、生活一点通等，为听众提供服务信息和生活小常识。

开播时间：2008 年 1 月 1 日
播出时间：每日 16:00—17:00
播出频率：苍山县广播电视台

《纪实片场》

苍山县广播电视台

《纪实片场》是一档纪实影视栏目。栏目以省节目中心提供的纪实案例和真情故事为主，普及法律知识，彰显人情冷暖，感知人间真情。

开播时间：2008 年 1 月 1 日
播出时间：周一至周五 21:47—22:47
播出频道：影视娱乐频道

《德州教育》

德州电视台

《德州教育》以“展示教育成果，传播教育理念，交流育人经验，促进人才培养”为栏目宗旨，以关心人才培养为根本点，以大教育为视角，重点关注学校、家庭、社会教育之间的有机结合和相互关系，为受众提供更多更好的服务。

开播时间：2008 年 3 月

播出时间：周五 22: 33—22: 48

播出频道：德州电视台

《正午时光》

聊城人民广播电台

《正午时光》栏目是一档午间本土化新闻专栏。节目采用直播的形式，两位主持人采用“说新闻”的对播方式，为市民介绍发生在身边的人和事，节目突出“新”、“奇”。

开播时间：2008 年 1 月 1 日

播出时间：周一、三、五 12: 00—14: 00

周二、四、六 13: 00—15: 00

播出频率：新闻综合广播 FM96.8

AM1143

《水城经济　活力对话》

聊城人民广播电台

《水城经济　活力对话》节目以“打造水城人民财富新观念”为宗旨，透析经济人物故事，带动水城经济发展。每期节目中邀请经济人物做客直播间谈创业故事，既是企业的宣传平台，又是增长听众财富知识的便捷渠道。

开播时间：2008 年 5 月

播出时间：周一至周五 11: 10—12: 00

播出频率：经济生活广播

《城市协奏曲》

聊城人民广播电台

该栏目凸显聊城本土特色，以“立足本土，百姓话题，轻松诙谐，以小博大”为宗旨，采用男女主持人对播的形式，听众可以通过短信形式及时参与话题讨论，互动性强。内容涵盖百姓生活衣、食、住、行、娱各方面的热点话题，风格轻松诙谐，突出了交通广播的伴随性，为听众打造了一段轻松快乐的旅程。

开播时间：2008 年 10 月 1 日

播出时间：周一至周六 10: 30—12: 00

播出频率：交通广播 FM98.9

《聊城财经》

聊城电视台

《聊城财经》栏目是一档经济类新闻杂志性栏目。本栏目立足于科学发展观的要求和党委、政府的部署，解读、分析经济政策、介绍经营、管理经验，引领和服务地方经济发展。

开播时间：2008 年 9 月

播出时间：周六 20: 40—21: 00

播出频道：经济频道

《水城晚风》

东营人民广播电台

《水城晚风》是一档晚间综合性文艺节目。节目由三大板块组成。第一板块：点播心情。第二板块：我想对你说。第三板块：阅读时间。

开播时间：2008 年 10 月

播出时间：每日 20: 00—21: 00
播出频道：新闻频道

《汽车时间》

东营人民广播电台

《汽车时间》节目设有《汽车资讯》、《车友天地》、《车行天下》等栏目。为听众朋友播报汽车新闻、汽车政策、新车上市、道路信息等。

开播时间：2008 年 1 月 1 日
播出时间：每日 15: 00—16: 00
播出频道：新闻频道

《交警在线》

东营人民广播电台

《交警在线》是东营人民广播电台交通音乐频道联合市公安局交巡警支队共同开办的一档交通咨询类节目，旨在架起一座交通管理者和交通参与者之间沟通的桥梁。

开播时间：2008 年 1 月 2 日
播出时间：周三 16: 00—16: 30
播出频率：交通音乐广播 FM88.1

《警方报道》

东营电视台

《警方报道》是一档综合法制类节目，主要通过新闻消息、专题报道等电视宣传手法，报道东营公安动态，透视社会治安热点，追踪大案要案进程，教育引导群众，服务关注民生，弘扬社会正气，震慑违法犯罪，服务教育群众。

开播时间：2008 年 4 月 13 日
播出时间：周日 20: 00—20: 10 首播
下周日 20: 00—20: 10 重播
两周一期
播出频道：新闻综合频道

《社会零距离》

日照电视台

《社会零距离》是日照电视台一档民生新闻栏目。2008 年重新改版，节目时长由过去的每期 15 分钟延长到 30 分钟，内容由本地民生新闻、媒体浏览和天气生活资讯三大板块构成。栏目以正面宣传为主，以民生、民情、民意为主要关注点，以港城百姓身边事为主要报道题材，突出新闻的实用价值、娱乐价值、情感价值，彰显节目影响力、公信力和美誉度。

开播时间：2008 年 2 月 1 日
播出时间：每日 20: 05—20: 35
播出频道：新闻综合频道

《新闻直通车》

莱芜人民广播电台

《新闻直通车》是一档新闻资讯节目。《新闻直通车》关注百姓需求，突出新闻性，兼顾知识性、服务性、趣味性，主持风格轻松活泼，深受听众喜爱。

开播时间：2008 年 1 月
播出时间：每日 8: 30—9: 00
播出频道： 新闻综合频道

《七色时光》

莱芜人民广播电台

《七色时光》是一档谈心类互动直播节目。以“共享阳光　分担风雨”为主旨，通过热线、短信等互动方式，倾听听众的喜怒哀乐，为听众与电台搭建起了相识、相知的平台。

开播时间：2008 年 1 月

播出时间：每日 15: 30—16: 30

播出频道：新闻综合频道

《城市之音》

威海市广播电视台

节目宗旨："参与城市管理，服务市民生活"。由威海台与建委、威海市城市管理行政执法局等十几个涉及城市管理与服务的部门和单位联合推出，旨在对城市管理方面的情况进行全景式扫描，为市民生活提供服务和帮助，提高城市市民素质。

开播时间：2008 年 3 月 3 日

播出时间：周一至周五 9: 00—12: 00

播出频率：威海电台

《今天我要表扬你》

威海市广播电视台

《今天我要表扬你》通过听众来信，相关人士热线表扬，帮受双方热线互动的方式，表现人与人之间的互助与互爱，给施助者、受助者、亲历者或知情者提供一表达心意的空间。

开播时间：2008 年 5 月 26 日

播出时间：周一至周五 13: 00—13: 55

播出频率：威海电台

《威海与奥运同行》

威海市广播电视台

《威海与奥运同行》节目内容主要是：有关奥运的体育评书、新闻以及北京奥运进展等方面情况。奥运期间每晚 19：30—21：00 推出大型板块互动节目——《神州同圆奥运梦》，包括奥运会"明日精彩看点"、趣味竞猜（与听众热线短信互动）、精彩赛事转播等。

开播时间：2008 年 4 月 30 日

播出时间：周一至周五 12: 30—13: 00

19: 30—21: 00

播出频率：威海电台

《民生 360°》

荣成市广播电视台

节目宗旨：突出"发展民生、构建和谐"这一主题，采用平民的视角，全方位、多角度报道荣成最新发生的社会新闻，当好荣成市民的生活帮手，助推荣成经济社会率先发展、和谐发展。设《百姓家园》、《生活风向标》、《立说立行》等子栏目。

开播时间：2008 年 4 月 21 日

播出时间：周一至周六（周六为精编版）7: 00—7: 20

播出频道：荣成电视台

《夕阳红》

文登市广播电视台

《夕阳红》是一档老年人为主的栏目。内设《健康饮食》、《卫生保健》、《七彩夕阳》三个小板块，向老年听众介绍一些有利于健康的饮食和生活知识，传达最新的科技信息，引导和帮助老年人树立正确的休闲观念。

开播时间：2008 年 1 月 1 日

播出时间：每日 12: 00—12: 30

播出频率：文登电台

《岁月如歌》

文登市广播电视台

《岁月如歌》是一档老歌节目，节目的定位是以经典的怀旧歌曲为主，配以主持人清晨的感悟，与听众一起回味熟悉的旋律，感受昨日的温馨。

开播时间：2008年1月1日

播出时间：每日5:35—6:00

播出频率：文登电台

《百姓关注》

文登市广播电视台

节目宗旨：以群众关心、社会关注的民生新闻为主，全方位、快节奏、多角度地报道文登最新发生的社会新闻，及时向百姓传递最新的政策、法规，反映民众生活、反映民众呼声。节目内设《百姓故事》、《行风热线追踪》、《网事点击》和《回音壁》等板块。

开播时间：2008年12月1日

播出时间：周一至周五20:00—20:20

播出频道：文登电视台

《快乐剧场》

济宁市市中区广播电视台

快乐你就说出来！喜剧电视劲爆荧屏，精品佳作尽在《快乐剧场》，每天两集连播，在笑声中享受电视的快乐，在快乐中体味人间温情。

开播时间：2008年1月

播出时间：18:00首播

07:30次日重播

播出频道：市中区电视台

《快乐生活一点通》

梁山人民广播电台

该节目以服务生活、方便生活、愉悦生活为宗旨，节目中设置《养生保健》、《生活小窍门》、《听众问答》三个板块。该节目为互动节目，内容包括养生健康、日常生活知识、百科窍门等。

开播时间：2008年3月1日

播出时间：每日10:00—10:30

播出频率：FM 105.7

文章辑览

文章辑览

传播时代理念是最重要的创新

张振华

节目创新一直是这些年广电人苦苦的思考、追求和实践。一方面节目创新创造了不少亮点，但也存在一些误区。

关于内容与形式在创新中到底孰轻孰重？不少台一谈到节目创新，首先想到的往往是节目形态、节目样式，结果花样不断翻新，节目不断改版，但往往依然难见起色。甚至出现了不少大形式、小内容，以至从形式到内容都俗不可耐的情况。形式固然重要，但无疑内容更为重要。“内容首先是一种创意，它独特、与众不同，或者在相同的条件下做出不一样的结果，让受众完全出于自愿地通过消费享受它的意义。内容还是一种思想，是一种不同于信息的深层次的稀缺资源，具有强大的引领指导作用，内容还是一种需求和文化表达，能够产生出某种理想的需求。”在内容与形式的关系方面，《百家讲坛》又为我们提供了一个新的实证。《百家讲坛》没有什么花哨的形式，不过一个学者、一张嘴巴、一尺讲台、一个话筒，甚至一台座机，节目就做成了。可以说它是最原始、最简单，成本最低的电视节目，可为什么火？显然不是靠花哨的形式吸引眼球，而是靠主讲者娓娓道来的思想讲述和个性解读去抓住耳朵。这个节目再生动不过地说明了在内容与形式问题上，还是“内容为王”。

一提到创新，人们往往就想到所谓大题材、大制作、大投入，想到轰动效应。于是出现了不少大而空、大而泛、大而无当，即大架势、大投入而小效果的大呼隆节目，以及为直播而直播的现象。

那究竟如何提高节目的吸引力？不少台把“娱乐”当作“金”，把“娱乐化”当成了“点金术”，于是导致了娱乐的泛化和节目的低俗化。

在广播电视的两大类节目创新上，不少台认为非虚构类即新闻类节目管得紧、天地窄、难创新，于是把创新的精力、劲头和兴趣用到了文艺类、娱乐类节目上，于是导致了新闻的弱化、娱乐的热化，扭曲了“新闻立台”的宗旨。

广电节目创新确实有太多的维度和天地，以致难以为其划定边界。如，创造一种新的节目形态是创新；创造一种新的节目传输方式、传受互动方式是创新；涉足未曾报道过的领域是创新；创造广播电视健康生动的文风、语态与表达方式、交流方式是创新；有时甚至一种“坚守”也是创新。比如在许多台在热衷于搞“浮躁、浮华、浮夸”这“三浮”的时候，在许多台热衷于搞场面、喧嚣的时候，你能保持和坚守一种冷静、理性和朴实，讲真知、真话，传真情、实感；面对社会在诚信、伦理、道德等方面的各种失范现象和潜规则，你能坚守和传播诚信、守责、友爱、奉献，如此等等，这种不为潮流所惑的对美好的坚守，也带有一种创新的色彩。就如央视10频道，他们追求的是“教育品格，科学品质，文化品位”。

但就总体而言，当前广电节目的改革起码应抓好以下两个转变：

第一，要由过度的商业化倾向向突出公益性转变

过去的广播电视只能讲事业、不能讲产业；只能做喉舌，不能讲经营；只能讲社会效益，不能讲经济效益。否则就是离经叛道，就是资产阶级自由化，就是玷污广播电视的政治纯洁性。

随着市场经济的发展，随着广播电视事业、产业双重属性的被认定，随着广播电视经营压力的加大，广电媒体自身利益最大化与社会效益最大化的矛盾越来越突出。为了追求媒体自身利益的最大化，不少台从一个极端走到另一个极端，不但大讲产业，而且动不动就提“产业化”。什么叫“化”？毛泽东同志说，化者，“彻头彻尾、彻里彻外之谓也”。中国的广播电视能够“彻头彻尾、彻里彻外”地产业化吗？显然不能。

即便在西方国家，广播电视也有其公益性的职业规范和道德标准。更何况中国是社会主义国家，中国的广播电视是国家、社会和民众的公共财产、公共物品，因此中国广播电视的主标志应是公益性。

鉴于我们在广播电视双重属性、两个效益的把握上出现了矫枉过正的现象，现在到了通过再“矫枉”而实现“归正”的时候了。包括资源配置和节目安排。比如对农广播电视就属于明显的公益性传播，自2003年陕西电台首开省级电台专业对农广播以来，到2008年2月，全国已有13家省级电台开办了专业对农广播，这就是广播及广播人对公益属性、公益理念在认识自觉、实践自觉上的一种回归。

第二，要由迷恋低俗向打造高端转变

十一届三中全会以前的广播电视被定义为无产阶级专政的工具，是团结、教育人民和打击敌人的武器。在这种背景下，广播电视居高临下，以教育者自居，结果天天在做“空中作业”，同群众、生活与实际形成了“三脱离”。

随着社会多元化需求的增长及多元文化的发展，随着市场经济的刺激和广电经营实力的不断增大，广播电视开始放下身段，从“三脱离”的高位上退位。但结果却从一个极端退到了另一个极端，出现了明显的低俗、庸俗、媚俗现象和泛娱乐化倾向。广播电视由过去居高临下的教育者变成了低俗文化的营造者、营销者。

鉴于广播电视在节目品质取向上的失度“退位”，现在到了通过再“进位”而实现“归位”的时候了。即由过去追求刺激感官向影响头脑转变，由迷恋低端向打造高端转变。

什么是高端？就是能够影响和提升人们的思想、理念、情趣、情操的节目，能够影响和提升人们的价值判断乃至信念、信仰的节目。

广播电视节目创新多种多样，但打造传播时代思想、时代理念的高端节目是最重要的创新，特别是把传播时代思想、时代理念作为一种常态，使广播电视成为开启人们思想、推动社会进步的助推器和永动机，就更为可贵。

首先，时代思想、时代理念的传播与建立，是我们建设中国特色社会主义现代国家的一个

基础性工程。

一个国家的现代化，不能仅仅从技术器物、物质生活来衡量，从本质上说，一个国家现代化的核心是人格的现代化和人的思想、观念的现代化。

所谓人格的现代化，是指要从自卑依附型向自主独立型转变；从消极服从型向积极创造型转变；从私情人治型向契约法治型转变；从内耗避责型向诚信守责型转变；从保守封闭型向开拓创新型转变；从盲目冲动型向科学理性型转变。

显然，全社会目前还十分缺乏自主独立、开拓创新、契约法治、诚信守责和科学理性的人格品质。

要打造现代人格品质，核心又是树立时代思想与时代理念。因此可以说，没有人的思想与观念的现代化，就不会有人格的现代化，没有人格和人的思想观念的现代化，你的楼房再高、马路再宽、广场再大，那个现代化也仅仅是个外在的躯壳。因此，广播电视要推动国家的现代化建设，首先应该推动全社会和全体民众思想、观念的现代化。

其次，传播时代思想与时代理念，还是媒体吸引受众、扩大影响力的需要。比如党的十七大召开期间，受众最关心的除了人事安排，就是想了解党的十七大究竟会提出什么新思路、新思维、新命题、新目标。作为消息总汇的新华社深谙这一点，所以推出了如下的一系列报道："十七大报告新提法展现中国前景"、"代表热议的十七大报告十大亮点"、"'加快发展'如何转为'又好又快'"、"两个'人人享有'是执政之要、群众之盼"、"文化权益保障：公民权利的新拓展"、"党章增写尊重和保障人权"，等等。所有这些报道，仅仅从标题就释放出十七大报告中一系列新思维、新追求、新命题。这样的思想与理念含量极高的报道较之以往会议报道中那些空泛的老套来说，就是一种创新。

广播电视有多种功能，如传播信息、传播知识、提供服务、提供娱乐。因此，广电的各类节目都应创新，都应以传播时代思想和时代理念为己任。但广播电视本质上是新闻媒体，因此，广播电视新闻类节目首先应以传播时代思想、时代理念为核心，保持一种常态的创新。

什么是时代思想、时代理念？十六大报告中说："党的全部理论和工作要体现时代性、把握规律性、富于创造性。"我以为，具有这"三性"特质的思想与理念就是时代思想、时代理念。

新闻工作的基本业务一是传播信息，二是传播观念。

广电新闻报道要传播时代思想、时代理念，就必须从以下两个方面常抓不懈。即：一方面要根据"三性"的要求善于发现和报道那些反映时代变革的时代信息、时代印记和时代故事；另一方面要善于发现、阐示、解读和传播那些推动时代变革，催生时代故事的时代思想、时代理念。

前者要求我们做好资讯类节目，后者要求我们做好评论类、解读类节目。前者要求我们要善于用信息承载思想，用故事传播理念，后者则要求我们善于用思想解读信息，用理念放大故事、强化故事。

很明显，要做到这两点，记者必须有很强的发现能力和解读能力，必须有一双慧眼。要具备"慧眼"，首先必须具有"慧根"。这"慧根"就来自对中国特色社会主义理论体系的学习、理解和武装，使之成为自己观察事物、分析事物、判断事物的世界观、方法论。没有这一点，不仅做不好评论类、解读类新闻节目，甚至也做不好资讯类的新闻报道。为什么？因为新闻报道向来都不是自然信息的自然报道。任何报道都包含着记者的某种立场、理念和价值判断。

何谓新闻报道工作？其实，就是记者依据自己的思想理念和价值判断去发现、审视、筛选和报道各种社会现实的工作。

而社会现实千姿百态、纷繁复杂，选择什么、舍弃什么，显然取决于记者的思想观念和价值判断。同一件事，你选择了，他也选择了，但彼此的报道在角度、深度上可能会很不相同，这又是各自的思想理念与价值判断使然。

同一类事实，同一个记者，在不同的时期会有不同的报道，这还是记者的思想理念、价值判断使然。比如建国初期，我国工业基础薄弱，记者在报道工业时对什么都抱着一种欣喜的笔触。比如，把工厂烟囱冒出的滚滚浓烟写成"在与蓝天对话"，把车间里机器的轰响说成是"在欢乐地歌唱"。而今天这个记者则会以忧虑的笔触把这些当成污染加以曝光。再比如过去我们往往简单地宣传"发展是硬道理"，其实在环境敏感、脆弱的地区，发展要十分谨慎，所以有媒体提出，"发展是硬道理，硬发展没道理"，随着科学发展意识的增强，又有媒体提出，"发展是硬道理"，"可持续发展是更硬的道理"。为什么我们在不同的时期对污染问题、发展问题会有不同的报道？显然又由于我们的环境观、发展观有了变化。

再进一步说，还是由于思想、观念的原因，在新闻报道中，你选择的未必就是重要的，你舍弃的未必就是不重要的。同样，既是重要的，你也选择了，也可能由于思想理念和价值判断的制约，你的解读并不到位，结果重要的也就显得不那么重要了；如果你做了过度解读或者错误解读，最后还会造成误导。

可见，新闻的价值一方面存在于新闻事实之中，同时也存在于记者认识事实、判断事实的功力之中，即新闻的深刻一方面取决于新闻事实本身的深刻，同时还取决于记者思想与观念的深刻。

新闻应该真实。但有专家认为，新闻报道永远也做不到百分之百的真实。因为新闻不仅是被选择了的事实，而且是被加工了的事实，甚至是被解读了的事实。因此，所谓新闻，其实只是新闻事实在记者思想理念与价值判断这面镜子里的一个倒影，所谓新闻其实是新闻事实通过记者思想理念和价值判断实现的二次物化。因此可以说，在相当意义上，做新闻是在做思想、做理念。

正因为如此，所谓好新闻、好报道，固然有采访、写作、编辑、制作等专业业务技巧的支撑，但好新闻、好报道的核心往往在于首先具有时代思想、时代理念这一新闻的精髓和灵魂。

因此，我们改进新闻报道，搞新闻报道、新闻传播的创新，其核心在于我们要善于发现和善于传播时代思想、时代理念。

事实上，如果回顾一下党的十一届三中全会以来广电新闻改革的历程，我们还可以得出同样的结论，即当前广电新闻传播的创新、广电新闻改革的重点就在于阐示、解读和传播时代思想、时代理念。

十一届三中全会以后，广电新闻进行了持续的改革，并且以十年为一个周期在不断推进。

第一个十年即上个世纪 80 年代。广电新闻改革的重点是做足新闻资讯的供应量，拓宽新闻资讯的报道面。原因是，党的十一届三中全会以前，中国处于封闭、半封闭状态，新闻报道也是如此。比如当时的中央电台每天重点新闻只有两次，即早"报摘"、晚"联播"；中央电视台的新闻每天只有一次，即"新闻联播"。前者以 12 小时为一个信息发布周期，后者以 24 小时为一个信息发布周期。新闻节目少，就决定了新闻的时效差。再从内容看，当时主要是政治新闻、会议新闻、领导活动。经济新闻虽有，但大都是计划经济下的"四季歌"。这种新闻资讯量少、面窄、时效差的状况使社会、受众处于一种信息饥渴状态。

为了改变这种状况，从而适应改革开放的需要，从上个世纪 80 年代中期起，一些台陆续推出了午间新闻、晚间新闻、准点新闻、半点新闻，有的还办起了新闻台。

与此同时，报道面也随之拓宽，诸如国际

新闻、社会新闻、经济新闻、文化新闻等也多了起来，有的台还专门办起了不同内容的新闻节目。

这轮新闻改革的贡献在于：使新闻报道基本满足了社会与受众的信息需求，为国家的改革开放提供了较好的信息支持，也使“新闻立台”的宗旨得到了较好的体现。

第二个十年即上个世纪90年代，广电新闻改革的重点在于要突破广电新闻只有单一的资讯类节目的状况，通过将新闻专题化、将专题新闻化，开办评论类、调查类、访谈类等各种新闻专栏，如20世纪90年代中期办起的《焦点访谈》、《新闻纵横》等。

这轮新闻改革的意义是多方面的：首先，它使广电新闻节目有了层次感、立体感，使广电新闻报道有了纵深感、厚重感；其次这些新闻专题节目较好地发挥了广电的特点与优势，开始形成了广电新闻报道的报道方式、节目样态、节目风格、话语体系和节目机理，使广播电视在“自己走路”或“走自己的路”的追求上取得了新的突破；再次，以舆论监督为主色的《焦点访谈》、《新闻纵横》的推出，不仅为广播电视如何参与、干预社会生活，开展积极健康的舆论监督创造了新鲜经验和新的舆论环境，而且还推动了整个新闻界的新闻改革。

进入新世纪，特别是党的十六大之后，新一轮广电新闻改革从两个方面面临着新的形势和挑战。

首先是来自传媒界内部的挑战。由于互联网和各类新媒体的兴起，以及传统媒体新闻改革力度的加大，从而使信息渠道多元化、信息传播即时化、信息供应海量化、信息接收易得化。特别是新媒体，它不仅改变了传媒固有的版图，如网络、手机等在以强势向传媒领域推进，而且新媒体也打破了传统的媒体人的固有边界，以至有人说，现在正在进入“一人一媒体”时代和“平民记者”时代。在这个时代，平民百姓通过新媒体对信息传播的可发布性、可参与性，使平民百姓可以实现“我的传播我做主”、“我的地盘我做主”；新媒体的可储存功能也使受众在内容选择和触媒时间上实现了“我的选择我做主”、“我的时间我做主”；新媒体的可移动接收功能，又使受众实现了“我的地点我做主”；新媒体接受工具的多样化，又使受众在触媒工具上实现了“我的方式我做主”。总之，如果说传统媒体时代的特点是“一对多的结构”，新媒体则开创了“多对多的传播”的新时代。

在这种情况下，信息已不再是稀缺资源，而信息的思想解读成了受众的新宠，成了媒体竞争新的焦点、新的高地。

特别是随着人们教育水平的提高，视野的开阔，随着人们公民意识、主体意识、权益意识、民主意识、法治意识的增强，社会上喜欢思考、喜欢思想表达与思想碰撞的人越来越多。而新媒体又为人们的思想表达提供了空前的话语空间，以至有人说现在中国是一个“民间思想家”、“民间评论家”辈出的时代。喜欢思考的人也好，喜欢表达的人也好，他们往往在社会的政治生活和经济生活中享有更多的决策权、话语权，是媒体的高端受众。媒体要争取这部分人，不仅在思想表达上要有充分的量，而且还必须有思想的高度、深度和视野的广度，更具思想理念的前沿性、权威性和建设性。

这就要求广播电视在新一轮新闻改革中，要加强思想释放和理念解读。

媒体的重要任务之一是传播信息。但是，信息是易碎品，思想才具有长久的生命力；信息是浅性的、碎片性的，有时甚至是错乱和非理性的，只有隐含在信息背后的规律性理念才是具有影响力的巨大力量。总之，信息只提供表象，思想才提供本质，信息只能让人知道，思想才能让人明白，信息只能增加人们的感性知识，思想才能推动社会的理性提升。因此，在当下，优秀的媒体不能满足于一般的信息展现，而应追求信息背后新思想、新理念的发展；

不能满足于一般的新闻事实的展示，而应追求思想观念的透视。即不能满足于提供平面信息，而是追求通过平面信息站得更高，看得更深、更远，见人所未见，识人所未识，最后言人所未言。

在当今时代，媒体可以没有独家报道，但不可以没有独家的视点、独家的见地和独到的解读。

从“内容为王”、“品牌为王”的角度讲，谁能够提供具有“三性”特质的思想和理念，谁才能够形成思想品牌和理论品牌，谁才能够形成“意见领袖”，谁才能够在新闻竞争中占领制高点，形成高端竞争、超手竞争。

进入新世纪，广电新闻改革面临的另一种新形势、新挑战，是国内、国际形势的发展变化对广电新闻报道提出了更高的要求。当前，中国与世界正处在一个速变的时代，国内、国外变化的速度、深度、广度和力度都是前所未有的，而且这种变化还在进行之中，唯一不变的是变化本身。

国内外的这种变化，可以简单地概括为“二变”、“四转”、“三化”。

“二变”是指中国共产党从1949年起即由一个以夺取政权为己任的革命党变为一个以建设国家为己任的执政党；从十一届三中全会起，又由一个在封闭条件下领导国家建设计划经济的党，转变为在开放条件下领导国家建设市场经济的党。

所谓“四转”，是指我们国家正在从四个维度上进行着社会转型，即正在由农业社会向工业社会转型；正在由计划经济向市场经济转型；正在由人治和集权的政治体制向法治及民主的政治体制转型；正在由封闭的一元文化形态向开放的多元文化形态转型。

所谓“三化”是指经济的全球化、政治的多极化、文化的多元化。

中国与世界的这“二变”、“四转”和“三化”不仅给社会带来了许多新问题、新矛盾，而且对党的执政地位、执政能力、执政水平、执政方式和执政理念也都带来新的挑战。

在党的执政地位问题上，中国共产党当初成为执政党的理论基础和历史逻辑是“历史决定论”：因为中国共产党领导中国人民推翻了三座大山，建立了新中国。共产党执政新中国这是历史的选择、历史的逻辑，总之是历史决定的。但是，新中国已建国58年，越来越多的新生代对当初历史如何选择共产党为执政党，对新旧中国历史与现实的对比越来越缺乏感性认识和切身体会。相反，随着对外开放及观念的变化，他们判断事物的思维坐标同老一代比也发生了明显的变化。比如他们不看历史，更看现实；不看过去，更看现在；不看中国，更看世界；不看宣言，更看实际；不看成绩，更看败绩；不看中央，更看基层。在这种情况下，共产党必须重新构筑党的执政基础，即民心。当然，凝聚民心也是媒体的责任。比如十七大对民生问题的重视就是媒体必须做好的凝聚民心的大文章。

在新的历史时期，光是在社会管理上，就可以列出一长串的课题单：如何构建社会管理机制、社会协调机制、社会公正机制、民意表达机制，等等。

正是为了应对上述国内、国外的种种发展与变化产生的新矛盾、新挑战，进入新世纪，特别是党的十六大以来，中央形成了一系列战略思维、战略理论，提出了一系列战略思维和战略目标。

如“三个代表”重要思想，科学发展的理念和构建和谐社会、和谐世界的理念，坚持“以人为本”、执政为民、尊重和保障人权的理念，科学执政、民主执政、依法执政以及坚持党的先进性的理念，等等。

这次党的十七大，又提出了许多战略思维和战略命题。如把中国特色社会主义内涵由过去的物质文明、精神文明“二位一体”及后来的物质文明、精神文明、政治文明“三位一体”

扩展为现在的经济建设、政治建设、文化建设、社会建设“四位一体”协调发展的理念；把经济建设方针由过去的“加速发展”改为“又好又快”；又如把到2020年国内生产由“总值”翻两番改为“人均”翻两番。

党的十七大对民主、民生特别关注，如提出“逐步实现城乡按相同的人口比例选举人大代表”；提出要“共同建设，共同享有”，要“学有所教、劳有所得、病有所医、老有所养、住有所居”；“人人享有基本生活保障”、“人人享有基本医疗服务”；“形成城乡劳动者平等就业制度”、“让更多群众拥有财产性收入”；在修改的党章中则加入了“尊重和保障人权”，等等。

历史将证明，中央提出的这一系列战略思维和战略命题不仅会成为推动我国持续发展与进步的思想发动机和理念发动机，而且必将载入我国乃至人类发展史的战略性辞汇库。

总之，在当前国内、国外迅速发展变化的情况下，不但有许多新的矛盾需要梳理，许多新问题需要解读，许多新理念需要树立，而且有许多传统观念需要重新去审视、加以修正甚至摒弃。不仅不能再用老眼光看新事物，甚至不能再用老眼光看老问题。

显然，中央为解决新矛盾、推动新发展所提出的一系列战略思维和战略命题，不仅对广电新闻宣传提出了新的思想要求与理论要求，而且提供了新的思维空间与理念空间。而对时代思想、时代理念的传播也成为新世纪媒体重要的社会责任。

因此，无论从新闻竞争的角度讲，还是从媒体完成自身的时代使命角度讲，在当前这轮广电新闻改革中，媒体的内容竞争已经从数量和速度的竞争转向观点和导向的竞争。在中国与世界迅速发展变化，亟需具有“三性”特质的思想与观念支撑的今天，在中央提出一系列战略思维和战略命题的今天，媒体对时代思想、时代理念的解读与传播，较之一般的资讯供应已经变得越来越迫切，媒体的思想含量较之一般的信息含量变得越来越重要。

因此，当今的媒体不应仅仅满足于做信息媒体，而应追求同时成为思想媒体，不能满足于做信息源，而应追求成为具有“三性”特质的思想库、理论库，成为你所在的那个省、市创新、发展的一部思想发动机和理论发动机。

由此可以说，在当前新一轮广电新闻改革和新闻报道的创新中，其重点已不再是一般的资讯数量和节目样式等的外延性扩张，而是转入以提高思想解读与理念引导为核心的内涵的优化和提升。

如果要对十一届三中全会以来广电新闻改革历程与特点做个更简单的概括，我以为，第一个十年重点是要解决让受众“吃饱”的问题，第二个十年重点是要让受众“吃好”的问题，那么现在这轮新闻改革要解决的是要让受众吃出理性、吃出科学、吃出健康来。

如果说第一个十年媒体比拼的是信息的“搜集”；第二个十年比的是信息的“加工”，现在则比的是对信息的“解读”。如果说第一个十年是比记者的时代，第二个十年是比编辑的时代，这个阶段则更多的是比评论的时代。

总之，当前我国正处在改革发展的关键时期，我们必须用中国特色社会主义理论体系做指导，用思想办新闻，办具有思想的新闻，用思想办广播电视，办有思想的广播电视，从而使广播电视在推动我国新的改革发展中发挥更大的引领作用、推动作用。

作者单位：中国广播电视协会

刊发《现代视听》第4期

新媒体研究与发展策略

张志君

一、新媒体概念

现在，如果要找一个朝阳型的，气吞万里，睥睨传播界的名词，那么，“新媒体”可能是首选，甚至是唯一的选择。

对于“新媒体”概念的界定，至今没有定论。有专家认为，新媒体是一个不断变化的概念。“在今天网络基础上又有延伸，无线移动的问题，还有出现其他新的媒体形态，跟计算机相关的，这都可以说是新媒体”。也有专家提出：“只要媒体构成的基本要素有别于传统媒体，才能称得上是新媒体。否则，最多也就是在原来的基础上的变形或改进提高。”“目前的新媒体应该定义为在电信网络基础上出现的媒体形态——包括使用有线和无线通道的方式。”还有学者把新媒体定义为“互动式数字化复合媒体”。互联网实验室对新媒体进行了全面的定义：新媒体是基于计算机技术、通信技术、数字广播等机制，通过互联网、无线通信网、数字广播电视网和卫星等渠道，以电脑、电视、手机、IPTV、MP3、MP4实现的亦能够实现个性化、细分化和互动化的传播方式，部分新媒体在传播属性上能够实现精准投放，点对点的传播。美国《连线》杂志给“新媒体”下的定义很简单：由所有人面向所有人进行传播（communications for all，by all）的媒体。旧媒体使用两分法把世界划分为生产者和消费者两大阵营，人们不是作者就是读者，不是广播者就是收听者，不是表演者就是欣赏者。这是一种一对多的传播，而新媒体与此相反，是一种多对多的传播。它使每个人不仅有听的机会，而且有说的条件。

无论哪种解释都离不开一个“新”字，那么，新是什么呢？新是一种价值判断，是一种隐喻，新具有相对性。对于报纸来说，广播是一种新媒体；对于广播来说，电视属于新媒体；对于电视来说，网络属于新媒体；对于网络来说，手机属于新媒体。新还具有开放性和不稳定性，完全可以预言，随着以数字技术为代表的高新技术革命的突飞猛进，新媒体的外沿将不断扩大。新媒体的“新”就隐喻着新媒体阵营的外延，将不断拓展。昨天还是所谓的新媒体，今天就有可能成为旧媒体。因为变是绝对的，不变是相对的；二是要秉持理性的观点，要善于透过纷纭复杂的技术现象和令人眼花缭乱的产品，看到隐藏在其背后的核心本质；三是要秉持超脱的观点，要善于站在“三外”看事物，所谓“三外”是指时外、业外、国外，我们对新媒体的看法，很多是典型的“三内”观点，即所谓的业内、时内、国内的观点，因为不能超然“三外”，所以常常有顾此失彼、挂一漏万之感。

二、不同视角解读新媒体

新媒体作为一种客体，可以从不同学科不

同领域切入进行研究和考察。

1. 从传播学角度加以考量

①新媒体是一种新的传播工具

作为一种新兴的传播手段，新媒体从传播学的意义上来说，它首先是一种传播工具，这一点使得它与其他所谓的传统媒体没有太大的区别，它的核心也是通过借助某种或者某些介质向社会的某些人传输发送想要传输发送的信息，不管这种传输发送是有益还是无益的，它首先是承载信息的工具。当然，有些新媒体由于缺少得力的把关人，其所传载的信息可能是无用的信息，甚至是有害的不良信息。但不管怎么说，这些信息毕竟也是信息。

②新媒体是一种新的接收终端

这种新的接收终端与传统的接收终端如电视的接收终端相比至少具有两个特点：一个是非固定化，传统的电视媒体其接收终端是固定放置在某个地方，而一些新媒体，它的接收终端却因为其所附着的承载物具有移动性的特点而经常以移动的方式存在，这方面典型的例子是公共汽车电视、火车电视、飞机电视、地铁电视，也包括已经成为某些年轻人手中的时尚用品的手机电视。2004年5月，北京移动电视正式开播，采用欧洲标准的DVBT地面无线数字传输技术，传输速率为4兆左右。目前已经有4000辆公交车上装了移动电视，每台车上装两个液晶电视终端，能接收到4套节目；每天的收视人群达300万人以上。北京公交车上装的移动电视的数量，超过悉尼、新加坡，也超过上海和深圳，成为世界第一。新媒体接收终端的第二个特点是非私密化，或叫非家庭化。传统电视媒体最大的特点就是其接收终端往往是摆放在用户的家庭居室内，很少在大庭广众场合支起一台电视机进行收看，这一点曾经被有些专家称作电视与电影的一个最大区别，但现在由于包括但不限于楼宇电视、学校电视、医院电视等在内的一批新媒体的出现，接收终端的非私密化已不仅仅是电影的专利，而成了某些新媒体的一大卖点。

③新媒体是一种新的传播方式

传统媒体的最大特点就是传播的单向性，在媒体资源稀缺和媒体渠道垄断的年代，这种特点帮助传统的大众媒体逐步走上去大众化的话语霸权垄断之中。在那个时代，传播者及其服务对象之间的关系被固化为你传我受的方式，读者也好，观众也好，听众也好，他们并不是上帝，而有一个共同的名称，叫作受众，广大的受众对此颇有怨言但无从化解。基于互联网的新媒体，从电信的平等通话方式中受到了启发，借助电信的工具逐步消解了传播者与受众之间只能单向传播的鸿沟。在新媒体的语境中，以往作为沉默的大多数的受众逐步成了消费者乃至传播者，传统的“你传我受”的方式被革命性地颠覆成为“你传我传大家传，你受我受大家受”双向乃至多向交互传播的方式。这是一次具有历史意义的革命。

当然，从传播学的角度加以考量，刚刚兴起的新媒体还有许多值得商榷之处，就像很多新生事物一样，在其出现早期，它可能会有这样那样的问题。由于传统意义上的把关人的一度缺失和技术上的难以操作，点对点的传播以及点对面的传播仍需要第三者的介入，在这个意义上说，第三者介入并不是一件坏事，倘若从技术上不能够尽快解决不良信息的过滤问题，新媒体很难走上一条可持续发展之路。

2. 从文化学角度加以考量

新媒体是一种新的文化，传统的文化可以下无数种定义，美国学者克罗伯和克拉克洪在《文化，概念和定义的批判回顾》中列举了欧美对文化的一百六十多种定义。倘若化繁为简，我们可以把文化分成两大类，一类是共性文化，一类是非共性文化。各类文化往往都有很多的内部层级分布，即形成大大小小的亚文化。

亚文化：又称集体文化或副文化，指与主文化相对应的那些非主流的、局部的文化现象，指在主文化或综合文化的背景下，属于某一区域或某个集体所特有的观念和生活方式，一种亚文化不仅包含着与主文化相通的价值与观念，也有属于自己的独特的价值与观念。亚文化有各种分类方法，罗伯逊将亚文化分为人种的亚文化、年龄的亚文化、生态学的亚文化等。如年龄亚文化可分为青年文化、老年文化；生态学的亚文化可分为城市文化、郊区文化和乡村文化等。由于亚文化是直接作用或影响人们生存的社会心理环境，其影响力往往比主文化更大，它能赋予人一种可以辨别的身份和属于某一群体或集体的特殊精神风貌和气质。

新媒体至少在以下几个方面促进了非共性文化的丰富和发展：

①通过技术手段，促进新的亚文化圈的形成

《中华人民共和国宪法》规定公民有言论、集会、结社的自由，但在现实中由于种种原因，《宪法》所规定的权利往往并不能比较容易地为每个公民所享有。基于互联网传播的新媒体，借助技术手段正在逐步化解这一问题，在很多新型的社区通过网络，人们找到了很多志同道合的朋友组成了所谓的"笔友"、"驴友"等，这些小团体借助技术手段逐步跨社区跨城市跨区域拓展，为中国当代社会不同的亚文化圈外沿的扩展提供了可能。

②新媒体促进了主体文化的包容和开放

以往由于种种原因，一个国家民族的文化往往具有某种封闭性，因为海关和边检可以对承载异己文化的载体如报纸、书籍进行拦截，而基于网络的新媒体却因为互联网具有无远弗届的特点不受国境海关边检的限制，这就使得异质文化之间的交流成为可能。而且由于技术上限制操作起来难度很大，也在一定程度上促使主权国家对异质文化采取包容开放的态度。

③新媒体促进了不同文明的对话

塞缪尔·亨廷顿曾经预言，冷战后的世界最主要的冲突将是文明的冲突，要化解文明的冲突，仅靠精英人士和外交家的折冲樽俎是远远不够的，必须借助于网络等新媒体进行百姓之间的跨文明的对话和交流。大量的新媒体为这种交流提供了可能，并有很多成功的案例，比如在第二次海湾战争期间，美国本土的一些反战的和平人士就曾经通过互联网与伊拉克等伊斯兰世界的网民进行网上交流，共同寻找基督教文明与伊斯兰教文明的和谐共处之路。

3. 从政治学角度加以考量

新媒体对各个国家的政治文明的建设与发展也做出了独特的贡献。具体说来：

①新媒体促进了国家的民主进程和下情上达

前不久，中央编译局副局长俞可平的一篇短文《民主是个好东西》受到广泛关注，海外媒体也着力介绍。该文被视为中国政治风向的重要指针，显示中国政府有意突破意识形态限制，准备为执政合法性展开新论述，从而开创又一个政治空间。据《南方日报》报道，该文被评为"2007最具有影响力文章"。平心而论，无论是在东方还是西方，符合本国国情的民主都是好东西，怎样促进民主呢？各个国家各个民族都进行了不懈的探索，中国古代的一些先哲早在两千多年前就喊出了"民为重，社稷次之，君为轻"的名言，但由于种种原因，在尚需要进行管理和规制的国家如何让大多数的人有说话的机会，并使少数管理者能够有机会倾听到大多数人的声音却一直是个问题，基于互联网的新媒体较好地解决了这个问题。最近两年，温家宝总理在"两会"期间举行记者招待会时反复强调，网络是他了解民意体察民情的重要渠道，这就形象地说明了包括网络在内的新媒体对中国民主政治的促进性和下情上达的重要性。

②新媒体为平民百姓提供了宣泄情感、表达思想的渠道

在传统媒体的语境中，作为“沉默大多数”存在的平民百姓是没有话语权的。其中的原因非常复杂，从技术的角度来加以考量，传统媒体语境中的话语发布平台的相对有限性成了制约平民百姓享有话语权的“瓶颈”，而新媒体赛博空间海量存储的特点则使这一问题迎刃而解。在新媒体的语境中，发表意见表达思想的平台空间是无限的，湖南卫视的《超级女声》的口号是“想唱就唱，唱的响亮”，而新媒体语境中网民的口号是“想说就说，不怕话多没处搁”。

③新媒体促进了信息的公开透明和政务公开

近些年来，政务公开、事务公开、企务公开甚至村务公开成了中国民主进程中的关键词。公开和透明应该是民主政治的一个追求，但公开和透明也是需要承载的能力的。在我们这样一个地广人多，地域达960多万平方公里的发展中大国，要想获得公开的政务信息，在传统媒体的语境中是相当困难的，获得成本极其巨大。而在新媒体语境中，由于互联网的特点使得这种获得成本日趋降低，基本已经不成其为障碍了。

4. 从社会学角度加以考量

社会学是一门研究社会良性运行与协调发展的条件和机制的综合性学科。从社会学的角度研究社会问题一直是各个交叉学科的兴奋点，从社会学的角度观察新媒体可以有以下视角：

①社会一致性和个体主义对新媒体的影响

社会一致性和个体主义是两种相互对立又相互联系的社会现象。前者主要是从人的社会化的角度来加以考量，而后者则强调人作为有思想的个体，在社会化的过程中如何做到“和而不同”，新媒体对社会一致性的冲击是非常之大的。由于种种原因，以中国为代表的东方国家更多强调的是社会一致性。从古到今，都强调个体服从集体，弃小家而顾大家。而新媒体实际上是带来了一种后现代语境中的个体主义的存在方式和存在可能，这对中国社会结构的变化带来了持续的冲击和整合。在新媒体的语境中，作为原本是高度社会化的个人有了极度张扬自我的空间。原来一向循规蹈矩的好好先生也有可能在虚拟的赛博空间中成为一个桀骜不驯的狂人。当然，由于新媒体并没有对老媒体或传统媒体进行彻底的颠覆，加上传统文化根深蒂固的影响，新媒体带来的个体主义对社会一致性的冲击并非是颠覆性的，一旦脱离开新媒体语境，社会一致性还具有强势的地位，但不管怎么说，新媒体已经并且还将继续对传统社会学的某些领域进行持续的解构和重构。

②社会学强调社会成员社会化过程中对外界的习得、运用和创造

从习得、运用和创造的角度加以考量，社会化乃是新媒体不能规避的必走之路。新媒体还有很长的路要走，虽然个性化是其张扬的旗帜，但社会化却是新媒体不可挣脱的宿命，除非它去掉“媒体”二字，否则必须寻找社会化的途径和方法。所谓社会化就是人类接受社会文化的过程，新媒体是由人创造的，并且为人所使用，这两点就决定了它必然摆脱动物属性融入社会。无论是在不熟悉新媒体的人对新媒体进行习得的时候，还是已经踏入新媒体领域，对新媒体进行运用和创造的时候，都必须时刻牢记世界上并没有也不可能存在的脱离社会而存在的新媒体。

③从历时性和共时性角度加以考量

历时性和共时性是两个社会学概念，分别代表两种观察社会现象的视角。从历时性的角度观察新媒体，我们今天所说的新媒体在将来肯定都会成为老媒体；从共时性的角度加以考量，新媒体反映了一定的历史阶段的科技进步，对某一特定历史时期的新媒体的考量必须将其放到当时所处的历史时期，当时所属的历史条件的大背景下进行。

④新媒体创作、传受等过程受到一定的社会制约

新媒体看似没有传统意义上的“把关人”，但这只是发展初期的一种假象，无论是执政党和执政的政府乃至社会精英话语层，都不会对这种无政府无组织的现象一直沉默下去，肯定会采取相应的措施。近年来，中国政府颁布了一系列和互联网等新媒体有关的管理规定和政策法规，如《互联网信息服务管理办法》、《互联网站从事登载新闻业务管理暂行规定》、《互联网电子公告服务管理规定》等，社会各界也对包括抵制网上色情信息、暴力信息等不良有害信息以及制假卖假等虚假信息提出了坚决清除和全力抵制的呼吁，对于那些传播有害信息和虚假信息的新媒体，可引用已故美国总统林肯的话：“你可以在某一个时期蒙蔽所有人，也可能在所有的时候蒙蔽一部分人，但你不可能在所有的时候蒙骗所有的人。”这句名言值得深思。

三、新媒体新经济

新媒体归根结底是为经济和社会发展服务的。中国古代哲学中有所谓“体”与“用”的概念，“体”一般意指本质、结构、规范、理则、精神、内在、心灵、秩序；与之相对的“用”则意指表象、功能、材料、事物、物质、外在、工具、作用。有人套用“体”与“用”的概念称新媒体是以新技术为体，以新经济为用，其含义是指新媒体带来了新经济，新媒体促进了新经济。新经济这个概念产生于上个世纪90年代的美国，当时，美国经济出现了二次大战后罕见的持续性的高速度增长。1996年美国《商业周刊》认为，美国这种“新经济”，其主要动力是信息技术革命和经济全球化浪潮。在新经济的综合作用之下，美国创下120个月经济持续增长的历史阶段，有人因此惊呼资本主义已经走出了经济周期性滞胀的低谷，这种力量就来自当时在美国刚刚兴起方兴未艾的互联网，后来由于互联网市场出现调整，美国经济也出现了通货膨胀等问题，但新经济这一概念却被保存下来并成了西方经济学话语库中的一个新宠。那么，新媒体与新经济之间究竟存在着什么样的关系呢？曾两次参加世界经济论坛年会，首位走上哈佛讲坛的中国著名企业家、海尔集团总裁张瑞敏认为：所谓新经济，就是以数码知识、网络技术为基础，以创新为核心，由新科技所驱动、可持续发展的经济。张瑞敏的概括可谓一语中的，因为数码知识、网络技术都与新媒体有关。

国外的一些学者经过研究认为，新媒体带来的新经济使得原来的经济增长从规模经济转向了范围经济。在传统的经济领域，经济增长是与经济体和生产要素的规模成正比的，比如我们经常说某一个企业某一个电视台要做大做强，这是非常可以理解的。在传统的经济领域，要想强，往往先需大，有了规模才有可能强。这方面原中央电视台台长杨伟光说过一句有名的话：盘子越大，别人越对你无可奈何！但在新媒体领域，如果规模大，但却范围窄的话，却不一定带来强的结果。论规模，中央电视台的新媒体可能远远大于分众传媒，但由于前者强调规模，后者注重范围的拓展，进军被央视所不屑一顾的楼宇电视领域，使得央视也鞭长莫及。在新媒体语境中，有效益的经济应当是范围经济，换句话说，范围越大，收益也越大。谈到新媒体与新经济之间的关系，现在市场上有一本非常流行的书，叫《长尾理论》，如果说，新媒体是旧媒体的蓝海选择的话，那么新媒体进入蓝海以后怎样促进新经济就成了一个问题。有很多专家学者在这个方面做了很多研究，到目前为止研究得比较到位的可能还是“长尾理论”。“长尾理论”可以用三句话来概括：

第一句话是提供所有产品，而不仅仅是少量的热门产品；第二句话是帮所有想要找到自己所需产品的所有用户找到他所需求的产品，而不是用寻找最大公约数的方式寻找可以为大多数人所接受的产品；第三句话是在提供上述服务的过程中，通过创新的技术手段解决支付问题，通过个性化的服务走出一条独特的可持续发展之路。

“长尾理论”的实质是代表着经济模式的转变，也就是说经济的重点从规模经济向范围经济转变。规模经济是品种越少，成本越低；范围经济是品种越多，成本越低。后者在传统的媒体和传统技术的语境下，往往被认为是不可能实现的，因为在传统经济和传统技术的语境中尽可能提供种类繁多的产品和服务，就要增加运输成本、存储成本和教育成本，而在新媒体和新技术的环境下，由于赛博空间的海量存储特点和运输成本几乎为零，却使得传统经济和传统技术语境中的存储和运输两大成本被消减，被化解。

四、新媒体的现状：机遇与挑战

新媒体既带来了难得的机遇，也带来巨大的挑战。

不管对新媒体怎样定义，我们看到，实际上新媒体一般都离不开计算机技术、通信传输、媒体内容这几个方面。可以说，新媒体是信息科技与媒体产品的紧密结合，代表了媒体传播发展的趋势和方向。

据不完全统计，目前比较热门的新媒体不下三十种，如数字电视、直播卫星电视、移动电视、IPTV、博客、播客、网络电视、电视上网、楼宇视屏、移动多媒体（手机短信、手机彩信、手机游戏、手机电视、手机电台、手机报纸等）、网上即时通讯群组、虚拟社区、搜索引擎、简易聚合、电子邮箱、门户网站，等等。其中既有新媒体形式，也有不少属于新媒介硬件、新媒介软件，或者新的媒体经营模式。

中国传媒研究中心日前发布的《中国新媒体产业现状及发展趋势》显示，2006 年中国新媒体产业市场总值达到 1140 亿元，占中国传媒产业总值的近三分之一。该报告中的统计数字还显示，2006 年我国新媒体的两大组成板块移动媒体和网络媒体均实现较快增长。

移动媒体总收入达到 888 亿元，包括手机电视、手机广播、手机短信、手机游戏、移动电视等，同比增长 41.3%；网络媒体总收入为 252 亿元，包括网络游戏、网络广告、网络视频、博客、各种下载业务等，其中网络游戏和网络广告收入增长较快，同比分别增长 62.0% 和 48.2%。

据中国传媒研究中心执行主任王利明介绍，中国目前人均 GDP 已经超过 1000 美元，按照国际惯例和学者研究结论，人均 GDP 在 1000 美元到 1 万美元时是传媒产业发展最迅猛的时期。而且新媒体在我国的应用已达到一定规模，根据中国互联网络信息中心的最新统计报告显示：中国目前有网民 2.1 亿，因此中国新媒体产业将有巨大的发展空间。

相对于传统媒体，我国新媒体产业的区域差距更大，不平衡问题严重。一是城市和农村不平衡；二是东部、沿海发达省份和西部及内陆省份间的不平衡；三是各个机构之间往往各自为战。而国外或境外的传媒大鳄们却因力乘便，积极抢占中国大陆的新媒体市场。权威《财经》杂志于今年 3 月刊登专门文章《默多克寻求中国新频道》：“对于默多克而言，或许 MySpace 落地中国是更能引起他关注的事件。这位年逾古稀的媒体巨头现在最关心的，便是新媒体业务的拓展。细心的人会注意到，默多克在他最近一次访华中专程约见了中移动董事长王建宙。而在 2005 年 11 月，默多克以 1.1 亿美元沽清所持中国网通的股份；2006 年 6 月，默多克的星空传媒宣布减持凤凰卫视股份，将19.9%股权售予中国移动，默多克持有股权仅剩17.6%——这被许多人解读为‘默多克开始从中国市场撤退’。频繁的人事变动、星空传媒等投资业务难达预期盈利、与凤凰卫视的复杂关系，以及需要每年争取的落地权等，这些都令人烦心，也促使这个最早进入中国的传媒巨子另辟蹊径。在一份内部文件中，新闻集团高层将2007年SEE的工作重心作了调整——成为首家在区域内为多个国家和地区推出手机内容服务的体育机构。星空传媒集团新上任的总裁亦来自电信领域，默多克在中国业务的转型或许刚刚开始。”

新媒体带来的各种各样的新技术让人有点眼花缭乱。运营商之所以热衷于迅速使用一些在未来可能会被淘汰的技术的原因，是希望能够抓住行业发展的下一个机会，而不管这个机会到底是什么。但是，将赌注押在任何一个新出现的技术身上既不明智，也不会有最佳的效果，特别是考虑到很少有新技术可以带来巨大的商业价值。据悉，目前中国移动在全网推手机电视的业务，暂时还不收取用户的信息费，而只收上网费。究竟会有多少人愿意尝试这个新服务，还不得而知。相比电信运营商的踯躅，内容提供商却已经领悟到了个中滋味：不管你使用什么技术，最终总是要看内容的。所以内容制作公司也纷纷开始尝试新媒体节目的制作。上海文广集团今年年初推出了手机短剧《新年星事》，之后又花巨资制作《白骨精外传》。而手机生产商则更是极力向人们展示未来多媒体手机带来的全新娱乐体验。近日，著名导演尤小刚所属的公司与上海文广集团签订合作协议，合资成立致力于新媒体内容探索与制作的传媒公司，推出新媒体产品“EMF”——手机短剧。所谓“EMF”，即“E（眼睛）+M（嘴巴）+F（手指）= 我的媒体，我的明星”。尤小刚称，“EMF”就是可以在手机上点播和收看的短剧，一般5到15分钟。

对任何有志于新媒体事业和新媒体产业的单位和个人来说，通过占领市场来抢占新媒体阵地，在赢得阵地的同时赢得市场，这是一个光荣而艰巨的任务。

作者单位：中国教育电视台研究室
刊发《现代视听》第2期

论广播媒体与紧急广播国家系统

栾轶玫

5月12号四川汶川大地震这一突发事件再一次考验了政府的应急管理机制，而在今年早些时候，中国南方风雪灾害中，广播因其独特的媒介属性在众多媒体中脱颖而出。广播是兼具大众传播功能与通讯功能的“二合一”媒介，它在大灾导致的通信、电力中断后，是实现社会动员与社会整合最有效的媒介。

一、中国应建立“紧急广播”国家系统

参照美国、日本、英国、以色列、德国等

多个国家危机管理体系，我们发现，广播都被作为政府应急系统中的一个重要通道，而收音机则是这些国家每一个家庭的标准配置。

1. 美国的紧急广播系统

紧急广播系统在美国应急体系中起着关键作用。在冷战时期，美国为了避免民众因敌对国家进行攻击而受害，建构了紧急广播系统传递紧急讯息。自从1997年1月1日开始，美国所有的调频调幅广播电台和电视台以及一万名用户以上的有线电视系统都被纳入了紧急报警系统。在全国紧急状况下，总统可以通过这一与数千个广播电台、有线电视系统以及卫星公司相连的紧急报警系统向美国人民发表讲话，人们则通过这上千个电台、电视台等各种终端迅速了解灾难是什么、应该怎么做，等等。目前这一紧急广播系统除最早期的广播与电视外，已经扩展到手机、网站、卫星无线电、PDA等各种渠道与终端中，遇有天灾以及其他紧急公共事故，行动一族可以通过政府发送的手机短信、收听广播或收看电视以了解最新情况并采取相应措施。英国与以色列都已有类似的措施。

2. 日本的紧急广播系统

日本是一个地震灾害频发的国家，他们有着非常完善的应急体系，而紧急广播系统是这一体系中非常重要的国家应急系统。在遇有地震、海啸等紧急灾害时，防灾行政无线和有线广播电话的"告知广播系统"就被紧急启动，民众们可以通过广播第一时间知道灾情并按照指示采取相应的措施。随着新媒体、新技术的不断涌现，日本紧急广播系统也出现了一些新的变化，如目前在日本售出的手机都安装了GPS接收器。这样，即使你的手机通信中断，救援人员也可以通过GPS定位系统追踪到使用者的位置，从而使第一时间营救成为可能。日本的紧急广播系统中有以下几个关键点。

①收音机是每个家庭应急箱中的必备

日本每个家庭应急箱中有一个手摇充电的收音机及电灯，它只有手掌般大小，内带收音机、发光二极管灯泡、警铃以及便携电话充电功能。它是用手动摇杆来充电的，所以不用电池。手摇一分钟的充电量，收音机可使用约60分钟，或是照明约30分钟，可发出5分钟的报警声，用于手机可通话3分钟。

②广播频率多语种播报

为了日本国内的所有民众都能收到并且听懂灾难的相关报道，日本紧急广播系统中的成员都会用多语种进行灾难预报。例如，NHK第2广播电台，用英语、中文、韩国语、西班牙语、葡萄牙语5种语言播放；FM CoColo，用日语、英语、中文、韩国语等13种语言播放；NHK卫星、日本广播电台等短波广播除了用日语及英语广播外，还用中文、韩国语、印地语、缅甸语、瑞典语等20种语言进行广播。当日本国内发生6级以上的地震或海啸警报时，NHK的全频道停止播放一般节目，立即播放有关地震或海啸新闻。

③新技术被不断应用到紧急广播系统中

紧急广播系统的构建中不断引入新技术，如随着手机媒体的普遍应用，其上附载的GPS定位功能可以帮助通信中断的受灾地区的人们依然能够通过"全球定位系统"被找到。

此外，近些年来，无线射频识别技术在日本紧急广播系统中被广泛使用。无线射频识别技术，俗称电子标签。当发生灾害时，在避难的道路路面上贴上无线射频识别标签，避难者通过便携装置可清楚地知道安全避难场所的具体位置；如果有人被埋在废墟堆里不能动弹或呼救的话，内置无线射频识别标签的手机会告诉搜救人员被埋者所处的具体位置，使搜救者能以最快的速度展开营救。同时，无线射频识别技术还能帮助救助者辨认受灾人员的身份，等等。

这次汶川大地震中如果我们有完善的紧急

广播系统，以及足够多的广播接收终端与较普遍的收听习惯，可能会更有效地实现救助。政府应当认识到广播媒体在灾难中的作用，在政府应急管理体系中建构“紧急广播”国家系统，能让我们更从容地对待今后的突发事件。

二、广播是突发事件中的“内合”媒体

一般而言，地震、海啸、台风、暴风雪等自然灾害袭来时往往会对通信系统带来很大的破坏，而救灾过程中，通信联络又是最为重要的一环。当手机、电视等常规通信设备都失去作用时，广播就是现场唯一的指挥者与信息传达者。

与电视所需的采制设备、播出设备要求较高不同，在灾区第一线，广播记者只要有一部海事卫星电话就可以将断路、断电、断通信的前方情况第一时间传递出来。广播此时更多的是面向灾区救灾的一个“内部整合”媒介，在前方担负着“现场指挥、社会动员、信息传递、社会整合”等多种“内合”功能，广播影响的是灾区内的人们，如受灾群众、救援人员、前来报道的媒体记者，等等。而电视因收看设备等原因在灾区的有效传播受到限制，灾难发生时，电视更多的是一种“外联”媒体，通过富有感染力的声像向外部传递灾区的消息，通过组织义演、捐助等各类活动，吸引灾区以外的人们对灾难的关注，并动员灾区以外的力量积极实施救助。电视更多影响的是灾区以外的人，影响社会各方、国际社会、各类民间组织对灾区的关注并促发他们的行动。

1. 广播的现场动员功能

广播除了它固有的特点以外，还有一个容易被人忽视的优势，就是无处不在。广播中波、短波覆盖范围广、穿透力强，没有盲点，这是手机等其他新媒体也做不到的。广播媒介之所以在很多国家都被当作突发事件的首选媒体，在于它能够发挥现场动员功能。以1998年中国遭遇特大洪水为例，很多广播电台都将直播间架设在抗洪大堤上，广播迅速、简便、传播与接收的弱依赖性都使得它在突发事件中发挥着很大的作用。较之其他媒体，在特殊时刻、特殊场合，因其“广而告之”的特性，起着现场总动员的作用。在佳木斯的桦川江堤上，每隔100米架设有一个高音喇叭。桦川县广播电台的直播间就设在离江堤仅半米处，每天播报佳木斯市的汛情通报，负责动员与调度江堤的抗洪抢险工作。人们不仅从广播中可以听到大量的动员性消息；同时，《团结就是力量》、《我是一个兵》等铿锵有力、鼓舞人心的歌曲，也日夜响彻在大堤上……

在2008年初南方特大风雪天气中，3000多辆车被堵在路上，湖南郴州断电断水，广播与交通部门、铁路部门、电信部门密切合作，担负起现场调度与动员的任务。而此次汶川大地震中，以国家电台——中央人民广播电台为代表的一批电台都起到了很好的现场动员的作用，中央电台根据灾情的发展，不断调整节目播出内容，从最初的反映前方受灾的场面报道，到中期的军方营救报道，以及其后的医院救援报道，并制作了《平安纸条》、《心灵抚慰》等系列专题，及时对灾区人民进行心理疏导。为加强对抗灾工作的指导，成都军区所有部队的大喇叭全天转播中央电台24小时大型直播节目《汶川紧急救援》，成都军区救灾部队全部配发了收音机，在执行任务同时，官兵们随时在收听中央电台广播。广播是获取救灾工作全貌的唯一手段。受交通、通信等因素影响，灾区人民群众和10多万抗灾官兵获取信息的主要途径是广播。

这种现场动员除了表现在动态信息的传递上，还被运用于救灾常识的普及。在此次汶川大地震期间，为了让更多的群众了解自救知识，成都军区抗震救灾联合指挥部拟制了《致灾区广大

人民群众和抗震救灾部队的一封信》，并附上抗震救灾自救、互救常识，印制成10万份传单空投灾区，并请中央人民广播电台播出这一消息。广播的介入很好地协助了成都军区救灾的现场动员，取得了非常好的效果。

广播的现场动员还表现在对灾后受灾群众的心理抚慰方面。广播是进行心理危机干预的重要渠道。以国家电台——中央人民广播电台为例，这家电台是最早开展心理抚慰的电台，他们通过连线采访、配乐朗诵、配乐片花等多种手段传递温情，鼓舞斗志，还特别在夜间时段开展心理干预的实时转播，通过干预个案给收音机前更多的受灾群众带来希望与光明。

哀悼日期间，全国所有的电台都播放中央人民广播电台《中国之声》的节目，无数听众在灾区的废墟上、在行进的汽车里、在厂矿上、在学校里听着《中国之声》的直播，跟随着广播里的鸣笛而肃立默哀。

2. 广播的社会整合功能

除了现场动员外，广播在灾难等突发事件中还担负着社会整合的功能。广播作为灾难现场的强势媒体，它可以最快速度搭建起灾区的信息平台。以广播为载体，可以迅速地集结社会各方力量。比如广播在此次地震发生后，迅速将各方面的社会力量结集在一起：一是中央抗震救灾总指挥部；二是救援军队；三是卫生防疫部门；四是当地政府；五是救灾的交通、电力、通信等部门。这些部门都是通过广播第一时间将自己的措施及行动播报出去的，再加上广播记者深入前线，通过海事卫星电话回传的“现场播报”，这种立体的集结方式，一同构筑了抗震救灾的“集结号”，所产生的社会整合与行动能力空前的强大与高效。

在直播中，来自前线抗灾指挥部的成都军区副司令员吕登明16次连线中央电台，发布了大量权威信息。成都军区某集团军军长许勇、武警四川总队总队长王少明、四川森林总队政委陈震英、空军某航空师师长郑延龄、军事医学科学院院长孙建中、海军政治部副秘书长何少剑、济南军区某红军师副师长叶涌等高级干部多次与中央电台直播连线，介绍救灾指挥部最新动态，报道救灾部队开进灾区准确位置，发布救灾成果，极大地增强了中央电台直播节目的权威性。

广播的社会整合除了体现在对于突发事件现场的整合能力外，还体现在对于外围其他社会资源的整合。其中“义演、筹款”就是广播整合外围社会力量常用的方式。

中央人民广播电台在地震发生后的46小时内就率先推出了“爱在天地间——百名歌手广播赈灾大行动”。中央电台策划的这一活动，是四川汶川大地震后，媒体界组织最迅速的一次赈灾大行动。国家电台7个频率同时并机直播一台赈灾义演活动，这在国家电台历史上也是第一次。230名歌手和演艺界人士参与了这项活动，活动的主题歌曲《相信爱》成为目前最受欢迎、广为传唱的赈灾公益歌曲。

5月22日，国家电台又推出了“孩子，你并不孤独”大型慈善赈灾义演活动，本次义演由中央人民广播电台发起，联手梅兰芳大剧院、团中央中国光华科技基金会、敦煌文化弘扬基金会、北京人民广播电台等多家单位共同筹备，旨在关注并救助在四川汶川大地震灾害中受灾的中小学生。这些活动的推出一方面有利于快速整合社会各方力量，向灾区人民奉献爱心、传递信心，活动除了筹集到善款外，还通过媒体自身的行动力量带动社会爱心的齐聚。

综上所述，广播的这两大功能使得它在国家紧急广播系统中能够发挥很大的作用。因此，中国政府构建紧急广播国家系统是政府危机管理有序化与科学化的重要一步。

作者单位：中央人民广播电台

刊发《现代视听》第7期

抗震救灾直播中的创新与突破

张　颖

2008年5月12日14时28分，一场突如其来的8级汶川大地震，让所有人都措手不及。从那一时刻开始，地震灾区的受灾情况，群众的生命安危，与13亿同胞的心紧紧地联系到了一起。

在这次突发事件中，信息的通畅对于传达真相、澄清传闻、科学调度、抗震救灾显得尤为重要。因此，此刻的时势要求包括电视、广播、平面、网络等各种媒体，立即肩负起光荣的使命与艰巨的任务。

作为国家电视台，中央电视台没有让全国人民失望。在地震发生之后，中央电视台高层紧急开会，在地震发生后不到一小时的时间里实现央视一套和新闻频道并机直播，截至5月18日为止，央视实现了创历史性的长达294个小时的《抗震救灾，众志成城》四川灾情直播报道，吸引了超过9亿电视观众的关注，收视率比平时翻了近7倍。

央视此次在地震灾害发生后超乎观众想象的迅速反应、透明处理和海量信息的传递，得到了海内外舆论的一致好评。同时，大规模现场直播下的全社会动员，凝聚形成了整个社会的共同体意识，全国人民乃至全球华人的爱国情绪达到了一个阶段性高度。

无论从电视媒体自身特性的展示，还是从它的功能的实现、影响力的提升上来说，央视此次对汶川地震的直播报道，都可算得上是创造了中国电视传播史的新纪录。

一、抗震救灾直播中的业务创新

从传播效果层面来看，此次的直播报道引起了全社会的极大关注。如何体现媒体对整个社会的关注、责任与监测功能，如何向国际社会发出自己的声音，赢得国内外话语权，央视在许多层面都有所创新和突破。

1. 强烈的新闻直播意识

事件本身的突发性和影响力，是进行现场直播报道的主要动因，这也是直播每一项重大社会事件的最主要原因。但在此之外，我们也应该看到这次汶川地震后央视所表现出的不同以往的新闻直播意识。

“从一些发达国家的电视新闻直播经验来看，直播的理念根植于媒体的重视。”①换句话说，直播代表着媒体对所报道内容的重视，也是媒体对报道采取的呈现方式的一种视角。同时直播还表明媒体的态度，即直播的新闻是媒体希望观众关注的新闻。

面对突发性的灾难事件，央视决策者和记者们表现出的强烈的直播意识，是一种对事件的准确把握和发挥强势媒体作用的新闻意识。可以说，央视对汶川地震的直播报道，取得了最大化的传播效果，在强烈的直播意识与发挥强势媒体作用的互动方面树立了典范。从政治角度来讲，重大突发性灾难事件一向是媒体报道的禁区，虽然近年来有所开放，但也是在“及时上报”之后才能“即时播报”。从新闻操作上讲，此次从事件发生到直播开始，中间不到一小时，央视开始其实也不知道自己该报道什么、怎么报道。“最重要的是先把人送过去，然后是直播车以及相关器械的进入，最后才是考虑节目内容的问题。这时候‘播’是首要，而‘播什么’则是在第二位才要解决的问题。”②

电视新闻直播作为一种呈现方式可以最大化地发挥电视的优势。在一些电视发达国家，直播报道是一档新闻节目中不可或缺的组成部分。同时，直播的标识也成为提示观众注意收看的符号。直播不但体现出电视媒体在新闻报道方面的实力，而且成为电视媒体相互竞争的一种手段，也是衡量其报道水平的重要标准。

在一定意义上讲，这次直播报道创造性地发挥了央视作为强势媒体的作用，而这种作用的发挥是由于强烈的直播意识与不懈的坚持所促动的。

2. 以频道为平台的全新直播模式

汶川地震直播报道的成功，得益于调度配置了核心资源。这个核心资源的形成主要体现在人力资源的合理配置和频道资源的开掘利用。

为保证节目“无间断延续”，央视紧急安排了海霞、康辉、白岩松、敬一丹、赵普等十位主播轮流直播。在采访队伍上，央视做了两手准备：一方面，与成都、德阳、绵阳、绵竹等当地电视台记者以及湖南、重庆等周边省市的电视台记者联合作战，第一时间传回灾情信息；另一方面，央视派出自己的记者奔赴灾区前线，获得第一手新闻。央视派往前方的记者后来增加到160余人。此外，央视还首次采用直升机、滑翔伞等较危险的航拍手段，对地面无法达到的灾区中心灾情进行直播。

现代新闻竞争的制高点是人才的竞争。这次直播的各个环节都体现出人的作用以及对人力资源的开发，最终形成核心资源。这个核心资源是围绕直播形成的，其中包括央视主管新闻的决策者和部门负责人的整体运筹、前方记者的全方位部署采访、后方编辑、主持人、技术等系统的紧急启动。

在形成核心人力资源的同时，央视以频道为平台，进行横向联合，组成任务小组，划分导演系统和公共系统，完全打破了新闻中心现有的构架，打破了原来的界限。这样的架构使得电视直播有了以往从未有过的以频道为整体大平台的直播模式，从而在制度和组织结构上保障了此次大型直播的流畅运行。另外，在节目形式上，《新闻1+1》、《朝闻天下》等央视一套及新闻频道的常规节目播出被打破，变为一个庞大的“无间断直播”的抗震救灾专题节目。

创新的概念包含开发利用新的资源。可以说，央视围绕这次直播在人力资源的配置和新闻资源的开掘上有所突破和创新。采访部的出镜记者和专题记者提前奔赴现场，现场记者后面还有一支专业化的队伍在配合。因此从一定意义上讲，对新闻资源的开发利用，最为核心的是对人力资源的重新审视和开发，对记者本身来讲也是发挥潜能的一种创新。

3. 优化直播的呈现方式

创新是以比较为前提的，衡量创新的标尺是以变革和进步为尺度的。这次直播报道在形式上不像以前的香港回归直播等形式，没有仪式化的痕迹，真正发挥出现场目击的传播效果，优化了直播的呈现方式。

从理论上讲，直播是一种承载新闻的播出方式。直播作为呈现方式，不是内容，也不是目的。那么，为什么中外的电视传播媒体都在运用直播的方式、追求直播的效果呢？以美国的直播经验而论，媒体追求直播的目的和效果集中体现在引领观众和记者一起进行现场目击。因此，记者和摄像机目击的范围也锁定了观众对现场目击的范围。这样，记者在现场直播过程中最重要的任务是报道和采访。如果渲染了形式，游离了内容，就不是真正意义上的直播。

其实，作为观众，看的就是现场，看这个现场就是想了解这个新闻事件。突发事件不同于香港回归、澳门回归那种预知性的重大历史事件的带有仪式化色彩的直播。虽然直播的调动有些混乱，但是没有把内容淹没反而能体现出现场的真实。如果形式大于内容，效果就会适得其反。抗震救灾直播中大量出现的原生态现场镜头，就是去除了形式上的东西，极大地突出了内容本身的作用，给观众最大的真实感和现场感。

就直播的形式而言，所谓的时效第一，实际上就是直播本身的特点。直播是现场加报道，是置身现场的记者带着观众去目击，首先是记者到了现场，然后把观众带到了现场。记者到现场不是做一个简单的直播，而是直播加报道，二者合一。在直播加报道这个层面上，这次的直播可以说是一个突破。从新闻采访部的角度来讲，强烈地追求直播的效果，就是发挥这种时效第一和记者现场报道的优势。

4. 选题立意、报道基调的突破

从选题上讲，这次报道打破了重大突发性灾难新闻直播报道的禁区，为中国电视的直播报道拓宽了题材，具有开创性意义。然而，更值得称道的是选题立意、报道基调、取材方向的突破。

面对汶川大地震这种悲剧事件，其选题立意、报道基调的确立决定取材的方向。央视将直播报道的基调定位在“救命”上，这也是观众最为关切的焦点，这种报道的基调不但表明媒体以人为本的新闻理念，同时非常客观的体现出选题的立意——弘扬党和政府以及全社会对遇难同胞生命的关注和全力的营救。

直播的内容实际上也是取材方向的把握。地震是突发性的，最终结果是未知的。直播报道基调和取材方向怎么定位，就是找到一条主线——救命。作为直播的现场报道，没有一条主线就无法支撑，这条主线决定取材的方向，记者做现场报道，没有一个主线就没有办法展开。

“一切服从于救命，就要关注损失的情况，救援开展的能力保障，道路、信息（通信）、电（力）……。主持人跟各地连线的时候，都是问路线打通到哪，救护的方式怎么开展。”③有了这个主线，选题的立意和报道基调才能体现出来，否则报道的基调很难确定。

从事件本身看，确实是一个由悲剧性的突发事件发展到众人全心投入救灾的结局，体现出政府和社会的作用。但是，从直播新闻的取材方向来讲，仍然是报道了事实的真相。因为事实本身就是如此，不必渲染。所以说，这次报道的选题立意、报道基调、取材方向的依据是事实本身，它的突破是准确地把握了事件本身的性质和特点，以及对事件走势的准确预测。

二、央视抗震救灾直播中的重大突破

除上述的微观层面的开拓创新，从此次电视直播的成果和影响来说，在宏观层面上，央视的抗震救灾直播有以下重大突破。

1. 在直播大战中打了翻身仗

在这一次重大突发事件面前，凤凰卫视的动作一如既往地比央视快。“凤凰卫视的直

播已经开始了，我们这边怎么还不开始？出了大事，不管有没有信息先把窗口开了再说。”④十几分钟之后，央视的直播开始。只不过，这一次央视后程发力，迅速地在与凤凰卫视争战了十来年的直播大战中占据了上风。

在全世界华人范围内享有盛誉的凤凰卫视，虽然其资讯台也启动直播服务，以独特的视角实时跟进地震发生后的各方面信息，但由于自身在内陆后方保障的相对不足和人力资源的匮乏，它也只是“对央视直播形成很好的补充”⑤。因此，凤凰卫视在此次抗震救灾直播中，也不得不频频使用央视的新闻素材。

由此可见，央视在这次直播报道中，首次全面盖过了国内的强劲竞争对手的风头，赢得了上翻几倍的收视率。这是央视的一次重大突破。

2. 央视引领国际舆论

在抗震救灾的对外传播上，央视4套此次功不可没。作为中文国际频道，央视4套承担着对海外播出的任务，在140个国家和地区都有落地，它具有充分的国际资源优势，与20多个国家的40多个中文电视媒体有着良好的合作，随时报道各地华人的捐赠情况。驻外的记者站也很快发回了各国领导人赴中国驻当地大使馆慰问和致哀的消息。所有这些都赢得了海外观众的赞许，美国和加拿大等国的观众采用来电或者网上留言的方式，对中文国际频道的报道表示肯定和感谢。

一直以来认为“中国媒体不可信”的西方媒体，在此次地震报道中不仅对中国的抗震救灾给予了大量积极正面的报道，对中国媒体特别是央视也给予了高度赞许。很多国外主流媒体，如CNN、BBC等大量采用了央视国际频道的电视新闻；共有113个国家和地区的298家电视机构转播和使用了央视的电视信号，播出时很多都带有央视台标。可以说，在这次电视战役中，央视以自己迅速、全面、权威的报道赢得了世界及同行的高度关注和一致尊重，主导着国际舆论在汶川地震这一事件中的大方向。这在以往也是极少出现过的。

3. 给政府官员来了次“互动培训”

在我们的印象中，大多政府官员面对媒体时都不擅言辞，羞于表达，但这一次他们学会了如何来表达。这次地震，让我们的政府官员们明白、掌握了面临大事，特别是重大灾难性事件时，加强与民众互动的必要性，以及怎样在镜头前恰如其分地展现自己、发表自己的观点。

其实，这次抗震救灾中，最值得称道的当数信息的开放透明和对新闻舆论的自由宽松政策，这也是我国政府此次在国际上赢得最多的赞许之处。

汶川地震发生以后，政府对于信息和新闻的传播几乎没有任何限制，不仅允许中央和地方媒体积极深入前方报道，甚至对境外和西方媒体赴灾情现场也报以欢迎的态度，不设任何限制。事实证明，抗震救灾至今的时间里，信息管理的开放、透明，非但没有扰乱人心，反而有力地抑制了谣言和猜疑，稳定了人心，进而极大地激发了全国人民的凝聚力和爱国心。

广播、电视、网络、报纸等大众传播渠道的自由通畅，还使上达中央、下至每个人都能够在第一时间获知正确资讯，为决策提供了可靠保证。不仅如此，社会中自下而上的信息反馈，还迅速将当事人、专家和普通群众的智慧呈现给政府部门，帮助救助工作的开展。

在这场危机中，新闻放开不仅没有引起天下大乱，反而极大地配合和支持了党和政府的工作，在许多地方还发挥了意想不到的巨大作用。而在铺天盖地的报道中，以央视、新华社为代表的新闻媒体也体现了高度的责任心和自制力，为抗震救灾做出了贡献。

注释：

①赵淑萍：《央视应对突发性灾难新闻的创造性举措》，《中国广播电视学刊》，2008.2

② http://www.china.com.cn/culture,2008.5.17

③④《如果每个灾区都有一台摄像机》，《南方周末》，2008.5.22

⑤《媒体吹响"集结号"多角度直击抗震救灾》，光明网，2008.5.22

作者单位：华中科技大学新闻与信息传播学院

刊发《现代视听》第7期

论北京奥运报道的创新之道

甘险峰　彭利国

随着29届奥林匹克运动会主火炬在中国国家体育场"鸟巢"缓缓熄灭，一场轰轰烈烈的国际传媒大战也硝烟散尽。毫无疑问，北京奥运是世界电视史上最灿烂的春天。根据尼尔森公司在全球38个国家和地区的收视调查，全球约有20亿人观看了北京奥运会开幕式，占世界人口的近三分之一。这个数字是空前的。就国内传媒而言，根据央视市场研究股份有限公司（CTR）的统计，在这场传媒大战中，作为中国大陆地区（不含香港、澳门、台湾）的独家电视持权转播商，中央电视台（以下简称"央视"）收获了累计逾11.2亿的观众人数和高达52.19%的收视份额，开幕式的收视人数更是逾8亿，创国内有收视调查以来的最高纪录。业内人士估计，央视的广告收入将高达20亿元。这些数字证明，央视无疑是这场奥运媒体角逐中最大的赢家。然而，作为传媒研究者，在这些惊人的数字背后，我们更关心的是央视奥运报道中出现的创新点及其给中国电视体育报道乃至整个中国传媒业带来的启示。

一、规模创新

1. 报道队伍创新

此次奥运报道央视花了两年半的时间进行精心筹备，启动了3000余人的报道队伍以及80余位主持人和解说嘉宾，创下了中国单一新闻事件报道队伍的最高纪录。这样的奥运报道阵容在历届奥运转播史上也是最为庞大的阵容之一。

值得注意的是，解说员队伍打破了专业体育解说员的限制，起用了马燕红、王涛、陈招娣、李娜、杨凌、钱红等多位前奥运冠军，其规模也超过雅典奥运会。冠军解说因其对赛事规则的熟稔和对体育的浓厚感情，能够做到解说中专业与激情并重，在帮助受众更准确全面地理解赛事、更好地欣赏赛事的同时，也在情感上加深了与受众的共鸣。

记者采访基本实现了所有赛场的单边记者注入，一是实现了即时采访，增强了现场性和时效性；二是储备了多种类型的赛事现场咨询，从而借助多频道平台满足了不同受众群的需求。

2. 频道规模创新

此次央视奥运报道在其频道资源的投入上创下了历史之最，投入了七个频道，外加一个高清频道和两个付费频道，突破了雅典奥运会时的体育频道全投入加上一、二套个别时段关照的规模，也超过了NBC此次奥运报道六个频道的投入规模。各个频道各司其职，频道定位明晰，"全景"与"特写"相结合，直播与录播相结合，既人性化地满足了不同受众的需求，也凸现出国际视野，没有过分拘泥于本土视角。同时，各频道实现赛事报道、节目素材和人力资源等台内资源的共享，做到了资源最大限度的利用，实现了全台开路频道累计播出8604小时的壮举，尽显东道国的优势。

二、技术创新

在雅典奥运会上，央视承担了乒乓球、羽毛球、现代五项三个比赛项目的国际信号，得到了国际奥委会和全球电视转播商的一致认可。此次北京奥运会，中国作为东道主，央视参与到足球、篮球、排球、乒乓球、羽毛球、网球和现代五项共七个项目的转播工作。据了解，在现代奥运会转播史上，北京是东道主制作团队参与最多的一届。

奥运报道还是一场高科技的较量，这场高科技的较量固然需要重金投入，但从长远来看，这是一次央视全面提升技术、缩小与世界最先进电视台的技术差距的绝佳机遇，也为其跻身国际一流电视台做好了技术储备。

据国家广电总局统计，央视此次奥运报道中主要实现了九项技术创新：首次采用万兆光纤通道，实现三大报道中心之间高清化、文件化制播；全面采用高清化、文件化形式，进行信号采集、收录、制作、播出；广泛使用全高清虚拟技术，在线包装系统达到世界先进水平；成功实现Avid工作站远距离、高码流、全高清、高质量的网络化制作；索贝系统和Avid系统实现互联互通，提高了工作效率和存储量；实现大容量节目资源异地共享，支持5个制作点同时制作同一个节目；首次以高清晰度电视形式和5.1环绕立体声直播奥运会；首次采用三地之间电视电话会议系统；航拍架次、时长创中国电视纪录。

此外，作为央视奥运报道的新媒体平台——央视网还和AMD、微软等展开技术合作，打造了高清、创新、丰富、精彩的数字媒体平台。

正是这些高科技手段的运用，保证了此次奥运报道在质和量上的成功。

三、内容创新

电视业乃至整个传媒业竞争的核心还在于内容，"内容为王"的传媒法则是一个电视台能否在传媒竞争中立于不败之地的不二法门。对于奥运会这样的重大新闻事件而言，其核心内容自然是赛事直播，但有创意的配套节目也必不可少，这是对一个电视台节目制作团队智力和创意的考验。此次央视奥运报道在直播和节目设置上也颇多可圈可点之处。

1. 直播创新

此次央视报道全面刷新了中国电视直播史。央视首次实现了对体育赛事的高清完全无延时转播，以往基于安全因素考虑的"人为30秒"铁律被打破。这与NBC出于时差和商业因素延时12小时转播奥运开幕式形成了鲜明对比。更重要的是，这种做法显示了中国电视业应对突发事件的自信。

除此之外，此次央视报道可谓创下了中国电视直播史之最。以新闻频道为例，除保留与一套并机播出的少数栏目（如《朝闻天下》、《新闻30分》和《新闻联播》等）外，该频道全天各新闻时段全部打通，并优先保证现场直播信号，采用突发新闻、最新资讯随时打断、穿插播发、及时跟进的策略，保证字幕新闻第一时间播发，连续19天不停播，累计逾450小时播出奥运资讯直播特别节目《一起看奥运》,真正成为观众的"遥控器"和"广角镜"，保证观众能够最先了解到最有价值的新闻。

央视对于突发事件的报道也是非常成功的。如对于刘翔退赛事件，央视除了对事件本身进行报道以外，还通过现场记者的分析报道、主持人和嘉宾的及时评论以及相关人士的权威发布，对事件进行全面报道，对于疏导观众情绪、平息外界谣言和不适当的猜测起到了相当大的作用。

2. 栏目设置创新

在体育赛事转播中，演播室实际上是"第二赛场"。在此次奥运报道中，除直播外，央视推出了《早安，奥林匹克》、《荣誉殿堂》和《全景奥运》等一批少而精的配套节目，也给观众留下了深刻印象。《荣誉殿堂》中本土奥运冠军现身演播室，讲述成功背后、赛场内外的故事，同时与观众展开互动，另有崔永元加盟所带来的喜剧元素，让观众在紧张、兴奋和自豪之余收获到一丝轻松。《全景奥运》中，白岩松和欧阳夏丹带领观众解读一天中最精彩的赛事、最感人的故事、最有趣的画面，让观众轻松地走进奥运，并在轻松的同时感受到深刻。

上述这些精心制作的节目建构了立体多元的节目体系，弥补以往体育报道中以赛事直播为主的节目形态单一的缺陷。

四、渠道创新

此次央视奥运报道除3000余人的报道主力外，还采取多种方式拓宽资讯来源渠道。

1. 手机观察员尽显"草根"魅力

公民新闻趋势日渐凸显。此次奥运报道，央视也没有忽视"草根记者"的力量。530名"CCTV2008奥运手机观察员"贡献了共计4000多张图片、6000多条短讯和近200条视频，其中的部分作品在新闻频道的《我的今日之最》中得到了展示，呈现了平民视角的奥运。

2. 与境外媒体交换资源

此次奥运报道，央视加强了与境外同行的交流，与NBC、BBC等16个国家和地区的电视台建立了每日奥运报道节目互换制度，在丰富自己的报道内容、体现央视奥运报道立体化的同时，也在海外媒体上展示了央视的风采。

3. 新媒体联动

作为大陆和澳门地区唯一的新媒体持权转播机构，央视国际网在此次奥运报道中也占尽先机并表现不俗。国家广电总局的数据称，央视国际网全程转播了3800小时赛事，制作点播视频节目4013小时，轮播频道总播出量达10752小时；另据统计，奥运期间，全国每天近1.42亿网民通过央视网和9家商业网站收看奥运转播，占全部网民的56.13%。央视网日均访问量达3.01亿页次，其中视频直播日均访问人数达1596万。央视在北京奥运报道中的成功经验表明，网台联动、报网联动无疑是未来传媒界的大趋势。

手机电视也在北京奥运报道中发挥了生力军的作用。获得了国际奥委会奥运新媒体转播权的央视与中国移动合作，通过移动通信网络向用户提供奥运视频服务，引入了央视 1、2、3、7、12、奥运、新闻频道及其他专项直播频道等共 20 路奥运直播频道，节目时长达 8974 小时，并在第一时间抽取各项比赛的精彩瞬间，发布 473 小时的点播视频，极大地方便了用户。手机电视日均访问量 2153 万，收视份额占手机电视全网业务的 79.4%。这是奥运史上首次出现商用手机电视服务，北京奥运也将因此被载入史册。

五、电视手段创新

笔者注意到，此次奥运转播，在电视手段的运用上也呈现出诸多创新点。以新闻频道为例，其所采取的屏幕切割、多视窗、画中画、双行字幕等电视手段，让观众可以随时了解最新赛事的赛果，全程跟踪奖牌榜的变化，同时又可以在欣赏一个赛事的时候不错过其他重要赛事的精彩瞬间，实现了电视画面线性传播和非线性传播的全面结合。这样的手段在 Bloomberg 等专业财经电视台中常常可以看到，但在一般电视直播节目中还不是很常见，这无疑为我们今后的电视直播开启了一个新的视角。

此外，在奥运会开幕之初出现赛事记分牌与台标位置重合的问题时，央视的相关频道还打破常规，果断而大胆地采取了将台标右移的策略，也是一种灵活性和人性化的创新之举。

当然，此次央视奥运报道也并非尽善尽美。最值得反思的就是专业知识的不足和专业精神的缺乏。由于赛事十分密集，报道任务繁重，央视不得不从本台非体育频道及地方台调集大批主持人，同时邀请一些缺乏大型活动主持经验的非专业人士担任嘉宾，共同担纲奥运报道工作。对于主持人与嘉宾上岗前的专业知识培训和职业道德培训非常重要，但从实际效果看，央视似乎并没有做好这项工作。不少主持人（也包括极少部分的嘉宾）缺乏体育专业知识，或者语言贫乏，经常不知道说什么好，或者外行话不断，经常让观众忍俊不禁；同时，少数嘉宾（也包括极少数主持人）又因为缺乏专业精神，经常忘记自己的职业角色，过分“自我”，过分“娱乐”，而且是“自娱自乐”。“解说门”、“提问门”事件凸显了中国体育新闻报道最大的软肋，显示了进一步加强中国体育新闻人才队伍建设的必要性和紧迫性。与 NBC 在 2000 年悉尼奥运会时 20 多位主持人中就有 14 位奥运冠军相比，我们在对奥运冠军的开发、培养、利用上还略显不足。上述缺憾表明，当我们在硬件方面已经取得了长足进步并达到相当水准之后，一定要把更大精力放在软件建设上，努力提高我们的软实力。只有软实力提高了，我们的电视体育报道才能让更多的观众满意，并具备与欧美顶尖电视机构竞争的能力。

作者单位：山东大学文学与新闻传播学院

刊发《现代视听》第 10 期

开创网络电视传播的新时代

——兼析网络电视对传统电视的冲击

敖绍平

2006年10月9日，Google斥资16.5亿美元收购全球最大的网络视频网站YouTube；2007年1月底，微软总裁比尔·盖茨公开表示：5年之内网络视频将进入电视平台。这些强烈的信号表明网络电视将是未来发展的主流。

网络电视，又叫IPTV，是一种利用宽带有线网络，集互联网、多媒体、通讯等多种技术于一体，向用户提供视频节目的多种交互式服务的崭新技术。网络电视为广播电视节目的传输开辟了又一条新的渠道，不仅改变了互联网信息呈现模式，改变了互联网免费提供内容的模式，而且也改变了传统的电视收看模式，带来了全新的观众收看电视节目的方式，使观众的自主性大大提高。

一、网络电视传播的特点

在传统媒体的功能十分强大的今天，刚刚起步的网络电视仍然能够获得快速的发展，必定有着它的竞争优势。这种优势不是来源于经营者思想与观念，而是来源于网络电视的传播特性。

1. 个性化的服务

传统的电视采用大众化的传播方式，根据受众的普遍兴趣来确定传播的内容，是一种满足多数人共性需求的媒体。当然，它是不会根据某个用户特殊需求来提供节目的。传统的电视还担负着重要的宣传功能，电视台为了宣传某个商品或者某种观念，不管用户喜不喜欢，都会强制性地向用户传递信息。此外，传统电视的线性播出方式也给受众带来了诸多制约与不便。正因如此，传统的电视很难实现个性化的服务。

网络电视不是“大家的电视”，而是“我的电视”，是一种能够充分满足受众个性化信息需求的媒体。个性化的信息需求主要有两层含义：其一，人们希望得到自己想要的信息，没有必要接收不需要或不喜欢的信息；其二，人们可以在任何时间、地点接受信息，不再受到时空的限制。网络电视采用点对点和一对一的传播方式，较好地满足用户个性化的信息需求。网络电视可以根据每个用户的喜好，有针对性地提供服务。网络电视的服务对象，已经由一个笼统的“面”转变为一个个具体的“点”。借助有线与无线的互联网接入技术，用户也可以选择在任何时间、任何地方点播节目库中的任何一部节目，按照自己的需求，自己的兴趣爱好选择内容，不再接收广告等不需要或不喜欢的信息，真正实现信息接受的个性化。

网络电视满足不同受众的不同要求，可以说是电视传播向分众化和个性化传播趋势的发展，是对受众的收视权利的尊重和适应。有了网络电视，我们不再需要每天准时收看“收视指南”，也不需要在偌大的报纸中去寻找我们想看的电视节目预告，只要在网络电视平台上设置好个人的主页，告诉电脑自己感兴趣的节目。这样，当上网的时候，电脑就会自动搜索到事先选定范围的内容供用户浏览。传播方利用智能技术甚至可以分析并记录每个用户的收视偏好，根据用户的个性化需求提供相应的节目。

2. 信息获取的便捷性

网络电视由于接受终端的多样化以及信息查阅的便捷性，使得用户只需付出很小的代价就能获得自己需要的信息。

与传统媒体相比，网络电视为用户提供的便利性首先表现在终端的多样化上。传统电视、报纸、广播的接收终端是单一的、固定的。网络媒体虽然有着种种传播优势，但接受终端主要还是电脑。电脑操作的复杂性，限制了许多人对网络媒体的使用。但网络电视的接受终端却是多种多样的，电脑、电视机、手机等媒介都可以获取内容。

其次，网络电视提供了强大的节目搜索功能。但是网络电视可以让用户非常轻松地找到需要的节目。网络电视平台都建有完整节目数据库，存储的数据包括节目名称、类型、长度、简介、导演、演员以及制作机构等信息，并提供了强大的搜索引擎。用户在登录电视平台后，只需在搜索框中输入关键字，便可以方便地找到自己想要的节目。

3. 互动的信息传播方式

无论是传统的模拟电视，还是新兴的数字电视，都属于单向传播模式。大量信息由传播方流向受众，却很少由受众流向传播方。信息的单向传播方式，使用户只能依据媒体的安排去接收信息，无法真正参与媒体的活动，媒体和用户之间还缺少真正意义上的互动。真正意义上的互动就是要求用户通过有意或无意的操作，来改变某些音频或视频元素的特征，让用户在通过各种方式参与到媒体的活动中去，甚至让用户也成为传播者。网络电视属于一种典型的双向互动媒体，用户根据自己的需要，改变节目元素，并与传播者之间进行全方位、多层次的沟通与交流，用户还可以通过网络电视将自己编辑的节目传递给其他人。具体而言，用户可以在技术、内容、交流等几个层面获得互动服务。

4. 传播范围的广泛性

网络电视首先突破了地域的限制。网络电视继承了互联网的传播特性，天生就具有跨国界传播的特点。跨地域传播是一柄双刃剑，一方面使得传播的范围与影响得以轻松扩大，另一方面也增加了管理和控制的难度。国外的一些传媒机构就是利用网络电视的这种特性，绕过了政策法规的限制，直接将节目传输到国内。国内的一些企业及个人，通过网络电视技术，实时传播国外的电视节目。对此，相关部门应该引起足够重视。

与网络媒体相比，网络电视的受众面也更为广泛。网络媒体主要通过文字符号传递信息，文化程度较低的人被排斥在网络媒体之外。接受终端的复杂化，也使一些人对网络媒体望而生畏。而网络电视主要通过声音与图像符号传递信息，受众很容易对传播符号进行解码，无论是受过良好教育的大学生，还是不识字的人，都能理解网络电视的内容。此外，将电视机作为主要的接受终端，电视机的操作非常简单，无论用户会不会使用电脑，都能够轻松地享受网络电视服务。

5. 传播者与受众角色的融合

在传统媒体中，传播者与受众的角色是泾

渭分明的。传播者一般指的是媒体的编辑、记者，传播什么信息，什么时间传播，以何种方式传播，都是由他们自己决定的。而读者、听众、观众只是信息的接受者，处于传播活动的末端位置，他们对传播活动产生不了什么影响，只能向传播方反馈少量的信息。网络电视的出现，改变了传播者与受众的地位，使二者的角色正在融合。首先，网络电视的用户不再是被动的信息接收者。他们可以决定接受什么信息，不接受什么信息，在什么时间接受，以何种方式接受，他们在传播活动中拥有了更多的主动权。其次，只要掌握了相关的技术，任何一个用户都可以让自己的接受终端（电脑、机顶盒）成为一个小型的网络电视发送装置，向他人传播自己的节目。从这个意义上讲，“受众”这一特定概念将失去其本来的意义。因为网络电视的用户已经不仅仅是信息的接受者，而且同时也是信息的传播者。如果你觉得有必要，你完全可以把那些属于自己的“个人化信息”集中起来，编辑属于自己的个人电视频道。

二、网络电视对传统传媒的潜在影响

由于网络电视具有受众为本的传播理念、超强的交互特性、个性化的综合服务、多媒体的兼容性等突出优势，传统媒体面临着网络电视技术的挑战，这些挑战事实上在改变媒体传统的运作方式。

1. 网络电视与传统媒体整合势在必行

面对互联网大潮的冲击，传统媒体与网络媒体相互整合、共存共赢乃大势所趋。数字技术的发展为新旧媒体“合二为一”奠定了基础，也为传媒业进一步发展提供了契机。单一形式的传播媒介已不能满足受众需求，类似电视与网络之间的媒介融合传播已经产生，形成能应对不同受众的传播新模式，来满足受众个性化、大容量的信息需求。

在网络电视时代，信息传播的整合经营是不可逆转的趋势，关键是如何整合才能形成协同效应，实现传媒可持续发展。一般而言，网络电视传播与传统媒体将在融合中走向分流，而不是在相似方向上争夺同一群，因此，它们的整合策略应是进一步细分市场，各自调整定位与目标受众，做强自己的优势，从而形成错位竞争。具体来说，传统媒体要转变观念，顺应网络电视传播发展趋势，适应受众需求，扬长补短，寻找与网络媒体整合发展之路；网络电视作为新型传播形态与营销渠道，可以开拓新的用户群，培育新的市场，而不是与传统媒体争抢现有的“蛋糕”。

2. 树立以受众为本的经营理念

网络电视加速了现代传播从大众化向分众化转变的趋势，传播技术的发展使一对一的交互传播成为可能，彻底改变了受众在传播中的被动地位；另一方面，由于受经济发展、政治生态等影响，现代社会逐渐陷于“信者恒信，不信者恒不信”的价值分裂之中，受众不再是统一的“大众”，而是裂变为不同色彩的分众，乃至“一人受众”，个性化特征越来越显著。社会大众在信息选择、消费习惯等诸多方面分裂为迥然不同的群体，“众口难调”因而成为传统媒体难以克服的顽症。网络电视的出现适应了受众需求更加个性化的趋势，真正变为“我的媒体”。因此，传统媒体在网络电视的影响下，其制作节目内容、指导观念、受众定位等方面都将发生深刻变化。

3. 坚持内容为王，增强原创能力

网络电视适应受众个性化趋势，能够将个性化内容直接传送给受众，受众可以订阅自己

想看的内容，而传统媒体无法满足这种个性化需求。传统媒体作为广告信息来源与受众之间的媒介，是将许多不同内容聚集在一起以吸引不同需求的受众来消费同一媒体，所以网络电视可能冲击传统媒体这种“媒介”的角色。受众消费个性化趋势要求传媒提供高品质的原创内容，以多层次满足市场需求。当市场开拓成熟时，传媒应分割市场，发展针对不同用户群的多样化服务，即以不同方式来满足不同消费群体的不同需求，而不是以同一种产品来满足所有人的需求。当前传媒内容同质化现象严重，普遍缺乏特色品牌。媒体必须坚持“突出特色”与“分众传播”的经营理念，通过为特定受众提供度身定制的产品和服务来赢得并保持受众，提高受众的忠诚度。

三、网络电视的发展前景

网络电视业务刚刚起步，还面临着技术、政策、内容、版权等诸多问题的困扰，但是网络电视毕竟具备上述诸多的传播优势，代表广电媒体的发展趋势。随着互联网、电信网与电视网的融合以及相关政策的逐渐开放，网络电视在未来数年将获得飞速发展。

1. 发展具有特色节目内容的网络电视

网络传播凭借最新信息传播技术，具有信息量大、瞬时传递、双向互动、可随时接收信息等优势，但是作为传统形式的大众媒介也并非一无是处。在传播费用、接触技巧等方面，传统形式的大众媒介自有其优势。所以，网上电视提供的信息服务要使众多的人们接受、欢迎，必须避免成为传统的电视网上的复制品。而要做到这一点，则必须处理好电视自身的传统的信息服务与新颖的网上信息服务之间的关系，使之各有特色，让公众感到二者有理由共同存在、并肩发展。

2. 建立“三网融合”的信息传输网络

将三个信息传输网逐步融合为一体，使语言、电视图像、数据和文字信息在同一个网上运行，不但可以节约投资，而且大大方便了用户。用户只用一条传输线，就可同时打电话、上因特网和看网络电视。集图像、数据、语音传输于一体的太原有线电视宽带综合信息网，在采用信号数字处理技术后，扩展了通道容量，大大增加了传输节目。

随着通信技术及媒介科技的突飞猛进，在不远的将来，网络电视将获得飞速发展，成为与人们生活紧密相关的一部分，我们期待着这一天的早日到来。

参考文献：

王馨：《数字电视 VS 网络电视：争夺战即将爆发》，赛迪网

陈卫星：《全球化背景下的广播电视》，北京广播学院出版社，2001 年版

作者单位：南京政治学院军事新闻传播系

刊发《现代视听》第 5 期

受众调查

受众调查

山东人民广播电台听众调研报告

山东人民广播电台

2008年9月，山东电台委托赛立信媒介研究有限公司在山东省进行了一次广播听众调研，目的是通过这次调研了解山东电台系列频率在其覆盖范围内的收听情况以及各频率节目的收听情况。

本次调研共在山东省十个城市进行，样本分为家庭样本与特殊样本，两种样本必须满足的条件如下。

家庭样本：有效样本共2251个，受访听众必须满足以下条件——

① 年龄介于10—69岁；

② 在调研地区居住1年以上；

③ 在过去的一个月内曾经听过广播；

④ 符合市场研究的一般条件。

特殊样本：有效驾车人士样本共233个，主要是私家车主，还有少量出租车司机。他们都必须满足家庭样本条件中的第2—4点，并且年龄介于20—49岁。

调研时间：项目从2008年9月开始，日记表填写时间是9月13—30日，分三批填写。

调研方法：本次调研采用入户访问、留置日记表及街头拦截式访问相结合的调研方法。

抽样方法：运用多阶段随机抽样（PPS法）方法抽选样本户，利用配额选择受访者；街头拦截式访问是采用定点随机拦截的方式抽取受访者。

山东主要电台的市场份额

从本期调研结果来看，山东电台本期仍然占据全省1/3多的广播市场份额，与上期和去年水平基本持平。

本期在各市级电台中，潍坊电台和临沂电台的市场份额最大，在全省的广播市场份额都在一成左右。其次是济南电台、青岛电台、烟台电台和济宁电台，它们都能占据全省7%左右的广播市场份额，在自身所在地区优势很大。

与上期相比，济南电台、潍坊电台、日照电台和中央电台在全省的市场份额出现较大下降。山东电台、烟台电台、济宁电台、临沂电台和聊城电台在全省的市场份额则是轻微上升。至于其他电台的市场份额则较上期变化不大。

图 1　山东电台在各地区的市场份额

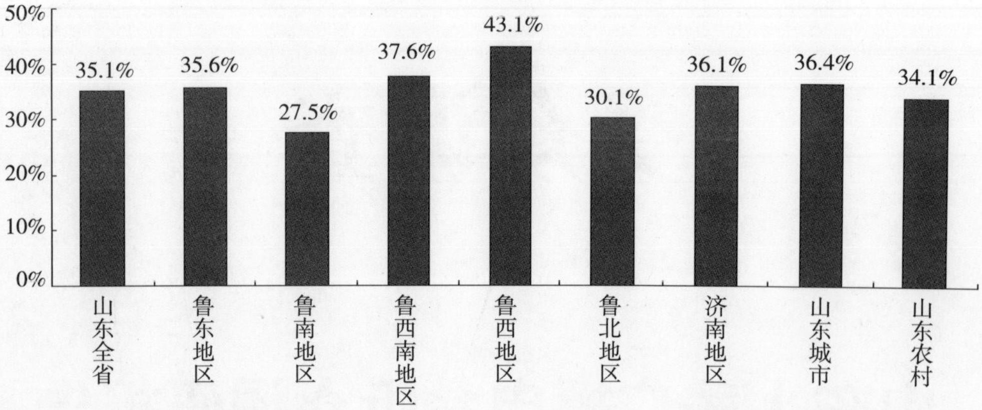

山东电台在全省的表现

山东电台在本期的收听情况较上期轻微提高，仍保持着明显优势——山东电台占据全省 1/3 以上的广播市场份额，与去年以及今年上半年水平基本持平。

山东电台在全省的平均收听率与市场占有率都较上期轻微上升，继续遥遥领先所有竞争对手。

在全天各时段中，山东电台的收听率和听众占有率都大幅领先其他电台，其收听最高峰还是在早上，其次是晚上，再次则是中午。不过在下午的收听情况则仍然表现平平。

对比上期数据，我们可以发现山东电台本期在早上和 17:00—20:59 的两个收听高峰时段的收听情况出现提升，这也是在连续两期下降后的首次止跌回升。而在上午和下午以及晚上 22:00 后的收听情况则有所下降。至于在中午收听高峰的收听情况则与上期基本持平。

此外，本期山东全省的广播接触率与上期基本持平，这表示山东地区广播听众数量变化不大。同时由于今年内发生了较多自然灾害与重大社会事件，从而导致各地广播收听情况在年内整体波动较大，山东地区的听众也多少会受到影响。不过从调研的情况来看，山东听众收听广播的整体情况还是比较稳定的。

图 2 山东电台各频道的综合收听率与综合占有率

电台名称	综合收听率	综合占有率	覆盖地区
山东电台新闻频道	0.37%	13.1%	10 个调研地区
山东电台经济频道财富传媒	0.05%	1.9%	济南、青岛、烟台、潍坊、济宁、临沂
山东电台文艺频道	0.14%	5.0%	济南、青岛、烟台、潍坊、济宁、临沂、东营
山东电台生活频道	0.12%	4.3%	济南、烟台、潍坊、菏泽、济宁、聊城
山东广播交通音乐之声	0.28%	10.2%	10 个调研地区
山东电台乡村频道	0.07%	2.5%	济南、烟台、济宁、菏泽、潍坊、聊城
山东电台音乐频道	0.14%	4.9%	济南、烟台、青岛
山东电台经济频道 FM96	0.06%	1.4%	济南
山东体育休闲广播	0.01%	0.3%	济南

山东主要电台收听情况分析

本期在山东电台能覆盖全省的七个频率中，新闻频道、交通频道、生活频道和乡村频道这四个频率的收听情况都出现轻微上升。而音乐频道、经济频道财富传媒和文艺频道这三个频率的收听情况则出现轻微下降。

本期在山东电台的七个频率中，有四个频率的平均收听率和市场占有率位居山东全部电台的前十名，与上期完全一致。其中新闻频道、交通频道和文艺频道仍然垄断了前三位，生活频道则是位居第六，较上期进步了四位。而在省内其他比较有影响力的电台就还有潍坊交通音乐广播、青岛交通广播、临沂电台交通音乐频道、潍坊音乐广播、济宁电台新闻台、烟台广播音乐频道 IRadio91.2 和济宁电台交通文艺广播等，与上期有所变化。

从平均收听率与市场占有率上分析，山东地区的电台基本可以分成四个集团：第一集团的三个电台平均收听率都在 0.1%，市场占有率都在 4% 以上；第二集团的电台平均收听率介于 0.05%—0.1%，市场占有率介于 1.6%—4.0%。至于第三集团电台的平均收听率一般都介于 0.01%—0.05%，市场占有率介于 0.3%—1.5%。最后剩下的电台就共同构成了第四集团。

总的来说，本期在山东全省各电台中，各项指标整体表现最好的还是山东电台。其次是潍坊电台和临沂电台。再次则是青岛电台、济宁电台和烟台电台。而济南电台本期的表现则有所滑坡。与上期相比，本期山东广播市场的变化不算太大。

山东地区每小时收听优势电台情况

09:00 以前（早上）——新闻类和交通类电台基本垄断广播市场。以山东电台新闻频道和山东广播交通音乐之声的竞争优势最大。

09:00—11:59（上午）——交通类电台的收听优势最大，其次是新闻类电台。其中竞争优势较大的电台有山东广播交通音乐之声和山东电台新闻频道，其次是潍坊交通音乐广播。

12:00—14:59（中午）——新闻类电台的收听优势最大，其次是文艺娱乐类电台。其中山东广播交通音乐之声的竞争优势最大，其次是山东电台文艺频道。

15:00—17:59（下午）——交通类电台的收听优势最大，其次是文艺娱乐类电台。其中竞争优势较大的是山东广播交通音乐之声。其次是山东电台文艺频道和济宁电台 FM103.1 娱乐广播。

18:00—20:59——新闻类和交通类电台基本平分了该时段广播市场。其中山东电台新闻频道和山东广播交通音乐之声优势最大。其次是济宁电台新闻台。

21:00—23:59——新闻类电台优势极大，其次交通类和都市类电台也有少量市场。其中山东电台新闻频道和济南电台新闻频道的竞争优势最大。其次是山东广播交通音乐之声和中央电台中国之声。再次则是临沂电台都市广播。

总的来说，山东全省听众收听广播频率的需求较上期变化不大，只是收听都市和文娱类电台的需求有轻微上升。

北京奥运会全国和山东电视收视分析报告

山东电视台

2008年8月8日，北京第29届奥运会作为当今世界上规模最大的体育盛事，吸引了全球几十亿观众的眼球，而作为东道主，北京奥运会成功地聚集了中国观众的收视热情。本报告利用CSM媒介研究在全国35个中心城市的调查数据，对北京第29届奥运会（8月8日—8月24日）的收视状况进行分析。

一、北京奥运会期间全国电视收视扫描

1. 奥运会期间总收视率、观众总量均大幅度上升；白天时段总收视率升幅更加明显；观众人均每天收看时间大幅度增加

北京奥运会开始后，电视成为观众了解奥运相关信息最快捷和直观的渠道。奥运会17天，全国35个中心城市总收视率较之前

表 1

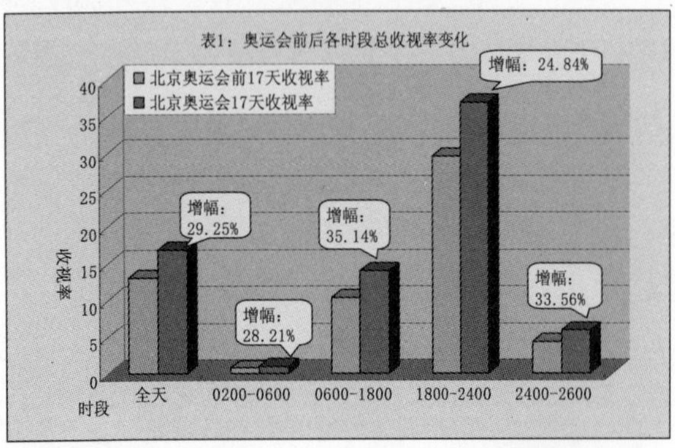

数据来源：CSM　　全国35中心城市　　4+

17天的平均水平猛增约30%，白天总收视率升幅更加明显，增幅超过35%（表1）。观众人均每天收看电视的时间为315分钟，比奥运会前增加了近1个小时（表2）。

2. 奥运会期间，在总收视人口中，男性、中青年、高学历、干部／管理人员观众收视时间升幅较大

从表3中可以看出，奥运会期间观众中25—44岁中青年观众比例大幅度上升，收看时间增幅超过平均值，表明这一部分观众对奥运会赛事更为关注。另外，值得注意的是44岁以下的几个观众组，收视时间的增幅与年龄大小成正比，也就是说，4—44岁的观众，年龄越大越关注奥运会（表3）。

从观众学历和职业构成来看，奥运会期

表 2

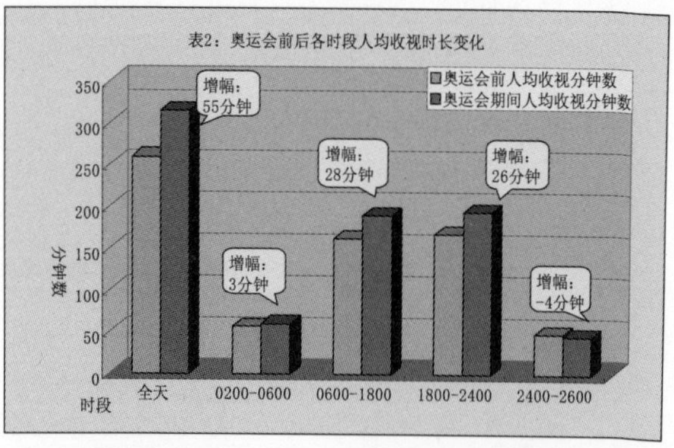

数据来源：CSM　　全国35中心城市　　4+

表 3：奥运会前后各类观众收视时间的变化

	奥运会前收视分钟数	奥运会期间收视分钟数	增 幅
4 岁以上所有人	259.6	315	21%
男	255.4	315.2	23%
女	264	314.8	19%
4–14 岁	278.7	316.4	14%
15–24 岁	251.8	300.5	19%
25–34 岁	214.5	266.3	24%
35–44 岁	227.5	286	26%
45–54 岁	279.3	343.5	23%
55–64 岁	296.9	358.2	21%
65 岁以上	311.2	375.2	21%
未受过正规教育	245.2	279.7	14%
小学	258.9	298	15%
初中	270.4	320.6	19%
高中	264.5	324.1	23%
大学以上	237	312	32%
干部 / 管理人员	232.6	307.9	32%
个体 / 私营企业	229.8	282.6	23%
初级公务员 / 雇员	232.7	297.2	28%
学生	283.4	327.5	16%
无业	306.5	368.5	20%
工人	234.9	285.7	22%
其他	181.8	215.1	18%

间大学以上学历和干部／管理人员的观众上升比例最大，平均增加收看分钟数增幅最多，表明高学历和干部／管理人员对奥运赛事关注度更高。从学历上看，收视时间的增幅与学历高低成正比，学历越高越关注奥运会（表 3）。

3. 奥运会期间央视频道组收视份额大幅上升，省级卫视组、省级非上星频道组明显下降；其他频道也有小幅下降

从收视份额增减的绝对值来看，央视综合频道和 5 频道分别增长约 10 个百分点，是最大的赢家，而省级卫视频道组下降最明显，降 10 个百分点。

奥运会期间，央视频道放大近乎垄断奥运品牌资源和独有的优势地位，全方位、多渠道地实现传播效益最大化，全天平均份额由奥运会前 17 天的 30% 猛增到 55%，增幅超过 80%；省级上星频道较奥运会前降 10 个点，降幅约 40%；省级非上星频道较奥运会前降 8 个点，降幅为 33%；市县级频道和其他频道也都有小幅下降（表 4、表 5）。

尽管中央级频道在奥运会期间的整体市场占有水平显著提高，但在 15 个中央级频道中，观众关注度明显提升的只有中央台综合频道、

表 4：奥运会前 17 天各频道组收视份额

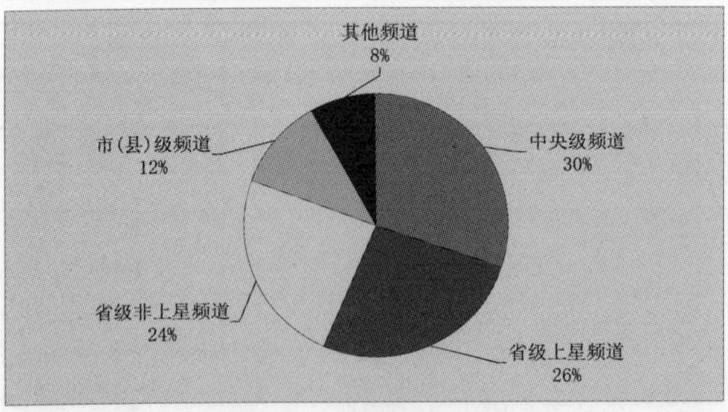

数据来源：CSM　　全国 35 中心城市　　4+

表 5：奥运会期间各频道组收视份额

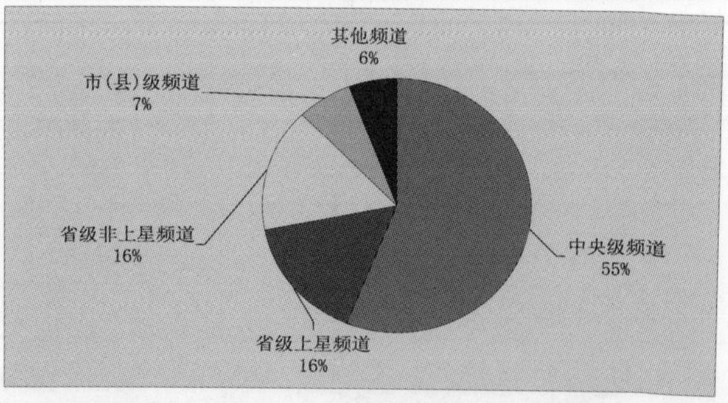

数据来源：CSM　　全国 35 中心城市　　4+

2 频道、5 频道、7 频道和新闻频道 5 个频道。其中，5 频道增幅超过 3 倍，2 频道和 7 频道增幅超过 2 倍，综合频道收视增幅超过近 2 倍，新闻频道收视增幅超过近 1 倍，而其他 10 个频道绝大多数都有较大幅度的下降。

二、北京奥运会期间全国省级卫视收视分析

奥运会期间，受央视频道的影响，省级卫视频道绝大多数频道市场份额明显下降。在省级卫视频道组中，奥运会期间的排名位次发生巨大变化，提升较大的有北京卫视（7 个位次）、深圳卫视（6 个位次）、东方卫视（5 个位次）、山东卫视（4 个位次）；江苏卫视、江西卫视、天津卫视、浙江卫视等几个在奥运会前收视较好的卫视在奥运会期间收视都有明显下降，频道位次下降较大的有天津卫视（8 个位次）、四川卫视（6 个位次）、河南卫视（4 个位次）（表 6）。

表 6：奥运会前后省级卫视收视排名对比

全国 35 中心城市
2008-1-1 至 2008-8-7 省级卫视收视排名

序	时间段 >>	全　天	
	日期 >>	2008-1-1 至 2008-8-7	
	频道	收视率 %	市场份额 %
1	湖南卫视	0.35	2.7
2	江苏卫视	0.19	1.45
3	安徽一套	0.17	1.3
4	四川卫视	0.16	1.25
5	江西卫视	0.16	1.21
6	重庆卫视	0.16	1.21
7	天津卫视	0.14	1.09
8	浙江卫视	0.13	1.05
9	山东卫视	0.13	0.98
10	北京卫视	0.12	0.97

全国 35 中心城市
2008-8-8 至 2008-8-24 省级卫视收视排名

序	时间段 >>	全　天	
	日期 >>	2008-1-1 至 2008-8-7	
	频道	收视率 %	市场份额 %
1	湖南卫视	0.43	2.55
2	安徽一套	0.18	1.04
3	北京卫视	0.17	1.02
4	江苏卫视	0.15	0.89
5	山东卫视	0.13	0.77
6	江西卫视	0.13	0.75
7	东方卫视	0.13	0.75
8	重庆卫视	0.1	0.62
9	深圳卫视	0.1	0.58
10	四川卫视	0.1	0.57

数据来源：CSM　　全国 35 中心城市　　4+

1. 北京卫视——全天打通，放大主场优势

北京卫视占据部分“主场优势”，成为省级卫视中唯一拥有奥运赛事资源的频道，以《光荣与梦想——北京卫视第29届奥运会特别报道》栏目打通全天24小时，做足资源文章，在央视各频道强势竞争之下，全天没有任何时段收视下降，并且在9: 00—11: 00、15: 30—18: 30、20: 00—23: 00三个主要收视时段提升明显，显示出全天整体编排的优势。

2. 深圳卫视——全天主打青少年观众，差异化编排的成效显著

深圳卫视在奥运会期间，除了极少的几个自办节目之外，全天针对青少年进行节目编排。从收视情况看，在激烈的奥运赛事的竞争中，深圳卫视白天收视依然全面上升，几部以青少年为主打对象的电视剧均取得良好的收视，其中下午播出的《机灵小不懂》平均收视率达到0.27%，超过晚间电视剧的收视率，成为深圳卫视奥运会期间全天收视的最高峰。晚间几部剧收视表现一般，较奥运会前同时段平均收视略有下降，影响了深圳卫视更大幅度的提升。

3. 东方卫视——高举高打，正面出击，显示强大制作水平

东方卫视以新闻立台，具有强大的新闻制作能力，在前一段时间的地震报道中就有大幅度的收视提升，奥运会期间东方卫视再一次显示出对重大事件的掌控实力，收视率明显上升，排名从第12为跃升至第7位。

奥运会开始后，东方卫视上午播出《奥运看东方》和《我型我SHOW》节目，从收视效果看，表现一般，《我型我SHOW》的收视率甚至大大低于奥运会之前同时段的收视率。下午为电视剧《溏心风暴》、《武林外传》，收视率小幅上升。晚间有将近2个小时的《喝彩！北京奥运》节目，平均收视率达到0.41%，21: 30—22: 00的《杨澜访谈录》也取得0.33%的收视率，正是晚间三个小时以奥运为主题节目的超高收视率，带动东方卫视全天收视排行的大幅上升。

4. 湖南卫视——强化频道独有资源，展现强大综合实力

奥运期间，湖南卫视收视率在高点上提升22%，拉大了与第二名的距离，显示出惊人的策划能力和重大事件面前的应对能力。奥运会期间湖南卫视收视的上升几乎全部来自上午时段的《还珠格格第二部》的贡献，这部剧取得了超高的收视水平，最高收视率超过晚间黄金时段的节目，平均收视率达到0.95%，收视份额达到6.9%。另外，晚间的电视剧《公主小妹》、《微笑百事达》和之前已经创造收视奇迹的《快乐向前冲》也分别取得了1.46%、0.83%、0.75%的高收视。

5. 山东卫视——双差异化编播显示独播优势，保姆式在线服务成效显著

奥运会期间，在科学研判上届奥运会各频道编播成败案例的基础上，决定实施“双差异化编播”策略。一是以14岁以下和55岁以上两个观众群为主打目标观众，牢牢抓住奥运非主流观众群，与拥有奥运赛事资源的央视形成差异；二是对自身拥有的节目资源特别是电视剧资源进行分析梳理，追求“独家”效果，与同样没有奥运赛事资源的地方频道形成差异。晚间播出的《欢天喜地七仙女》和《地下交通站》，都是山东卫视的独家资源，基本上顶住了央视晚间奥运节目的强大收视压力，保持了今年以来的收视水平。白天播出的《夜光神杯》也是山东卫视独播剧，非独播剧《西游记》和《家

有儿女》则因为科学编排形成了时段独播效应，奥运期间整个白天收视不降反升，表现出逆势走强的格局。

奥运期间，山东卫视在全频道进一步完善“保姆式”的编播方式，在细节上强化编播的服务性和科学性，如在全国省级卫视中独家推出始终在线更新的“金牌榜”，开通“我猜奥运”短信互动平台，在广告播出中实时添加挂角导视，等等，千方百计汇聚、留住观众流，成效逐步显现。

山东卫视还在省级卫视中独家推出大型科普系列片《科技与奥运》，并将系列片各集内容与奥运赛事进行对位编排，取得良好的收视效果。下午时段推出的《福娃》节目同时具有奥运和暑期概念，受到青少年观众的欢迎。配合奥运气氛的“经典小品放送”节目在各时段都取得收视佳绩，最高达到0.61%。

山东卫视在奥运期间几乎是零成本逆势上升4个位次，显示出科学编播的价值和巨大潜力（表7）。

表7：山东卫视奥运会前后收视率对比

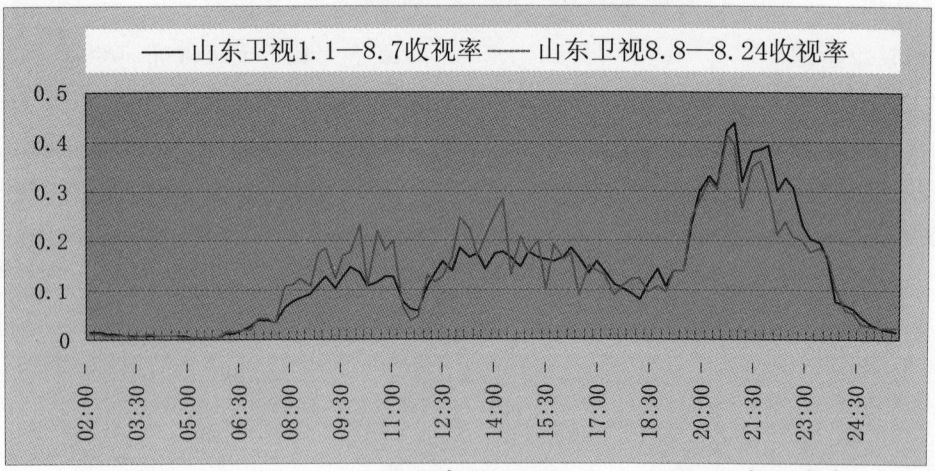

数据来源：CSM　　全国35中心城市　　4+

三、重大赛事省级卫视应对策略简析

1. 提前策划、审时度势，储备、放大相关独有资源

不同于四川汶川大地震这样的突发性重大事件，奥运会的举办是预先确定时间、地点和主要内容的长时间筹备的重大事件。在这样万众瞩目的重大事件面前，首先要审时度势，掌控可能拥有的独家资源，如北京卫视具备其他省级卫视所没有的主场优势，得到了参与奥运会赛事报道的机会，专门成立了奥运团队承担部分奥运足球比赛和排球项目公共信号的转播制作任务，在频道中形成了各种类型奥运节目组成的奥运节目带。另外，全频道统一包装和24小时打通编排也是北京卫视保证全天稳定高收视率的成功做法，值得借鉴。

湖南卫视《快乐向前冲》无疑是省级卫视中最成功的奥运关联性节目，并且或许会成为2008年最有价值的创新节目。在多种政策限制和娱乐节目突破难的困境下，《快乐向前冲》用自己的“平民路线”在如今明星当道的大环境下茁壮成长，湖南的综艺节目再次领先全国。这档性价比极高的节目的出现不仅让人们的情绪有了一种释放和宣泄的窗口，还让他们在观看和体验中感受到一种积极乐观向上的力量。甚至有专家称：“《快乐向前冲》只会在湖南出现，只会在主办奥运会这样的特殊氛围中出现，达到了可遇不可求的地步。”

另外，东方卫视《喝彩！北京奥运》作为奥运期间全国电视节目中唯一一个主打明星牌的奥运主题综艺节目，也给我们提供了另一种成功的节目标本，全新的节目创意和强大的团队执行能力是这档节目核心竞争力。《喝彩！北京奥运》直播节目中参与明星超过150位，成为全国规模最大的群星助威奥运行动，每天设置体育项目主题和奥运文化话题，运用《新娱乐在线》的资讯力量，在节目中融入了实时赛况新闻，北京演播室每天送回的前线侧记，又为综艺节目添加了时效性和新闻性，使这台已融合体育、综艺、访谈、晚会四种电视元素的直播晚会又兼具了新闻报道的功能。

北京卫视的全频道奥运编排、湖南卫视的《快乐向前冲》和东方卫视的《喝彩！北京奥运》都是凭借自身优势资源，精心策划，大胆出击，尤其在晚间黄金时段连续大体量播出，放大资源优势，取得超值的回报。

2. 盘活资源、扬长避短、以差异化取胜

单纯从收视角度来看，省级卫视处于央视和省级地面频道之间，既无法与央视多频道超强组合相抗衡，又面临省级地面频道灵活而富有贴近性节目的压力，所以面临重大赛事，谋求高收视必须走差异化的道路。

每一种差异化优势都建立在知己知彼、科学论证和得力执行的基础之上。差异化有多种表现形式，既有湖南卫视以《还珠格格第二部》、《公主小妹》独家资源差异化编播取胜，也有东方卫视自办《喝彩！北京奥运》，以唯一的主打明星牌的奥运主题综艺节目取胜，还有山东卫视“双差异化编播”确定收视优势。

差异化必须植根于自身特点，有利于发挥自身优势。失败的案例更能说明问题，除了北京、湖南、东方三家卫视以外的绝大多数卫视台的奥运特别节目收视率都不理想，主要原因就是没有深入分析自身特点和优势，奥运节目本身与央视频道的节目形成不了差异化，只能被边缘化。只有深刻理解和把握差异化的规律，真正把差异化策略在调配频道资源和节目编播中用活、用好，才能在激烈的竞争中取得先机。

山东电视影视、综艺、生活频道 2008年收视分析

山东有线电视中心

山东有线电视中心下辖三个地面频道——山东电视影视频道、综艺频道和生活频道。三个频道定位不同，优势互补，2008年依靠影视剧、民生新闻和综艺娱乐节目在山东电视收视市场的占有率有了很大的提升。根据CSM媒介研究提供的数据，把山东省经济较发达的五个主要城市（济南、烟台、青岛、淄博、临沂）作为一个整体来分析山东各省级主要频道

的收视表现，有线中心所辖的三个频道2008年1月至12月在晚间18:00—22:00的黄金时间内获得了8.75%的市场份额，较2007年同时段市场份额增长了41%。在山东省级频道组中名列第二（详见图一）。

2008年对于中国媒体来讲是个“大年”，从年初的雪灾、地震，到北京奥运会、三聚氰胺事件，等等，诸多事件的报道影响了中国电

图一：山东五城市组各级频道市场份额

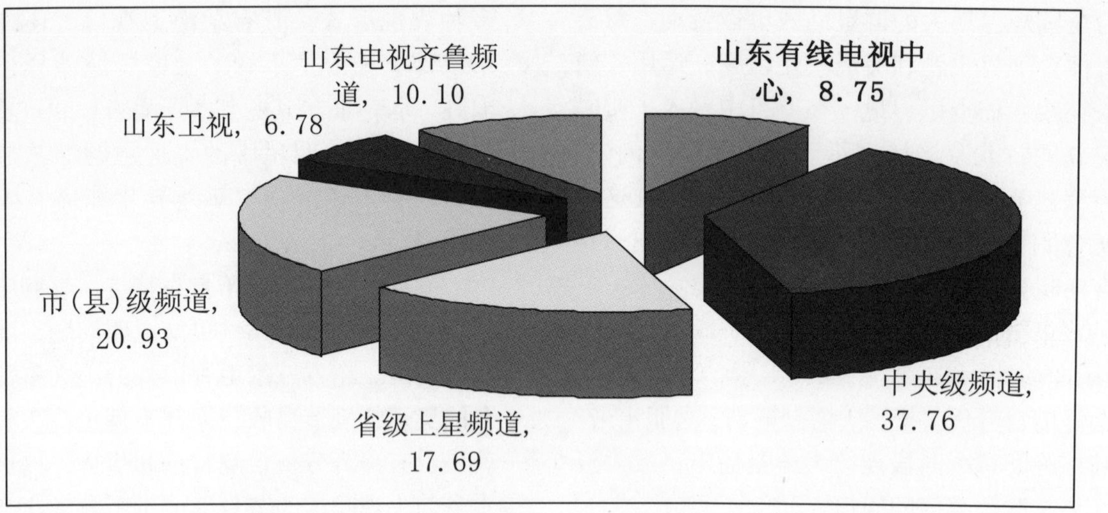

（数据来源：CSM媒介研究，山东五城市组，4+，2008年1－12月）

视观众的收视行为。新闻类节目的收视时长明显增加，中央级媒体和省级卫视收视优势明显，地面频道的收视空间受到挤压。在收视竞争如此激烈的情况之下，山东有线电视中心三个频道逆势而上，呈现出极强的市场竞争力，收视份额未降反升（详见图二）。

图二：山东有线电视中心2008年与2007年同期市场份额比较

		市场份额	
频道	时间段	05/01/2007至12/31/2007	05/01/2008至12/31/2008
山东有线电视中心	19：00—22：00	5.94	8.74
	全天	5.10	6.36
山东电视综艺频道	19：00—22：00	0.90	0.99
	全天	0.88	0.83
山东电视生活频道	19：00—22：00	0.65	0.81
	全天	0.62	0.94
山东电视影视频道	19：00—22：00	4.39	6.94
	全天	3.60	4.59

数据来源：CSM媒介研究，山东五城市组，4+，2008年5－12月

备注：济南地区从2007年5月1日起采用测量仪数据，数据比较从5月始。

2008年山东有线电视中心收视表现好于2007年同期，从图二数据分析，山东有线电视中心三频道组在两年同期对比中，2008年市场份额显著提高。特别是晚间19：00—22：00时段，由5.94%提高至8.74%，增幅达到47%。

一、山东电视影视频道——旗舰频道，拾阶而上

《首播剧场》继续彰显收视优势

2008年，《首播剧场》继续秉承打造山东影视第一剧场的宗旨，以首播剧、热播剧为切入点，连续出击，为山东观众奉献了一场接一场的影视盛宴。《首播剧场》时段平均收视率较2007年增长了96.2%（详见图三）。

《酷影100》继续午间收视优势

每天从早到晚，观众可以在山东影视频道中找到最适合自己口味的各色影视大餐。《酷影100》在午间时段为观众带来轻松诙谐的电影盛宴。数据表明，《酷影100》时段平均收视率较2007年增长了47.3%（详见图四）。

二、山东电视综艺频道——综艺先锋，娱乐山东

2008年的综艺频道靠准确的频道定位、精良的节目制作，不断突破自我，追求完美，续写着电视受众心中时尚节目品牌的传奇。《综艺满天星》三年的发展，吸引了无数电视观众的喜爱和参与，成长为一个知名的电视品牌栏目。形成了来自大众、根植大众、回馈大众的节目风格和传统。尤其是在中青年观众当中，接受度和集中度都明显高于平均水平（详见图五）。

三、山东电视生活频道——互动升级，享受生活

《生活帮》以其关注民生、民情等特点，

图三：影视频道《首播剧场》2008年与2007年同期收视率比较

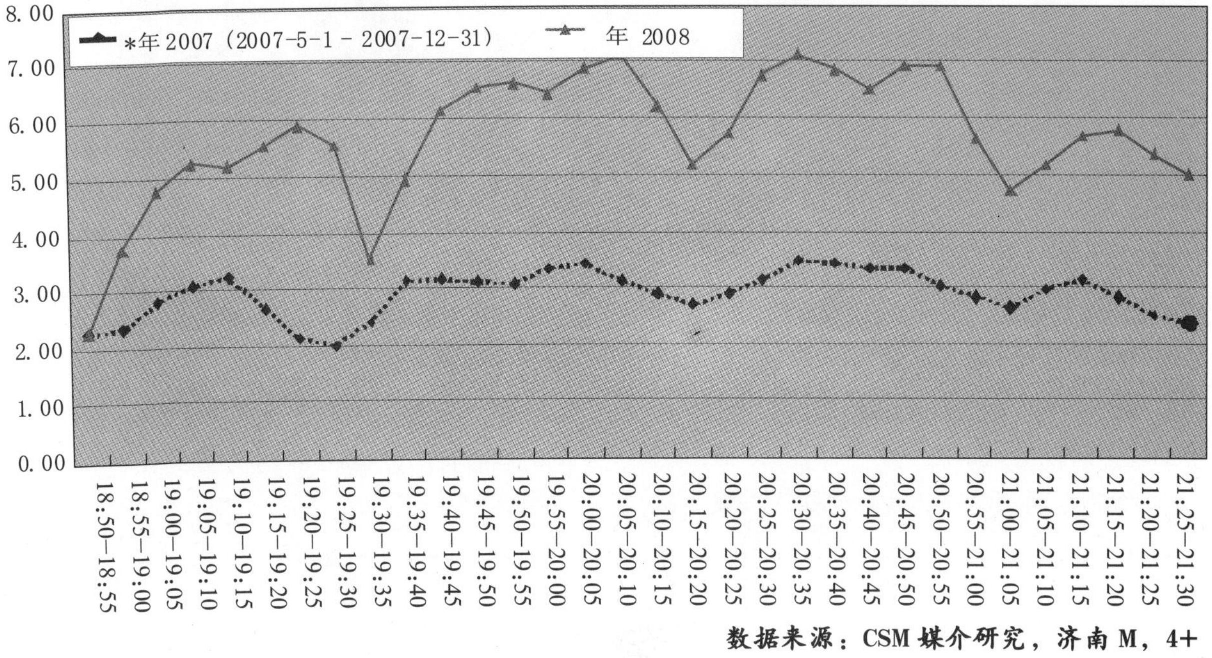

数据来源：CSM媒介研究，济南M，4+

图四：影视频道《酷影 100》2008 年与 2007 年同期收视率比较

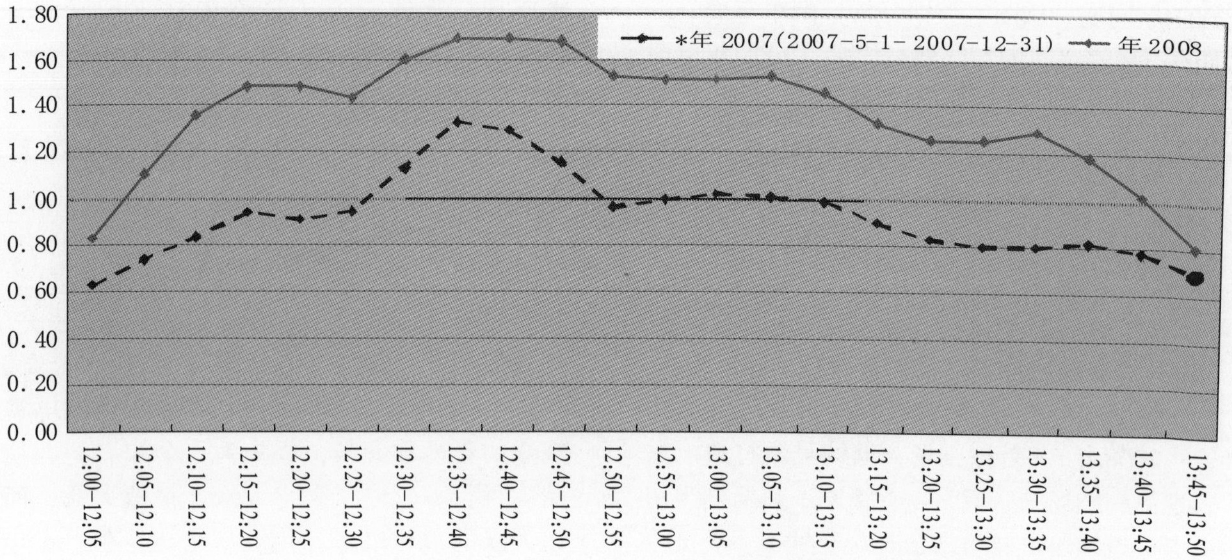

数据来源：CSM 媒介研究，济南 M，4+

图五：山东电视综艺频道《综艺满天星》目标观众集中度特征

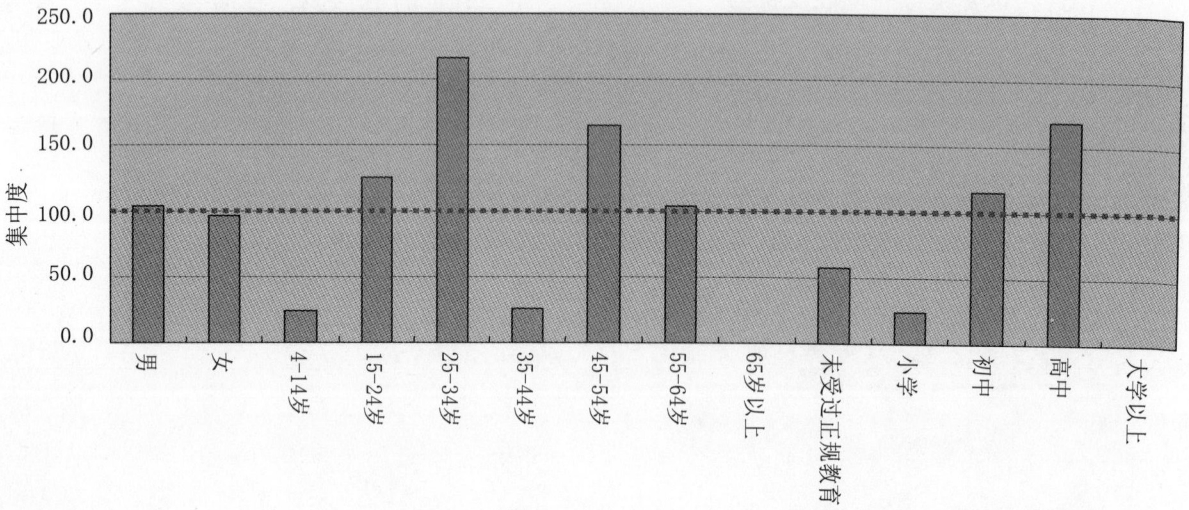

数据来源：CSM 媒介研究，淄博

在 2008 年继续保持着收视优势，并愈加受到观众的喜爱，收视大幅上升，尤其是在烟台地区，收视增长了 304%。

《做客生活帮》讲述我们身边正在发生的情感故事。用真实的视角震撼观众的视听，用真挚的人文关怀感动观众的心灵。在烟台地区同时段收视率较 2007 年增长了 558%。

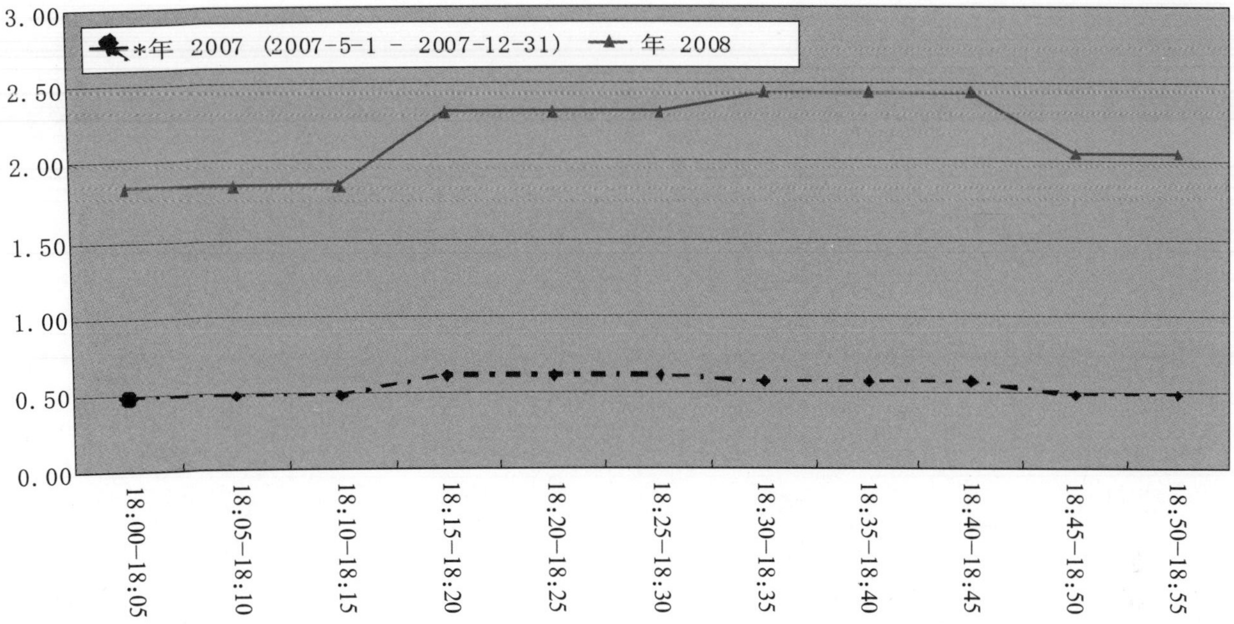

数据来源：CSM 媒介研究，烟台，4+

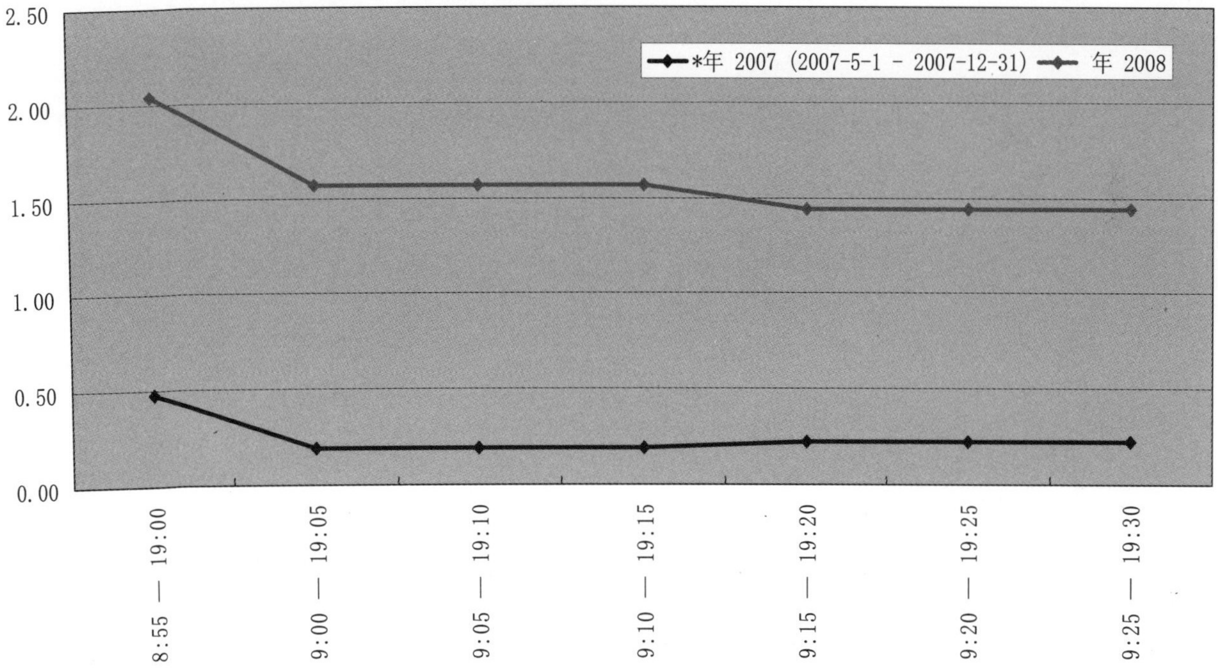

数据来源：CSM 媒介研究，烟台，4+

科学技术开发与应用

科学技术开发与应用

广播电视地球站网管系统

山东电视台

地球站网管系统该项目开始于2006年3月，2007年底研制成功后首先在山东电视台地球站得到了应用。在国家广电总局召开的全国卫星广播电视安全播出工作会议上，特别安排山东地球站介绍开发经验，并将网管资料编入会议材料印发给每个代表。会后，全国地球站纷纷前来参观学习。2008年5月，该项目通过山东省科委组织的技术鉴定，鉴定专家认为该项目在全国地球站居领先水平。目前，该项目已获2008年总局科技创新奖科技成果应用与技术革新二等奖。

1.地球站网管系统的构成

1.1 地球站网管系统网络组成

地球站网管系统采用现场局网、控制局网、管理局网等多级计算机网络互连构成。现场局网、控制局网位于地球站设备机房和值班监控室内，由网管主机、值班工作站1、值班工作站2、数据读入器、数据采集模块、FPGA智能识别模块等组成，直接进行设备的数据采集和控制。管理局网位于地球站办公室内，由站长、副站长、技术科、传输科等办公微机组成（见图1）。

1.2 分布式系统、分层式结构

地球站网管系统采用局域网结构的分布式系统，网上任何一个子系统都是独立自主运行，每个子系统的运行不受其他子系统的约束。地球站网管系统具有下列分层结构：

（1）数据采集层：由数据读入器、数据采集模块、FPGA智能识别模块、视音频压缩卡和现场设备等组成。一方面数据读入器和数据采集模块直接采集设备的运行状态和数据，按照工业标准Modbus/TCP协议，发送到网管主机。另一方面网管主机下达命令给数据采集模块和数据读入器执行必要的操作。（2）前置处理层：由网管主机、工业以太网、

山东电视台地球网站机房

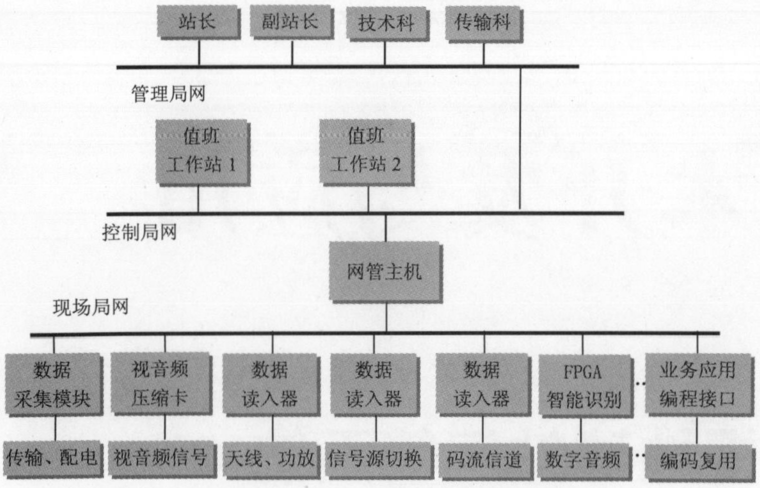

图 1　地球站网管系统拓扑图

交换机组成。网管主机通过工业以太网传输数据，运行监视控制程序，进行实时的设备监视和控制。（3）应用层：由系统的应用功能模块组成，包括值班工作站、视频采集模块、报表模块、信道码流监测模块、报警模块、GPS 校时模块等组成。（4）集成通信层：由本地管理网组成。管理网根据登陆的用户，分配一定管理权限，通过网络，对设备进行实时监控。该层也可根据需要，进行功能扩展，实现与国家广电总局指挥调度中心的数据传输。

2. 地球站网管系统主要功能和特点

地球站网管系统主要由主系统、信号监控分系统、高功放分系统、天控分系统、传输分系统、低压配电分系统、不间断电源分系统、辅助分系统八个部分组成。

主系统在国内率先实现了与美国哈雷网管系统的数据交换，能够实现对上行编码复用调制设备的全面管理。能够显示编码器、复用器、调制器的运行参数，显示设备信号告警和具体故障单元。在工业以太网通讯基础上，实现了地球站设备监控与视音频监视的“两网合一”。可以实时动态监视上行高功放、调制器 1、调制器 2 输出的视频音频信号。能够监测上变频器运行状态，实现主备上变频器倒换，实现 12 米天线和 7.3 米天线的倒换，速调管功放和固态功放倒换。故障告警功能通过告警声音提示值班员，告警查看功能可以查询告警性质、告警发生时间及故障持续时间。

信号监控分系统将先进的码流分析和信道监测技术引入网管监测平台，应用先进的 FPGA 智能识别技术，实时动态监测上行、下行广播电视伴音的条码。采用自行开发的数据读入器，集成了 SDI 切换器。可实现 4 路 SDI 接口的数字电视信号源监视，信号手动和自动切换。

高功放分系统可显示速调管功放输出功率、运行状态、控制方式、功率模式。能够实时显示速调管运行参数。当功放出现故障时，系统能够产生告警。能够实现高功放发射、待机、1KV 等工作方式控制，并能实现主备功放的一键式切换，只需要二次确认就可切换，大大简化了原来速调管控制软件繁琐的工作步骤。

天控分系统可显示 12 米、7.3 米天线方位角、俯仰角、信标电平、天线状态。能够进行待机、步进跟踪、12 米和 7.3 米天线倒换。当出现天线故障时，系统产生告警提示。

传输分系统能够显示主备用光端机电源、光路、信号工作状态。显示微波燕子山方向收发信机、电视台方向收发信机、整流架、交流架、直流架工作状况。

低压配电分系统能显示学院线、港十线两路供电电压状况，能显示学院线、港十线两路供电缺相故障。

不间断电源分系统系统能够显示主备用 UPS 电源工作参数，能够显示主备用 UPS 整流充电器、逆变器、电池、负载、静态旁路开关、维修旁路开关的工作状态。当不间断电源出现告警时，系统能够产生报警。

辅助分系统由历史数据记录、报表生成、时钟校准、用户管理授权、网络通讯等模块组成。历史数据记录能选择设备运行数据进行记录，能设置取样间隔、历史数据文件生成的时间。报表生成能自动生成当天设备运行数据报表，也能手动设置日期生成以往的运行报表。时钟校准能实现系统时钟的 GPS 自动校时。用户管理授权能给注册用户分配不同操作权限。网络通讯能支持局域网内系统监控功能的网络运行。

3.地球站网管系统硬件

地球站网管系统主要由数据读入器、ADAM6000 系列数据采集控制模块、FPGA 智能识别模块、研华 IPC-610 工控机、视音频采集卡等组成。地球站设备按输出数据类型可分为三类：第一类是带有 RS232、RS422、RS485、以太网等通讯口的智能化设备；第二类是带有模拟量、数字量等离散量输出的设备；第三类是不带有任何输出接口的特殊设备。第一类智能化设备在地球站应用最广泛，我们采用自行开发设计的数据读入器；第二类离散量设备采用 ADAM6000 系列数据采集控制模块；第三类特殊设备，通过分析其内部原理，采用嵌入 FPGA 智能识别模块实现数据采集通讯。

3.1 数据读入器

数据读入器的微处理器采用 ATMEL 公司的 ATMEGA128 芯片，以太网接口采用 RTL8019AS 芯片，RS-232/422/485 接口采用 MAX232/489 芯片，内存扩展芯片采用 HM62256。数据读入器一端与设备连接，通过 RS-232/422/485 接口连接设备。ATMEGA128 通过 RS-232/422/485 接口不断地读取设备的运行数据，读取的最新数据保存在 RAM 中。另一端通过以太网接口连接网管系统，上位机系统从接口板的 RAM 中取得设备的运行数据。当上位机系统对设备进行控制时，首先把控制命令发给数据读入器，数据读入器先把命令保存在 RAM 中，再把 RAM 中的命令通过 RS-232/422/485 接口转发给设备。

ATMEGA128 是 ATMEL 公司推出的一款基于 AVR RISC 结构的低功耗、高性能的 8 位微控制器芯片。具有高速和大容量 RAM 的特性，为处理以太网这样的大数据包提供了便利。同时节省了外围器件，简化了硬件结构，提高了系统的可靠性。网卡芯片选用 RTL8019AS，它是针对 PC 机的 ISA 总线设计的，可以很方便地与 ATMEGA128 连接。网卡芯片主要功能是在物理层进行以太网数据包的收发，以及在链路层进行信号的编 / 解码。

3.2 ADAM6000 系列模块

ADAM6000 系列模块是一种内置微处理器、传感器的智能化设备，是基于工业以太网的数据采集和控制模块。它支持 10/100Mbps 以太网中的 TCP/IP 和 UDP，支持工业标准 Modbus/TCP 协议。

地球站网管系统中用到的 ADAM6000 系列的模块有 ADAM6017、ADAM6050 和 ADAM6060。ADAM6017 是 8 通道模拟量输入模块（附带 2 通道数字量输出），它采用 16 位微处理器控制 A/D 转换器，将电压或电流信号转换成数字量，通过以太网接口传给上位机。ADAM6017 的输入范围为 ±150mV、±500mV、0-5V、±10V、0-20mA、4-20 mA，所有通道都可编程设定输入范围，取样速率 10 次 / 秒，模块提供 3000VDC 的隔离保护。ADAM6050 提供 12 路数字量输入和 6 路数字量输出通道，它可以输入干接点（继电器）或湿接点（逻辑电平）信号的数字量。对于干接点，从输入端到接触点的最大有效距离为 500 米，模块提供 5000VRMS 的光隔离保护。ADAM6060 提供 6 个继电器触点输出和 6 个数字量输入，继电器触点 AC:120V@0.5A DC:30V@1A，继电器接通 7ms，断开 3ms。

3.3 FPGA 智能识别模块

FPGA 智能识别模块主要采用 Xilinx 公司 Spartan-3 系列 FPGA 芯片 XC3S400 实现。LM26 微处理器输出的 LED 条码扫描信号送到 FPGA 智能识别模块的输入接口，完成信号的电平匹配。再经过自同步电路完成数据的同步，由解码电路对数据解码，取得实际的扫描数据，再由智能识别电路分析出实际的显示结果。编码电路对分析结果重新编码后由输出接口传输给上位机。

3.4 地球站网管系统硬件设计

地球站网管系统硬件构成如图 2 所示，可

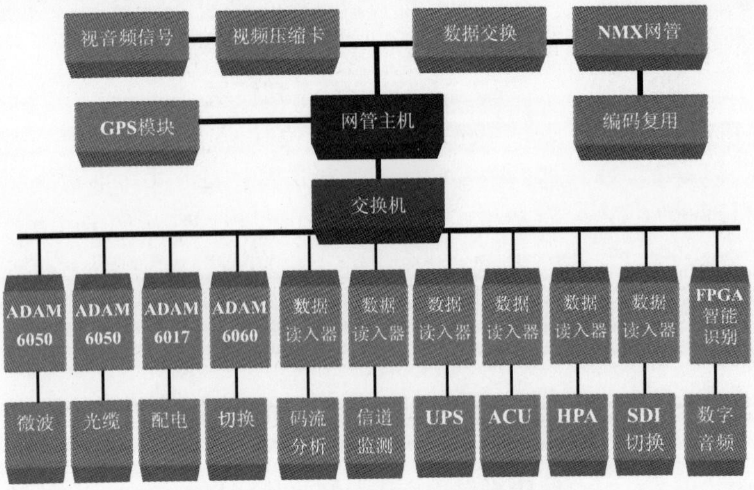

图 2　地球站网管系统硬件构成图

分为：主系统、信号监控分系统、高功放分系统、天控分系统、传输分系统、低压配电分系统、不间断电源分系统七个部分。主系统编码调制设备通过数据交换实现 NMX 网管和地球站网管的通讯；高功放、调制器 1 和 2、下行 7 米和 3 米的实时视音频监视由 1 块 8 通道视音频采集卡完成；上变频器切换、高功放切换、天线切换由 1 块 ADAM6060 模块完成。信号监控分系统分为电视、广播、码流信道监测三部分业务。电视通过 SDI 切换器进行 4 路 SDI 信号的监视及切换，由我站自行开发的数据读入器实现监控；广播通过两台音频条码显示器实现 12 路 AES 信号源、6 路模拟下行广播、6 路模拟电视伴音的监视，两台条码显示器内部安装我站自行开发的 FPGA 智能识别模块，进行音频条码电平的读取；信道监测采用 2 块数据读入器完成 RS232 到以太网口的协议转换，码流监测通过 SNMP 协议传输码流分析数据。高功放采用 1 块数据读入器，进行串口和网口的协议转换，从而完成高功放的运行监控。天控分系统采用 2 块数据读入器，完成主备天线控制单元（ACU）的运行监控。传输分系统需要监视微波和光端机设备运行状态，采用 2 块 ADAM6050 模块完成。低压配电由 1 块 ADAM6017 监测学院线、港十线的供电情况。不间断电源采用 2 块数据读入器完成对 1# 和 2#UPS 的监控。另外，采用一块 ADAM6017 模块进行高功放、微波、配电三个机房的环境温度监测。

4. 地球站网管系统软件

地球站网管系统采用 iFIX 组态控制软件平台进行开发，使用 VC 开发了哈雷网管的数据交换程序、SNMP-OPC 网关和实时视音频监控程序，利用 VB 和 Excel 实现了报表服务功能。

4.1 iFIX 组态控制软件

iFIX 组态控制软件运行环境为 WINDOWS SERVER2003 或 WINDOWS XP。iFIX 是一个大型的组态控制软件，支持网络运行，适用于大中型企业。iFIX 支持 ActiveX 控件、VBA 编程和各种通讯协议，功能非常强大。具备完整的编程环境，可以通过高级语言编程实现一般应用软件的功能。

iFIX 软件的核心是一个应用数据库，用户根据需要建立自己的数据库，将数据采集控制量与数据库连接起来，执行监视、报警、控制程序（SAC），就可以完成数据的采集和控制。iFIX 的报警和报警管理功能，可以提醒操作者

注意一些潜在的问题，灵活的配置使用户可以定义所用的报警界限，报警信息可以输出至打印机、显示器或报警文件。应用WINDOWS图形设备接口（GUI），用户可以使用绘图工具（DRAW）描绘出图形对象，或使用iFIX提供的图形，根据要求设置丰富的操作界面。操作者通过监视（VIEW）操作界面，可以了解系统的运行状况。由历史数据记录可以收集、存储、显示数据，还可以使用历史趋势进行图像显示，通过放大/缩小，滚屏来显示各个变量之间的变化关系。

iFIX功能十分强大，它将控制技术、人机界面技术、图形技术、数据库技术、网络技术汇集在一起，包含设备运行图形显示、故障报警、运行数据记录、I/O控制、网络通讯、数据库管理等组件。在此基础上开发地球站网管系统，可以缩短开发周期，满足系统功能的要求。

4.1.1 OPC技术的应用

OPC(OLE for Process Control)是微软公司的对象链接和嵌入技术在过程控制方面的应用，它为工业自动化软件面向对象的开发提供一项统一的标准。OPC技术的目的是为工控底层设备和数据库中大量数据源之间的通信提供一种标准的通信机制。传统工控软件设计存在开放性、可重用性、灵活性差的缺点，采用OPC组件设计技术更能满足现代开放式SACDA系统的要求。OPC技术给工业控制系统中软硬件系统的集成带来了一场革命，它代表了过程控制系统通信标准的发展方向。

4.1.2 系统数据库

在建立了OPC Server与OPC Client的通讯连接后，iFIX软件需要建立一个数据库存放和管理数据。数据库在iFIX软件中非常重要，它是整个控制系统的核心。数据库先从OPC Power Tool（即OPC Client）中读写数据，iFIX应用程序再从数据库中读写数据，从而完成一系列数据采集和控制。OPC Power Tool与iFIX数据库是相对应的。在iFIX的数据库中建立相应的数据项，通过选取驱动设备、数据服务、数据组等内容，建立数据项与OPC Power Tool的对应，从而建立数据库中数据项与设备信息相互的对应关系。

数据库建立程序（Database Builder）可以构造数据库，当第一次运行数据库建立程序时，显示的是空白的数据库表格程序。iFIX数据库中数据项由多种模块组成（约有33种），每种模块具有不同的功能，能够执行特定的任务。我站自动化监控系统总共在数据库中建立了1200个数据项。为了完成某个任务，这些模块与模块按一定的关系连接，组成具有一定功能的链。一般一条链需要完成从OPC Client读取数据，处理数据，将数据与报警设定值进行比较，运算数据，建立控制环，执行控制逻辑，输出数据到OPC Client等一系列步骤。在设计数据库时，首先要画出整个控制过程流程图，然后再由对应的功能模块组成链。一条链可以完成一种功能。一个复杂的系统可以由许多条链组成。

4.1.3 应用程序

建立了数据库，就可以使用iFIX的应用程序来表示数据，iFIX的图形应用程序由图形绘制和图形显示构成。图形绘制程序可以用直观易懂的形式绘制图形，建立图形与数据的联系；图形显示程序显示制作的图形，从而完成对实时数据的监测。

iFIX的图形绘制程序可以显示设计者制作的图形、文本、数据、注释、图表。在图形绘制中，可以连接数据库中的任何一点，能够直接添加、修改、删除数据库的点名。自定义的工具箱和颜料箱，在工具箱中可以找到微机显示的许多开发工具。图形绘制中带有矩形、椭圆形、多边形、直线、曲线等图形，各种操作输入对话框，自行定义文本的字体，大小。能够从其他绘图程序中引入位图，具有日期、时间系统信息连接，自定义报警信息，自定义按键执行iFIX命令语言，可以连接各种统计、趋势图表，可以对绘制的图形进行动态特性定义。为了测试绘制的图形，直接在图形绘制下就可进入图形显示。

地球站网管系统共有1幅主系统图（如图3所示）、6幅分系统图以及10余幅设备图组成。整个系统界面友好，配合触摸屏，就能完成值班操作。

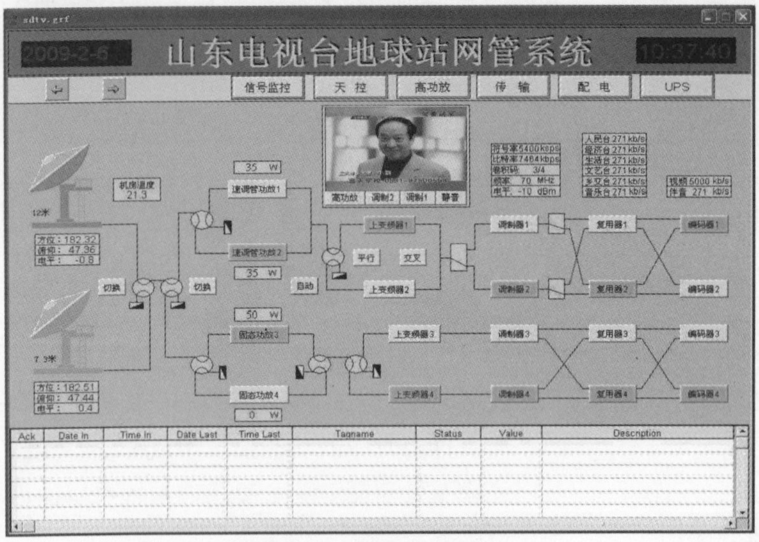

图3 主系统图界面

4.2 哈雷网管的数据交换程序

我站主要上行设备采用美国哈雷公司的编码复用调制设备，这些设备配有哈雷的网管软件NMX系统。哈雷公司的设备技术先进，网管功能强大，如何实现自开发网管对哈雷设备的监控，这在国内一直是个难题。我们通过开发的数据交换软件，在国内率先实现了对哈雷编码复用调制设备的全面管理。

4.2.1 整体描述

哈雷网管的Service API（网管业务应用编程接口）为地球站网管提供了独立于哈雷网管运行的接口界面。通过这个应用编程接口，所有的通信指令，包括地球站网管系统与SAPI之间的命令、回应、通告等，均以XML文件格式进行描述，并通过TCP/IP网络进行传递。通过TCP/IP网络，地球站网管系统与自动化服务器（Automation Server）进行通信。地球站网管系统以XML文件格式发送出业务或网络信息的请求，自动化服务器收到这些请求后，将其转译成内部指令，然后再以XML文件格式将所要求的信息传回。地球站网管系统亦可发送执行指令，并能将其组成为指令包定时执行。

4.2.2 软件架构

在哈雷NMX网管和地球站网管之间，我们通过开发接口程序和OPC SERVER程序，实现两个网管的数据交换

接口程序：采用VC开发接口程序用于哈雷网管的数据交换，该程序利用NMX SAPI调用接口，采用TCP/IP方式，定时向哈雷网管提交数据请求，从而获取设备的运行参数信息。接口程序将获取到的设备信息存储在硬盘指定的文件夹内。哈雷网管与接口程序之间的信息交换采用XML文件格式，XML格式编程实现比较灵活，便于系统的扩展。

OPC Server：地球站网管采用OPC Server/OPC Client结构，因此我们编写了用于哈雷网管数据交换的OPC Server。该程序定时读取XML文件，向iFIX提供数据，此时iFIX作为OPC Client。OPC Server定时将硬盘上存贮的XML格式的设备信息进行解析，刷新OPC Server内存中的设备参数。设备参数在内存中以目录树的形式存放，方便客户端取用。

5.结束语

地球站网管系统针对广播电视行业地球站设备运行及安全播出值班特点，实现了数字信号源自动切换告警，数字视音频信号检测告警，卫星上行设备运行故障告警，主备设备的自动和手动切换，卫星传输信号的信道监测、码流分析和TR101290监测告警，能够自动记录关

键设备运行数据，生成值班报表，能够对地球站传输、信号监控、上行、功放、天控、配电等分系统进行全面监控。该系统支持远程网络监控，兼容性、扩展性强。它将全方位的设备运行监控、码流监测、信道监测、数字视音频信号智能识别、视音频实时动态图像监视等功能集成在一起，打造了符合广播电视行业地球站安全播出特点的强大自动化监控平台。

2008 年山东人民广播电台新技术应用

山东人民广播电台

一、使用“利用移动G网传输的无线采访话筒”报道奥运火炬传递

2008 年北京奥运会是全国的大事，山东电台全面参与了奥运会的报道，特别是奥运火炬山东境内接力和北京奥运赛事更是重点报道和直播。为了更好地在第一时间和第一现场发回优质的报道，我们经过多方考察和论证，选择了 eela-audio 的 S25 移动电话耦合器，该设备和专用手机 N82 配套使用，再配上强指向的专业采访话筒，能方便快捷地进行现场报道，还可以做线路信号回传，彻底解决了以前前方记者只能用手机进行现场报道的现状。方便了记者和采访对象，改善了信息质量，提高了山东电台的形象。经过近一年的使用，取得了良好的效果。

二、记者及地、市台通过互联网由Ftp服务器回传新闻

为确保山东电台的采访新闻文稿及录音报道的及时回传，山东电台开通了 Ftp 服务器，地址为：123.233.114.199，上传及下载使用同一个帐户：dtxwb，密码：dtxwb，登录后有两个分类文件夹分别为“文稿”和“音频”，上传工具使用 CutFtp，该工具支持断点续传。下载时一般是内网使用，所以不需要下载工具。

三、开通新华社使用web浏览方式，实现资源共享

为响应山东电台创新发展、资源共享的号召，技术部计算机科克服了一系列的技术难题，实现了全台新华社信息资源共享。

使用时打开 IE 浏览器，在地址栏中键入以下地址：http://172.18.64.10 或 www.xinhuashe.wjk.com（这种方法必须把首选 DNS 更改为：172.18.64.23），打开页面后即可浏览新华社信息。

四、2008年4月邮件服务器系统全面升级

在此之前，电台邮箱 51ting.com 所用的服务器软件，在系统升级和系统管理等方面存在问题，系统的安全性和稳定性不尽如人意。经领导研究，决定根据山东电台情况，购买合适的邮件系统软件并最终于 2008 年 4 月下旬进行实施、安装。使用最新版本的服务器软件后，

在系统管理、故障分析、系统升级等方面有了很大的进步，同时开通了WEB方式访问邮件服务器，极大地方便了台内用户的使用。新系统实施一年来，历经几次免费升级，目前是最新版本，在稳定性、可靠性等方面有了较大的进步。

五、阳光政务热线栏目的网上视音频直播

随着信息技术的不断发展，媒体之间的相互融合已经成为一种趋势。新媒体技术的出现，加快了媒体之间的相互融合。电台阳光政务热线栏目的网上视音频同步直播就是流媒体技术的一次成功运用。具体实现可以分为三个步聚，一是视音频采集，二是信源编码，三是服务器发布。在新闻频道直播间安装一台PC机，安装Osprey200采集卡，直播间摄像头信号送入采集卡，完成采集工作。编码通过微软公司的Windows Media Encoder 9.0实现，这是一款免费软件，根据实际情况选择不同的速率的码流，音频编码支持CBR。编码后，实时推送到流媒体服务器上并对外发布，网络用户通过安装客户端播放软件进行实时收听收看。该技术的成功运用，既扩大了网站的影响，也丰富了节目传播的方式方法，对于节目宣传也起到了很好的作用。

六、多路声卡的应用

在最初的设计中，电台网站实现网上实时收听，通过采用法国Digigram Vx222声卡，每块声卡实现一路立体声输入，每台采集机安装两块声卡。按照电台10个频道计算，就需要10块声卡，最少5台采集机工作。Digigram声卡属于专业声卡，价格昂贵，另外系统运行过程中，经常出现采集机故障，需要人工干预，重新启动、发布的情况。后来通过对市场上几种声卡的比较选择，决定选用多路声卡M-Audio Deltal1010LT进行采集，Deltal1010LT声卡能够实现4路立体声输入，因此可以实现四个频道的音频采集，同时对采集机时行了更换，通过实验发现，每台采集机运行四路音频编码时，系统CPU占用率平均在30%左右，为了保证系统正常运行，最终决定采用三台采集机、三块Delta1010LT声卡实现山东电台10个频道的音频采集。替换下的专业声卡Digigram Vx222用于音频工作站播出站，节省了投资，实现了设备利用最大化。系统运行一年来，基本比较稳定，在2008年辽宁医疗专题大客户的网络收听监测中发挥了重要作用。

七、电台经营统计数据分析系统实施应用

电台经营统计数据分析系统项的实施，是为了更好的实现广告经营分析，对于广告分类、广告指标、财务管理等更有针对性，为台领导制定广告创收政策提供决策依据。2008年5月底开始，通过与山东电台经营中心以及上海南洋、北京英夫美迪等公司的沟通了解，最终形成了山东电台经营统计分析系统的技术指标和系统要求，以政府招标的形式，确定北京英夫美迪数字技术有限公司为电台经营统计分析系统的中标单位。

山东电台经营统计数据分析系统包括硬件和软件两大部分，软件部分包括服务器端功能要求和客户端功能要求。该系统的功能有以下6大方面：（1）业务管理。包括协议管理、合同管理、订单管理、流程管理、客户管理、品牌管理。（2）编排管理。包括文案素材管理、编播管理、自动上单管理、手动排单管理。（3）财务管理。包括到款管理、票据管理、播量管理、平账管理、三到位收入、付款计划管理、财务报表。（4）业务统计。包括协议统计、合同统

计、订单统计、客户统计、品牌统计、行业统计、业务部门统计、业务员统计、板块统计、频率统计。(5)高级数据分析,能够提供不同层面(合同、产品、渠道、管理等)的数据透视功能,用户通过简单灵活操作,发现、发掘客观规律,提供知识发现的途径。具有用户灵活自定义版面格式的功能。(6)系统管理,实现服务器数据库安装、用户权限管理、模版编制、报价体系维护、流程设置、业务参数管理。

软件架构支持C/S+B/S,为了将来与现有的数字音频自动化播出系统互联互通,经营统计数据分析系统软件基于Windows平台和MSSQL2005数据库进行开发,并保留扩展接口。

系统实施后,基本上满足了上述要求,对山东电台广告经营统计数据分析,为领导科学决策提供了很好的依据。

山东电视台250平米演播室数字化设计及实践

山东电视台

一、系统设计先进:首先达到直播要求

250平米演播室数字化系统设计按直播要求设计。数字切换台及数字调音台均设计有热键备用设备,虚拟演播室平稳嵌入系统;供电设计独特,对主、备双路电源设备实行相互独立的双路供电,对单电源设备实施STS供电。其次系统功能完善。配合节目需要配备VGA-SDI转换器,便于笔记本电脑等视频转换为SDI信号;配备电话耦合器,便于热线电话节目制作;配备数字示波器,便于技监对数字指标眼图、抖动、基准、及视频合法有效的监测;选用46寸专业液晶显示屏,配合画面分割器,使系统的监看既美观又简洁。再次系统灵活性高,并留有扩充余地。所有有源设备的前端都接入跳线盘,提高系统的灵活性,信号监测、设备故障排查更加方便。考虑系统发展余地,包括综合布线、机柜设计、演播室网络化均留有扩展空间。

二、系统视音频主备通道合理先进

视频主通道以切换台DVS-9000SF为中心,摄像机、录像机、字幕机、VGA等信号源进入切换台,经处理后输出PGM1信号送入应急切换主输入,与矩阵输出OUT01备输入,进行二选一输出主路信号,进入主加嵌器,嵌入音频的主路SDI信号,送播控中心主路信号,同时送入录像机等其他SDI输入。系统视频部分框图如下:

视频备通道:以应急切换矩阵为中心,摄像机、录像机、字幕机、VGA等信号源进入矩阵IXS-6600,矩阵输出OUT01信号,通过两个下游键处理器DSK-6801加上主、备字幕机信号,经过数字视分,一路送入视频主通道与切换台PGM1做主路二选一。另一路矩阵输出信号与切换台PGM2做备路二选一,输出备路信号,进入备加嵌器,嵌入音频后的SDI信号送播控中心备路信号,同时送录像机等

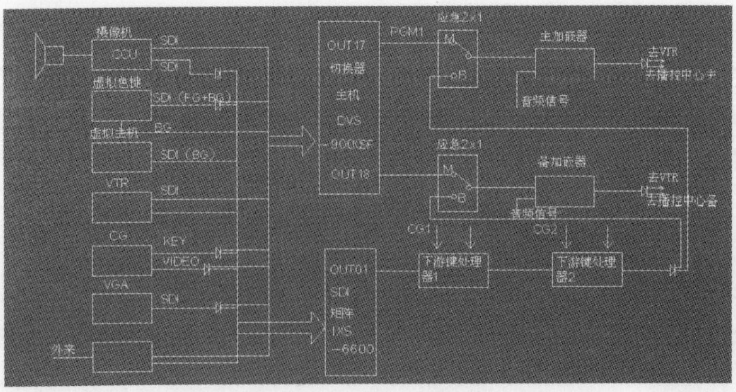

SDI 输入信号。

音频系统：音频部分的核心是 Logitek Mosaic 数字直播调音台，配备 24 路多功能推子控制面板部分，有 8 路 AES/EBU 数字音频输入 / 输出，24 路模拟音频输入 / 输出，每一路多功能推子控制面板都有 4 个辅助输出。多功能推子控制面板直接控制调音台输出信号大小；具有立体声、增益、音色补偿、编辑动态范围、输入选择等功能。具有播出前预听功能、声音延时、宽形表桥。为增加直播安全性，配备 8 路旋钮式调音台 SCM810，作为直播音频备用通道。系统音频部分框图如下：

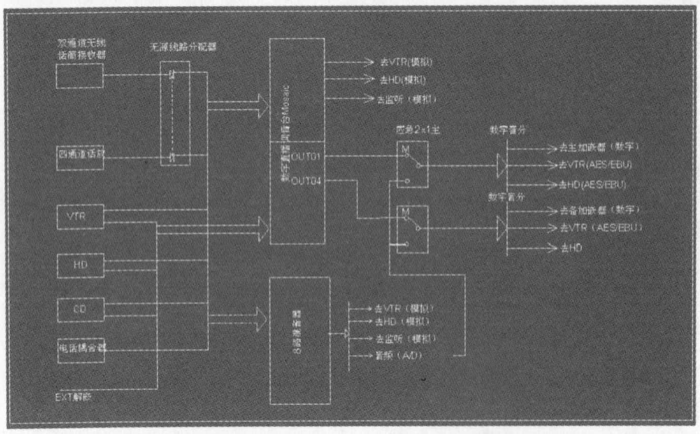

三、系统设备技术先进合理、选型切合实际

1. 切换台 DVS-9000SF 是一级半 M/E 切换台，内置 4 通道真三维 DME 数字特技板

DVS-9000SF 数字特技切换台，主控面板为 24 键直切，任何一键可自由指配交叉点，每一级 M/E 有四路全功能键控器，键控器独立于主转换器，可独立进行键转换和键叠加。切换台有较强帧存系统，最多可存储 444 帧画面，并能储存播放短片段视频。

切换台 DVS-9000SF 功能强大，其 24 路直切键每一路都可方便地设置为激活或禁止，将不想切出的按键设为禁止，减少误切；可灵活设置键的优先权，当多窗口画面直播或录像时，窗口遮挡调整十分方便。

2. 矩阵系统 IXS-6600，采用 SONY32X34 SDI 标清矩阵

矩阵有 32 个输入交叉点，34 个输出，有主备双电源，与切换台 DVS-9000SF 联合使用，共享系统源名，TALLY 提示以及与 SONY 切换台交互式的双向控制。

使用矩阵 IXS-6600 可扩展切换台有限输入通道，根据节目制作需要改变监视器的信号排布，记录设备输入源的选择，摄象机返送源的选择，提供紧急备路输出通道，为系统进一步扩展提供选择。

3. 系统的直播供电采用主备电源 + 静态转换开关 STS

静态转换开关（STS）是一种固态、三极、双位的转换开关，用来实现两个同步三相交流电源之间进行不间断转换。只有在主电源故障或手动复位的情况下，STS 才会自动在 8ms 内从主电源切换到备用电源。

STS 所有的转换都是快速的先断后合，主备电源之间不会产生冲击电流。我们多次实验，将主电源供电断掉，只有备电源供电，STS 供电的单电源设备工作正常，双电源设备工作正常。将系统备电源供电断掉，只有主电源供电，STS 供电的单电源设备和双电源设备工作正常，证明系统供电设计采用主

备电源 + 静态转换开关 STS 是成功的。

4. 画面分割器与专业液晶显示屏源、名跟随系统

系统监看采用画面分割器加专业液晶显示屏的方式，既美观又灵活，TALLY 指示与 UMD 源名均在各分割画面显示。

画面分割器使用 Zandar 公司 8 画面分割器和 12 画面分割器，每一路都有一个 GPI 接口作为 TALLY 显示，在每个分割画面同时显示动态和静态的 UMD 源名。

画面分割器和液晶屏之间有模拟分量和数字 DVI 两种连接方式。画面分割器数字 DVI-D 输出接口与液晶屏 DVI 的连接，保证每个小画面的最好分辨显示和细节丰富，显示质量比 VGA 信号传输的要好。开始我们用 15 米 DVI 数据线，液晶屏出现大面积红色或绿色噪点，原因是液晶屏输入没有均衡器处理，电缆超过 5 米出现传输误码而引起液晶屏出现红色或绿色噪点。经多次实验，最终采用自带均衡器的 DVI 数据线，能长距离传输 1080p 的 DVI 信号，保证每个小画面的最好分辨显示和细节丰富。

5. 系统摄像机、录像机、同步、通话系统等其他设备配置

摄像机：配备五讯道摄像机，采用日立公司 SK-900 摄像机，2 个讯道为 VIZRT 虚拟演播室专用，3 个讯道满足演播室其它访谈节目需求。

SK-900 摄像机采用 3 片 2/3 英寸 IT CCD，123 万像素，水平分解力为 850TV 线，A/D 模数转换采用 14 比特量化，数字信号处理用 20~30 比特量化，信杂比达 65dB。

录像机：为满足各栏目需要，选择索尼 DVW-2000P 和松下 DVCPRO50 AJ-D960MC 两种数字录像机。DVW-2000P 是高质量标清数字录像机，其视频码率达 88 Mbps，量化采用 10bit，压缩比为 2：1，信号指标达广播级。DVCPRO50 AJ-D960MC 录像机记录视频码率 50Mbps，其量化采用 8bit，压缩比为 3.3：1。

同步系统：同步机用泰克的数字同步机 SPG300，输出数字基准给数字调音台做基准，输出模拟 BB 信号给数字设备作为同步信号；一台主、备数字同步自动倒换器 ECO422D 进行主备同步倒换。

技术监测：监测用泰克标清数字示波器 WFM6120，两台分量示波器 1765。WFM6120 可进行波形、矢量、色域、音频的测量，在信号幅度超标、色域超限的情况下进行报警并作日志记录，有助于技术人员对设备进行调整。WFM6120 还提供 SD 格式的眼图、抖动测量和数据测量，具有数字分析能力和通道测试能力。分量示波器 1765 能同时监看三个讯道的波形，对视频信号的幅度、黑电平大小能方便监看，便于调光圈、黑电平。

通话系统：采用 Clear com 公司 MS-812A-8 可编程通话主站，三个 2 通道通话分站分别配置在灯光、音响、虚拟区，另外 3 个无线接收腰包，提供可靠、灵活的通话方式。

VGA-SDI 转换器：转换器 VSC-700D 能将计算机视频或网页的内容，转换成 SDI 信号，进入数字切换台，送入录像机。VSC-700D 的优点是信号来源广，直接用互联网网页或手提电脑的内容，如《说事拉理》栏目的观众抽奖就用 VGA-SDI 转换，能较好完成节目制作。

6. 应急切换时下游键键控器键入字幕的问题

系统应急切换时，CAM1、CAM2、CAM3 等与 虚拟之间切换存在场同步撕裂的现象，且字幕机无法正常键入字幕。

系统的虚拟用数字色键处理器，前景信号由摄像机 CAM1、CAM2 产生，背景由通道机产生，通过数字色键处理器把前景和背景信号无缝合成。数字色键开机默认状态是前景 FG → INPUT1、背景 BG → INPUT2、色块 MATT → INPUT3，INPUT4 不接入信号。

实际使用中应急切换下游键无法正常键入

字幕、场同步撕裂，原因是数字色键 INPUT1 是用前景信号 CAM1、CAM2 的 SDI 信号做色键的时钟基准，而 CAM1、CAM2 的信号在虚拟系统要延时一帧，以改善虚拟切换时前景与背景的不同步。从而造成 VIZRT 与切换台系统有一帧左右的延时，故引起 CAM1、CAM2、CAM3 等与 虚拟 VIZRT 之间切换场同步撕裂，同时两路字幕机字幕无法正常键入。

我们将数字色键 SDI 输入做如下改动，即 INPUT1 →数字同步、前景 FG → INPUT2、背景 BG → INPUT3，MATTE IN 1 → INPUT4 ALPHA-Y, 这样 Vizrt 数字色键、摄像机等的同步信号基本一致，因此解决两路字幕机字幕无法正常键入的问题，应急切换摄像机等直切信号与虚拟信号之间切换同步撕裂问题也得到解决。

结束语

250 平米数字化演播室，从系统设计、设备选型到系统集成及设备调试，坚持高标准并得以实施。系统投入使用并经过验收，系统各检测点的技术指标达到国家广电总局的演播室技术指标要求。多场次节目录制，系统运行正常，系统的多功能和灵活性得到验证，录制的多挡栏目得到肯定。

数字社区关键技术研究与应用示范

青岛市广播电视局

该课题是在青岛市率先完成数字电视整体转换、机顶盒成为家庭必备的多媒体信息终端的背景下，抓住青岛市大力推动现代服务业快速发展的契机，研究数字社区服务模式和数字电视机顶盒应用集成。课题由青岛有线电视网络中心承担，获得 2008 年度山东省合理化建议和技术改进一等奖。

本项目以数字社区服务资源整合、技术升级、模式变革等现代服务业发展需求为动力，探索具有新一代数字社区特色的服务模式和技术标准规范，集中突破数字媒体、远程支付、社区服务平台等新型数字社区现代服务业应用关键技术，为新一代数字社区建设、服务与运营提供强有力的支撑条件和手段，大幅提升社区管理与服务能力，有力促进现代服务业发展。应用本课题共性技术与集成、国家现代服务业基础服务技术成果，重点开展构建数字媒体、智能终端、远程支付、加密认证和社区服务平台为主要内容的集成创新。

概括项目取得的成果主要有以下几个方面：一是对数字媒体、远程支付、社区服务平台等新型数字社区现代服务业应用关键技术进行了深入的研究，形成《数字社区服务平台研究》、《基于数字电视的远程支付系统》、《数字媒体集成分发系统》研究报告及《BOSS 技术规范》、《媒体服务器技术规范》、《业务处理流程规范》。二是积极开展数字社区服务，对本地网络进行改造和升级建设，为数字社区的应用推广奠定网络基础。三是依托青岛有线电视网络中心数字媒体实验室，对数字社区关键技术进行了集中突破，并成功地应用集成到数字电视机机顶盒，实现了广播电视、点播、电视时移、视频通话、电视支付等业务以及社区公告、业主论坛等个性化服务。四是与中国海洋大学联合建设数字媒体校园体验港，展示了高端化、个性化的数字社区服务应用功能，为青岛互动数字社区的应用推广建立了典型应用模板。五是与中国银联、中科院声学所等单位合作，在电子支付、数字媒体内容检索、内容安全以及运营支撑等领域进行深入的研究，取得阶段性成果。六是加强与现代服务业各项目之间的横向联系，结合青岛地域优势，与中国海洋大学、海尔集团和海信集团联合成立了青岛现代服务业数字工程技术研究中心，在深入研究数字社区服务课题的基础上，探索大力发展以信息技术和管理技术相结合为特征的现代服务产业的新途径。

全程文件化新闻制播一体网络系统

淄博市广播电视总台（局）

淄博市广播电视总台（局）全程文件化新闻制播一体网络系统，融合了新媒体摄录技术与现代 IT 技术，包括卫星收录系统、非编制作系统、演播室直播系统、新闻文稿系统、FTP 移动非编回传系统以及传统电视制作播控技术。该项目经省广电局推荐，获国家广电总局科技创新三等奖。

一、总体思路

全程文件化新闻制播一体网络系统通过对蓝光盘、P2 等新介质的支持，构建了一个无带化的，基于文件的新闻节目采、编、审、播、存一体化数字化新闻制作网络系统。技术先进性、实用性、安全性、稳定性、易用性、高效性、开放性和扩展性非常突出，规模、功能及流程均满足淄博电视新闻节目的需求。整个系统在数据、信息和设备层面上实现了广泛共享，在运营层面上实现了科学化管理、维护和使用。

该系统是以数字化、网络化、信息化、智能化为技术思路，以新闻资源统一调度及共享为运行管理模式，以全程无带化、非线性采编播存管为业务主体，技术先进，功能完善，具有一定的创新性，其规划、设计均具先进性和前瞻性，同时兼顾安全性和稳定性。从生产业务域、生产管理域、经营管理域三方面对新闻业务流程进行信息化整合，全面实现了新闻节目生产和综合管理网络化、信息化。

二、技术方案与创新成果

本系统是一个综合性的高效制播一体网络系统，满足节目采集、制作、播出的需求，并适合实际业务流程，兼容目前前后期设备及蓝光盘、P2 等，实现新闻节目素材共享。承担着淄博广电 4 个频道 6 个日播新闻栏目的节目制作与演播室直播任务。本系统融合了传统电视制作播控技术、新媒体摄录技术与现代 IT 技术，包括卫星收录系统、非编制作系统、演播室直播系统、新闻文稿系统和 FTP 移动非编回传系统。各个子系统具备基本的独立运行能力。它们之间采用松散耦合方式，具备高效的数据交换能力。整个系统在运营层面上实现了科学化管理、维护和使用，在数据、信息和设备层面上实现了广泛共享。

本系统采用典型的光纤、以太双网结构，系统主要配置如下：各种类型的功能性服务器7台，其中MDC服务器2台，数据库服务器2台，B/S文稿服务器1台、播出服务器2台，使用3个光纤存储盘阵，存储量6.5T，光纤和以太交换机7台。用于视音频编辑的有卡站点17台，用于视音频编辑和文稿处理的无卡站点31台，配音站4台，高清非编1台，移动非编1台，数据流磁带机1台。整个系统由60余台各种站点组成，可供淄博市广播电视总台（局）220名记者使用，完成每天200分钟新闻节目地生产量。

系统拓扑结构示意图如下：

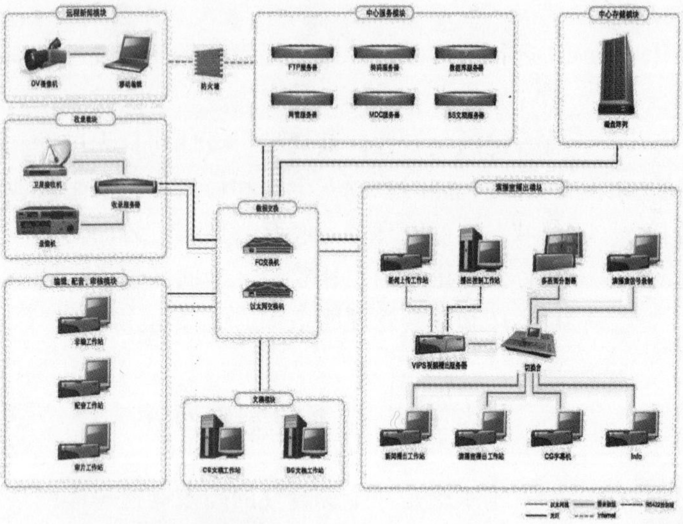

三、实施效果

新闻系统构建在光纤+以太的网络化平台之上，新闻制作流程更加合理，专业分工更加明确，管理更加简便；新闻现场编辑、远程回传与台内制作系统的良好结合丰富了新闻制作手段，极大地提高了新闻时效性；文稿、串联单与审片和演播室播出密切配合，减少中间环节，提升工作效率；简单易用的新闻审片，管理更加简便；演播室视频服务器主备播出，安全性有可靠保障。

该系统利用先进的IT技术（如XDCAM技术），实现最大程度的性价比，体现新闻节目制作和播出的网络化与数字化，提高节目编辑、制作、传输的综合能力。使新闻制作流程更加合理，专业分工更加明确，管理更加简便，全面的提高了电视台新闻节目制作、播出、管理的质量和水平。

整个系统比较圆满的解决了立项时急需解决的所有问题，自投入使用以来，满足了淄博电视台每天130分钟日播类新闻节目及70分钟直播新闻节目的制作、播出，大幅度提高了新闻节目制作的质量及效率。

全程文件化新闻制播一体网络系统采用的都是世界先进、国内外成熟的技术，具有较高的科学性、先进性，尽可能地采用了新工艺、新技术、新设备，选用的都是国内外同类设备中性能优良、高标准、高质量的产品，尤其是针对实际需求采用的八个创新技术，既保持了技术先进性，又极其实用，安全性、稳定性也符合需求，而且性价比极高，使该系统在未来的一段时间内保持领先水平。

济南电视台电视发射机房信号监控系统

济南电视台

系统的设计必须满足要求：确保前端播控机房送来和发射机发射后接收回来的各路信号都能有效地被监视；确保到达发射机的信号都有主备路及应急信号可以切换；确保其中每个环节出现问题都能及时发现，并且有相对应的应急手段可以补救，实现安全播出。同时要尽量节约经济成本。

基于以上考虑，我们自主设计安装了科学有效的济南电视台电视发射机房信号监控系统，系统框图如附图所示。下面加以详细说明。

所有前端播控机房送来的信号以及发射机发射出去又接收回来的各路信号都可以通过相应的监视器和接收机进行监视。由于对所有信号的伴音都进行监听很不现实，就将所有需监听的伴音信号均转化为图像彩条信号进行监视，实践中我们采用了一台 32 路伴音监视器，对机房内四套节目的信号进行全面监视，监视画面既醒目又直观。我们自主研究将伴音信号停顿一定时间的报警信号由画面闪烁报警转化为声音报警，通过蜂鸣器的尖叫来提示报警。

发射机房视章监控系统框图

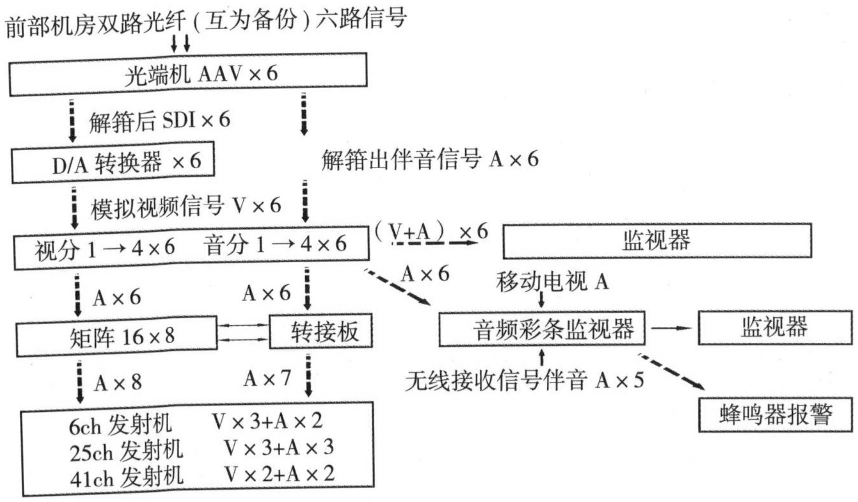

为更好地确保整个系统安全、可靠，我们在系统所有环节都有相应的应急处理措施：前端播控机房送来的光纤信号可以互倒；到电视发射机房的主备路电视信号可以互换；切换矩阵出现故障可以跨过；前端机房送来的信号有问题可以切换应急测试信号等。此外，除矩阵外，其他设备均为双电源供电，即便设备的一路电源出现问题也能够正常工作。

到达发射机房的信号均能通过切换矩阵进行选择，正常情况可以选择前端机房送来的主路或备路信号，试机或紧急情况下可以选择试机测试信号，所选信号都可通过矩阵加以锁定，以免播出过程中因误动作而改变信号。如某一路信号出现问题能迅速及时切换，确保发射机始终有输入信号，真正做到了信号不间断。

因为设备中只有切换矩阵是单电源，存在一定的不安全因素，为此我们自己制作了实用可靠的转接板。为充分利用资金，在保证信号通道质量的同时，在各个配件的选用上，我们通常选用一些经济实用，性价比较高的元件，仅此一项至少节约经费约2.5万元。此外还将楼上不方便进行实时监控的风机房内风机的工作状态经过信号转换用发光管来指示，并把指示灯安装在机房设备柜的醒目位置，方便了值班人员对机房情况的全面了解。

整个系统在实施过程中严格要求，认真周密的注意了以下问题：连接环节严格匹配；数字信号连线一律采用宽带信号线，以减少损失；伴音信号的连接均为平衡连接，等等。

除以上工作，我们还为系统的良好运行提供了如下的各种保障：为系统提供了来自机房配电不同相线（A/B相）的两路互为备份的交流供电；为保证播出过程中电源瞬间闪落不影响系统设备的正常工作，从而使发射系统在最短时间内恢复播出，建议此系统采用UPS电源；系统良好接地，并且与机房内所有设备良好共地，预防大电流冲击。

整个系统从方案确定、材料购买、所有连接线的制作、转接板的制作、蜂鸣器的试验连接等到整个系统接通试验，用时一个多月，于2007年5月投入使用，一直使用至今。实践证明，此系统完全能够满足发射机房对信号监控的要求。

广播剧·电视剧·电影

广播剧·电视剧·电影

广播剧
《生命的最后时光》

内容简介：《生命的最后时光》展现了临沂市河东区国税局副局长高树阁同志在生命最后时光里几个感人的片段。他留给我们的是一生简朴、关爱他人的高风亮节。他从微薄的工资中拿出18600多元，捐助失学儿童，救助孤寡老人，参与扶贫救灾。即将走完53岁人生之路的高树阁以生命最后时刻的几个片段，诠释了一名共产党的高贵品质。

制作单位：临沂市广播电视台

剧目类别：广播剧

集数：1集

播出时间：2008年6月21日

播出频率：新闻广播

播出媒体：临沂市广播电视台

主创人员：苏同英

广播剧
《和谐使者》

内容简介：该剧以山东省“十大杰出卫士”孙永胜为原型，艺术再现了一位农村基层司法工作者以坚定的共产主义信念，在构建和谐社会和新农村建设中所展现出来的一位优秀共产党员一贯坚持正义，嫉恶如仇，为保护人民群众生命财产，危急时刻置个人生命于不顾，同不法分子、不法行为作坚决斗争的感人事迹。

制作单位：临沂市广播电视台

剧目类别：广播剧

集数：1集

播出时间：2008年10月1日

播出频率：新闻广播

播出媒体：临沂市广播电视台

主创人员：苏同英

电视剧
《警中英雄》

内容简介：江川市公安局为击毙黑社会头目肖老二举行庆功会，省公安厅厅长突然到来透露毒枭“安琪儿”已潜入江川。江川市公安局长丁洛山上任的当天，大案队队长高猛死在平安路上。

万全施计毒昏审讯警察越狱逃跑，丁洛山被迫停职接受检查。

肖老大更加嚣张，女警官冷赫男一次次遭人谋杀，加油站接连发生被抢案，武警被袭丢枪案，“局长儿子刘彬彬杀人案”，预谋抢银行案……

丁洛山暗中指挥抓捕万全一次次失利，怀疑

周副市长的司机从事犯罪活动，周副市长反而举报丁洛山和冷赫男有不正当男女关系。涉嫌杀人的刘勇局长深入虎穴，身负重伤住进医院。

刘彬彬被抓供出“进‘爱心’戒毒所的人不是为了戒毒而是为了吸毒”，随后一个庞大的贩毒网络开始浮出水面……

制作单位：山东电影电视剧制作中心
西安曲江影视投资（集团）有限公司
西安旭日影视文化传播有限公司
北京翰鸿达文化发展有限公司
山东省辉煌世纪影视文化有限公司

剧目类别：电视剧

部集：30 集

播出时间：2008 年 9 月 21 日

播出媒体：天津电视台

播出频道：影视频道三套

主创人员：

编剧：陈忠贵　陈梦

导演：孙波

主演：赵恒煊　王玉璋　高婷婷

《警中英雄》剧照

电视剧
《会有天使替我爱你》

内容简介：最爱小米的翌在小米生日那天因车祸死了。翌曾经说过，就算有一天他离开了她也会找个天使继续来爱她，可是翌走了，天使在哪里？后来，小米知道了翌的心脏捐赠给了一个陌生人。小米为找翌的心脏，来到了圣榆学院，遇到了高大英俊的尹堂曜。小米用尽一切办法去接近尹堂曜。终于，尹堂曜接受了小米并开始同她交往，但有一天，小米突然发现，翌的心脏并没有移植到尹堂曜的身上，而尹堂曜也发现了小米接近他的真实目的。小米爱上了尹堂曜，但他却因为心脏病突发而离开了人世。小米没有再去寻找翌的心脏，毕竟她真的爱上尹堂曜了。

制作单位：山东电视台
北京二十一世纪影音公司
北京风华气象影视信息集团
北京阳光立波文化传播有限公司

剧目类别：电视剧

部集：30 集

播出时间：2008 年 8 月 25 日到 31 日

播出媒体：山东卫视

主创人员：

编剧：贺然　郝莹

导演：叶鸿伟　杨朗从

主演：李承铉　李思思

电影
《留住青山》

山东电视台投拍的首部数字电影《留住青山》于 2008 年 9 月完成，9 月 27 日山东（国际）文化博览会开幕当天在山东电视台演播室举行了首映式。之后在全国数字电影院线陆续上映。

内容简介：电影《留住青山》根据山东省优秀教师李振华的事迹改编的。1953 年，17 岁的南京青年李振华响应党中央毛主席的号召，中断大学学业，到最贫困地区支教，辗转来到山东沂源县最穷最偏僻的一个小山村。一干就是 50 多年。为了培育山区的孩子，他付出了全部的心血和爱，他一生教出1万多名学生，有7000多考上大学。他从工作的第一个月开始，就拿出工资四分之一的钱帮助穷困学生，50多年来共捐资达37万多元。李振华被评为山东电视台2006年十大感动人物，山东省十大好人。

制作单位：山东电视台
山东省天下父母文化传播中心
剧目类别：电影
播出时间：2008年
公映许可证：电审数字〔2008〕第255号
主创人员：
导演：崔立新
编剧：杨道伟
总监制：韩国强　郭利民
总策划：祝丽华　段立武
总制片人：吕明晰
监制：韩国祥　刘长江　吴兆金　张洪亮
策划：苏星　徐和峰　陈茜　徐章练
制片：金辉　孙启新　高健　毕雪峰
朱玉友
主演：李光复

《留住青山》剧照

数字电影
《小胡同大尊严》

内容简介：贾午石是三口之家的男主人。由于工厂转产，岳母住院，400元的工资使生活拮据起来。他帮工会的张姐收水电费，不料收来100元假币，只好用自己的工资顶上。

贾午石想起彪子给了他一张百元大钞，便立即去找彪子……

贾午石穷尽各种努力也没把那张“假币”花出去……

贾午石接满都回家，开门时假币掉到地上，满都捡起来交了“冬令营”的费用。不想被查出，贾午石被叫到学校……

贾午石的彩票中了大奖。但他仍一根筋地四处找彪子，为的是寻找那份儿诚实的声誉……

制作单位：山东电影制片厂
时代今典传媒有限公司
中央电视台电影频道节目中心
剧目类别：电影
播出时间：2008年6月
播出媒体：中央电视台
播出频道：CCTV-6
主创人员：
导演：王坪
编剧：陈洁
摄影：金立鹤
主要演员：赵君　姜宏波　倪虹洁

数字电影
《海之梦》

内容简介：1998年，北京决定再次申办奥运会，在申办的同时要物色一个适合帆船比赛的城市，一旦申奥成功，这个城市将承担2008年帆船比赛。

老帆船运动员“老太太”建议市里参与争办。其实市里已经派梁东出国考察有关帆船比赛的情况了。

梁东出差，儿子梁小潮独自在家做了两件事：一是成了少年帆船教练老周的队员；二是把自家阁楼租给了沈洁。

沈洁被安排写争办奥帆赛的基础材料，渐渐地对这个城市有了爱，这期间，她遇到了梁东。

2001 年 7 月 13 日，上午，老太太承办的国际 OP 帆船赛开幕，梁小潮和来自世界各地的孩子们扬帆海上。晚上，莫斯科传来喜讯，2008 年奥运会花落北京。

同一时刻，青岛海滨广场上梁东牵着沈洁走在欢喜的人群中，两个经历婚姻变故的人重新扬起爱情的风帆。

摄制单位：山东电影制片厂
北京时代今典传媒有限公司
山东省广播电视局青岛影视基地

剧目类别：电影

播出时间：2008 年 8 月 10 日

播出媒体：中央电视台

播出频道：CCTV-6

主创人员：

导演：肖锋

编剧：刘玮

摄影：宁加昆

主要演员：董洁　张伟欣　冯恩鹤　蒋恺

学术研究与出版

学术研究与出版

2008 年出版的广播电视书籍简介

《山东广播电视发展史》（卷一）

《山东广播电视发展史》是由山东广播电视局党组直接领导的、以打造传世精品为目标的重大文化建设工程。2005 年，刘长允局长代表局党组提出了要编纂一套旨在全面总结回顾山东广电 60 年的光辉历程、铭记经验与教训、以更好地面向未来发展的《山东广播电视发展史》的构想，于 2006 年底从全局各单位抽调人员组建了编辑部，正式启动了《山东广播电视发展史》的编纂工作。

《山东广播电视发展史》（卷一）主要记录了 1948 到 1978 年间，山东人民广播电视事业在战火中诞生，并从无到有、从弱到强、从济南走向全省的辉煌创业历程，再现了那段可歌可泣的苦乐年华，展现了山东广电人艰苦奋斗、无私奉献、敢为人先的精神品质。该卷共分三编。第一编：在战火中诞生；第二编：从济南走向全省；第三编：特殊年代曲折前行。全书共 48 万字。

作（编）者：刘长允（主编）

出版社名称：齐鲁书社

出版时间：2008 年 11 月

编写或著述：编写

《面向市场　创新发展——山东电视人的思考与实践》

该书收录了山东电视人新近撰写的 210 篇论文，很多都是广电人对电视理论和多年实践的认识和总结。分为“思想的火花——理论谈”、“实践的结晶——经验谈”、“辨析的力量——优劣谈”、“经营的艺术——得失谈”、“腾飞的翅膀——电视技术谈”五个部分，约 95 万字。

作（编）者：韩国强

出版社名称：齐鲁书社

出版时间：2008 年 9 月

编写或著述：编写

《媒介传播理论与实践研究》

《媒介传播理论与实践研究》由山东省广播电视系统培训中心编撰，是一本研究事业发展、播音主持、广播电视技术等方面的论文集。反映了一年来全省广电人在锐意改革、追求发展方面取得的成果，其中很多文章论及了我省广播影视产业发展和广播影视新观念、新业务以及新技术发展的前沿问题，表现了他们在思考广播电视发展机制、更新业务能力方面积极、可贵的探索态度。

作（编）者：肖建文、王晓春

出版社名称：泰山出版社

出版时间：2008 年 7 月

编写或著述：编写

《春风化雨》

《春风化雨》一书全面反映了枣庄广电系统 2007 年度开展的"以感恩的心迎接每一天、以无私的心处理每件事、以诚实的心对待每个人"为主题的"三心"教育和"提高节目质量年"两项活动风貌，书籍涵盖了市局、局属各单位和各区市局两项活动的工作进程、经验体会和建设长效机制的设想打算，同时收录了广电系统部分干部职工的百余篇心得体会和业务论文。全书 51 万字。

作（编）者：张冠中（主编）
梁福敬（副主编）

出版社名称：中国广播电视出版社

出版时间：2008 年 6 月

编写或著述：编写

《守望活化石》

《守望活化石》是聊城电视台用两年的时间，将本土物质文化遗产和非物质文化遗产专门立项，组织专门力量，投入大量人力、物力，制作完成的一部 200 多集的电视节目，之后从中筛选出 50 集节目，以文字记录、影像展示和作品点评的方式结集出版了《守望活化石》一书。本书分为"民间工艺篇"、"地方风俗篇"、"表演艺术篇"三部分。全书 21 万字。

作（编）者：路仕佼、朱国方

出版社名称：中国广播电视出版社

出版时间：2008 年 3 月

编写或著述：编写

《声韵飞扬》

为纪念淄博人民广播电台经济广播开播 15 周年，特组织编辑纪念文集《声韵飞扬》。全书包涵三大板块主题内容：共同走过、理论研讨、获奖作品选粹。该书 40 万字。

作（编）者：岳正华（主编）

出版社名称：中国广播电视出版社

出版时间：2008 年 12 月

编写或著述：编写

《天南地北滕州人访谈录》

自 2001 年开始，滕州电视台开设了《天南地北滕州人》栏目，先后制作、播出了一百多期《天南地北滕州人》节目。这些节目的播出，受到广大观众和全市人民的喜爱和好评，滕州电视台将《天南地北滕州人》节目的有关文稿、图片和相关资料结集出版，重点以被采访人物同期录音记录、解说旁白、现场照片、电视截图等文字、图片资料为主，图文并茂。全书 20 万字。

作（编）者：丁修洁、张笃仁、李庆、
张弘、孟祥珠

出版社名称：中国广播电视出版社

出版时间：2008 年 11 月

编写或著述：编写

2008 年创刊或改刊的广播电视报刊简介

《潍坊广播电视报》

《潍坊广播电视报》创刊于 1988 年 9 月。创刊以来,始终坚持“立足广播电视,引导视听、服务受众”,开设了一批质量高、可读性强的专栏。为广大读者提供精美、健康的精神食粮。

《潍坊广播电视报》2008 年度改为 4 开 44 版(含 4 个版的彩色封页)彩色印刷,版面设计采用模块式设计为主,分为“娱乐 · 新视听”、“社会 · 新视点”、“节目 · 新播报”、“生活 · 新城事”四大板块。开设的重点栏目有:“娱乐重磅”、“荧屏聚焦”、“荧屏守望”、“记者调查”、“纪念改革开放 30 周年”等。改版以来每期发行量 16 万份,邮局发行,是当地发行量最大的报纸。2008 年报社广告经营收入 1430 多万元。

连续三届(6 年)获得“山东省优秀报纸”称号;被中国广告协会评为“全国广告行业文明单位”。2008 年在全国三百多家广播电视报社“全国城市周报创新奖”评选活动中《潍坊广播电视报》脱颖而出,被授予“全国知名品牌改革创新示范单位”荣誉称号。

《淄博声屏报》

淄博声屏报于 1988 年 2 月创刊,1993 年 5 月建社。多年来坚持“影视特色、晚报风格、广度视角、面向群众、贴近生活”的办报方针,融思想性、知识性、服务性、趣味性于一体,与广播电视互相依存、互为补充,构成声、屏、报“三位一体”宣传格局,既突出影视特色,又具有浓郁的地方风味。期发行量稳定在 10 万份左右。

2008 年,按照“文章精、版面美、内容新”的思路,把报纸做精做美,突出影视报的特点,增加娱乐元素,新增设了《聚焦》、《图说》、《网事》、《家事》等版面和栏目,开辟了《奥运频道》,策划了《改革开放图说三十年》、《烽火四十年:我的知青岁月》、《国庆特刊》等一些社会反响较大的报道。

2008 年,充分利用媒体优势,举办了安居共和谐“2008 淄博楼市展望高峰论坛”、“全国少儿校园风采大赛”、“威通国际杯奥林匹克文化广场活动全国青少年艺术展演”等有影响力的社会活动。

《烟台广播电视报》

《烟台广播电视报》创刊于 1985 年 1 月 26 日,由烟台市广播电视学会主办,烟台广播电视报编印中心编辑出版。2008 年,该报进行了一次大规模改版,重点推出以关注百姓民生为主题的“民生聚焦”专版,内容以立足广电、关注民生为特色,包括影视娱乐报道及百姓生活相关报道,丰富多彩。

全面关注烟台市普通百姓生活中遇到的问题和困扰,报纸发行得到一致好评。目前该报以烟台市五区为中心,辐射至十三个县市区,发行量稳中有升,是烟台市期发行量最大的平面媒体。

《临沂广播电视报》

《临沂广播电视报》国内统一刊号CN37-0097,1988年2月创刊,报纸最初叫《临沂广播影视报》,后改为《临沂视听报》,1995年8月更名为《临沂广播电视报》。2008年3月,临沂广播电视报对报纸进行了改版,更加重视美编,报纸风格向简洁、清新、时尚、眉清目秀方向发展,同时更加注重报纸的地方特色和实用性、信息量。《临沂广播电视报》目前4开40版,封面为彩色铜版纸、内文为新闻纸彩色印刷,并装订成册。是一份面向家庭的具有娱乐、休闲时尚功能兼有深度报道、生活服务鲜明特色的生活类报纸。设置栏目:关注、星空、明星婚恋、一周新闻、帮忙热线、广播之声、案与法等。在山东省第六届报刊出版质量综合评估中,《临沂广播电视报》荣获“山东省优秀报纸”称号。

经　验

经　验

山东电视台抗震救灾宣传报道综述

面对突然袭来的强烈地震灾害，山东电视台作为主流媒体，多频道迅速启动突发事件应急报道机制，确保舆论导向，凸显大局意识和责任意识，宣传报道启动快速，直播和深入报道逐步跟进，编排突出整体化，特别节目和大型活动情深意重，彰显频道定位。

一、宣传报道和节目调整反应迅速、逐级推进、不断深化

5月12日四川汶川大地震发生后，山东电视台按照上级各项要求，在省广电局的坚强领导下，全台上下及时反应、行动迅速、报道得力、效果良好。

1. 领导重视，全台动员，57名一线记者全力以赴，不辱使命

灾情发生后，台领导紧急召集会议，全台动员，制定灾情报道的重点和指导思想，部署前方记者选派、组织重点活动直播，紧急调整各类节目播出计划。

地震发生当日，山东电视台紧急指派《天下故事》栏目正在武汉采访的一线记者奔赴地震重灾区都江堰。前方记者们多方联系，积极寻找机会，最终搭乘运输济南军区救援人员的专机抵达了都江堰地区。5月13日，他们通过网络传回了灾区画面，成为山东电视台第一批到达灾区前线并发回报道画面的记者。随后，新闻中心、齐鲁频道、社教部、文艺部等又陆续派出多路记者随山东支援灾区的各路救援队赶赴灾区，保证了一线报道的及时性、独特性和全面性。在余震不断、通信不便的艰苦条件下，山东电视台先后派出57名记者到一线，提供了大量鲜活的素材和珍贵的资料，忠实记录了战斗在抗震救灾一线的队员们英勇机智抗震救灾的英雄事迹。

2. 流码字幕和新闻第一时间播发，宣传报道逐级推进

四川汶川大地震5月12日14点28分发生，山东卫视于当日15点45分便以流码字幕的形式第一时间滚动播发了四川汶川大地震的消息，当晚，《山东新闻联播》也第一时间播发了有关地震的消息。5月12日以来，山东电视台各频道制作了大量抗震救灾宣传片在频道中滚动播出。其中，卫视频道截至6月28日

共制作各类宣传片16条，制作滚动新闻42条，更新播出抗震救灾宣传片和滚动新闻900次以上，起到了滚动新闻的作用。其宣传片的播出量和更新速度在全国省级卫视中都名列前茅。

从5月14日起，山东电视台各频道、各档新闻栏目开始全面集中报道山东各地军队、公安消防、特警踏上征程，山东各地迅速筹备抗震抢险物资，山东人民群众捐款捐物等最新消息。5月17日、18日，按照台领导提出的力推重点直播活动以及对抗震救灾进行全面深入报道的指示和要求，山东电视台各个频道逐步转向全天直播抗震救灾报道。

山东电视台记者钱云飞（右）和侯洪强在震区报道

根据中共山东省委、省政府对口支援绵阳灾区的重要指示精神，全台抗震救灾报道重点从5月20日起，迅速转向以“有效支援对口绵阳灾区”为核心的宣传报道上来。通过前后方的密切配合，卫视频道新闻栏目开辟“山东绵阳一家人”专栏；齐鲁频道《每日新闻》开设“齐鲁接力、绵阳雄起”专栏。这些报道集中展示了山东人民在省委、省政府的坚强领导下，举全省之力，支援绵阳灾区的举措和努力。5月22日之后，山东电视台抗震救灾宣传报道紧紧围绕抗震救灾和搞好经济建设这两大主题，突出抓好对口支援灾区群众安置、灾区伤员转运山东、灾区学生转运山东复课、山东各地全力支援灾区、山东抓好工农业生产以实际行动支援灾区等重点，展开宣传报道。另外，派两名记者赴北川对口支援，除配备前期采访设备外，还专门给他们配备十几万元购买的两部海事卫星电话，全方位支援灾区。

3. 全国哀悼日期间6个频道72小时全部并机直播

为表达全国各族人民对四川汶川大地震遇难同胞的深切哀悼，党中央、国务院决定5月19日至21日为全国哀悼日。山东电视台自5月19日开始，从早上7:00到晚7:00，特别推出“情义山东，心系灾区”特别报道，卫视频道、齐鲁频道、农科频道、体育频道、公共频道、少儿频道三天72小时全部并机直播，大量直播自制抗震救灾节目，充分证明了山东电视台对抗震救灾报道的快速反应机制以及媒体的综合实力。

二、特别节目和大型活动主题突出、情感真挚、彰显情义

1. 卫视频道在不同阶段适时推出特别节目和大型晚会

5月14日至18日，山东电视台对抗震救灾进行全面深入报道，相继推出“情义山东，心系灾区”等专题节目和“万众一心，众志成城”等直播节目。5月19日至21日全国哀悼日期间，山东电视台六大频道全天并机直播“情义山东，心系灾区”特别报道，并穿插转播中央一套节目。从5月12日到6月28日，山东电视台各新闻栏目共播出“情义山东，心系灾区（绵阳）”等特别节目、专题80多个小时，播发与抗震救灾的相关新闻1600多条。

5月17日，山东卫视在全国主流媒体中较早推出大型募捐晚会。在不到三天的时间里，山东电视台和山东省慈善总会紧急联合举办的

"万众一心，众志成城，抗震救灾"大型募捐活动，晚会共筹集捐款4000余万元。

5月23日，由省委宣传部、省广播电视局等单位联合举办，山东电视台承办的全省宣传文化系统《鲁川血脉情——帮灾区人民建个家》大型赈灾义演募捐晚会在山东电视台1200平米演播室举行，全省17地市电视台和四川绵阳电视台进行了并机直播。两个半小时的时间，共捐款2.636826亿元，加上主题活动的前期捐款，共为灾区捐款达4亿多元。省委书记姜异康对这次晚会给予充分肯定，并做了重要批示。

2. 各频道结合频道定位推出特别节目

齐鲁频道直播"大爱无疆"抗震救灾特别节目。齐鲁频道5月22日至25日，在晚间"互动3000"时段里，所有栏目制作了"大爱无疆"齐鲁儿女抗震救灾特别节目。节目现场开通了24小时捐助热线电话，由主持人现场接听热线电话，以现场连线的方式向灾区献爱心。5月23日，公共频道14小时连续直播《山东——绵阳一家人》特别节目。5月30日，少儿频道播出抗震救灾六一大型特别节目《山海相连，童心童行》特别节目。

3. 常规节目制作抗震救灾特别节目或开设抗震救灾专栏

新闻栏目开设抗震救灾专栏。从5月12日至6月28日，山东电视台各新闻栏目在正常新闻栏目中，前方记者共发回新闻300余条。卫视频道《山东新闻联播》开设"情义山东，心系灾区（绵阳）"、"抗震救灾英雄谱"等专栏。《新闻追踪》节目连续推出特别报道"和你在一起"。公共频道《民生直通车》栏目开设"亲历"板块，每期邀请一位亲自经历过一线的前线记者讲述他们在灾区的所见所闻和所感所想。

山东卫视频道《阳光快车道》栏目陆续推出两场赈灾特别节目。6月1日，推出《与爱同行 · 六一特别节目》，号召小朋友们向灾区小朋友传递爱心。

卫视频道《天下故事》、《天下父母》、《天南地北山东人》栏目分别推出系列专题节目。通过前线记者在一线的深入挖掘以及所拍摄的大量珍贵镜头及鲜活的素材，讲述发生在抗震救灾一线的生动感人的故事和抗震救灾英雄人物，取得了很好的社会反响。

卫视频道《养生》栏目针对灾难之后往往是心理疾病的高发期这一现状，组织北京及我省的著名心理专家，制作了专门讲述有关灾后心理干预问题的特别节目《灾后心理干预系列讲座》。《新杏坛》栏目策划推出《用智慧重建心灵家园——傅佩荣四川成都大型公益演讲》特别节目，特别邀请台湾大学傅佩荣教授赶赴四川重灾区，面对经历过地震的老师和学生家长组织了一场心灵重建的大型演讲，取得良好效果。

三、启示

1. 启示一：重大事件发生后，在确保舆论导向和服从大局的前提下，宣传报道要快速启动，整合资源，直播和深入报道要逐步跟进

作为主流媒体，山东电视台有责任、有能力在第一时间播发准确信息，并迅速整合各渠道、各媒体的资源，协调采、编、播人员，以最快的速度开通直播报道。这次抗震救灾宣传报道全国多个频道24小时不间断直播，创中国电视直播新纪录，国务院副总理回良玉在总结这次抗震救灾时，把24小时电视直播作为重要一条经验加以肯定。从近些年国内外电视传播的理论和实践可以看出，全程跟踪直播重大事件正是多媒体竞争环境下电视传播的一大优势。而能否建立一套突发重大事件快速反应机制和全程跟踪直播人员、技术保障机制，是对每一家电视台综合实力的考验。

2. 启示二：重大事件凸显频道整体形象，编排突出整体化

重大事件面前，单一栏目的固定体量和固定播出时间已经不适合传播要求，所以此次四川汶川大地震发生后，山东电视台强化主题化编排节目，多频道、阶段性24小时不间断直播抗震报道，打破常规编排，统一抗震救灾主题，体现出灵活的编排策略。主题化编排，而不是栏目化编排，将成为突发事件报道的新模式。

3. 启示三：重大事件的宣传报道近期呈现密集化、常态化态势

作为主流媒体，山东电视台注重重大事件的宣传报道，面对诸多的新闻热点和宣传任务，作为省级卫视，应当以前期策划为先导，以新闻直播为核心，以统一指挥为灵魂，以整体化编排为基础，以高效执行力为保障，从而抓住主动权，打赢每一场宣传战役，进一步扩大山东电视台的品牌影响力。

在重大灾难事件中凸显广播宣传优势

徐　晖　刘丹青

2008年5月12日14：28，在我国四川汶川，发生了新中国成立以来破坏性最大、波及范围最广、救灾难度最大的特大地震。在国家危难时刻，在重大突发事件面前，新闻记者表现出崇高的职业精神和高度的职业敏感，充当了沟通信息、传递关怀、稳定人心的重要力量。在台党委的有力指挥和周密部署下，山东电台各频道快速应对，凝心合力，众志成城，记者、编辑、主持人、技术人员通力合作，迅速结成一张强大的电波网，形成了抗震救灾的强势舆论氛围。

一、快速反应、打破常规——震后第一时间，打响抗震救灾宣传战役

5月12日四川汶川地震发生后，山东电台立即启动突发事件报道机制，成立了以台长为首的抗震救灾领导小组，新闻频道率先打破了部门分割，迅速成立统筹协调中心、采访组、编辑组、播音主持组和保障小组，所有播音、主持和编辑被编制成八个应急组，按照直播流程迅速进入角色，做好了全天候直播的准备。15：30，《直播山东》节目中断正在播出的专题广告，播出了四川地震消息，在16：00的节目中做了详细报道。随后撤下了《轻松旅游》、《体坛风云》节目，改为抗震救灾特别报道。当天晚间的《全省新闻联播》、《今日新闻盘点》分别与四川、甘肃电台连线做了持续跟进最新报道。《田园晚风》节目也改为抗震救灾内容的特别节目。

从13日开始，新闻频道所有节目均围绕抗震救灾进行，及时关注前后方抗灾和奉献爱心的情况。

从14日先后派出5批11名记者奔赴灾区一线，新闻触角直抵汶川、绵阳、北川等地震的重灾区。他们冒着余震、泥石流、垮塌的危险，

深入震区，住帐篷、吃冷饭、熬夜加班，哪里最危险，哪里最需要，他们就往哪里赶。记者们克服重重困难，以极大的热情投入工作，在第一时间、第一现场，及时、准确、生动地报道了灾区的情况和广大军民抗震救灾的最新进展、最新动态。

16日，新闻频道节目全天开通，从早晨4点到第二天凌晨1点采取不间断直播的形式，播出《抗震救灾——我们众志成城》特别节目。直播调动了广播报道的所有手段，动态消息、电话连线、专家访谈等，全方位、多角度、大纵深地报道抗震救灾情况。首批3名记者到达灾区，陆续发回灾区一线的最新报道。仅16号上午，就播出前后方连线60多次，全天收到听众互动短信400多条。

从17日开始，特别节目还多次与中央电台、中央电视台新闻频道、四川电台、德阳电台并机直播，介绍前后方救灾情况、沟通救灾需求信息，并分批增派记者前往灾区进行现场采访。

本次地震报道大型直播是山东电台历史上规模最大、涉及范围最广、持续时间最长的一次。新闻频率紧急调动全频道各节目编辑、主持人，以接力形式、统一风格不间断直播，保证了抗震救灾的信息在第一时间、第一现场传播给山东听众。与此同时，经济、文艺、生活、交通、乡村、音乐频道纷纷调整节目设置，撤掉与抗震救灾不协调的广告和文艺、娱乐类节目，根据各自的受众对象和节目定位，注重与听众的交流和互动，同时反复播出抗震救灾公益广告，形成了抗震救灾宣传的浓烈氛围，唱响了团结一致、众志成城、不畏艰辛、奋力拼搏的主旋律。据统计，全台自5月12日以来共编发抗震救灾稿件15000多条，抗震救灾直播节目1000多小时，现场连线2200次，开创了山东电台对突发公共事件报道规模之大、跨度之长的先河。

二、即时播报、多点连线——彰显广播报道的优势和特色

在这次抗震救灾报道中，山东电台最大限度地张扬了广播的优势，特别是即时播报、电话连线作为广播媒体的看家手段在这次抗震救灾报道中发挥得淋漓尽致，使报道有声有色、有血有肉。

嘉宾做客直播间 从13日开始，山东广播新闻频道先后邀请了省地震局、省红十字会、省慈善总会、省青年志愿者协会、省武警总队等部门领导和专家，在“做客山东台”栏目中介绍有关情况、呼吁社会各界向灾区奉献爱心。一个多月来先后邀请嘉宾100多人参与抗震救灾宣传报道。省委常委、省军区司令员谈文虎少将先后两次与《直播山东》连线，介绍了省军区官兵参与救灾的情况；省红十字会副会长王志民先生抱病在工作人员的搀扶下来到《直播山东》直播间，向各界人士呼吁：伸出友爱之手，为灾区奉献爱心！

现场连线 充分利用广播便捷的传播方式，积极利用电话联线的方式，为听众提供最新、最真实的新闻。有与本台前线记者的连线，也有与当地电台记者的连线，更有与前方受灾群众、救援人员、志愿者的连线，用真实的力量感染听众，大大增强了节目的贴近性和时效性。

媒体联动 各频道积极与其他媒体寻求合作，实现媒体联动，形成传播合力。经济频道联手四川电台经济频道、四川青少年发展基金会，参与了6月1日全国23家经济电台联播的《共同努力，捐献学校——给灾区孩子献上节日礼物》特别节目，面向全国听众，为孩子们重建学校募集资金220万元。文艺频道携手新浪网、齐鲁电视台联合发起“绿丝带”救助地震孤儿活动。

短信互动 各频道的节目充分利用短信互动的优势，极大地调动了广大听众参与的热情。

一方面，听众通过短信传递信息、表达哀思、表达爱国热情、表达对祖国的信心；另一方面，短信通过广播传播出去又激发了更多人的积极参与，实现了媒体的高效互动，发挥了不可替代的动员和激励作用。

三、人文关怀、彰显责任——提升广播媒体社会公众形象

山东电台在忠实记录灾情、报道救援措施的同时，还充分利用广播优势，发挥出巨大的动员和组织作用，举办大型广播赈灾捐助活动，凝聚社会关爱和力量。

省电台记者赴川采访医疗救援队总指挥康永军

5月17日上午10点，交通频道携手蒙牛乳业、吉利汽车、长虹集团、迈高乳业等十多家省内外知名企业，举办大型直播节目《万众一心，情系汶川》，山东省红十字会、山东省血液中心现场发布了山东社会各界最新捐赠进展，山东大学、山东联合大学川籍师生代表以及交通频道全体信息员参加了特别节目并现场捐款。山东广播交通音乐之声全体主持人深情朗诵了《今夜，汶川无法入眠》、《送给天堂的孩子》、《生命的曙光》、《感恩总理》等救灾诗篇，讲述了发生在齐鲁大地的动人故事，表达了情系灾区的拳拳之心。四川籍大学生和驻鲁四川企业职工也通过特别节目向齐鲁人民表达了感激之情。青岛迈高乳业现场捐献了价值50万元的奶粉。漱玉平民大药房决定取消六周年店庆，并将店庆期间的营业款捐献灾区。吉利汽车表示，在一个月内，每卖出1辆汽车，就以客户的名义向灾区捐献100元钱。一家驻鲁川企当场宣布将免费资助20名灾区应届考生的四年大学的全部费用。烟台渤海集团制药有限公司主动和频道联系，要向灾区捐献105万元的救灾急需药品。

5月18日上午，新闻频道联合省红十字会、山东歌舞剧院、山东省京剧院、省武警总队文工团、山东大学等单位，在济南历山剧院举办了一场《抗震救灾，我们众志成城》赈灾捐助活动，这次活动接受的全部是热心听众的个人捐助。这次赈灾捐助活动接收善款44061.07元，该款通过省红十字博爱基金会，送往地震灾区。

在六一儿童节来临之际，生活频道联合山东航空公司、济南军区的“铁军帐篷学校”举办了“爱心飞越——为帐篷小学的孩子捐一份礼物”六一特别活动。在有限的两天时间里，就募集到了企业和个人捐献的运动服、书包、文具、彩笔、玩具、书、红领巾等近500公斤的物资。6月1日，赶赴灾区的频道副总监益民、记者王国策与济南军区某红军师的官兵们一起，在灾后第一所复课的学校——都江堰市的青城后山“铁军帐篷学校”为孩子们举办了捐赠仪式，并和他们一起度过了一个充满爱心的儿童节。

为了给地震灾区身体遭受创伤的伤残儿童一个完整的梦想、完整的生活，重新融入社会大家庭，文艺频道与齐鲁电视台联手，以最快的速度发起并推出“天使之翼”——救助地震灾区残疾儿童活动。此举引起山东省民政厅的重视，将救助肢残儿童单独列项，纳入了救灾

的项目之中。同时，文艺频道还携手新浪网、齐鲁电视台联合发起“绿丝带”救助地震孤儿活动，并为这个活动专门录制了一首歌曲《孩子别哭》，在全国20家电台进行推广，十几家电台加入了这次救助活动。

乡村频道《戏迷大擂台》节目联合济南市文化局、济南市曲艺团在大观园茗曲阁义演，从5月12日持续到18日，门票收入及所有善款通过济南市红十字会送往灾区。5月19日晚8点，乡村频道主持人组织频道部分听众参加了在济南泉城广场由群众自发组织的“亮十万蜡烛，照天堂之路”活动。

根据赛立信媒介研究调查公司结果显示：汶川大地震发生后的5月13日至19日，广播的接触率高达76%，这一数据较2007年全国广播接触率（59.2%）高出16.8个百分点。同时数据还显示，有超过一半的（53%）受访者主要是通过广播了解相关情况的，这个比例远高于报纸（35%）和手机信息（13%）。在这次抗震救灾宣传报道中，山东电台在确保正确舆论导向的前提下，快速反应，协调有力，不但取得了良好的社会效益，彰显了主流媒体应有的责任，各频道的收听份额也均有大幅度提升。据索福瑞收听调查显示，5月12日到5月31日山东台新闻频道的平均市场份额由5月1日至5月11日的5.48%上升到7.15%，相比较增幅在30%以上。山东广播经济频道报道抗震救灾相对集中的栏目《新闻大屏幕》、《民生三六五》、《财富早班车》和为抗震救灾特别开设的诗歌朗诵专栏《五月的感动》收听率和市场份额提升明显，其中《民生三六五》收听率提升了21%。

在媒体竞争激烈的今天，作为传统媒体的广播如何扬其所长，是每个广播人必须思考和面对的问题。在这次抗震救灾报道中，广播媒体的最迅捷、可移动、便利性的优势得以充分彰显。在突发事件信息全面公开已成为现实、公众对信息要求越来越高的今天，广播媒体要继续发挥“不可替代”作用，只有不断探索，创新报道方式，做强内容，才能继续在媒体竞争中续写辉煌。

依托电视核心资源　打造传媒产业链

——山东有线电视中心产业发展综述

王　英

电视传媒资源的产业化经营是国家做大传媒产业的战略规划。制播分离、网台分离再次成为广电改制的重点；数字电视及移动电视等新业务也在以产业公司的方式由上向下推动。在此背景下，如何适应时代发展的要求，增加自身的竞争力，是我们面临的一个紧迫问题。

我们将频道制的运作方式改为制作中心制，集中力量实行专业化制作：其中，文艺中心负责综艺节目策划制作，新闻中心负责新闻节目策划制作，影视中心负责影视剧宣传推广，广告中心负责整体广告营销。各个频道的拳头节目带动了“优质节目带”的形成：生活频道《生活帮》、《做客生活帮》、《八点听书》形成民生节目带，收视率在全省专题类节目中持续领先，生活频道成为山东第一家没有电视剧的互动频道；综艺频道《综艺满天星》、《派对》、《喜剧学院》、《非常娱乐》、《超级运动会》形成娱乐节目群；影视频道不断制造收视热点。三个频道逐渐成为强势频道，节目品牌开始形成，广告销售额持续增长。

在此基础上，山东有线电视中心确立了依托电视核心资源，进行多元化产业发展的基本思路：核心资源产业化运作，发展内容产业；将电视传媒与传统产业嫁接，发展相关多元化产业；建立传媒产业集团的框架，实现传媒产业的快速和可持续发展。在这一思路指导下，中心紧紧围绕电视主业，进行多方面的产业拓展。

一、做好电视内容产业的开发

改革节目制作运营机制，积极进行节目制播分离的探索，在满足本台播出的同时，面向市场发行，取得较好效果。古装方言情景喜剧《么都馆》、大型真人漫画短剧《麻辣大剧院》、娱乐节目《派对》已经发行到全国10多个省市电视台。FLASH动画片《娱乐双响炮》发行全国20多家省市电视台，收回70%的投资。

围绕电视节目内容进行衍生产品开发，将“生活帮”、“么都馆”、“山东大嫂”和“唐三彩”等节目品牌进行了保护性注册，“生活帮酒”、“生活帮”牌电压力锅和“山东大嫂”已经进行了品牌授权开发，其中“生活帮”牌电压力锅在乐拍商城创造了20分钟销售超千个的记录。

依托《假日旅游》栏目多年来积累的大量海内外旅游资源和旅游信息，成立山东龙视国际旅行社，进行旅游项目的开发和旅游线路的经营，与《闯关东》拍摄基地黑龙江锦和农场联合开发“闯关东”特色景区旅游。

二、参与数字电视频道的管理经营、数字电视网络及增值业务

数字电视发展迅速，山东目前数字电视用户已经超过260万户，山东有线电视中心管理经营三个数字电视频道，居家购物频道已经成功打造了乐拍商城；欢乐童年频道成功打造动漫制作、销售、播出平台；齐鲁剧场频道与山东影视集团等制作单位合作开展付费收视业务。

中心控股的山东龙视国际文化传媒有限公司获得了国家广电总局颁发的《网络视频经营传输许可证》。根据国家大力支持发展新媒体的规划要求，充分依托广电背景，开发视频内容，与技术公司、设备公司合作，共同开拓海内外网络视频内容经营。

中心管理的山东视网联媒介发展股份有限公司经营的数字电视业务取得新进展。济宁、泰安视通广电数字网络有限公司完成城区数字电视整体平移工作，迅速实现盈利。

三、建立新型的电视购物模式

山东有线电视中心拥有山东唯一经国家广电总局批准而设立的专业电视购物频道——居家购物频道。2006年，在充分进行市场调研的基础上，选定与上海冀捷文化传播有限公司合作，共同开发山东数字电视居家

居家购物乐拍商城呼叫中心

购物频道，组建了山东乐拍商业有限公司，中心占51%的股份。建设了亚洲最大的电视购物专用演播室，面积1200平米；成立了一个拥有250人的电话呼叫中心，专门负责用户竞拍订货、信息采集和意见反馈，被评为全国十大呼叫中心；建立了自己的物流仓储中心，避免了货物损失，提高了货款回收速度，目前，物流中心员工247人，14个配送点，车辆近200部，做出了“山东主要城市48小时送货到家”的承诺。

居家购物频道自2007年7月开始直播以来，当年完成订单销售额2亿元，最高日营业额达440万元。2008年实际销售额超过4亿元，实现盈利。运营山东乐拍公司，有线中心增长了电视购物的经营和管理经验，也增加了许多潜在的资源，如物流配送中心，实际上形成了一个快递公司的架构，并且有丰富的管理和配送经验，完全可以对外承接业务；还可以通过品牌授权的形式，开发制造自己的产品在乐拍购物销售。

四、积极参与山东动漫市场的发展

有线中心发起承办了山东国际动漫艺术节暨中国山东国际玩具节，在烟台动漫基地设立动漫制作中心，充分利用当地的地理条件，与日韩动漫人士交流，学习他们的理念和经验；争取政府扶持资金，完成资本积累，招揽创意人才，争取更多项目。

与国内主要的动漫企业进行战略合作，建立了集动画片播出、动漫互动、玩具销售为一体的“炫玩部落”业务。在全省设立“炫玩部落玩具连锁店”，实行品牌加盟销售。

充分开发数字电视欢乐童年频道，用专业媒体频道搭建山东动漫产业平台。从动画片播出、制作，到衍生产品的销售，再到动漫产业平台的搭建，一步步拓展了动漫产业的业务范畴。

五、介入演艺产业

山东有线电视中心尝试打造演艺产业链。一是利用选秀栏目《综艺满天星》发现和培养演艺人才；二是演员歌手的经纪业务；三是系统组织演出、演艺活动，“唱响山东”每年十几场演出；主办、承办了张信哲济南演唱会、张学友济南演唱会、郭德纲德云社济南相声专场（策划了“情人节”主题，最高票价卖到了99999元）。这些演员和演出活动，又充实了电视节目。

与山东省文化厅联合运作大型演艺项目中国戏曲服饰意象艺术展演《大羽华裳》，无论晋京演出，还是参加香港回归十周年庆典，以及在山东的多场演出均获得巨大成功，现与美国演出商达成演出意向，将在美国12个城市进行巡演，集中演出近100场，正在洽谈日本巡演和欧洲巡演。有线中心创办的全球华人网络春节文艺晚会已经连续举办三届，以纯娱乐、纯生活、纯时尚的概念获得成功，逐步开拓了海外市场。

山东有线电视中心几年的产业化实践活动，始终是围绕电视核心资产进行开发，打造核心竞争力，探索产业化运作机制。在核心资产产业化运作的基础上，逐步进行相关多元化的发展，为更好地运作这些不同的产业项目，山东有线电视中心控股、管理10个文化产业公司，以山东龙视天下传媒有限公司为母公司，控股山东龙视国际文化传媒有限公司、山东乐拍商业有限有公司，管理山东视网联媒介发展股份有限公司，各个公司再控股下属产业公司，初步形成了产业集团发展规模。如果政策许可并得到核准，可以剥离出可经营资产上市融资，可以借助美国泰山电视台（海外频道在美国的呼号），进行产业扩张，开展国际传媒业务。有线电视中心将进一步推进业务整合，实现资源优化配置，实现产业高速发展。

推动改革　锐意创新

山东广播电视报刊中心
山东鲁视传媒有限责任公司

为了响应中宣部、新闻出版总署及山东省委、省政府的号召，加快文化事业单位体制改革的步伐，推动文化产业发展的精神，山东广播电视报刊中心抓住机遇迅速行动，在2008年通过积极运筹，在国家政策许可条件下，引进战略投资，将传统媒体的事业化经营模式转变为完全企业化经营的新模式，适时成立了山东鲁视传媒有限责任公司。

一、转变理念，推动体制改革

随着新媒体的快速发展，传统媒体的市场份额及营利空间越来越小，继续延用传统的思维模式和传统的经营方式势必越走越窄，甚至难以生存。尤其是市场类刊物，既没有政府行政职能渠道方面的帮助，也没有信息资源的独家占有。

如何解决这些问题？和许多市场类刊物一样，广电报刊同样面临发展瓶颈和障碍，一是内部体制机制存在问题，二是外部竞争环境存在压力。

内部体制、机制的落后导致了员工工作热情低下，外部优秀人才无法进入，同时，事业单位的级别工资制又制约了分配的合理性。而外部的环境竞争则又导致了内容资源短缺匮乏，市场份额随着细分化逐渐萎缩，业绩下滑，收入降低，优秀员工人心不稳，平庸员工惰性更强，导致了逆淘汰现象出现，以上诸多因素最终造成了事业发展的恶性循环。

面临这样的困境，我们的做法是：盘点资源、查找问题、寻求方法，冲出困境。

根据我们所辖报刊的定位和方向，我们充分认识到内部机制是制约生产力发展的主要问题，渠道建设是报刊发展的制胜终端，解决内部机制就需要体制变革，建设渠道就需要资金投入，围绕这两个关键点，我们就不断在投融资领域广泛接触和交流，直到寻找到与我们志同道合的投资商，在符合国家法律法规的前提下达成了双方互惠共赢的合作协议。这项工作从筹备到签署协议完成用了近两年时间，于2008年7月正式通过省财政批复和完成工商注册工作，正式由山东省广播电视总台和某民营企业两家股东发起并成立了山东鲁视传媒有限责任公司。

二、理顺内部结构，建立现代企业制度

通过股份制公司的成立，理清了产权关系，明确了责任和义务，充分调动了股东和员工的工作热情，为了大家共同的利益而努力工作成为所有人的共识。

根据自身的业务特点，挑选了比较重要又比较紧急的内容，即计划管理体系、控制执行

体系、薪酬分配体系这三个主要体系进行了构建及完善。

通过围绕这三个体系的构建，经过近半年的情况摸底和市场调研，我们委托第三方机构（专业咨询顾问公司）与我们组成了体系构建工作小组，共同制定并完成了“鲁视传媒构建管理体系提升管理能力”的项目。

1. 管理体系的构建

主要包括建立管理沟通语言，提高管理沟通准确性及效率；对内部管理文件进行分类、制定编码规则、文件登记、存档、发送、执行、更改保密等作出规定；根据公司的业务流程及分工合作的结构建立组织结构图、岗位结构图。

组织结构：设立鲁视传媒有限责任公司股东会、董事会、监事会、薪酬考核管委会、工会五个决策部门；下设编务中心、广告策划中心、发行营销中心三个大部门，再加上由董事会直属的财务部、综合管理部构成公司主要架构。

岗位结构：设定公司董事长、总经理、副总经理、副总编辑、工会主席、监事会主席，组成公司决策层；由三个中心下属的各部门主任组成公司中层管理岗位；各部门员工形成基础岗位。

2. 薪酬体系的改革

通过对员工各岗位的价值评估，参照各媒体财务运营数据及公司利润，制定出新的岗位工资制。

基本原则是：以不降低员工现有薪酬总收入为原则，本着轻薪重酬的理念，以人性化的薪酬结构为导向；以岗位价值为导向，对高价值岗位大幅度激励；薪酬体系要与公司收益、绩效考核关联，实现公司的战略目标、规划实施、执行效果与员工工作效果相关联。

3. 绩效考核体系的完善

绩效考核体系是对员工工作有效性的评价体系，通过系统的方法、原理来证明和测量员工在岗位上的工作行为、工作效率及工作效果，是将企业的战略目标、规划实施、执行效果与员工工作效果相关联的体系。从财务、客户、内部运营、学习发展四个不同维度，将企业目标与考核指标有机关联，从而实现对企业业绩进行全方位监控与管理。

三、制定公司发展战略，提升经营应变能力

通过对传统媒体资源的深度开发，以传统媒体经营为核心，延伸和发展产业链，做大做强了我们拥有的传媒平台。

公司整体的战略宗旨是：传媒整合之道，互动共赢未来。围绕这一宗旨，主要做了以下几方面的努力和尝试：

1. 依托传统媒体，推出“家”概念

通过《山东广播电视报》这个核心媒体，与省、市电台、电视台、影视集团进行资源共享、经营互动，在媒体整合营销方面推出“家”概念。

因为我们所拥有的媒体从《时代影视》的十四五岁的受众群到《视周刊》的主流消费群，再到《山东广播电视报》的中老年读者群，完整地覆盖了14岁至60岁的读者。因此，在销售渠道上：

（1）全力打造“家”联盟：从现有邮局主渠道到二渠道，再到定向投放的各类主流消费场所，如已启动的60余家药店、30余家加油站、100余家娱乐场所、30余家酒店等。预计将在来年完成1000个定向投放终端。

（2）适时推出“家”社区：联合当地相关部门在济南市30余个入住率较高的居民小区，

以精神文明共建方式推出1000个阅报栏、公示栏、灯箱，将我们的产品放在“家”门口，并在相应媒体上开辟“家”社区专版。

2. 延伸产业链，创新赢利模式

借助平面媒体业务优势，由编辑部门的专业摄影记者创立了影像中心，美编组成立了包装制作中心，品牌推广部成立了演艺中心等，在为所辖媒体服务之余，对外营业，创造新的赢利点。

3. 扩展媒体资源，提升抗风险能力

除了与电视台资源互动以外，还开展了电视广告代理业务，并购买了京沪高速部分路段户外路牌广告经营权、济青二线隧道口及路牌经营权。

经过这一系列尝试和变革，我们更为清醒地意识到，在当前平面媒体经营艰难、市场份额急剧下滑的大环境下，只有不断寻求新的媒体资源，拓展新的赢利方式，才能在市场的浪潮中占有一席之地。

青岛广电媒体奥帆宣传报道实现新的跨越

青岛市广播电视局

在青岛市委、市政府的正确领导下，在青岛市委宣传部、青岛奥帆委的直接指挥下，青岛市广播电视局全力以赴，迎难而上，以昂扬的精神状态、过硬的工作作风和一流的工作业绩，出色完成了奥帆赛和残奥帆赛重大宣传保障任务，得到了上级党和政府的充分肯定。青岛市广播电视局被省委省政府评为奥帆赛和残奥帆赛宣传先进集体，广播电台被中华全国总工会授予“全国五一劳动奖状”，电视台新闻中心被授予“全国工人先锋号”，电视台主持人朱月明被授予“全国五一劳动奖章”，电视台技术中心和有线网络工程部被市委市政府评为突出贡献单位，王玮等11人被评为突出贡献个人。

一、主要做法

1. 开办多个特色专栏专题，报道内容丰富精彩

电台各频道打破原先节目格局，将“奥运元素”贯穿于全天各时段中，形成以新闻频道和音乐体育广播“奥运之声”为主，经济、文艺和交通频道联动共振的整体宣传架构，滚动式、不间断播报奥运资讯，各类奥运节目的播出时长占到全天总量的70%。电视台新闻综合频道集中力量开办《动感08》栏目，实施全天候报道、全方位解读；都市奥帆频道全力推出《与奥运同行》栏目，搭建每天10小时直播平台，开创了青岛电视史上连续直播周期最长的记录；生活服务频道全面调整节目，在《生活在线》、《新说法》等栏目中增加奥运版块。广播电视报开辟《观战特刊》和《迎奥特刊》，青岛传媒网开辟《奥帆点对点》和《奥运第一线》专版。广电各媒体以精彩的宣传报道和科学的节目编排，为全市人民奉献了赏心悦目的视听盛宴。

2. 突出现场直播和前方连线，争抢“第一时间”报道

为更好地将奥帆赛事以最快速度传递给岛城市民，电台、电视台克服种种困难，采用最先进的技术装备，投入巨资购买BOB的公共信号，实现了奥帆赛全球转播史上第一次全程直播，两台共完成开闭幕式和资格赛、奖牌轮直播报道300多个小时。8月14日晚18点张娟娟获得青岛首枚奥运金牌，两台都在直播节目中立即连线正在现场的记者采访张娟娟，第一时间报道了她实现青岛奥运金牌零的突破后青岛各界的反响。

3. 开辟北京演播室，实现奥运报道“零距离”

奥运前夕，电台抽调10名采编播骨干，组成赴京报道团队，在中国国际广播电台内设立大型直播室，自8月1日起，全天滚动直播四档280分钟的特别节目——《这里是北京》，拉近了青岛与北京之间的距离。电视台派出8名记者、主持人，与全国14个城市电视台在“鸟巢”对面火炬大厦内设立“北京演播室”，联合推出《奥运大中国》节目，每天回传60分钟节目，为岛城市民奉献了独特视角的全面奥运报道。

青岛电台北京直播室

4. 注重媒体间协调配合，发挥报道立体效应

第一，广播、电视与广播电视报、传媒网站相配合，声频报网联动齐奏奥运主题曲。第二，新闻节目与专题节目相配合，使报道既有宽度又有深度。第三，中外语种相配合，充分体现奥运宣传的国际化特色。第四，授权频道与未授权频道相配合，充分发挥辐射功能。电台新闻、音乐体育等频道被授权使用中央台的信号；青岛电视台都市奥帆频道作为中国内地唯一经过授权的可以直接使用奥帆赛信号的电视媒体优势，不仅将节目资源共享给电视其他频道，进而向北京、向全国乃至全球辐射。第五，加强与中央和省级媒体的协调配合，外宣发稿达到新高峰。据不完全统计，自2003年以来，两台在中央电台和中央电视台播发有关奥运奥帆的报道达3046篇，其中仅奥帆赛期间，我局在中央台的发稿量就达到372篇，中央台现场直播奥帆赛事节目累计3个多小时，使奥帆赛盛况和青岛城市魅力得到有效传播和彰显。中宣部《新闻阅评》认为：北京奥运，不仅主赛场精彩，青岛分赛场也同样精彩。特别值得称颂的是，今年两次火炬接力、4次开闭幕式直播，广播电视倾尽全力，精心组织、周密部署、反复演练，向全市、全省、全国提供了优质信号和优美画面，全面展示了青岛作为奥运城市的魅力，引起强烈反响。

二、主要经验

1. 牢牢把握正确舆论导向，以科学发展观统领全局工作

青岛市广播电视局始终将奥运宣传作为重要政治任务向前推进，秉承“绿色奥运、科技奥运、人文奥运”三大理念和“更快、更高、更强”的奥运精神，牢固树立全面协调可持续

的科学发展观，坚持正确舆论导向，以发展为主题，以宣传为中心，以安全为保障，以数字化、网络化为主线，兼顾广播与电视、无线与有线、事业与产业、传统媒体与新媒体的协调发展，兼顾速度、质量和效益，各项事业取得长足发展。在筹办工作中坚持节目宣传与技术进步相协调，在技术装备更新中坚持先进性与实用性相结合，适度前瞻、量力而行，既注重满足当前实战需要，又着眼于日后长期利用，为圆满完成奥运会奥帆赛等重大任务宣传奠定了扎实基础。

2. 举全局之力谋大局、办大事、成大业

奥帆赛、残奥帆赛宣传工作中，坚持正确理念，总揽全局、集中精力、统筹推进；整合各方资源，形成强大合力，依靠团队力量完成艰巨任务。局党委加强组织领导，实行科学决策，党委成员坐镇一线靠前指挥，全面实行赛时体制；抽调专人组建奥宣指挥部办公室统一调度，协调各方，有条不紊推进各项工作；各部门各单元密切配合，协同作战，宣传技术一线在前冲锋陷阵，安全后勤保障在后全力支持，各环节运转流畅，前方后方一盘棋，切实做到领导到位、部署到位、配合到位、督查到位，保证了重大任务的圆满完成。

3. 坚持解放思想，改革创新，与时俱进

青岛市广播电视局在工作理念和思路上大胆探索，在内部体制机制上锐意创新，积极进行组织架构的撤并转换、业务单元的组合调整以及资源配置的整合优化。通过改革，广播电视生产力得到解放和提高；通过创新，各项工作开展获得了充足动力。中心频道制的改革，极大推动了节目创新，奥运宣传中许多令人眼前一亮的节目形态和报道样式明显提升了宣传效果，多元化的奥运节目报道为各频道、各栏目提供了更多选择和机会，成为跨越和转型的重大机遇。技术装备和转播手段的创新，实现了多角度、全方位的海陆空立体直播，也成就了奥帆比赛首次全程直播这一全球创举。

4. 坚持以人为本，发挥高素质人才作用完成艰巨任务

在迎奥宣传工作中，青岛市广播电视局共组织管理人员和业务骨干50多人次赴悉尼、雅典、巴塞罗那等奥运举办城市进行实地考察、技能学习和外语培训，选派120多位编辑、记者、主持人到国内国外著名高校培训深造，先后举办处级干部培训班十余期，邀请各方面专家到我局举办各类奥运宣传培训、报告会、讲座等95场次。奥帆赛期间，两台派往前方可以用外语直接采访的记者达到20余人；有6名技术骨干到BOB帮助工作，圆满完成了各项任务，得到BOB领导的充分肯定。

5. 借势、借力，整合外部资源营造成功局势

青岛市广播电视局借奥运奥帆之机，推动各项事业阔步前进。一是借“数字奥运”之势，青岛有线电视数字化得到飞跃式发展，形成“青岛模式”在全国推广；二是借“高清奥运”之势，青岛广电数字音频转播车和高清电视转播车得以顺利引进，青岛广电技术实力大幅提升；三是借奥帆赛之势，青岛移动数字电视取得长足发展，进一步开辟了广阔空间。青岛电台加入了中央人民广播电台发起的“全国奥运广播联盟”，成为国际广播电台的一级合作伙伴，借助两大中央媒体平台，共享了两大持权转播商的奥运报道核心资源；青岛电视台充分发挥全国城市电视台整体协作优势，整合全国15个城市电视台的资源，成功化解了没有注册记者在京采访的劣势，以很小的投入取得了很好的宣传效果。

以改革调整实现跨越发展

济宁市广播电视局（台）

济宁市广播电视局（台）坚持以科学发展观为指导，积极探索广播电视可持续发展之路，从改革调整内部管理体制机制入手，对用人、分配、考核、奖惩等机制进一步深化改革，对节目进行了大幅度的改版，在盘活资产、广告经营和产业发展上实行企业化运作。改革调整以来，济宁市广电系统发生了巨大的变化，对上对内宣传全面开花，经营创收持续攀升，节目的策划制作日益精良，无论是从系统的运营管理，还是节目栏目的生产制作，都达到了前所未有的新高度，全局（台）上下人心思上、人心思干、上下同欲、共谋发展，呈现出蓬勃发展的良好局面。

一、改革调整的主要做法

济宁市广电局（台）新一届党委认为：要做好新形势下的广播电视工作，必须深入贯彻落实科学发展观，确立节目立台、经营富台、人才兴台、创新强台的理念，实现由代表党委政府管理广电到代表党委政府经营广电的转变，要遵循广播电视发展的内在规律，牢固树立发展、竞争、经营、市场、效益等观念，在用人、分配、考核、奖惩等内部管理机制方面建立起一整套科学、规范、精细、合理的制度和办法，更好地激发干部职工的积极性和创造力，提高工作效率和管理水平，提高经济效益和运行质量，实现广电传媒资源价值的最大化，促进广播电视事业产业的科学发展跨越发展。

1．调整内设机构和管理体制

成立人力资源部，实现了由原来单纯的人事劳资管理向人事、薪酬、劳务、考核、奖惩、培训等现代人力资源管理的转变。成立大活动部，整合广播电视相关资源，走出了一条以活动带宣传、以活动促创收的新的宣传经营模式。成立老干部科，加强了对老干部和离退休职工的服务管理，稳定了老干部队伍。组建济宁新闻网站，打造济宁市更新速度最快、信息量最大，集平面媒体、音视频于一身的最具权威的大型网络新媒体，与广播、电视、广电报一起构建起四位一体的宣传经营新格局。在后勤服务方面，把大楼安保、保洁、空调等服务项目推向社会，实行了市场化、社会化运作；设立物资管理机构，对全局各类物资器材实行统一采购、扎口管理；成立公务车辆管理机构，对所有公务车辆实行统一管理，对维修、油料、保险等实行统一招标。

2．改革内部运行机制

为激发职工热情，调动职工工作积极性，着重进行了人事制度和分配制度的改革。在人事方面，打破了身份界限，实行了局台和中心“两级聘任、两级管理”，推行全员聘用制，管理层实行聘任制，完成了中层干部的竞争上岗和一般职工的双向选择。在承担经营创收任务的网络中心、广告中心、广电报社等单位内部实行企业化管理，打破现有工资制度，实行岗位绩效与分配挂钩。电视实行了中心主任领导下的板块节目总制片人制，设立了《直播济宁》新闻大板块、社教节目大板块和生活文艺节目大板块，推出了一系列全新栏目，自办节目时间由原来的75分钟增加到120分钟。

全局第三季度工作总结暨改革调整动员大会

二、改革调整取得的成效

不断革除陈旧的体制机制，开发了广播电视自身发展的潜力，一系列改革的成果逐步显现出来。

一是宣传工作成绩显著。在对上报道方面，保持了强劲势头。广播中心在省电台发稿得分1812分，获全省17市电台对上发稿第二名的好成绩，共有22条重点稿件在省电台新闻节目中头条播发，6篇系列报道及50余条重点录音稿件提要播发；在中央台播放稿件15篇。电视中心在山东卫视各栏目播出新闻近千条，在中央台发稿近百篇，12月份以来，咬住省台《新闻联播》栏目不放松，通过抓通联、抓重点、抓质量，发稿力度明显加强，基本做到了《新闻联播》天天都有我市的新闻稿件，实现了对上发稿的历史性突破，有力地提升了济宁城市形象，扩大了济宁对外影响力。节目创新、精品创作方面迈出了新的步伐。广播正式启动了收听率调查，对各系列台进行了重新定位、改版，节目专业化越来越强；电视成功完成了各频道的整体化系统包装，地域文化特色更加明显，荧屏形象有了质的提升；广电报不断加大改版力度，加强了与优势媒体的合作，内容越来越丰富，信息量、可读性逐步提高，影响力不断增加。广播电视在全市人民中的形象不断提升，社会影响力日益扩大。

二是经营创收增幅明显。2008年经营创收超过1.2亿元，超额完成全年任务，比上年增长1308.24万元，增长12.2%，可用财力达到3500万元。

三是事业建设扎实迈进。一是农村广播电视村村通建设步伐明显加快。积极争取省市配套资金840万元，累计投入1920万元，架设杆路1042.85公里，敷设光缆2639.2公里，使全市384个20户以上广播电视"盲村"通达了有线电视。在我们直接管理的任城区，杆路入村率达到了100%，新发展用户10050户，使总户数达到了7.74万户，入户率达到了56.87%，超额完成了全年目标任务。广播电视无线节目覆盖水平进一步提高，全年共安装电视发射机2套、广播调频发射机1套，圆满完成了中央台节目无线覆盖工程，实现了中央电台第一套节目和中央电视台第一、第七套节目对全市农村地区的无线有效覆盖，广播电视人口综合覆盖率达到97%以上。二是有线电视数字化整体转换力度进一步加大，基本完成了市区的有线网络改造，全年新推广数字电视用户45550户，总户数超过15万户；各县市有线电视数字化合作模式已达成共识，整体转换工作步入正轨，正在陆续启动。三是采编播设备进一步完善，全年累计投资超过1000万元，新购置广播转播车、新闻移动电视直播车各1辆和一批数字调音、采访设备，200平米演播室通过总局测试验收并正式投入使用，宣传工作的现代化水平又上了一大步。四是基础设施建设取得重要进展，启动了广播电视综合服务中心项目。

枣庄市强化“四个坚持”着力打造影视产业大市

枣庄市广播电视局

近年来，枣庄市深入挖掘历史文化资源，大力发展影视剧创作，着力打造“影视产业大市”，自1993年以来，先后拍摄各类影视剧20多部200余集，多次获中国电视“金鹰奖”、大众电视“飞天奖”，连续八届获得山东省“五个一”精品工程奖，连续十一届获得山东省优秀电视剧奖。2007年拍摄的电视连续剧《铁道游击队》获全国“五个一”精品工程奖。大量精品电视剧的创作生产，有力推动了枣庄市文化大发展、大繁荣。

一、坚持正确的创作方向，突出地域特色

枣庄悠久的历史，丰富的人文自然资源，为影视剧创作提供了得天独厚的素材。一方面，立足本地，突出地方特色，所创作的大部分电视剧都坚持在地域性上做文章。《东方商人》、《匡衡》、《民国大劫案》、《铁道游击队》、《小小飞虎队》等都取材于本地历史人物和重大历史事件；“大山三部曲”《山魂》、《山爷》、《山的女儿》则以山亭革命老区为背景，通过故事情节的曲折展开，成功地将剧中人物命运和情感与建设新山区、改变恶劣生存环境紧密联系起来，拍摄环境、演员选择、道具使用都有很强的地方特色，表现了枣庄人民拼搏奋进的时代精神。另一方面，坚持“二为”方向和“双百”方针，拍摄了一系列题材各异、风格不同的影视剧作品，题材涉及历史、农村、军事、金融、公安、教育等社会方方面面，把党的方针政策和广大人民群众的精神文化需求结合在一起，真正做到了贴近群众、贴近社会、贴近生活。

二、坚持市场化运作，提升发展活力

枣庄电视剧的生产创作从最初的“一穷二白”，到今天的精品佳作不断问世，其中一个重要原因就是抓住了市场这个“看不见的手”。面对新的挑战和发展机遇，采取“走出去、请进来”的方式，想法设法与强势媒体联合，与投资商合作，多渠道、全方位抓好电视剧生产。先后联合广东中山实业公司拍摄了20集电视连续剧《民国大劫案》，与山东电影电视剧制作中心联合拍摄了35集电视连续剧《铁道游击队》，与山东天麦文化传播公司联合拍摄了31集电视连续剧《红灯记》。三部剧集共吸引外资4000多万元，并对电视剧发行的市场化运作进行了有益的探索，积累了大量宝贵经验。目前，《铁道游击队》已在全国20多家卫视台热播，投入1700多万元，纯利润2000万元。《红灯记》卫视台播出权被江苏卫视独家买断，实现了经济效益和社会效益的双丰收，为今后进一步搞好电视剧拍摄、制

作和发行打下了坚实基础。

三、坚持超前思维，抢抓发展机遇

2008年7月，在充分调研、论证的基础上，成立了枣庄微山湖影视文化传播有限公司，为一大批“思想精深、艺术精湛、制作精良”影视作品的创作提供了广阔平台。公司成立以来，邀请国家、省级专家多次召开研讨会，对50集大型电视连续剧《大窑门》进行集中论证，对剧本大纲征求意见、进行修改完善。这部反映煤矿企业、民族企业发展史的长篇巨制，由国家一级作家、电视连续剧《天下粮仓》作者高峰担任编剧，八一电影制片厂著名导演赵继烈出任总导演、艺术总监，将于2009年开机拍摄。30集电视连续剧《车神奚仲》目前已完成剧本大纲创作并报广电总局备案。《小小飞虎队》、《血战台儿庄》、《运河支队》等重点剧目也已进行初步论证，计划2009年推出。30集电视连续剧《台儿庄》的拍摄，已纳入市委、市政府重点工程，陈伟市长指示由市财政重点投入，计划于2009年9月开机。同时，作为纪念建国60周年献礼片，枣庄电视台和山东电影电视剧制作中心联合摄制30集电视连续剧《小小飞虎队》定于2009年初开机，并将于下半年在中央电视台黄金时段播出。

四、坚持人才是第一资源理念，增强发展的可持续性

近年来，坚持多层次、多渠道培养、引进高层次专业人才，制定了一系列人才培训和引进政策，多次选拔人员到大型电视台进修、观摩、学习，培训和引进了一批高层次的创作人才、管理人才和经营人才。同时，重点挖掘、鼓励、培养一批70后、80后的优秀人才，形成了影视剧创作的人才梯队，增强了事业与产业的发展后劲。目前，枣庄已经建立了一支相对稳定的影视剧生产创作队伍，创建了一个遍及全国的演职员网络，摸索出了一条以电视剧项目实施为带动的人才培养机制。

做大做精大型活动　提升主流媒体形象

日照广播电视台

近年来，日照广播电视台以自主创新的品牌大型活动为重要载体和突破途径，创新形式，设计载体，整合资源，打造品牌，走出了一条加快发展的创新之路，大型活动成为日照广播电视台鲜明的特色品牌。2007年以来，日照广播电视台紧紧围绕党和国家的大事，紧贴全市经济社会发展的实际，策划组织了各种各类大型活动100余场，大型活动闪光点不断，亮点频出，精彩纷呈，增强了媒体的喉舌功能、文化功能和产业功能，赢得了社会各界的广泛赞誉，实现了社会效益与经济效益的双赢，树立了主流媒体社会形象。

一、大型活动创新了广播电视服务大局工作的内容和路径，提升了舆论引导力，媒体的喉舌功能实现新突破

我们在实践中深刻体会到，抓宣传就要抓项目，策划项目既要紧扣主题，又要贴近百姓生活，才能取得实效，才能有效地把人民群众的注意力和兴奋点吸引到党委政府的中心工作和重大决策部署上来。近年来，我们把举办主题大型活动作为围绕中心工作、创新宣传形式，提高舆论引导力的重要途径，充分发挥大型活动的集中性、现场性、参与性、互动性等优势，积极服务全市工作大局。

2008年是纪念改革开放30周年，日照广播电视台抢抓纪念改革开放30周年的机遇，早动手、早策划，集中优秀编导、摄像和电子编辑人才，摄制播出了12集电视系列片《日照东方》，打造了日照历史上第一部跨度时长30年的影像志，移交市档案馆入档久存，并被中国广播电视协会评为中国纪念改革开放30周年电视纪录片银奖；还精心策划组织了纪念改革开放30周年《推进日照经济社会发展的30位风云人物》、《日照制造·日照品牌》评选活动，以不同人物、不同企业为视角，充分展现了改革开放30年来日照经济社会取得的巨大成就，极大激发了全市上下实现跨越发展、和谐发展、科学发展的信心和决心，引起了强烈的社会反响。《日照东方》、“纪念改革开放30周年——推动日照经济社会发展的30位风云人物评选活动”被评为日照市2008年度全市宣传思想文化工作最具影响十件大事之一和宣传文化系统创新奖，这成为日照广播电视台近年来贴近中心，服务大局，打好主动仗的典范。

2008年5月12日，四川汶川大地震发生后，日照广播电视台迅速行动，在常规宣传迅速跟进的同时，于5月22日率先在全省举办了长达2个小时的“情系灾区、奉献爱心——日照市对口支援灾区绵阳市慈善募捐晚会”。从筹备到播出仅用了5天的时间，现场一次募捐2200万元。晚会还在山东有线电视台进行了实况转播，走在了全省前列。此次晚会有力配合了市委、市政府提出的“为抗震救灾献爱心，为发展稳定做贡献”的主题，在全市掀起了支持支援抗震救灾的高潮。这是日照广播电视台围绕中心，服务大局，集中全台力量办大事，以大型活动形态的创新，提高宣传实效，主动服务大局的成功实践。

二、大型活动提供了优质的文化产品，丰富了群众的文化生活，媒体的文化功能得以进一步彰显

广播电视不仅是党委政府的喉舌，还承担着为人民群众提供优质精神产品，丰富群众文化生活的重要任务。日照广播电视台在不断丰富荧屏声频的同时，面向市场，整合资源，努力提升大型活动的文化功能，不断满足市民群众日益增长的艺术、娱乐和休闲需求。

2008年9月，山东省第二届泳装、沙滩装模特电视大赛，在日照万平口广场精彩上演，来自全省17地市的100余名佳丽云集在美丽的日照海滨，吸引了数万名来日照观光旅游的游客，迄今已举办两届。这是日照广播电视台以突出水运文化为主题倾力打造的文化盛会，充分展现了日照“年轻、时尚、活力、动感”的魅力特色，成为日照一张独具特色的旅游文化亮点。

由日照广播推出的《唱响日照》广播歌手进社区、进校园系列活动以“全面参与、陶冶大众”为理念，把歌唱舞台搭到了社区、厂矿、学校、军营、乡村，也搭到了听众朋友身旁。活动开办两年来，火爆程度不减，共举办近50场次，累计参与报名的选手超过6000人，现场观众达5万多人。这项活动在全体市民中形成了广泛的群众基础和社会影响力，持续催生和放大了日照广播的品牌效应，是日照广播以

开放性思维办“办看得见的广播”的一种新探索，也是大型活动彰显文化功能的一次积极探索。

此外，每年还举办日照市电视模特大赛、时尚生活摄影大赛、歌唱大赛、诗歌散文书画大赛、戏曲票友大赛、金话筒主持人大赛、新春音乐会、五一劳动节晚会、六一儿童节晚会、十一国庆节晚会、记者节晚会、各行业各系统元旦晚会、周年庆晚会、新产品发布会、以及承办各种知识问答、体育赛事等晚会、活动近50场次。这些文化活动、赛事进一步丰富了市民的精神文化生活，给市民提供了高水准的文化消费，为普通市民提供了展现自我、丰富自我的舞台。

大型活动依托广电独特的媒体优势，坚持强力推进市场化运作，整合演艺市场资源，依靠自身力量，以制造文化事业事件的方式，为市民群众提供了更为丰富的精神产品和文化消费，不仅进一步彰显了广电媒体的文化功能，而且为城市创造了生机和活力。

在日照万平口景区举行“淮海经济区城市电视台经联体春季房车展暨滨海文化名城日照市春季房车展”

三、大型活动创新了经营理念，转变了增长方式，成为产业经营的强势平台，媒体的产业功能有了新突破

媒体的产业发展水平在某种程度上取决于整合资源的能力。大型活动在整合资源、品牌建设以及提供个性化、专业化服务方面具有明显的优势。近年来，日照广播电视台坚持以活动开发市场，以活动创造需求，以活动发展客户，并努力做到“单个活动品牌化、品牌活动系列化”，使大型活动成为整合资源、建设品牌、转变经营方式、调整产业结构的强势平台，提高了广电产业规模化、集约化、专业化的水平，带动了产业经营总量迅速扩张，实现了跨越式发展。

随着经济社会的快速发展，房产、汽车行业是广告市场上的一块大蛋糕。面对不断升温的房产、汽车广告市场，日照广播电视台打破日照市以往房展、车展分开办的常规做法，围绕整合房地产、汽车广告市场资源，于2008年五一期间，联合淮海经济区城市电视台经联体24家城市电视台，在万平口广场精心策划举办了“日照市首届春季房车展”，展会盛况空前，吸引了13家房地产开发商和22家汽车及相关产业经销商加盟。活动期间共有来自全国各地的及淮海经济区游客及本地市民20多万人次前来看房购房、选车买车，展会共成交住房100余套、车辆200余台，在百姓和房车商之间搭建了一个双赢的平台。2008年10月，日照广播电视台又顺势推出了第二、三届房车展，展会火爆程度均超过了以往。在大力扩展房车广告市场的同时，日照广播电视台又积极主动寻求广阔市场空间，创新举办了日照市一、二届节能及环保产品展销会。三届房车展、两届节能及环保产品展销会充分彰显了广电媒体的品牌价值和专业服务能力，30多家房车商、40多家节能环保产品经销商主动与日照广播电视台结成稳固的伙伴关系，开辟了房车及节能环保产品广告市场的新局面。在举办系列展会的同时，日照广播电视台还充

分发挥多媒体宣传优势，在声屏报网对各参展商进行系列展播、推介以及诚信商家评选等系列配套活动，赢得了客户的高度评价。

在房车展、节能展的大型活动拉动下，日照广播电视台创收持续增长，2008年大型活动经营总量比上年翻了一番，对产业总量的贡献份额迅速扩大，不仅有效改善了产业经营结构，推动了产业经营方式的转变，而且使媒体的产业功能得到了进一步提升，探索了一条媒体产业发展的新路子。

目前，大型活动已成为日照广播电视台主题宣传和产业经营创新的重要载体，成为凝聚人心和鼓舞士气的重要抓手，全面提升了日照广播电视台的舆论引导力、资源掌控力、市场竞争力和社会影响力，从而为广电媒体的更好更快发展提供新的启示。

多手段提高办报质量 全方位推动报社前进

临沂广播电视报社

2008年，临沂广播电视报社坚持解放思想，理清思路，团结一致，拼搏进取，扎实推进各项工作，在面对多家媒体激烈竞争的情况下，很好地完成了各项工作任务，保持了良好的发展势头。

一、坚持正确的舆论导向，努力提高办报质量

《临沂广播电视报》一直牢牢把握正确舆论导向，紧紧围绕市委、市政府的中心工作，唱响主旋律，打好主动仗。2008年5月9日，临沂市委常委、宣传部长丁凤云对临沂广播电视报围绕中心、服务大局、积极参与文明城市创建宣传工作，给予充分肯定。加强报纸的采编质量，重视策划，每期报纸都要精心采写、编辑好每一篇稿件，加大了报纸的可读性和信息量，《临沂广播电视报》在2008年山东省第六届报刊出版质量综合评估中，荣获“山东省优秀报纸”称号，全省广播电视报仅有3家获此殊荣。

全心全意为社会服务，全心全意为读者服务，不断提高报社人员的综合业务水平和思想道德素质，积极推进构建社会主义“和谐临沂”建设。2008年12月，在临沂市第十二届职业道德十佳单位、十佳标兵评选中临沂广播电视报社荣获“职业道德建设十佳单位”荣誉称号。采编中心全体女职工勇于创新，扎实工作，采写编排了一大批有规模、有质量、有影响的报道，对宣扬临沂厚重的底蕴、可歌可泣的沂蒙精神、大临沂新临沂各项事业的快速发展和提升临沂的品牌形象起到了良好的作用。临沂广播电视报采编中心在本年度先后荣获临沂市“巾帼文明岗”和临沂市工会女职工工作先进集体荣誉称号。

5·12大地震发生后，《临沂广播电视报》第21期、22期连续推出“抗震救灾”特刊。第21期报纸封面为临沂人民为灾区捐款的现场，体现着团结和悲伤；第22期报纸封面为蓝天下长着翅膀的红心正飞往灾区，体现着爱心和希望。两期特刊中汇集了大量的与抗震救灾有关的各种信息，并着重对临沂人民和灾区

人民心连心的爱心活动进行了大篇幅报道，让人们悲伤的心中充满了信心和力量。在特刊出版期间，严格遵守有关规定，不计经济损失，撤掉了气氛、格调不适宜的广告，营造了庄重肃穆的气氛环境。

奥运圣火在临沂传递时，《临沂广播电视报》第30期报纸从封面到内文进行了重点报道，把千万沂蒙儿女的欢乐和自豪描画了出来。在奥运会举办前，《临沂广播电视报》第32期出版了“奥运特刊”，对读者了解奥运会、更好地欣赏奥运会，以及增强民族自豪感和表达人们美好快乐的心情起到了良好的作用。

2008年是中国改革开放30周年，《临沂广播电视报》精心组织纪念改革开放30周年的宣传报道，推出了“谁不说俺家乡好”、“瞧，我们这三十年”系列报道，“晒晒俺家的老照片”征文；举办了“中国‘剧’变——中国改革开放30年优秀电视剧”评选活动；对“魅力山东 活力临沂”纪念改革开放30周年走进革命老区专场文艺演出进行了详细的报道。通过宣传报道和举办活动，引导广大干部群众充分认识改革开放的伟大意义，在社会上产生了良好的影响。

在创建全国文明城市宣传中，报社推出了“创建文明城市 打造宜居临沂”曝光篇、行动篇、和谐篇、美景篇系列报道，并第一时间在报纸封面推出了创城宣传画，为创城起到了很好的宣传效果。

二、举办创刊20周年庆典文艺晚会，出版珍藏特刊，扩大报纸在社会上的影响力，树立良好的品牌形象

2008年是《临沂广播电视报》创刊20周年，为了扩大报纸的品牌影响力，总结报社过去20年的发展历程，感谢各级领导、社会各界和广大读者长期以来对报纸的关心和支持，《临沂广播电视报》举办了创刊20周年庆典文艺晚会。临沂市委书记连承敏、市长张少军为本报题词，市委常委、宣传部长丁凤云出席庆典仪式并讲话，中国广播电影电视报刊协会等7家单位专门发来贺信，同时社会各界和全国各地广播电视报也向《临沂广播电视报》表示祝贺。

通过举办文艺晚会和出版珍藏特刊，扩大了报纸在社会上的影响力，树立了良好的品牌形象。

《临沂广播电视报》创刊20周年庆典晚会现场

三、通过坚持不懈地开展活动，继续扩大报纸品牌的影响力

报社在搞活动方面本着“策划一个，成功一个”的原则，2008年举办了“玫瑰之约 万人牵手”大型相亲会、“陪陪母亲一日游”活动、“百部优秀电影进社区”、临沂市首届汽车九县三区巡展赏车试驾会等活动。这几次活动现场气氛火爆，商家和读者参与性强，不仅增加了广告创收，还提高了报纸的知名度，扩大了报纸的影响力。为了宣传报社创刊20周年，报社专门制作了展示报社形象的手提袋、张贴画和太阳伞，这些都在一定程度上宣传了报社，扩大了报社的品牌影响力。

以宣传带动管理 以管理促进宣传

高密广播电视局

2008年，是高密广电局为实现“三年大治”目标、奋力拼搏决战决胜的一年。一年来，全局上下同心同德，各项工作整体推进，全面提高，如期实现了新一届党委领导班子提出的“三年大治”目标，高密广电事业呈现出政通人和、干事创业的大好局面。全年在潍坊市台以上发稿1610件，荣获各级各类表彰奖励120项，分别是2005年的5.7倍和5.2倍；全年有线电视收入1014万元，广告收入1093.7万元，分别是2005年的2.1倍和2.6倍；全局固定资产总额达到13449.15万元，是2005年的11.6倍。

在当前媒体多元化竞争的时代，区县广播电视机构的重点工作在哪里？处理好宣传与管理两者的关系，是新一届局领导班子反复思考的问题，我们的做法是“以宣传带动管理，以管理促进宣传”，实现了宣传及管理的双丰收。

一、 抓好重点宣传 强化精品力作

对内宣传高潮迭起。一方面紧紧围绕汶川地震、奥运会举办、“神七”飞天、金融危机、改革开放30周年等重大事件以及我市重进百强县、“两街三路”综合改造、“企业年”活动和重要会议等中心工作，强化舆论引导、营造健康氛围，组织完成了一个又一个新闻战役，成为市委、市政府指导工作的重要抓手。另一方面积极落实“三贴近”要求，深入基层，关注民生，讴歌真善美，抨击假恶丑，使大政方针得以宣传，社情民意得到反映，赢得了业务主管部门和广大市民的普遍好评，在潍坊市局组织的两次抽评中，分获一、二名。

对外宣传再创新绩。敏锐把握动向，科学选择角度，精心编排内容，全力搞好通联，使我局外宣工作连续两年获省电台和省电视台集体记者一等奖。其中在山东电视台发稿53件，平均每周一条；在中央电视台发稿10件，12月份，“外经外贸”、“家电下乡”、“客运专线”3条新闻先后在央视《新闻联播》播出，创造了县级市一月之中三上《新闻联播》的新纪录。

民生新闻成功开启。顺应发展大势，关注民本民生，选拔一批青年担纲大任，先后克服了设备短缺、经验匮乏、资源稀少等种种困难，在潍坊各县市区中率先开办了《凤城民生》周五节目。开播仅10个月，社会反响及收视率均创新高，成为我局最有发展潜力、最具影响力的栏目之一。

精品力作不断涌现。新出台的鼓励创优政策极大地调动了大家的积极性，迎来了精品力作的丰收期。全年共有56件作品荣获潍坊市级以上优秀作品奖，无论等次还是数量，均居各县市区之首。其中《魅力高密》荣获山东省电视艺术家协会颁发的全省县级台优秀文化栏目一等奖，《除氟改水乐万家》荣获山东省第九届对外传播一等奖，《红高粱之缘》荣获中国广电协会第二届“纪录中国”银奖。

会展经济初尝胜果。为拓展广告经营渠道，抢占市场制高点，9月，经长期准备酝酿而举办的我市首届房产家居展览会和高密首届房产高峰论坛产生了较大的社会反响。这两个活动的成功举办，不仅带来近50万元的经济收入，更为重要的是在房产市场出现波动的关键时刻，吸引了社会各界人士和广大市民的广泛参与。既对提升我局的知名度和影响力，培植媒体搭台、经济唱戏的会展经济产生了深远影响，又为服务市民群众、提振全市经济发展信心作出了重要贡献。

二、落实各项管理 提高思想素质

宣传工作的不断提高，也给管理工作提出了新的要求，近几年来，我们制定了一系列的规章管理制度：从宣传管理到技术管理，从财务管理到后勤管理，形成完整的管理体系，具体作法是：以总编室牵头，以节目月评为载体，强化质量考核，使分配制度改革得以兑现落实；以党办牵头，以监督卡为抓手，强化行风建设，使部门形象得以根本改善；以局办牵头，以财务、物管和档管为辅助，强化服务保障，有力地支持和促进了一线工作的顺利开展。三线平行，相辅相成，使机关效能得以大大提高。在全市73个部门单位参评的经济发展软环境建设民主评议中，我局荣获了第8名的好成绩。

“六不”教育深入人心。历时半年，面向全局以“弘扬‘六不’作风，锻造一流团队”为主题的教育活动，组织严密，步骤完备，针对性强，收到了明显效果。“六不”教育的内容是：“下达任务不需第二遍、当日工作不拖第二天、首问责任不推第二人、同样过失不犯第二次、肝胆相照不生第二心、能夺金牌不要第二名。”通过“六不”教育，全局干部职工的思想素质有了较大的提高，“六不”已升华为全局上下的一种境界追求，一笔精神财富。为此，市政府主要领导亲自批示，市政府办公室以高政办字【2008】40号文件，专门下发了《关于转发市广播电视局开展“弘扬‘六不’作风，锻造一流团队”主题教育活动的意见的通知》，向全市推荐了这一做法。

广告经营效益双丰收。面对复杂多变的市场形势，广告部及各经营性部室转变经营理念，强化服务措施，立足办好办精办活节目，吸引客户投入，从而取得了经济效益和社会效益的双丰收。其他经营性栏目在圆满完成经济指标的同时，宣传质量不断提高，社会影响力日益增强。

农村有线电视目标实现。在去年初实现“村村通”、总数突破10万户的基础上，抓住投资商剩余优惠期，分解指标，落实任务，强化调度，新增31400户，一举成为潍坊市各县市区之首，并被评为2008年高密科学发展十大成果。其次是实现了共同经营管理的目标。在大力发展用户的同时，认真梳理与远程公司签订的原合同条款，本着互惠互利、面向未来的宗旨，建立并实施了双方共同经营管理、共同分配受益的新模式。以此为契机，标志着我局由农村有线电视工作的看客，变成了真正的主人。农村有线电视的收入，从此之后将成为我局事业发展的一股重要力量。

我局继连续荣获潍坊市局2006、2007年度两年综合考核第一名之后，2008年再获殊荣，实现三连冠，并同时囊括了有线电视发展和对外宣传两个单项第一名。为此，高密市委、市政府特别授予我局“文化建设贡献奖”，并颁发奖金10万元；同时，我局还被潍坊市委授予“先进基层党组织”，被省文明委授予“省级文明单位”等荣誉称号。

锐意改革迎挑战　攻坚破难谋发展

淄博市淄川区广播电视局

近年来，淄川广电充分发挥广播电视舆论宣传主阵地作用，紧紧围绕区委、区政府中心工作和全区改革、发展、稳定的大局搞好宣传报道，在全区上下营造了良好的舆论氛围。面对当前区县媒体发展的诸多问题，我局确定了攻坚破难改革创新的总体思路：以科学发展观为统领，立足全局工作实际，借鉴省内外先进单位经验，以提高总体宣传质量、经济收入、职工福利待遇为目标，寻求突破，稳中求进，努力开创广电工作的新局面。

为了实现这一目标，只有改革创新，我们提出了“靠改革求发展，向管理要效益”的主题口号，开启了前所未有的改革创新之门，在机构设置、职责分工、经济管理机制、节目运作模式等方面进行了一系列重要改革。

一、创新管理模式，实行定员、定责、定费用的“三定”政策，鼓励创优争先

在集思广益、吸收借鉴外地经验的基础上，淄川区广播电视局确定了机制全面创新、规范管理的新思路：一是引入竞争上岗机制，对三个创收任务最重的科室实行竞争上岗。二是打破原有大而全的模式，细化科室职能，实行中心领导下的科室负责制，成立了新闻中心、节目中心、广告中心、编务中心、广播中心、技术中心等六大中心，共设立了六大中心、十八个科室。例如将原来的广告部分为工商广告部、医类房产广告部两个科室，将原来许多科室都可以承揽的联办节目归口到专题部统一运作，将文体活动、全场录像等业务划并到新成立的文体部，使科室的分工细化，功能更专业化，同时避免了业务相互交叉，也有利于相关科室之间协同合作。三是实行了科室定员、定责、定费用的“三定”管理办法。对科室管理实行严格的绩效管理制度，每月或每季度（根据科室性质）对科室新闻上送情况、自办栏目质量、经济指标完成情况、协调服务情况等进行全面考核，根据年初制订的政策予以兑现。没有完成任务的科室则受到相应的行政和经济处罚。四是面向社会招聘录用合同制工作人员。一批学历较高、专业对口的年轻人被充实到各个业务岗位，为广电事业发展注入了新鲜血液。

二、改革节目管理运作方式，严格管理、规范运作，取信于受众

为了实现节目规范运作、准点播出，我们专门成立了节目监播部，专门负责对节目和广告的时长、时段、内容等进行监督，使节目实现了有序播出，广告实现了科学合理的安排。新的机制实施以来，我们先后出台了《各科室岗位目标》、《年度经济管理办法》、《电视台节

目送播规定》、《演播室使用制度》等一系列制度，使每一个程序、每一个环节都有专人负责，整个运行过程有条不紊。自节目实行全面改版以来，每档节目都做到了准点播出，确实做到了取信于观众。

同时，大幅压缩广告时段，科学编排节目。把原来的广告时段压缩到原来的二分之一，进一步整合频道资源，打造特色频道。

三、坚持“三贴近”原则，大力加强频道策划和自办节目改革，实现节目上水平

几年来，我们一直讲“以新闻立台，用节目强台，靠创收养台”。其中的“节目强台”虽然一直在提，但由于缺乏具体的实施措施和办法，三个频道千篇一律，一个面孔，节目内容重复，广告时段安排无序，没有特色，严重浪费了频道资源。今年我们从频道定位、节目编排着手，对三个频道重新进行策划、定位、包装，统一格调，统一标示，而又突出特色。改版后的淄川电视台，以新的面貌出现在观众面前，受到了淄川百姓的关注。新开办的民生新闻类节目《百姓百事》、与百姓文化生活息息相关的《聊斋故里》、自我宣传类节目《广电连万家》、群众参与类栏目《般阳大舞台》、生活服务类栏目《时尚生活》、《消费前沿》、《健康伴我行》等节目令观众耳目一新。形成了以新闻栏目为龙头，其他栏目相配合的新格局。经过一段时间的精心运作，目前，许多节目已经逐渐成为受众心目中的品牌栏目。如民生新闻类栏目《百姓百事》，以贴近生活、关注民生、反映民生作为栏目的定位，以鲜活的新闻事件、快速准确的现场报道，在观众中一炮走红，每天播报的新闻成为观众街谈巷议的内容；《消费前沿》在栏目中设立了“逗秀场”小板块，每次都吸引大批观众踊跃参加，非常火爆。

电视剧安排是改版后淄川电视台的又一收视亮点。改版后，引进了一大批内容新颖、时尚的热播剧，在不同的时段安排了情感剧场、欢乐剧场、午夜影院等适应不同年龄段的新版影视剧。《新英雄虎胆》、《雍正王朝》、《神探狄仁杰》、《万历首辅张居正》、《春去春又回》等一大批经典热播剧在观众中引起反响。淄川电视台的收视率明显提高。

四、调整对外宣传思路，确保对外宣传的实效性和集约化

过去对外宣传主要是注重分数，往往是完成上级台规定的分数，今年以来，我们积极调整新闻对外宣传思路，力求对外宣传有实效，切实能起到宣传淄川的实际作用，我们对新闻上送工作进行了适当调整。一是由新闻中心承担全部上送任务，其他科室可以集中时间和精力抓自办节目，改变了过去那种人人抓上送、得不偿失的情况。二是成立重点报道部，加大了重点稿件的报送、播发力度。三是根据各科室特点，确定主攻方向。其中，时政新闻部重点对淄博新闻供稿，重点报道部重点对省台联播和中央台供稿，社会新闻部重点对淄博台《现在直播》节目供稿。主攻方向更加清晰，工作任务更加明确，责任奖惩更加严格。不论总数还是中央、省市台新闻联播的重点报道，在全市各区县中都名列前茅，实现了宣传效果和宣传成绩双丰收。

五、不断创新出新，电台实现了稳步发展

淄川电台经过不断地探索磨砺，依靠节目质量立台，依靠听众支持强台的办台路子越来越明确。电台在全面稳定原有节目的同时，提出了打造名牌节目的口号，把《唱响淄川》、《车友俱乐部》、《美食在线》三档节目作为主打，

集体研究、开拓思路，充分利用与听众的互动平台，大做文章，使节目在社会上产生影响，大大提高了电台的收听效果。

同时，电台举行一系列的活动，依托节目进行包装，依靠活动联络听众搞活节目，这已经成为电台发展的一条成功的路子。抓名牌节目，抓活动开展，使主持人队伍得到了很好的锻炼；走出门去办节目，使主持人与听众有了密切的接触，增强了办好节目的责任心和自信心。

机构与团体

机构与团体

山东省广播电视局
（山东省广播电视总台）

山东省广播电视局(总台)机关编制63人。设有办公室（挂法规处牌子）、总编室、科技处、社会管理处、人事处、计划财务处、保卫处、离退休干部处、机关党委、监察专员办公室。直属单位有山东人民广播电台、山东电视台、山东电影电视剧制作中心、山东传媒职业学院、山东有线电视中心、山东电影制片厂、山东电影洗印厂、山东广播电视信息网络中心、山东广播电视报社、齐鲁音像出版社、时代影视杂志社、山东广播电视科研所、山东广播电视新闻研究所、局微波总站（高山转播台管理处）、局机关服务中心、青岛影视基地等。

局长：刘长允

党组书记：刘长允

地址：济南市经十路81号

电话：（0531）85036212

邮编：250062

网址：http://www.sdrt.gov.cn

山东人民广播电台

山东人民广播电台成立于1948年，目前全台编制内职工317人，编制外257人，设有新闻、经济、文艺、生活、交通、乡村、音乐、体育休闲8个无线广播频道，1个有线广播数字频道。全天播音230多个小时，发射总功率780多千瓦。另下设办公室、经营中心、总编室、记者部、技术部等职能部门。

台长、书记：李志毅

地址：济南市经十路81号

电话：（0531）85036301

邮编：250062

网址：www.sdgb.cn

山东电视台

山东电视台始建于1960年10月1日，2008年机构设置16个处级部门。即：办公室、总编室、新闻中心（下辖公共频道）、社教部、文艺部、国际交流部、广告信息部、技术部、制作部、地球站、发射台、齐鲁频道、体育频道、农科频道、少儿频道。全台706名工作人员（正式393人，招聘313人）。山东电视台卫星频道2008年全国收视人口达8.41亿。

台长：韩国强
地址：济南市经十路81号
电话：(0531)85036711
邮编：250062
网址：http://www.sdtv.com.cn

山东电影电视剧制作中心

山东电影电视剧制作中心现有在职人员204人，设有办公室、影视部、录制部、山东电影制片厂、齐鲁音像出版社、山东电影洗印厂、山东电视艺术家协会、山东省音像资料馆、山东省辉煌世纪有限公司。

党委书记、主任：王汉平
艺术总监：吕芃
副主任：张新建
艺术副总监：赵冬苓
副书记兼纪委书记：周勇
地址：济南市青年东路3号
电话：(0531)85036670
邮政编码：250011

济南市广播电视局

济南市广播电视局机关编制36人。辖济南人民广播电台、济南电视台、济南市广播电视信息网络中心、物业管理中心、安全保卫中心等单位。其中，济南人民广播电台、济南电视台为广播电视局管理的副局级事业单位。局机关设办公室、组织人事处、总编室、社会管理处、科技处、计划财务处、离退休干部工作处及工会、团委、妇委会、广播电视学会等群团组织。

书记、局(台)长：张锋
副书记：崔刚
副局长：马维加、刘空军、曹进、刘成俐
纪委书记：魏莉萍
地址：济南市历下区经十一路32号
电话：(0531)82953454
邮编：250014
网址：www.jnnc.com

纪念改革开放30周年《济南诗篇》晚会现场

济南人民广播电台

济南人民广播电台现有编制211人。设总编室、新闻节目中心、经济新闻部、交通节目部、文艺节目部、戏曲节目部、制作播出部、发射部、广告信息中心9个部门，开办第一套节目新闻综合频率、第二套节目经济频率、第三套节目济南交通广播频率、第四套节目文艺频率，第五套节目戏曲音乐频率。以中波和调频方式覆盖济南及周边地区，全部实现数字化、网络化、24小时不间断播出。主要栏目有《济南新闻》、《新闻60分》、《846传真》等一大批节目深受市民喜爱。

书记、局(台)长：曹进
总编辑：许莉
地址：济南市历下区经十一路32号

电话：（0531）82953454
邮编：250014
网址：www.jnnc.com

济南电视台

济南电视台现有编制313人。设总编室、新闻节目中心、都市频道部、影视频道部、娱乐频道部、生活频道部、商务频道部、少儿频道部、国际部（纪录片创作室）、电视剧部（电视剧制作中心）、广告信息中心、制作部、转播部、播出部、发射部等部门，开办有新闻综合频道、都市频道、影视频道、娱乐频道、生活频道、商务频道、少儿频道、移动电视。每天播出节目140小时，以无线、有线两种方式覆盖济南及周边城市。主要栏目有《济南新闻》《今晚》、《有么说么》等一批深受观众喜爱的节目。

书记、局（台）长：张锋
总编辑：马利
地址：济南市历下区经十一路32号
电话：（0531）82953454
邮编：250014
网址：www.jntv.com.cn

章丘市广播电视局

章丘市广播电视局（台）实行局台合一管理体制，现有在职干部职工341人（其中专业技术人员210人）。局内设有管理服务中心、新闻宣传中心、广电青鸟信息网络公司、广电广告公司。下辖22个广播电视站，拥有26个有线电视、数据交换接入机房，两个转播站。新建成高16层、建筑面积17800平方米的广播电视中心，全部购置先进的电视播出系统和编辑制作系统；广播电视中心内有功能齐全、设备先进的400平方米的演播厅一处、90平方米的小演播厅二处。目前，广播自办《章丘新闻》、《东部之声》两个栏目，电视自办《章丘新闻》、《绿野清风》等涵盖政治、经济、文化、科技的内容。

党委书记、局长：宫鹏飞
副书记：于世峰
副局长：张成林、张树东、宋卫岗
工会主席：李延峰
纪委书记：刘在虎
副局长：刘泉
地址：章丘市双山路中段
电话：（0531）81296655
邮政编码：250200

历城区广播电视局

济南市历城区广播电视局现有干部职工398人，在职224人，聘任140人。下设办公室、人事科、财务科、安装科、规划计划科、技术科、设备管理科、设备维修科、社会管理科、收费科、维修科、新闻部、宣传科、专题部、资料室、总编室、广告部、保卫科、稽查科19个科室和牛旺广播电视站、孙村广播电视站等15个广播电视站。现有两个频道：历城综合频道、历城影视频道，开办的主要栏目有《历城新闻》、《轻松时刻》等。

党组书记、局长：李庆福
副局长：杨庆明、赵志泉、刘国强、
马新辉
地址：济南市历城区七里河路17号
电话：（0531）88901407
邮编：250100

长清区广播电视局

济南市长清区广播电视局现有事业编制68人。辖长清电视台、长清人民广播电台、长清广播电视发展中心。局机关设有办公室、社会管理科、计划财务科。长清电视台内设新闻部、广告专题部、制作播出部、技术部、总编室。

广播开办的主要节目有《长清新闻》、《交通在线》；电视开办的主要节目有《长清新闻》、《纪录长清》等。

局长、广播电视台台长：齐守才

副局长、广播电视台副台长：边培海、刘素忠、屈云海

地址：济南市长清区清河街2236号

电话：（0531）87221918

邮编：250300

济阳县广播电视局

济阳县广播电视局现有员工60人，其中离退休（内退）23人。辖济阳人民广播电台、济阳电视台。设有办公室、总编室、新闻部、广告部、微波站、专题部、数字电视办公室等部门。

开办的主要节目有《济阳新闻》、《公民与法治》等。

党总支书记、局长：戴志恩

副书记：姚玉山

副局长：梁善诚、魏德强、张崇华

纪检委员：齐建民

工会主席：潘静

地址：济南市济阳县经二路

联系电话：（0531）84229626

邮政编码：251400

平阴县广播电视局

平阴县广播电视局现有干部职工72人。设有办公室、人事科、财务科、新闻部、社教部、电台编播部、总编室、广告部、节目制作部、播出部、社会管理科。

开办的主要栏目有《平阴新闻》、《新闻视点》等。

党组书记、局长：周长保

副局长、电视台台长：王启军

副局长：刘广臣、张子岳、张明

纪检组长：张涛

地址：平阴县府前街33号

电话：（0531）87872607

邮政编码：250400

商河县广播电视局

商河县广播电视局现有员工60人。设有办公室、总编室、广告部、技术播出部、社会管理科、新闻中心等6个科室；下辖微波站、广电发展中心两个事业单位。

开办的主要节目有《商河新闻》、《生活与法》等。

党组书记、局长：刘培平

副局长：孙金庆、孙传宝、李守奇、刘长清、王新泉

地址：商河县兴隆街

电话：（0531）84863122

邮政编码：251600

青岛市广播电视局

青岛市广播电视局现有干部职工2000余人。实行局台合一的管理体制。由局机关、广播电台、电视台、有线网络中心以及广播电视报社、电视塔管理服务中心、广电海智投资公司等组成，下辖城阳、黄岛、崂山广播电视中心。局机关设有办公室、组织人事处、群团处、总编室、科技处、财务处、社管处、后勤保障处、纪检监察审计室等职能处室；广播电台现开办新闻、经济、文艺、交通、音乐体育5个频道，每天共播出广播节目140多小时；电视台现开办新闻综合频道、经济生活频道、影视剧频道、文体娱乐频道、体育休闲频道、公共频道等6个频道，每天共播出电视节目110余小时；有线网络中心传输公共节目60套，收费节目60套，拥有有线电视用户220多万户；青岛广电海智投资公司拥有8家全资和控股公司。

党委书记、局长：张相逢

总编辑：胡滨

副局长：潘盛国

纪委书记：宋立建

副总编辑、电台副台长：王玮

副局长：朱铁一、童季平

副总编辑、电视台副台长：何敬君

地址：青岛市宁夏路200号

青岛市广播电视局举办纪念改革开放30周年全市广电系统职工文艺汇演活动

电话：（0532）85701831

邮政编码：266071

网址：www.qingdaomedia.com

青岛市广播电视局
城阳广播电视中心

青岛市广播电视局城阳广播电视中心现有正式职工116人，为青岛市广播电视局所辖正处级事业单位。设有办公室、政工科、计财部、社会管理科、新闻部、节目部、总编室、社教部、广告部、总工办、电视技术部、发射台、有线工程部、有线市场部等14个科室和8个街道有线电视工作站。

开办的主要节目有《新闻纵横》、《道德与法制》等。

书记、主任：高玉明

副书记、副主任：刘元辉

副主任：孙蓬勃、李树河

地址：青岛市城阳区长城路618号

电话：（0532）87968766

邮政编码：266109

青岛市广播电视局
崂山广播电视中心

青岛市广播电视局崂山广播电视中心现有正式职工17人。为青岛市广播电视局所辖正处级事业单位。设有办公室、新闻部、节目部等3个部门。

开办的主要节目有《崂山新闻》、《政风对话》等。

书记、主任：陈少东

副主任：李延平

地址：青岛市崂山区行政大厦12层

电话：(0532)88996636

邮政编码：266101

青岛市广播电视局黄岛广播电视中心

青岛市广播电视局黄岛广播电视中心现有正式职工34人。为青岛市广播电视局所辖正处级事业单位。设有办公室、财务部、总编室、新闻部、专题部、生活直通车栏目组、技术部、电台部、广告部、工程部、用户部、稽查部、播出部等13个部门。

开办的主要节目有《开发区新闻》、《视听西海岸》等。

书记、主任：江范森

副主任：冯俊生、邱兴华

地址：青岛市长江中路357号

电话：(0532)86988826

邮政编码：266555

即墨市广播电视局

即墨市广播电视局现有正式职工280人。设有办公室、财务审计科、政工科、网络管理科、总编室、新闻部、电台中心、技术科、播出部等17个科室，22个广播电视站。

开办的主要节目有《即墨新闻》、《城市瞭望》等。

书记、局长、总编辑：袁瑞先

副局长：万太成、姜波

副总编辑：周家旭、于法河

地址：即墨市鹤山路158号

电话：(0532)87568688

邮政编码：266200

胶州市广播电视局

胶州市广播电视局现有正式职工120人。设有综合科、计财科、总编室、社会管理科、时政新闻部、民生新闻部、对外宣传部、广告部、信息部、栏目部、综合管理部、播出部、录制部、专题部、发射台、社会服务部、总工程师办公室、电台新闻部、电台专题部、电台播出部、电台广告部等21个部门。下辖13个镇广播电视站。

开办的主要节目有《胶州新闻》、《民生12分》等。

书记、局长：冷建云

副书记：杨顺华

副局长：于敬军、张洪星

地址：胶州市新城区上海路广电中心

电话：(0532)82201871

邮政编码：266300

胶南市广播电视局

胶南市广播电视局现有正式职工266人。设有办公室、人事科、财务审计科、社会管理科、总编室、新闻中心、文艺中心、社教中心、广告信息中心、技术中心、网络基层管理科、网络工程规划设计科等12个部门。

开办的主要节目有《胶南新闻》、《山海情韵》、等。

书记、局长、台长：张清泉

副局长：丰宗月、祁晓
地址：胶南市深圳路177号
电话：(0532) 85161110
邮政编码：266400

平度市广播电视局

平度市广播电视局现有正式职工216人。设有办公室、政工科、社管科、计划财务审计科、总编室、收费科、电视新闻部、电视专题部、电台编播部、网络总工办、网络综合管理部、网络技术部、网络工程部、网络维护部、网络基层科等19个科室。

开办的主要节目有《平度新闻与综合节目》、《平度时空》等。

书记、局长：薛洁
副书记：王宝忠
副局长：綦德周、程绍芳、史日楠、张志刚
地址：平度市红旗路89号
电话：(0532) 87362110
邮政编码：266700

莱西市广播电视局

莱西市广播电视局现有正式职工294人。设有办公室、执法保卫科、财务部、总工办、总编室、新闻部、节目中心、广告部、播出发射部、电台编播部、网络技术部、客户服务部、工程部、信息部、企业文化中心、产业开发部等16个职能部门。

开办的主要节目有《莱西新闻》、《行风在线》等。

书记、局长、台长：兰希海
副局长：高昆、赵松林、周世英
地址：莱西市开发区胶南路15号
电话：(0532) 88483450
邮政编码：266600

潍坊市广播电视局（总台）

潍坊市广播电视局与潍坊市广播电视总台现有编制人数23人，一个机构，两个牌子。设有办公室、总编室、组织人事科、事业管理科4个科室；下辖潍坊人民广播电台、潍坊电视台、潍坊市广播电视网络中心、潍坊广播电视报社、潍坊转播台、潍坊市广播电视总台财务管理中心、潍坊市广播电视局信息中心、潍坊市广播电视浮烟山发射台8个事业单位。

书记、局长：钟耕民
副书记、电视台台长：孟毅
副局长：扈本军、姜亚力
广播电台台长：杜涛
副局长：孙建忠、曹有清
广播电视网络中心主任：王建勇
副局长：李智宝、刘继升
地址：潍坊市胜利东街85号
电话：(0536) 8781248
邮政编码：261061

潍坊市广播电视局（总台）首届文化艺术节庆国庆职工文艺晚会现场

潍坊人民广播电台

潍坊人民广播电台现有在编和聘用的干部职工人员186人。设有新闻、经济生活、交通音乐、健康娱乐、音乐五套节目、八个频率，台机关及直属部室有新闻中心、办公室、总编室、监管部、策划部、技术部、热线部等。

开办的主要节目有《行风在线》、《潍坊新闻》、《城市双行线》等。

台长：杜涛

副台长：洪金荣、陈占法、孟庆文、孙成奎、刘　梅

地址：潍坊市东风东街248号

电话：（0536）8236672　2996309

邮政编码：261041

潍坊电视台

潍坊电视台现有在编和聘用的干部职工人员410人。为正县级事业单位。设有办公室、总编室、播出部、监审室、大活动部、物业部、专题片工作室、新闻综合频道、经济生活频道、技术中心、广告信息中心。

台长、党总支书记：孟毅

副书记：于茂秋、许祖平

副台长：孙进邦、温明孝、张广忠、耿录祥

地址：潍坊市胜利东街85号

电话：（0536）8781208　2998633

邮政编码：261061

潍坊市广播电视网络中心

潍坊市广播电视网络中心现有编制54人。为副县级自收自支事业单位。是2001年11月，按照国家广电总局关于有线电视网台分离的要求，经潍坊市人民政府批准，有线电视台宣传业务和相关人员、资产并入潍坊电视台后，更名为潍坊市广播电视网络中心。设有综合科、规划设计科、网络传输科、工程管理科、用户服务结算科、奎文维护管理科、潍城维护管理科7个科室。

党支部书记、中心主任：王建勇

副书记、副主任：孙爱荣

副主任：邢玉清、贾占栋

地址：潍坊市高新技术开发区福寿东街4351号

电话：（0536）2990010

邮政编码：261061

潍坊广播电视报社

潍坊广播电视报社现有（总台、社聘用）正式职工32人。创刊于1988年9月8日。由潍坊市广播电视学会主办，隶属潍坊市广播电视局，是国家新闻出版局批准、市政府正式列编的经营类事业单位。自收自支、自负盈亏。现设总编室、采编中心（编辑部、记者部）、广告中心（综合部、客户部、汽车部、房产部、医药部、发行部）、照排部、后勤部。

总编、社长：范亮

副社长：王英莲

副总编、副社长：李明、王捍江

副总编：刘洪秋
地址：潍坊市高新技术开发区文正巷2号
电话：（0536）2996610
邮政编码：261061

潍城区广播电视局

潍城区广播电视局现有在编干部职工91人，是实行局台合一管理体制的事业单位。下辖潍城人民广播电台、潍城电视宣传中心（潍坊有线CH－8频道）两个事业单位和一个企业单位。（混编使用）全局设有服务、财务、网络传输、新闻、广告传媒5个中心及办公室、事业科、考核办、财务科、工程技术部、电视播出部、电视新闻部、新闻专题制作部、广播新闻部、编播部、广告文艺部12个部室。

广播开办的节目主要有《潍城新闻》、《今日潍城》；电视节目主要有《潍城新闻》、《都市民生》等。

局长、党组书记：杨永健
副局长：王美山、李相锋
纪检组长：尹建军
地址：潍城区彩虹路区行政中心
（政府综合办公楼）
电话：（0536）8188590
邮政编码：261057

寒亭区广播电视局

寒亭区广播电视局现有在编干部职工61人，其中编辑记者31人。是实行局台合一管理体制的正科级事业单位。主要承担着全区广播电视宣传、文化传播、事业建设和行业管理等职能。局内设有办公室、财务科、物资部、稽审科、总编室、新闻部、专题部、广告部、播出部、总工程师办公室、城区网络部、有线电视服务厅等13个科室和10处乡镇（街道）有线电视站。

广播开办的主要节目有《寒亭新闻》、《整点资讯》；电视开办的主要有《寒亭新闻》、《话说寒亭》等。

局长：马占义
党组书记：王强
副局长：刘延昌、管东明、孙福生
纪检组长：管春水
工会主席：崔建军
地址：寒亭区渤海路163号
电话：（0536）2921010
邮政编码：261100

坊子区广播电视局

坊子区广播电视局现有在编干部职工52人。为区属全额预算管理的正科级事业单位。与区广播电视台一个机构，两个牌子，负责全区广播电视工作。设有办公室、计财科、新闻综合部、技术部、收费维护部、广告信息部、工程部等7个科室。

开办的主要节目有《坊子新闻》等。

局长：秦相堂
党组书记：郑立国
副局长：于守春、要强、孟令旭、李玉杰
纪检组长：许学海
地址：坊子新区凤昌街19号
电话：（0536）7604570
邮政编码：261200

昌邑市广播电视局

昌邑市广播电视局现有在职干部职工180人。属局台合一管理体制的正科级事业单位。主要担负着广播电视宣传、事业建设、职能管理和机关内部管理等工作。设有新闻部、专题部、办公室、总编室、社教部、技术科和网络中心等科部室。

广播开办的主要节目有《昌邑新闻》、《健康有约》等；电视开办的主要节目有《昌邑新闻》、《潍水两岸》等。

局长：赵赞江

副局长：夏建正、李苇、杨立志、张惠福、李恩惠

工会主任：郝勇

总工程师：张立新

单位地址：昌邑市天水路34号

电话：（0536）7212348

邮政编码：261300

高密市广播电视局

高密市广播电视局现有在编干部职工165人，为正科级事业单位。设有党委办公室、局办公室、财务科、总编室、新闻部、外宣部、电视广告中心、《瞭望》栏目组、为民服务中心、网络管理与开发部等27个科室和17个乡镇有线网络管理部。

广播电视台开办的主要栏目有《高密新闻》、《凤城民生》、《法在凤城》等。

局长、党委副书记：宫德胜

党委书记：刘波

总编辑、副局长：李章合

副局长：付深成、王树忠、隋金川

纪委书记：李公喜

工会主席：王辉

党委成员：李然信、高培旭

地址：高密市青年路78号

电话：（0536）2320125

邮政编码：261500

安丘市广播电视局

安丘市广播电视局现有在编人员174人。是实行局台合一管理体制的自收自支事业单位。辖安丘人民广播电台、安丘电视台。局内设有办公室、政工科、总编室、财务科、技术科、电台新闻部、电视台新闻部、有线电视管理科、电台播出部、电视台播出部、有线电视播出部、广告文艺部和22处乡镇广播电视站。

广播开办的主要节目有《891新闻时空》、《行风在线》等；电视开办的主要有《安丘新闻》、《今日焦点》等栏目。

局长：孙业廷

副局长：鞠录安、王建国、崔卫东、刘涛

纪检员：谢谦顺

工会主席：殷会杰

地址：安丘市人民路298号

电话：（0536）4221241

邮政编码：262100

诸城市广播电视局

诸城市广播电视局现有编制12人。为正科级事业单位。主要职能是负责贯彻执行关于新闻宣传、广播电视管理的方针政策和法律法规，组织实施全市广播电视事业发展规划等。局机关设三个职能科室：办公室、宣传科、管理科。

局长：李永明
副局长：张玉和、徐金红、高玉勋
地址：诸城市和平街173号
电话：（0536）6356688
邮政编码：262200

诸城市广播电视台

诸城市广播电视台现有干部职工253人。为正科级事业单位。设有办公室、党群工作办公室、总编室、新闻采编中心、专题节目中心、广告经营中心、技术机务中心、有线网络中心、物业保障中心、财务结算中心、龙塔服务中心、广播电视器材厂等12个部室。

广播开办的主要节目有《诸城新闻》、《998广播网》等；电视开办的主要有《诸城新闻》、《龙城方圆》等。

台长、党委书记：孙志山
副书记：邵长江
副台长：时均玲、曲来华、宋玉平、解炳强
纪委书记：张凤兰
总工程师：王树章
地址：诸城市和平街173号
电话：（0536）6212238
邮政编码：262200

昌乐县广播电视局

昌乐县广播电视局现有编制人数139人。是实行局台合一管理体制的正科级事业单位。设有办公室、计财室、物业室、新闻部、广告部、总编室、播出部、电台编辑室、工程技术部、网络管理部、网络传输中心等13个部室。

广播电视开办的主要节目有《昌乐新闻》、《服务之窗》等。

局长、党组书记：王俊文
副局长：杨志、王洪孝、于洪涛、刘强
纪检组长：滕秀伟
地址：昌乐县城新城街
电话：（0536）6221337
邮政编码：262400

青州市广播电视局

青州市广播电视局现有在岗人员195人。是实行局台合一管理体制的事业单位。局内设有办公室、财务科、后勤科、总编室、新闻部、对外部、社教部、专题部、文艺部、广告中心、技术播出部、有线电视台等17个部室。

广播开办的主要节目有《青州新闻》、《关注》等；电视开办的主要有《青州新闻》、《魅力青州》等栏目。

局长：赵江田
党总支书记：唐行俊
副局长：王振林、孙连秀、胡德亮
工会主席：薛良林
地址：山东省青州市范公亭西路801号
电话：（0536）3222363
邮政编码：262500

临朐县广播电视局

临朐县广播电视局现有在岗干部职工184人。是实行局台合一管理体制的事业单位。现有调频广播电台、电视台，统称临朐广播电视台。局内设有总编室、新闻中心、技术播控中心、《百姓直通车》栏目组、《发现临朐》

栏目组、电台节目部等13个部室。下辖临朐县电视转播台和临朐站、纸坊站等11个基层广播电视站。

广播开办的主要栏目有《临广信息网》、《时事点击》等；电视开办的主要栏目有《临朐新闻》、《周末报道》等。

党组书记、局长：白星超

副局长：连守志、孙玉云、刘富家、衣军

纪检组长：叶永青

党组成员：宋佃松

总工程师：姜卫红

地址：临朐县民主路104号

电话：（0536）3301010

邮政编码：262600

寿光市广播电视局

寿光市广播电视局现有在编干部职工100人。是实行局台合一管理体制的事业单位。下辖寿光人民广播电台、寿光电视台、寿光微波站三个正科级事业单位。

广播开办的主要节目有《寿光新闻》、《行风热线》等；电视台开办的主要有《寿光新闻》、《弥水两岸》等栏目。

局长：刘水明

党总支书记、副局长：亓刚

副局长：赵殿杰、单克熙、陈绍棠

党总支副书记：王志良

纪检组长：孙超

工会主席：崔丰海

地址：寿光市城区银海路177号

电话：（0536）5801066

邮政编码：262700

淄博市广播电视总台（局）

淄博市广播电视总台，现有从业人员2000余人。为市政府直属的正县级自收自支事业单位。授权行使行政管理职能，同时挂淄博市广播电视局的牌子，实行一个机构两块牌子。淄博市广播电视总台（局）及其直属事业机构实行一级法人，二级管理。设有8个职能处室，分别为办公室、人力资源处、财务中心、总编室、社会事业管理稽查处、保卫处、广告管理办公室和战略发展研究室，直属单位有淄博人民广播电台、淄博电视台、淄博声屏报社、淄博市广播电视信息网络中心、淄博市广播电视技术中心、淄博市广播电视总台六一八台、淄博市广播电视总台监测台（淄博市广播电视安全播出调度中心）、淄博市音像资料馆、淄博市广播电视总台高山台管理站、淄博市广播电视科学研究所、淄博市广播电视器材供应站、淄博市广播电视总台物业管理中心、周村区广播电视中心、山东省广播电视局（总台）淄博中波转播台、淄博市广电人才服务中心。

党委书记、台（局）长：吴兆金

副书记、副台（局）长、电视台台长：徐和峰

副书记、副台（局）长、调研员：王增福

电台台长：赵立新

广电信息网络中心主任：刘广平

副台（局）长：孙永绥

副总编辑：李一

纪委书记：张华

地址：淄博市张店区华光路52号广电大厦

电话：（0533）6212011

邮政编码：255047

淄博广电大厦夜景

淄博人民广播电台

淄博人民广播电台始建于1970年，其前身是淄博市有线广播台。1984年改为无线发射，更名为淄博人民广播电台。现有员工156人，其中在编89人，人才交流中心38人，编外29人。

台长：赵立新

副台长：王志江

副书记：于洁

副台长：张玉果、董加才

地址：淄博市张店区华光路52号广电大厦

电话：（0533）6212060

邮政编码：255047

网址：http://www.zbradio.com

淄博电视台

淄博电视台于1985年5月1日正式开播，2005年1月，原淄博电视台、淄博电视台二台、淄博教育电视台三台合并组建成新的淄博电视台，为正县级自收自支事业单位。隶属淄博市广播电视总台（局）领导。全台现有职工310人，其中在编职工174人，人才交流中心136人，具有高级职称66人，中级职称106人。现开办5个频道：新闻综合频道、影视频道、生活法治频道、都市频道、科教频道，还设有广告中心、文艺中心、小语工作室。节目覆盖淄博市五区三县及周边地区近千万人口。

全台共开设自办栏目16个，引进栏目14个。全天播出节目100小时，其中自办节目10小时。现有转播车3台，专业数字摄录设备80台，非线性编辑设备50余台。

台长：徐和峰

地址：淄博市张店区华光路52号

电话：（0533）6212150

邮政编码：255047

张店区广播电视局

张店区广播电视局现有干部职工80人。与张店电视台实行局台合一的管理体制。设有办公室、财务科、总编室、新闻部、专题部、技术部、播出部、广告部、图文信息部、音像管理科等10部室及新闻综合频道和图文信息频道。

广播电视开办有《张店新闻》、《今日张店》等10多个栏目，每天24小时滚动播出。

局长、党组书记：李太忠

副局长：于志广、赵反修、黄绍儒、张洪波

纪检组长：王晶

地址：淄博市张店区太平路3号

电话：（0533）2880386

邮政编码：255032

淄川区广播电视局

淄川区广播电视局现有从业人员106人，设有办公室、财务部、电视台新闻中心，电视台节目中心、电视台广告中心、广播电视局编务中心、广播电视局广播中心、广播电视局技术中心。

广播电视开办的主要节目有《淄川新闻》、《百姓百事》等。

党组书记、局长：王继训

副局长、总编辑、电视台台长：司志栋

副局长、电台台长：袁长勤

纪检组长：吕学玲

工会主席：孙锋

地 址：淄川区鲁泰文化路506号

电话：（0533）6221315

邮政编码：255100

博山区广播电视局

博山区广播电视局现有在编干部职工41人，招聘人员19人，其中高级职称3人，中级职称11人，是主管全区广播电视宣传和广播电视事业发展的区政府直属事业单位。设有电台、电视台、办公室、财务科、总编室、社管科、技术科、广告中心等8个职能（科）室。

党委书记、局长：王新生

副局长：宋云、陈文计

纪委书记：孙兆进

工会主任：周博生

地址：博山区县前街42号

电话：（0533）4156166

邮政编码：255200

周村广播电视中心

周村广播电视中心现有干部职工55人，设有办公室、财务科、总编室、新闻部、专题部、广告部、播出部等7个部室。广播电视开办的主要栏目有《周村新闻》、《金周纵横》等。

中心主任、党支部书记：姜伟

副主任：郑文选、林强

地址：淄博市周村区新建东路209号

电话：（0533）6231010

邮政编码：255300

网址：zcgdzx@sina.com

桓台县广播电视局（台）

桓台县广播电视局现有职工82人，是实行局台合一管理体制的政府直属事业单位。设有办公室、财务科、总编室、新闻中心、广告中心、文传中心 、电台节目部、电台广告部、技术部。

广播全天播出18小时，开办的节目有《政风行风热线》、《快乐帮》等；电视全天播出16小时，开办的主要节目有《桓台新闻》、《桓台纵横》等。

局（台）长、书记：张珂

副局（台）长：任树兴、宗涛、刘洪涛

地址：桓台县城兴桓路23号

电话：（0533）6271018

邮政编码：256400

高青县广播电视局

高青县广播电视局现有干部职工33人，

设有办公室、财务科、新闻部、专题部、编辑制作部、广告部、电台编播部、播出部。

广播电台于2007年11月28日重新开播，全天播出17小时，开办的主要栏目有《中联大联欢》、《高青新时空》等；电视全天播出30小时，开办的主要栏目有《高青新闻》、《青苑纵横》等。

局长：刘元阁

副局长：李学强、孙华滨、朱曰华

纪检组长：李玉波

地址：高青县青城路14号

电话：（0533）6961550

邮政编码：256300

沂源县广播电视局

沂源县广播电视局现有职工207人。设有15个机关科部室、13个乡镇广播电视站。辖沂源人民广播电台、沂源电视台。形成了一个覆盖全县、外延周边区县的以光缆为主，以无线为辅的大容量、高速率的广播电视综合信息网。

局长、书记：李传国

副局长、电台台长：王洪亮

副书记、纪检组长：张秋霞

副局长：赵登玉、黄照广

总工程师：李汉军

地址：沂源县城军民路21号

电话：（0533）6240001

邮政编码：256100

临淄区广播电视局

临淄区广播电视局成立于1957年，现共有员工119人，其中高级职称10人，中级职称29人。实行局台合一的管理体制。设有办公室、总编室、新闻部、专题部、广播部、纪录片部、文艺部、广告一部、广告二部、技术播出部等10个部室。

广播电台全天播出18小时，开设的主要栏目有《临淄新闻》、《政风行风热线》等；电视台全天播出18小时，采编播全部实现数字化，开设的主要栏目有《临淄新闻》、《临淄报道》等。

局长、党组书记：刘学军

副局长、总编辑：相垣德

副局长：王德民、司玉忠

地址：临淄区遄台路22号

电话：（0533）7180397

邮政编码：255400

烟台市广播电视局（台）

烟台市广播电视局成立于1984年，局机关编制24人，实行局台合一管理体制，与烟台市广播电视局（台）“一个机构，两块牌子”。设有办公室、总编室、政工科、计划财务科、社会管理科、科技事业科。直属单位有广播中心、电视中心、广播电视报编印中心、信息网络中心、广告中心、信息服务中心（胶东在线

第四届烟台广播电视“四名两能”表彰大会

网站)、移动数字电视中心、微波管理站、广播电视监测台、广播发射台、电视发射台、海阳电视转播台、龙口转播台、罗山电视转播台、生活服务部(广播电视产业开发中心)、福山有线电视管理处、莱山有线电视管理处、开发区有线电视管理处。

党委书记、局长:郑云

副局长:方嘉孚、李明、戴志东、包任远、袁存山

纪委书记:马荆海

总工程师:蔡先

地址:烟台市芝罘区青年路50号

电话:(0535)6243641

邮政编码:264000

网址:www.jiaodong.net

烟台广播电视台广播中心

2001年8月8日经市级广播电视体制改革,原来的烟台人民广播电台改为广播中心,对外呼号仍为烟台人民广播电台。现有职工106人。设有办公室、总编室、新闻部、新闻评论部、专题部、经济部、文艺部、国际部、录播部、考核办。烟台电台拥有新闻综合频道(AM1314 FM 101)、经济频道(AM801 FM 105.9)、交通频道(FM 103)3套节目,中波与调频混合播出,覆盖整个烟威地区以及环渤海部分城市。自办新闻、专题、综艺等近50档节目。

总编辑、书记:夏吉江

副总编辑:林岳忠、马承玉、赛序献

地址:烟台市芝罘区文化二巷32号

电话:(0535)6244288

邮政编码:264000

烟台广播电视台电视中心

2001年经市级广播电视体制改革,原来的烟台电视台改为电视中心。对外呼号仍为烟台电视台。现有职工182人。设有办公室、总编室、新闻部、市区生活部、市区新闻部、新闻评论部、专题部、社教部、经济部、文艺部、体育部、政法部、农村部、军事部、国际部、图文部、录制一部、录制二部、播出部、群工部、考核办。

总编辑、书记:戴志东

副总编辑:孙立华、冷海强、姜泽林、赵建荣、刘玉斌、李冰

地址:烟台市芝罘区西炮台南路11号

电话:(0535)6245758

邮政编码:264000

烟台广播电视报编印中心

烟台广播电视报编印中心前身是烟台广播电视报,创刊于1985年1月26日,由烟台市广播电视局主办。2001年,烟台广播电视报社由科级单位升为副处级单位,并正式改名为烟台广播电视报编印中心,现有编制30人,设有办公室、编辑部、综合发行部、印刷厂等部门。

总编辑:许黎萍

书记:姜德峰

副总编辑:韩利武、曲日胜

地址:烟台市芝罘区文化二巷32号

电话:(0535)6247419

邮政编码:264000

网址:www.jiaodong.net

烟台市广电信息网络有限公司

烟台市有线电视网络始建于1990年，1999年6月成立烟台市有线广播电视信息网络中心，2001年1月18日成立烟台市有线广播电视信息网络公司。公司和中心是一个机构二块牌子，现有编制110人。设立了董事会、监事会，内设办公室、财务部、网络管理部、工程技术部、传输部、数字业务部、督查部、进德网络部、莱山网络部、幸福网络部、市场营销部，在乡镇和办事处设有5个委托管理站。

董事长、总经理：郑云

常务副总经理：王勇力

副总经理：王守文、武玉庆、王京楠

地址：烟台市青年路50号

邮编：264000

电话：（0535）2916524

网址：www.jiaodong.net

福山区有线电视管理处

烟台市福山有线电视管理处现有职工54人。主要负责福山区的广播电视宣传、有线电视网络建设管理和服务工作。设有新闻中心、总编室、广告部、办公室、政工科、计财科、用户管理科、工程科、社管稽查科、客户服务大厅、技术科、播出部和7个乡镇广播电视站。

主要自办节目有《福山新闻》、《今日福山》等。全天24小时播出节目。

处长、书记：张福裕

副处长、副书记：夏巍

副处长：陶国强、原希娟、汪建武

地址：烟台市福山区城里街13号

电话：（0535）6362343

邮政编码：265500

莱山区有线电视管理处

莱山有线电视管理处现有职工25人，设有新闻部、专题部、总编室、信息技术部、广告文艺部、办公室以及财务科等7个部室。

主要开办有《莱山新闻》、《阳光政务》等10多个栏目。

处长：王亲民

副处长：乔文泽、徐洪波

地址：莱山区芙蓉路6号

电话：（0535）6789673

邮政编码：264003

烟台开发区有线电视管理处

烟台开发区有线电视管理处成立于1993年5月，隶属于烟台市广播电视局，现有正式在编职工45人。其中，具有高级职称9人，占20%，中级职称15人，占33%；具有大专以上学历的员工占总人数95%以上。为副处级差额拨款事业单位。设有综合部、总编室、新闻专题部、技术网络部。

主要开办有《新闻在线》、《开发区新闻》等栏目。

处长、党支部书记：刘作明

副处长、纪检委员：于承志

副处长、宣传委员：高波

地址：开发区长江路57号（福星大厦6-7楼）

电话：（0535）6374239

邮政编码：264006

莱阳市广播电视局

莱阳市广播电视局现有干部职工418人，其中高级职称28人，中级职称53人，下辖莱阳市广播电视台（正科级事业单位）、莱阳市广播电视稽查大队。（副科级事业单位）。设有行政科、政工科、财务科、后勤保障科、新闻部、民生新闻部、广播电台、社教部、广告部等32个科室。乡镇设12个广播电视中心站。

广播主要开办有《莱阳新闻》、《新闻快报》、等栏目；电视主要开办有《莱阳新闻》、《直播莱阳》等栏目。

局长：王克勇

党委书记：华玉胜

副局长：王咏、赵会昌、盖苏华、
姜建腾、周晓义

纪委书记：孙春普

工会主席：梁风林

总工程师：王国友

地址：莱阳市富山路258号

电话：（0535）7333636

邮政编码：265200

蓬莱市广播电视局

蓬莱市广播电视局现有编制140人，设有办公室、政工科、财务科、总编室、创作室、新闻部、时政部、专题部、社教部、经济部、文艺部、广告部、广播电台、工程部、事业科、社管科、技术部、网传部、物资部、转播台以及乡镇广播站等。

广播电视开办的主要有《蓬莱新闻》、《李雪播报》、《激荡丹崖》等栏目。

局长：梁兆堂

副局长：陈立强、孙天进、徐万军、
张立新、孙传强

地址：蓬莱市登州路276号

电话：（0535）5642564

邮编：265600

栖霞市广播电视局

栖霞市广播电视局现有在编员工142人。设有广播中心、稽查大队、工程科、技术科、录播部、发射台、新闻部、专题部、广告文艺部、城郊站、收费大厅、办公室、史志办13个科室及20个乡镇广播电视站。

广播节目主要有《与你同行》、《生活资讯网》等；电视主要有《企业看台》、《山城文明风》等栏目。

局长：崔振军

副局长：冯宝新、吴国富（总编）、
柳建春、隋涛、王林平

总工程师：林峰

地址：栖霞市山城路126号

电话：（0535）52211961

邮政编码：265300

牟平区广播电视局

牟平区广播电视局现有职工241人。设有办公室、政工科、财务科、总务科、综治办、总编室、新闻部、广告部、技术部、庄户人家、社会观察、经济与生活、快乐相约、天气资讯、电视剧场、总工办、发射部、播出部、施工科、维护维修科、社管科、供应科、数据中心、数字电视发展部、呼叫中心及14处广播电视站。

局长：李永强

副局长：王建华、刘美玉、王志敏

地址：牟平区政府大街529号

电话：(0535) 4285201

网址：www.mptv.com.cn

邮政编码：264100

海阳市广播电视局

海阳市广播电视局现有从业人员112人，其中大专以上学历50多人，副高级职称6人，其中主任编辑4人，高级工程师2人；中级职称23人。是实行局台合一管理体制的正科级事业单位。辖海阳人民广播电台、海阳电视台。局内设办公室、新闻部、专题部、编辑部、广告文艺部、技术部、维修部、计财部、社管部、录播部、工程部、海阳之窗网站等部室。

广播开办的主要栏目有《新闻快报》、《一路同行》等；电视开办的主要栏目有《海阳新闻》、《新海阳》等。

局（台）长：张克强

副局（台）长：于建勋、徐文洋、王路云、姜旗、孙建伟

地址：海阳市海阳路12号

电话：(0535) 3222374

邮政编码：265100

招远市广播电视局

招远市广播电视局现有编制108人，其中高级职称12人，中级职称25人（乡镇编制60人，实有干部职工55人，中级职称2人）。为正科级事业单位。局机关设有13个科（室、部）办公室、政工科、财务科、新闻部、专题部、总编室、录播部、播出部、编辑部、广告部、事业科、管理科、技术科。

广播全天播音，设有新闻、专题、文艺等栏目。电视开办有《招远新闻》、《文化苑》等10多个栏目。

局台长：陈殿旭

党组书记：李秀义

副局长：刘纯林、杨绍辉、赵学华、张宝、刘爱堂、于明远

纪检书记：王晨光

龙口市广播电视局

龙口市广播电视局现有在编干部职工187人，实行局台合一管理体制。辖龙口人民广播电台、龙口电视台。设有办公室、广告部、社会管理科、总编室、新闻部、专题部、播出部、制作部、电台、技术部、图文信息部、网络工程部、音像公司、财务科、保卫科等15个部室及20处乡镇广播电视站。

广播开办的主要栏目有《龙口新闻》、《广告文艺》等；电视开办的主要栏目有《龙口新闻》、《新龙口》等。

党总支书记、局长：战永臣

副局长：张大琪、姜富强

纪检组长：苏太禄

副台长：张允田、王铭良

地址：龙口市黄城通海路55号

电话：(0535) 8517238

邮政编码：265701

莱州市广播电视局

莱州市广播电视局现有在编职工235人，其中，广电网络信息服务有限公司112人。设有办公室、政工科、财务科、总编室、新闻部、广告部、电台编辑部、播控中心、网站、技术科、社会管理科、广电网络信息服务有限公司和28个镇街广电站。

广播电视开办的主要栏目有《92.7新闻播报》、《空中彩桥》、《莱州新闻》等。

台长、党委书记：马旭光

副台长、副书记：徐伟祎

纪委书记：姜成生

副台长：姜明

地址：莱州市莱州北路571号

邮编：261400

电话：(0535)2172038

长岛县广播电视局

长岛县广播电视局(长岛县广播电视台)，现有职工45人，其中新闻从业人员16名，工程技术人员17名，高级职称2名，中级职称17名。实行局台合一管理体制的全额拨款正科级事业单位。设有办公室、新闻部、广告文艺专题部、网络部、播出部。

广播电视开办的主要栏目有《长岛新闻》、《新长岛》、《新开放》等。

局长、党支部书记：王仁强

副局长、副书记：朱明信

副局长、支部委员：吴忠云

地址：县府街169号

电话：(0535)3212488

邮政编码：265800

威海市广播电视台（局）

威海市广播电视台（局）现有职工600余人。组建于2002年1月，是由威海市广播电视局、威海人民广播电台、威海电视台、威海广播电视报社等8个机构整合而成。内设机构33个。

宣传部门有：广播新闻频道、广播文艺频道、广播故事频道、电视新闻综合频道、电视经济生活频道、电视人居生活频道、移动频道编辑部、电视新闻中心、直播威海编辑部、电视节目编排中心、电视国际部、广播电视报编辑部。

技术部门有：广播录制部、广播播控部、广播发射部、电视技术中心、电视制作部、电视播出部、电视发射部、微波管理站。

广告部门有：电视广告中心。

行政科室和后勤部门有：办公室、政工科、纪检监察室、计划财务科、宣传管理科、技术事业科、广告管理科、社会管理科、设施管理站、工会、资料中心、物业中心。

另外还有威海广电宽带网络有限公司、威海器材供应有限公司、威海广电艺术学校、威海广电艺术幼儿园和荣成中波转播台等10个直属企、事业单位。

广播电视开办有《威海新闻》、《行风热线》、《直播威海》等多档品牌栏目。

台（局）长、党委书记：刘新波

党委副书记：蒋泽

副台（局）长、党委副书记：姜兵

台（局）副总编辑：宋学文

台（局）总工程师：陈鲁兴

台（局）纪委书记：张文健

台（局）副总编辑：邵明君、邢飞、冷丽华、孙宗勇

台（局）总会计师：戚其仁

台（局）副总编辑：官云平

地址：威海市文化中路 66 号
电话：(0631) 5191004　5895004
传真：(0631) 5191014
邮政编码：264200

威海广电宽带网络有限公司

威海广电宽带网络有限公司现有员工 170 人，设有办公室、财务部、企管部、技术部、工程部、网络维护部、市场部、客户服务中心、数据业务中心、物业中心及市中、高区、经区三个营业中心等共 13 个部门，公司实行董事会领导下的总经理负责制。

法人代表、董事长：王悦之
总经理：蔡惠松
地址：威海市顺河街 216 号
电话：(0631) 3972079
传真：(0631) 3972098
邮编：264200
网址：www.whcatv.net.cn

环翠区广播电视局

威海市环翠区广播电视局现有干部职工 180 多人，实行局（台）合一管理体制。设有办公室、财务部、总编室、新闻部、专题文艺部、节目制作部、播控部、技术部、经济信息部、社会管理部 10 个职能部室和 9 个乡镇广播电视管理站，下辖环翠广电宽带网络有限公司、威海明珠广播电视广告有限公司。

自办电视节目一套，主要有《环翠新闻》、《衣食住行》等 10 多个栏目。

局长、台长：陈锡建
总编辑、副局（台）长：丛恒日
副局（台）长：隋海航、彭淑芹、尹炼
纪检组长：李立
地址：威海市统一路 395 号
电话：(0631) 5227457
邮政编码：264200

荣成市广播电视局

荣成市广播电视局现有干部职工 500 多人。设有办公室、财审科、总编室等 10 多个科（室）。

广播开办有《行风热线》、《衣食住行》等 10 多个栏目；电视开办的主要栏目有《荣成新闻》、《社会关注》等。

局长：周广金
副局长：王寒雁、刘全文、孙大平、卢炳山
总工程师：秦铁军
纪检组长：梁伟
崖头分局局长：刘青
副总工程师：孙明
地址：荣成市成山大道中段 2 号
电话：(0631) 7585606
邮政编码：264300

文登市广播电视局

文登市广播电视局现有编制 93 人，为正科级事业单位。设有办公室、工会、财务科、事业科、总编室、新闻部、广播部、对外部、专题部、社教部、录播部、机务部、文艺部、技术部、资料室、广告部等 16 个科（部）室。辖文登广电宽带网络有限公司（20 个基层广播电视站，基层站编制72人)、文登市富凯通信工程有限公司、文登市广播电视信息网络有限公司，现有干部职工316人。

党组书记、局长：张文华

副局长、总编辑：刘洪阳

副局长：李世成

副局长、纪检组长：隋在东

纪检组长：陶健

地址：文登市文山路99号

电话：(0631) 8451527

邮政编码：264400

乳山市广播电视局

乳山市广播电视局现有干部职工96人，实行局台合一管理体制。设有办公室、政工科、总编室、新闻部、外宣部、社教部、电台部、播出部、制作部、广告部、财务科、社管科等12个科室。

广播每天直播16个小时，开办的主要栏目有《行风热线》、《健康快乐直通车》等；电视开办的主要栏目有《乳山新闻》、《韩国语乳山新闻》等。

局　长：陶龙

副局长：姜胜国、姜山、耿德恒

副总编辑：郭书朴

地址：乳山市胜利街36号

电话：6878060

邮政编码：264500

临沂市广播电视局

临沂市广播电视局总编制人数536人。设有办公室、总编室、社会管理科（挂科技科牌子)、人事科、计划财务科5个科室。辖临沂市广播电视台、临沂广播电视报社、临沂微波站、临沂市广播电视局服务部。

局长、党组书记：张景智

副局长：周鲁超、刘建都、郝建梅、徐明

工会主任：董彦省

纪检组长：王言卓

副调研员：曹守兵、朱景涛

地址：临沂市金雀山路21号

电话：(0539) 2952222

邮政编码：276004

临沂市广播电视台

临沂市广播电视台于2008年7月17日成立。设有广播新闻频率、广播文艺频率、广播交通频率、电视新闻综合频道、电视公共频道、电视农科频道、电视广告中心、大型活动策划和制作中心、广电艺术中心、临沂广视网站、节目编排中心、技术中心、网络中心以及行政综合部门等。

台长、党委书记：周鲁超

总编辑、副书记：刘相仕

副台长：葛允坤、孙建国

副总编辑：段永福、陈鸿林

纪委书记：朱奇文

地址：临沂市金雀山路21号

电话：(0539) 2952218

邮政编码：276004

临沂广播电视报社

临沂广播电视报社现有人员40人，设有办公室、采编中心、广告部、发行部、县区版工作室、新闻研究室、综合服务部。

社长：赵学芝

总编辑：李奉华

副总编辑：李晓峰、李修祝、高林山、刘文艺、朱春青、李建华、傅晓玲

地址：临沂市金雀山路 32 号

电话：（0539）2952501

邮政编码：276004

临沂微波站

临沂微波站于 1985 年 12 月建成开播，现有编制 10 人。监管临沂监测台，设有微波机房、监测机房。

站长：李晓剑

副站长：王京、张玉娟

地址：临沂市金雀山路 15 号

电话：（0539）2952058

邮政编码：276004

沂水县广播电视局

沂水县广播电视局编制 155 人，实行局台合一管理体制，辖沂水人民广播电台、沂水电视台。局内设有办公室、人事科、财务科、后勤保卫科、总编室、电视新闻部、电台编辑部、广告文艺部、经济生活部、《沂水农业》编辑部、《沂水民生》编辑部、《临沂广播电视报》沂水编辑部、技术部、播出部、城区有线电视部、城郊有线电视部、社会管理科、乡镇管理办公室、工程部、网络开发部等 20 个职能科、部、室。

广播电视开办的主要栏目有《沂水新闻》、《行风热线》等。

局长、党组书记：刘成玉

总编辑：赵耀卿

副局长：陈维超、贾中兴、魏代升

工会主席：段元波

纪检组长：徐在峰

地址：沂水县沂水镇正阳路 11 号

电话：（0539）7362009

邮编：276400

沂南县广播电视局

沂南县广播电视局现有干部职工 94 人，其中高级职称 4 人，中级职称 21 人，初级职称 30 人。实行局台合一管理体制。设有办公室、新闻部、录制部、广告文艺部、传播部、技术部、无线发射管理部、城区有线电视管理部、乡村有线电视管理部、外线维护部、物业管理办公室、稽查队、财务科 13 个部室。

广播电视开办的主要栏目有《沂南新闻》、《富民蔬菜》等。

局（台）长、党组书记：李遵满

副局（台）长：高善群、王永仕、刘新华

纪检组长：高原

地址：沂南县卧龙山路 9 号

电话：（0539）7372011

邮政编码：276300

郯城县广播电视局

郯城县广播电视局现有职工 243 人，实行局台合一管理体制，控股“郯城电缆电视有限公司”。设有 18 个科室，公司直属 20 个部、站。有线电视入户率达 60%。

广播电视开办的主要栏目有《郯城新闻》、

《视点》等。

局长、党组书记：鲁香武

副局长：宋开杰、朱宝华

纪检组长：王维良

副台长：丁群、郑义、李慧

地址：郯城县人民路121号

电话：（0539）2100054

邮政编码：276100

平邑县广播电视局

平邑县广播电视局成立于1987年9月，现有职工257人，其中事业编制122人，企业编制132人。局内设有办公室、总编室、新闻部、社教部、广播部、广告部、技术部、稽查大队8个部室。2005年7月成立平邑展易广电数码网络有限公司，设有工程技术部、东城、西城、白彦、仲村、卞桥、铜石、流峪17个有线电视服务中心。

广播电视开办的主要栏目有《平邑新闻》、《百姓生活》等。

局（台）长、党组书记：卓勤生

副局长：张辉、高林、韩苏蔚

纪检组长：唐沂霞

工会主席：邵泽强

地址：平邑县莲花山路北岭

电话：（0539）2995011

邮政编码：273300

莒南县广播电视局

莒南县广播电视局现有干部职工92人，各类专业技术人员79人，其中高级编辑1人，主任编辑6人，高级工程师1人，编辑10人，工程师13人，一级播音员1人，会计师1人。实行局台合一管理体制。设有广播电台、电视转播台、办公室、财务科、总编室、新闻中心、广告文艺中心、技术科、有线电视科、社会管理科等13个科室。

广播开办的主要栏目有《莒南新闻》、《行风热线》等；无线电视设有6、31、37频道覆盖全县，开办的主要栏目有《莒南新闻》、《科技园地》等。

局（台）长、党组书记：崔久席

副局（台）长、副书记：汲广民

副局（台）长：武漓江、孙钦欣

纪检组长：李玲

党组成员：赵祥勇、刘海霞

地址：莒南县人民路21号

电话：（0539）2122011

邮政编码：276600

费县广播电视局

费县广播电视局现有干部职工129人（离退休20人），其中高级职称6人，中级职称25人，初级职称46人。实行局台合一管理体制。设有办公室、财务科、技术设备科、新闻专题部、广告文艺部、网络部、总编室、稽查队、电台。

调频广播每天6：30—22：00播出，开办的主要栏目有《费县新闻》、《行风热线》等；电视设有6、9、33频道覆盖全县，开办的主要栏目有《费县新闻》、《剑盾之光》等。

局长、党组书记：王建武

副局长：陈敬国、许家秋、阚凤江

纪检组长：李振海

党组成员：孙百琴

地址：费县县城建设路

电话：（0539）5224843

邮政编码：273400

蒙阴县广播电视局

蒙阴县广播电视局现有正式职工129人，各类专业技术人员92人，其中副高级职称5人，中级职称32人。实行局台合一管理体制。设有办公室、广播电视新闻部、广播电台、广告部、总编室、文艺部、技术设备播出部、网络发展部、社会管理部、网络管理部和13个乡镇广播电视站。

广播电视开办的主要栏目有《行风热线》、《红领巾广播网》、《蒙阴新闻》等。

局长、党组书记：崔宏伟

副局长、副书记：石增海

总编辑：冯家贵

副局长：李靳田、王义秀

纪检组长：孙维东

电视台副总编：梁志强

地址：蒙阴县城蒙恬路170号

电话：（0539）7336011

邮政编码：276200

苍山县广播电视局

苍山县广播电视局现有干部职工101人，其中本科32人，专科32人，中专以下37人。共有专业技术职称人员67人，其中编辑4人，主任编辑4人；工程师2人，高级工程师2人；一级播音员1人，主任播音员1人。实行局台合一管理体制。设有办公室、总编室、财务科、新闻中心、广告文艺中心、工程部、播出部、有线电视管理部、电台编辑部、技术设备科、网络部、稽查大队等12个职能科室。

广播开办的主要栏目有《一听可乐》、《生活互联网》等；电视开办的主要栏目有《戏曲天地》、《新剧冲击播》等。

局长、党组书记：朱景府

副局长：程宝新、林青海、陈宏前

纪检组长：徐林

地址：山东省苍山县城塔山路15号

电话：（0539）2172011

邮政编码：277700

临沭县广播电视局

临沭县广播电视局现有在编人员90人，实行局台合一管理体制。设有办公室、车队、财务科、社管科（稽查大队）、保卫科、总编室、广告部、广播部、新闻中心、《今日临沭》编辑部、《今晚同期声》编辑部、《文艺星空》编辑部、《临沭风情》编辑部、节目编排中心、录制中心、技术播出部、网络公司。

广播电视开办的主要栏目有《临沭新闻》、《行风热线》等。

局长：黄宏

副局长：张智慧、刘长青、杨进鑫

纪检组长：邱义民

地址：临沭县城夏庄东街119号

电话：（0539）2131011

邮政编码：276700

兰山区广播电视局

临沂市兰山区广播电视局现有在编人员116人，实行局台合一管理体制。设有办公室、新闻中心、总编室、财务科、广告中心、规划预算部、工程部、稽查大队、影剧院等十余个科室以及兰山、南坊、义堂、朱保等10个有线电视工作站。

广播电视开办的主要栏目有《兰山新闻》、

《先锋》等。

局长：刘士礼

副局长：朱茂明、王化坤、袁春蕾

纪检组长：孙佰祥

副总编辑：张钦雪、高忠、邹怀连

地址：临沂市南坊街道新城家园 11 号楼

电话：(0539) 2912011

邮政编码：276002

罗庄区广播电视局

临沂市罗庄区广播电视局成立于 1995 年 6 月，现有正式编制 76 人，实有 148 人，专业技术人员 30 人，中级以上职称的 13 人 (其中副高职称 2 人)。是实行局台合一管理体制的事业单位。设有办公室、财务部、总编室、新闻部、广告部、播音主持部、专题部、人事监察部、制作部、技术播出部、社会管理部、工程技术部、用户管理部、工会等 14 个部室和 5 个有线电视工作站。

广播电视开办的主要栏目有《罗庄新闻》、《文艺工作室》等。

局（台）长、党组书记：闫世文

副局长：李宝聚、侯殿臣

纪检组长：宋刚

地址：临沂市罗庄区湖东路中段

电话：(0539) 2927011

邮政编码：276017

河东区广播电视局

临沂市河东区广播电视局、河东有线电视台现有干部职工 119 人，正式在编人员 73 人,企业编制人员 46 人。其中高级工程师 3 人，高级会计师 1 人，工程师 6 人，编辑（记者）5 人；本科学历 28 人，专科学历 45 人，中专 26 人。是实行局台合一管理体制的事业单位。设有办公室、人事科、财务科、督查审计管理办公室、网络部、开发部、总编室、新闻部、技术播出部、广告部、专题部、稽查大队、数字电视部 等 13 个科部室和 12 个直属基层广播电视工作站。

广播电视开办的主要栏目有《河东新闻》、《廉政在线》等。

局（台）长、党组书记：邵明骥

副局（台）长：邵明银、许爱学、张奎良

副台长：许建华

纪检组长： 陈际忠

地址： 区政府驻地人民大街东段

电话：(0539) 2932001

邮政编码：276034

日照市广播电视局

日照市广播电视局与日照广播电视台部分部室合署办公。现目前共有正式在职人员 460 人。局机关设有办公室、人事教育科、社会管理科、科技科、总编室，其中财务、科技、总编室与台相应部室合署办公。日照广播电视台下设电视综合新闻频道、科教都市频道、公共影视频道，广播事业中心、技术中心、广告中心、网络信息中心、物业中心、财务中心，以及广播电视报编辑部、日照网站、东港电视站、岚山电视站、广电传媒文化公司等部门。

党委书记、局长、台长：赵斌

总编：赵勇

副局长：尹世乐、彭为鹤、王耀洲

副台长：李康

纪委书记：李瑛

副总编：李世成、鲁统春

副台长：相振波
调研员：李玉堂
副调研员：汤志刚
地址：日照市烟台路 179 号
电话：（0633）8802109
邮编：276826
网址：www.rzw.com.cn

日照市庆祝第九个记者节晚会

莒县广播电视局

莒县广播电视局现有干部职工 318 人，实行局台合一管理体制。设有 23 个科室，辖 21 处乡镇广播电视站，是集新闻、娱乐、信息发布、广告经营、网络传输及多功能开发于一体的综合管理机构。

广播电视开办的主要栏目有《莒县新闻》、《一周要闻综述》等。调频广播每天 6:30—22:00 播出。全县有线电视信号覆盖率达 98.9%，有线电视光缆实现全省联网传送 36 套节目。

书记、局长：赵理国
副局长：王淑强、张传礼、乔正合
崔义竹
工会主席：刘立军
地址：莒县青年南路 38 号
电话：（0633）6882447
邮政编码：276500

五莲县广播电视局

五莲县广播电视局现有干部职工 280 人，实行局台合一管理体制。设有电台、电视台两个副科级事业单位，共有 20 个内含科室、12 处乡镇广播电视站。

广播电视开办的主要栏目有《五莲新闻》、《社会在线》等。

党总支书记、局长：王华鹏
副局长：陈爱乐、鲁勇、郑伯军
纪检书记：汤启涛
地址：五莲县城工农路 9 号
电话：（0633）5213456
邮政编码：262300

济宁市广播电视局（台）

济宁市广播电视局（台）现有在编人员 451 人。是实行局台合一管理体制的事业单位。下设办公室、人力资源部、社会管理科、计划财务科（挂财务中心的牌子）及节目编排中心、技术中心、广播中心、电视中心、广告中心、后勤服务中心、信息网络中心、广播电视报社。其中，节目编排中心、技术中心、广播中心、电视中心、信息网络中心为副县级单位。

党委书记、局（台）长：周立华
副局（台）长：乔志军
副局（台）长、总编辑：孙东宁
副局（台）长、工会主席：张康
总工程师：李兆平
副局（台）长、信息网络中心主任：张作昌
纪委书记：赵义江
副局（台）长：徐晋民
地址：济宁市常青路 9 号
电话：（0537）2271166

邮政编码：272037

网址：http://www.jncatv.net/

电话：（0537）2386039

邮政编码：272000

市中区广播电视局（台）

济宁市市中区广播电视局（台）现有在编人员98人。局内设有办公室、人力资源部、财务中心、综合活动部、总编室、时政新闻部、对上报道部、社会新闻部、编辑部、广播节目部、制作中心、广告中心、技术部、播出部。

广播电视开办的主要栏目有《中区新闻》、《社会报道》等。

党组书记、局（台）长：刘运国

副局（台）长：杜庆学、刘正国

纪检组长：王波

地址：济宁市建设路29号

（市中区政府院内）

电话：2315005

邮政编码：272000

任城区广播电视局（台）

济宁市任城区广播电视局（台）现有正式职工95人，其中记者、编辑、工程师等中级专业技术人员24人，初级专业技术职称人员45人。是实行局台合一管理体制的事业单位。辖任城人民广播电台、任城电视台。

广播开办的主要栏目有《早安任城》、《信息广场》等；电视开办的主要栏目有《任城新闻》、《财富济宁》等。

局长：祝自稳

副局长：刘万富、杨士民、王光亮

工会主席：孙代群

地址：济宁市金宇路26号

兖州市广播电视局（台）

兖州市广播电视局（台）现有正式职工187人。实行局台合一管理体制。局机关设15个科（室、部）。辖兖州人民广播电台、兖州电视台、兖州有线电视台。

广播开办有《行风热线》、《资讯面面观》等直播节目。电视《兖州新闻》实现每周七档播出，开办有《科技兴农》、《廉政经纬》等栏目。

局长：蒋本华

副局长：颜伟、侯松林、熊继洪

副局长、电视台台长：刘辉

有线台总工程师：王晓音

副主任科员：李树钱

电台台长：赵旭

地址：兖州市九州东路203号

电话：（0537）3412387

邮政编码：272100

曲阜市广播电视局（台）

曲阜市广播电视局（台）现有干部职工254人。实行局台合一管理体制的事业单位。2008年2月中共曲阜市委批准成立市委直属的中共曲阜市广播电视局委员会。

设有办公室、政工科、总编室、新闻中心、网络中心、播控中心、设备录制中心、财务科、社会管理科、器材供应中心和广告中心等11个中层科室。

广播开办的主要栏目有《曲阜新闻》、《行

风热线》等；电视开办的主要栏目有《曲阜新闻联播》、《魅力曲阜》等。

党委书记、局长：韩益

副局长、总编辑：孔鹏

副局长：王亚东

副局长、工会主席：颜伟

纪委书记：孔祥峰

地　址：山东省曲阜市舞雩台路8号

电话：（0537）4890166

邮政编码：273100

泗水县广播电视局

泗水县广播电视局现有在编人员112人。实行局台合一管理体制。设有办公室、工会、纪检室、财务科、政工科、总务科、科技社会管理科、电视中心、网络中心、广播中心、编审委员会、保卫科12个科室。

广播电视开办的主要栏目有《泗水新闻》、《农民服务台》、《警方报道》等。

局长：李德国

副局长：黄常青、王嗣友、卢继民、廉群

地址：泗水县新城区

电话：（0537）4222334

邮政编码：273200

邹城市广播电视局（台）

邹城市广播电视局（台）现有在职在编干部职工164人，其中专业技术人员146人。设置10个正股级科室；8个副股级队（站）。

广播开办的主要栏目有《行风热线》、《邹城新闻联播》等；电视开办的主要栏目有《邹城新闻联播》、《今日邹城》等。

局（台）长：宋奇

副局（台）长：刘继贵、闫先平、崔绪彬

总工程师：贾义亮

工会主席：金婕

副主任科员：蒋方祯

地址：邹城市太平西路2230号

电话：（0537）5263233

邮政编码：273500

微山县广播电视局（台）

微山县广播电视局(台)现有干部职工198人。设有新闻中心、社管中心、播出中心、编排中心和专题部、办公室等业务部门及有线电视网络组建的广通信息网络有限公司。

微山人民广播电台以转播上级台的新闻为主，并插播少量本地新闻和天气预报节目；微山电视台自办节目一套，设有《微山新闻》、《四湖写真》、《警方报道》等专题栏目，同时播出少量广告和适合湖区群众收看的乡村文艺节目。

党组书记、局长：王磊

副局长：胡鹰、张永峰、高继合

地址：微山县城后西路43号

电话：（0537）8224891

邮政编码：277600

鱼台县广播电视局（台）

鱼台县广播电视局(台)现有干部职工90人。设有新闻部、摄像专题部、播音主持部、广告部、技术播出部、安装维修部、社会管理科、乡村有线电视办公室、10个乡镇广播电视站、办公室、财务科、物资供应站。

广播电视开办的主要栏目有《鱼台新闻》、《农村天地》、《湖滨视点》等。

局(台)长：吕高民

副局(台)长：张宪领、霍学顺、刘艳霞

地址：鱼台县城鱼新二路39号

电话：(0537)6211638

邮政编码：272300

金乡县广播电视局(台)

金乡县广播电视局(台)现有人员152人，其中在职134人，退休18人，高级职称1人，中级职称31人。是实行局台合一管理体制的正科级事业单位。下设7个管理部门：局办公室、财务室、电视台、有线电视台、妇委会、计生办、稽查科。

广播电视开办的主要栏目有《金乡新闻》、《蒜都关注》、《教育之窗》等。

局长：刘昌贵

副局长：王尊广、周坤理

纪检组长：周绍岭

副主任科员：代衍顺

地址：金乡县金山街267号

电话：(0537)8722861

邮政编码：272200

嘉祥县广播电视局(台)

嘉祥县广播电视局(台)现有干部职工113人，实行局台合一管理体制。业务上分三大块管理，即：党政综合口、编委会和网络公司。设有办公室、党务办公室、计划财务部、社会管理科、技术部、设备器材部；编委会办公室、新闻部、专题部、播音制作部、广告文艺部、广播电台；网络公司办公室、发展规划部、管理部、技术维修部、铁通业务等17个科室。

广播电视开办的主要栏目有《嘉祥新闻》、《行风热线》、《科技60分》等。

局长：尹训海

副局长：冯勋芝、商曙光、刘伟

总工程师：刘奉平

纪检组长：曹雪芹

地址：嘉祥县城区呈祥街东段

电话：(0537)6867010

邮政编码：272400

汶上县广播电视局(台)

汶上县广播电视局现有干部职工145人。实行局(台)合一管理体制。设有办公室、政工科、财务科、社管科、监察室、行管科、保卫科、总编室、新闻部、对上供稿部、广告部、影视传媒中心、农网部、技术部、播出部、传输部、数字电视管理部、有线电视客户服务中心、城东区管理部、城西区管理部等24个科(部、室)、栏目组及14处乡镇广播电视服务中心。

广播开办的主要栏目有《民生关注》、《中都广角》等；电视开办的主要栏目有《汶上新闻》、《民生关注》等。

党组书记、局(台)长：梁吉昌

副局长(总编辑)：丁文龙

副局长：孔德波、陈伟、刘加志

纪检组长：郭允贞

工会主席：杨素芝

地址：汶上县圣泽大街东段366号

电话：(0537)7212631

邮政编码：272500

梁山县广播电视局（台）

梁山县广播电视局（台）现有干部职工192人，实行局台合一管理体制。设有办公室、社会管理科、总编室、新闻部、专题部、水浒纪录片摄制中心、广播部、广告文艺部、技术播出部、城网公司、农村数字电视服务中心、农网公司等科室。

广播电视开办的主要栏目有《梁山新闻》、《今日梁山》、《科教天地》等。

党组书记、局（台）长：张延国

副书记、主任科员：刘群

副局（台）长：王运连、许洪

纪检书记：刘文如

工会主席：陆国华

地址：梁山县城文化路东首

电话：（0537）7322902

邮政编码：272600

枣庄市广播电视局

枣庄市广播电视局现有在编人员467人，设有办公室、总编室、社会管理科、人事科、监察室5个科室。辖枣庄人民广播电台、枣庄电视台、枣庄广播电视传输中心、枣庄广电报社、枣庄转播台、枣庄电视转播台、枣庄广播电视微波站、枣庄广播电视监测台、枣庄广播电视器材站。

局长、党委书记：张冠中

副局长：梁福敬、张永伟、程伟、孙中金、庞厚珍

纪委书记：朱颖先

副调研员、传输中心主任：刘建国

地址：枣庄市光明西路88号

电话：（0632）3314628

邮政编码：277101

枣庄人民广播电台

枣庄人民广播电台1984年9月29日正式建成开播。现有在编人员110人。设有新闻综合频道、经济生活频道、办公室、总编室、技术部、财务部、广告管理科、网络部。

台长：张永伟

副台长：董莹、单玉龙、董继茂、曹剑

地址：枣庄市光明西路88号

电话：（0632）3319143

邮政编码：277100

网址：www.zzbs.com.cn

枣庄电视台

枣庄电视台于1985年成立，同年10月试机开播，现有在编人员147人，设有办公室、总编室、财务科、新闻综合频道、生活教育频道、公共影视频道、网络外宣频道、图文资讯频道；技术中心、广告中心。

台长：程伟

副台长：吴剑锋、詹超、张静、王民强

地址：枣庄市光明西路88号

电话：（0632）3313018

邮编：277100

网址：www.sdzztv.com

峄城区广播电视局

枣庄市峄城区广播电视局现有在职人员

63 人，高、中、初级职称占全局总人数的 70% 以上，设有办公室、财务室、电台、电视台、广告专题部、事业播出部、保卫科等 7 个部室。

广播电视开办的主要栏目有《峄城新闻》、《三农直通车》、《法制与生活》等。

局长：贺茂凯

副局长：王焕章、孙守东、李茂东

工会主席：刘德亚

地址：峄城坛山路 31 号

电话：（0632）7713031

邮政编码：277300

山亭区广播电视局

枣庄市山亭区广播电视局现有职工 53 人，设有办公室、总编室、新闻部、专题部、对上供稿部、发射部、录制播出部、广告部、有线电视稽查队、有线电视网络部 10 个部室。

广播电视开办的主要栏目有《山亭新闻》、《廉政之窗》、《山亭党建》等。

局长：董宝玉

副局长：颜成行、杨印贵、张利、谢海霞

监察室主任：韩西超

总工程师：贺振营

地址：枣庄市山亭新城府前东路

电话：（0632）8811393

邮政编码：277200

薛城区广播电视局

枣庄市薛城区广播电视局现有干部职工 80 人，设有办公室、财务室、工会、总编室、新闻中心、对上报道部、专题部、广告文艺部。

广播电视开办的主要栏目有《薛城新闻》、《新闻要览》、《古薛新韵》等。

局长：王忠堂

副局长：李元、单德彪、张刚

纪检组长：刘栋

副主任科员：李芳歌

地址：薛城区长江路东首

电话：（0632）4412602

邮政编码：27700

台儿庄区广播电视局

枣庄市台儿庄区广播电视局现有在编在岗从业人员 65 人。为区政府主管事业单位。辖台儿庄区人民广播电台、台儿庄电视台、台儿庄区有线电视台。

局长：郑学富

副局长：孙传浩、王光国

地址：台儿庄区沿河北路 11 号

电话：（0632）6636558

邮政编码：277400

市中区广播电视局

枣庄市市中区广播电视局现有正式职工 63 人，临时人员 21 人。实行局台合一管理体制的事业单位。设有办公室、政工科、财务科、商办、新闻部、编辑部、对上报道部、广告文艺部、节目中心、技术部、播出部等。自 1992 年 7 月 1 日成立电视台以来自办两套电视节目，一套节目以新闻专题综合为主，市中二套节目以戏曲文艺广告为主，每套节目全天播出19小时。

自办节目主要有《市中新闻》、《生活全接触》等。

局长：徐福淮

副局长：张兴吾

工会主席：刘敬海

总工程师：蔡成森、丁红岩、于洪河、宋爱玲、张志刚

地址：振兴中路139号

电话：（0632）3372656

邮编：277101

滕州市广播电视局

滕州市广播电视局现有干部职工187人。下设电台、电视台、办公室、财务科、广告部、政工科、总编室、总工办、信息管理科、固定资产管理科、社会管理科、电视播控中心、督察科、老干部科、稽查大队、保卫科16个部门。

广播开办的主要节目有：新闻、直播、文艺；电视开办的主要节目有：新闻、专题等。

党组书记、局长：丁修洁

党组副书记、副局长：张笃仁

副局长：张福生、李庆

纪检组长、监察室主任：孟宪科

地址：滕州市学院中路2109号

电话：（0632）5514310

邮政编码：277500

泰安市广播电视局（台）

泰安市广播电视局（台）现有在编职工341人。实行局台合一管理体制。

局机关设有办公室（保卫科）、总编室、政工科、社会管理科（科技科）、计划财务科。

局属科级事业单位有泰安市广播电视报社、泰安市广播电视局（台）广告部、泰安市广播电视局（台）后勤服务部、泰安市广播电视器材供应站、泰安市广播电视网站（泰安市广播电视科学研究所）。

局（台）下设五个中心：

广播中心：新闻部（新闻台）、专题部、文体部、通联部

电视新闻中心：时政新闻部、社会新闻部、制作部、通联部

电视社教中心：专题部、农村部、国际部

电视文体中心：文艺部、体育部、活动部

广播电视技术中心：电视播控发射部、有线电视播控部、广播播控发射部、有线工程部、有线用户部、动力部、技术部、节目录制部

泰安视通广电网络有限公司：综合部、技术支持部、网络运维部、市场一部、市场二部、信息采集部。

局（台）长、党组书记：袁久亮

总编辑、副书记：张建东

副局（台）长：李梦祥（2008年3月止）

副局（台）长：张安旺

副局（台）长、总工程师：黄平

副局（台）长：王广尧

副局（台）长：王传宝

纪检组长：张习宗

总会计师：杨淑华

副总编辑：徐晶（2008年12月任职）

工会主席：吴秀新（2008年2月止）、张金松（2008年12月任职）

单位地址：泰安市迎暄大街200号

电话：（0538）6119936

邮政编码：27100

网址：www.tagd.com.cn

泰山区广播电视局

泰安市泰山区广播电视局（台）现有在编人员 45 人，是实行局台合一管理体制的区级全额事业单位。设有广播中心（广播新闻部一个部室）、电视中心（电视新闻部、制作部、文体部三个部室）两个二级单位以及总编办、办公室、技术部、工程部、财务科、政工科、广告中心等 11 个部室。

广播开办有《泰山新闻》、《经典回放》等栏目；电视开办有《泰山新闻》、《泰山警察》等新闻类、专题类、文艺类、少儿类节目。

局（台）长、书记：范昌升

副局（台）长：张廷新

副局（台）长、总编辑：李向明

副局（台）长、党支部副书记：李双梅

副局（台）长：岳永军、燕小明

地址：泰安市东湖路中段

电话：（0538）6189167

邮政编码：271000

岱岳区广播电视局

泰安市岱岳区广播电视局现有正式职工 60 人。为区级事业单位。设有办公室、会计统计科、技术部、传输办、社会科、新闻部、专题部、录播部、总编室、劳动人事科。

开办的主要节目有《岱岳新闻》、《成长乐园》等。

局长、党组书记：王景洪

副局长：赵明

副局长、总编辑：刘宝海

副局长：赵西杰、朱绍港、朱宗学

副局级干部：张兆堃

副总编辑：李雯、陈燕

地址：泰安市财源大街 27 号

电话：（0538）2117809

邮政编码：271000

肥城市广播电视局（台）

肥城市广播电视局（台）现有在编人员 184 人，其中高级职称 25 人，中级职称 63 人。是实行局台合一管理体制的自收自支事业单位。设有广播、电视、网络传输、广告 4 个中心。

局（台）长、党委书记：王德鹏

副书记、总编辑：夏崇河

副局（台）长、网络传输中心主任：肖云山

副局（台）长、电视中心主任：陈勇

工会主席：张华

副局（台）长：胡子杰、张树民

纪委书记：赵轶

单位地址：肥城市龙山路 011 号

电话：（0538）2161001

邮政编码：271600

新泰市广播电视局（台）

新泰市广播电视局（台）现有在编人员 110 人。是实行局台合一管理体制的事业单位。设有办公室、人秘科、新闻部、专题部、通联部、录播部、总工办、技术部、播出部、有线电视新泰城区发展部、广告公司、广播电视器材供应站等 25 个科室。

开办的主要节目有《新泰新闻》、《平阳纵横》等。

局（台）长：葛涛

副局长：徐熙玫（电视台总编辑）

　　　　张广利（电台总编辑）

工委主任：王宗平
电台副总编辑：吴平
电视台副总编辑：王安宁、陈娟
电视台总工程师：聂磊
单位地址：山东省新泰市青龙路1589号
电话：（0538）6322021
邮政编码：271200

宁阳县广播电视局

宁阳县广播电视局现有在编人员71人。是实行局台合一管理体制的正局级事业单位。设有办公室、总编室、时政新闻部、社会新闻部、专题部、节目采集室、广播部、播音部、广告部、开发部、工程部、收费部、社会部、播控部、有线频道广告部。

广播电视开办的主要栏目有《宁阳新闻》、《今日宁阳》、《民生聚光灯》等。

局长、党组书记：石玉奎
副局长：谢清瑜、姬常光
副局长、总编辑：孔祥银
纪检组长、监察室主任：郭尽迟
地址：宁阳县城金阳大街金阳广场北侧
电话：（0538）6341001
邮政编码：271400

东平县广播电视局

东平县广播电视局（台）现有干部职工119人。是实行局台合一管理体制的事业单位。设有办公室、政工科、财务科、保卫科、社会科、信息科、资料科、总编室、新闻部、专题部、广告文艺部、制作部、电台编辑部、城区有线电视服务中心、村村通办公室、工程部、发射台、计生办18个科室。

主要开办有《东平新闻》、《东原大舞台》、《农民之友》、《欢乐时光》、《经济信息》等栏目。

局长、党委书记：李士敏
副书记、纪检书记：王健
副局长：郑允广
地址：东平县东平镇兴东一路001号
电话：（0538）2822973
邮政编码：271500

东营市广播电视局

东营市广播电视局成立于1983年10月。现有正式在编职工231人，设有办公室（加挂人事科、财务科牌子）、总编室、事业科（加挂社会管理科牌子）；直属事业单位有：广播电台、电视台、广播电视报社、广播电视信息网络传输中心、东营电视台二频道、微波站、广播电视监测中心、中波发射台。

党组书记、局长：马洪军
调研员、副书记：王振寰
副局长：李德发
副局长、电台台长：郑福华
副局长：孙乐春
电视台台长：韩祥明
纪检组长：于龙田
总工程师：马勤建
地址：东营市东城南一路260号
电话：（0546）8338282
邮政编码：257091

东营人民广播电台

东营人民广播电台成立于1984年5月，

为副县级事业单位，隶属东营市广播电视局。现有职工 105 人，其中正式在编职工 62 人，招聘人员 42 人，设有总编室、新闻频道、经济频道、交通音乐频道、技术部、调频台。

台长：郑福华

副台长：刘保国、张清晨

地址：东营市东城南一路 260 号

电话：（0546）8336665

邮政编码：257091

东营电视台

东营电视台 1986 年 5 月 10 日成立，1989 年 1 月 1 日开播，为副县级事业单位，隶属东营市广播电视局。现有职工 138 人，其中在编 98 人，聘用 40 人。设有 8 部 2 室：办公室、总编室、新闻部、专题部、外宣部、文艺部、制作部、技术部、播出部和广告部。

台长：韩祥明

副台长：田平、范宝苍

地址：东营市东城南一路 260 号

电话：（0546）8334894

邮政编码：257091

东营区广播电视局

东营市东营区广播电视局总编制数 40 人，实有人数 72 人，在编人员 37 人。设有办公室、总编室、事业股、技术股、4 个股室，下辖东营区人民广播电台、东营区电视台两个副科级事业单位，东营区广播器材服务部一个股级事业单位。

广播开办有《东营区新闻》、《空中商桥》等 10 多个栏目；电视开办有《东营区新闻》、《经济社会》等 10 多个栏目。

党组书记、局长：苏咏霖

副局长：朱宝祥、曹景贞

纪检组长：李金峰

地址：东营市西城西二路 84 号

电话：（0546）8221671

邮政编码：257031

河口区广播电视局

东营市河口区广播电视局现有在编在岗人员 34 人，是区政府直属的全民正科级事业单位。设有办公室、电视台、电台、网络传输中心。

广播主要开办有《河口新闻》、《广播书场》等 16 个栏目；电视主要开办有《河口新闻》、《今日河口》等栏目。

党组书记、局长：张振祥

副局长：时云杰、王金秀

纪检组长：殷延平

地址：河口区海宁路 253 号

电话：（0546）3651271

邮政编码：257200

广饶县广播电视局

广饶县广播电视局共有从业人员 65 人，其中局机关 9 人，广播电台 22 人，电视台 34 人。为正科级监督管理类事业单位。下设两个社会公益类正科级事业单位：广饶人民广播电台、广饶电视台。

广播调频 103.9 兆赫。主要开设有《广饶新闻》、《阳光政务热线》等；电视主要开设新闻综合、经济生活两个频道，主要栏目有《广饶新闻》、《法制经纬》等。

党组书记、局长：崔洪勋

副局长：田效辉

纪检组长：周海燕

地址：广饶县乐安大街518号

电话：（0546）6441747

邮编：257300

垦利县广播电视局

垦利县广播电视局现有在编人员44人。为县政府直属事业单位。设有新闻部、制作部播出部、专题部、广告部、电台、事业管理部、办公室、财务室8个科室。

广播电视开办的主要栏目有《垦利新闻》、《关注垦利》、《法制视窗》等。

书记、局长：郭树礼

副局长：张和民、王学义

纪检组长：牛振民

总编辑：付建堂

地址：垦利县振兴路50号

电话：（0546）2521483

邮政编码：257500

利津县广播电视局

利津县广播电视局总编制数44人。截至到2008年底，实际拥有干部职工79人，其中正式工作人员44人，聘用及临时工作人员35人。是县政府直属的全民事业单位。局内设有办公室、财务股、业务股；下设电视台、广播电台、有线电视管理站。

广播电台（“凤凰之声”广播电台）全天播音时间18个小时，自办节目时间达16个小时。正常转播中央、省、市电台新闻联播节目。主要开设有《利津新闻》、《行风热线》等16个栏目。电视台全天播出24个小时。除自办节目外，还正常转播中央、省、市三级电视台新闻联播节目。主要开设有《利津新闻》、《今日新利津》等栏目。

局长、党组书记：顾国岭

副局长：韩宁、李福永、郭欣照

局纪检组长：薄维新

地 址：利津县城津二路241号

电 话：（0546）5621519

邮政编码：257400

德州市广播电视局

德州市广播电视局现有编制306人。是市政府主管的行使广播电视行政管理职能的正县级事业单位。设有办公室、纪检组、总编室、业务管理科、计划财务科5个科室。直属单位：德州人民广播电台、德州电视台、德州市有线电视传输有限公司、德州微波总站、德州广播电视报、德州中波转播台、稽查大队、监测台。

党组书记、局长：赵泉江

党组副书记、副局长、电视台台长：王军

副局长、纪检组长、监察室主任：高建

副局长：常树风

工会主席：俞鲁海

电台台长：邱红玲

总工程师：冯海涛

地址：德州市德城区东方红路

电话：（0534）2687900

邮政编码：253012

广电职工参加全市“八荣八耻”歌咏比赛

德州人民广播电台

德州人民广播电台现有编制58人。设有办公室、财务科、时政新闻部、总编室、广告部、文艺广播、新闻综合广播、交通音乐广播、承诺热线、民生新闻、广告监督部、录制部、调频发射部。

主要开办有《百姓报道》、《德州新闻》、《承诺热线》等栏目。

台长：邱红玲

总编：马清水

副台长：王春明

地址：德城区东方红路

电话：(0534)2687960

邮政编码：253012

德州电视台

德州电视台现有编制人员119人。设有办公室、财务科、新闻部、总编室、天天故事会、经济与生活、文艺部、卫生与健康、专题部、经营监督审查部、播出部、播控室、技术部、广告部、德州教育、节目制作部。

主要开办有《德州新闻》、《今晚播报》等栏目。

台长：王军

副台长：王杰、孙伟

总工程师：冯海涛

地址：德城区东方红路

电话：(0534)2687920

邮政编码：253012

德州广电有线传输有限公司

德州广电有线传输有限公司现有在编人员30人。公司设有办公室、财务科、技术部、稽查队、播出部、安装工程中心、村村通办公室、客户服务中心等。

董事长：赵泉江

总经理：商明明

地址：德州市德城区柴市街服装城

电话：(0534)2100990

邮政编码：253012

德州广播电视报社

德州广播电视报创刊于1990年12月，1995年7月由国家新闻出版总署批准为全国统一刊号：CN37-0106。现有在编人员6人，招聘人员15人。设有记者部、编辑部、发行部、广告部、照排室等。

社长：孙文瑞

地址：德州市德城区东方红路

电话：(0534)2687981

邮政编码：253012

乐陵市广播电视局

乐陵市广播电视局现有在编人员75人，设有办公室、财务科、物业科、新闻部、编辑室、电视台、总编室、广告部、广告制作室、播出部、收费处、稽查科、有线科13个科室。

广播电视开办的主要栏目有《乐陵新闻》《新闻广角》等。

局（台）长、书记：李勇

副书记、总编：孙建斌

副局长：夏文军、张立民、王新星、李文新

副台长：鲁国防

纪检组长：郝军

工会主席：陈海霞

电地址：乐陵市枣城南大街198号

电话：（0534）6260001

邮政编码：253600

临邑县广播电视局

临邑县广播电视局现有在编人数135人，其中高级职称6人、中级职称33人、初级职称60人。设有办公室、后勤服务部、财务部、督查部、安监部、新闻中心（分新闻报道一部和新闻报道二部）、专题部、电台编辑部、电台外宣部、广告一部、广告二部、业务管理部、播出技术部13个部室和金宇网络公司。

广播开办的主要栏目有《临邑新闻》、《新农村》等；电视开办的主要栏目有《临邑新闻》、《临邑经纬》等。

局长、副书记：李岩

党组书记：李保第

副局长：郑景华、张永宾、孙玉珍、杨义田、朱长文、邓宽林、胡晶、王洪奎

纪检组长：李秀良

工会主席：刘华胜

党组成员：刘光顺、赵德强、赵建军、王磊

地址：临邑县永兴大街189号

电话：（0534）4361054

邮政编码：251500

夏津县广播电视局

夏津县广播电视局现有在编人数147人。设有办公室、总编室、人事科、财务科、行政科、技术部、审播部、农村有线办公室、新闻部、电台、有线台、播出部、微波站、广播电视稽查大队、专题部、广告部、文艺部。

局长：杨玉泉

副局长：宫建、张树文、王德峰、王传贞、张作生、迟春梅

副书记：徐向东

纪检组长：李健（正局级）

党组成员：宋洪范、任明元

工会主席：郑世泉

地址：夏津县锦纺街18号

电话：（0534）3261077

邮政编码：253200

平原县广播电视局

平原县广播电视局现有干部职工113人，设有办公室、财务室、广告部、总编室、电视新闻外宣部、内宣部、专题部、制作室、电台编辑部、微波、有线发射部、无线发射部、硬盘播出部、有线电视网络公司13个科室和单位。

广播主要开办有《平原新闻》、《计生服务》等栏目；电视主要开办有《平原新闻》、《今日平原》等栏目。有线电视用户达8万户，传送50套有线电视节目。

党组书记、局长：张来刚

副局长：霍吉宏、梁荣喜、邓爱农、王东广

工会主席：李敬民

纪检组长：王洪利

地 址：山东省平原县共青团路228号

电话：(0534)4211325

邮政编码：253100

武城县广播电视局

武城县广播电视局现有干部职工119人。设有办公室、财务科、新闻部、编辑部、资料室、后勤部 微波站、电视台、广告部、监控室、专题部、总编室、技术部、播音部、广联公司。

广播电视开办的主要节目有《武城新闻》、《关注》等。

党组书记、局长：张宝砚

副局长：刘雪、高春山、耿晓宇、刘玉成

纪检组长：王宝岭

工会主席：赵红霞

党组成员：满运发

地址：武城县振华街东首路北广电大厦

电话：(0534)6211348

邮政编码：253300

禹城市广播电视局

禹城市广播电视局共有在编人员154人，其中党员81人。设有办公室、政工科、妇委、团委、内宣部、外宣部、专题部、广告部、总编室、有线电视科、技术部、播出部、影视科、电台新闻部、电台节目部、财务科、行政科、内保科、农村有线电视管理科等19个科室。

主要传输中央各台、山东各台、各省台及德州、禹城各台等43套电视节目。广播电台全天直播，主要开办有《禹城新闻》、《承诺热线》及各类文艺节目；电视主要开办有《禹城新闻》、《禹城新视点》等栏目。有线电视城乡综合入户率达到了70%以上。

党组书记、局长：李召海

副书记、副局长、台长：李明华

副局长：王吉星、程培军、戚爱民、初勇

工会主席：王遐

纪检组长：梁深海

地址：禹城市行政街东首

电话：(0534)7421491

邮政编码：251200

庆云县广播电视局

庆云县广播电视局现有在编人员78人。设有办公室、新闻中心、节目制作中心、华美文化创意中心、广告中心、总编室、广播部、播出部、技术部、有线电视网络中心。

广播电视开办的主要节目有《庆云新闻》、《吉祥庆云》、《旅游天地》等。

局长：武晖天

党组书记：刘梅銮

副局长：刘强、王洪亮、杨荣耀

地址：庆云县建设街862号

电话：(0534)3321055

邮编：253700

宁津县广播电视局

宁津县广播电视局现有在编人员92人。是实行局台合一管理体制的事业单位。辖宁津人民广播电台、宁津电视台、局台设有26个科室（办公室、财务科、政工科、总编室、《宁津新闻》栏目组、《百姓热线》栏目组、《大视野》栏目组、《生活向导》栏目组、《天南地北宁津人》栏目组、广播组、播音部、广告部、文艺部、网管中心、收费科、稽查大队、器材科、技术部、总工办、城区科、工程公司、有线播出部、无线播出部、企管办、网站、保卫科），设有11个乡镇广播电视站，共有206名工作人员。

党组书记、局长：吕刚

副书记、副局长、电台台长：高向峰

副局长：谢强

电台常务副台长：王均如

纪检组长：李华

副局长：侯青春

地址：宁津县城阳光大街东首

电话：（0534）5064008

邮政编码：253400

齐河县广播电视局（台）

齐河县广播电视局现有在编人员122人。设有办公室、政工科、财务科、总编室、新闻部、社会新闻部、专题部、广告部、广播电台、社管科、技术部、有线电视管理部及14个乡镇广播电视站等。

广播电视开办的主要节目有《齐河新闻》、《社会与法》等。

党支部书记、局（台）长：李孝平

副书记、副局长：怀善青

副局长：甄立慧、王文军、周宁、张宪忠

纪检组长：崔振

工会主席：王光玲

地址：山东齐河县齐晏大街280号
齐河广电大厦

电话：（0534）5327217

邮编：251100

陵县广播电视台

陵县广播电视台现有在职人员52人。设有广告部、新闻部、专题部、新闻制作室、广告制作室、播音室、影视台、综艺台、信息部。

广播电视开办的主要节目有《陵县新闻》、《法制论谈》等。

台长：赵奎珠

主要领导：赵奎珠、纪新华

地址：陵县陵城镇唐城路北8号

电话：（0534）8221760

邮政编码：253500

聊城市广播电视局

聊城市广播电视局（台、网）现有干部职工622人，其中高级职称53人，中级职称131人。辖聊城人民广播电台、聊城电视台、聊城广播电视报社、山东广电网络有限公司聊城分公司、中广数字电视运营有限责任公司、广源网络科技有限公司等单位。对聊城转播台、莘县转播台与省台共管，对全市8个县（市、区）广播电视局进行业务指导与管理。

局机关现有干部职工87人。设有办公室、人事教育中心、科技科、财务结算中心、纪检监察室、工会、广播电视学会、行管中心、广播电视监审部、审计科、少儿艺术团。

党组书记、局长：路仕佼

副局长：孟昭民、秦金星

纪检组长：烟少平

工会主任：刘兴元

地址：聊城市柳园路北首

电话：（0635）8371090（总机）

邮政编码：252000

网址：www.lcbtv.com

聊城人民广播电台

聊城人民广播电台成立于1994年，现有干部职工66人，为正县级差额预算管理事业单位。设有新闻综合频率、经济生活频率、交通频率，新闻部、总编室、技术部、行风热线栏目部。

台长：路仕佼

副台长：万维兴

地址：聊城市财干路

电话：（0635）8371090（总机）

邮政编码：252000

聊城电视台

聊城电视台成立于1990年，现有干部职工236人，为正县级差额预算管理事业单位。设有新闻中心、技术中心、编控中心、大型活动中心、广告中心、专题策划部、无线发射部、有线播出部、微波站、监审部、水城故事栏目组、精彩连连看栏目组、聊城财经栏目组。电视发射功率10千瓦。现有发射机7部，手机电视无线数字发射机1部，编辑设备32套，播控设备8套。600平米、200平米演播室各1个，小演播室2个，虚拟演播室1个，配音室2个。

台长：路仕佼

副台长：朱国方、宋苒

地址：聊城市柳园路北首

电话：（0635）8371090（总机）

邮政编码：252000

东昌府区广播电视局

聊城市东昌府区广播电视局现有干部职工126人，中级技术职称人数54人，副高级技术职称人数9人。设有办公室、人事科、财务科、工会、总编室、新闻部、专题部、社教部、广告部、文艺部、技术部、录制部、科技信息部、经济信息部等科室及业务部门。开办的主要节目为新闻类节目。

局长、党组书记：史兆国

副局长、总编辑：贾晓峰

工会主任：杜永华

纪检组长：于丙华

地址：聊城市文化路204号

电话：（0635）8250339

邮政编码：252000

莘县广播电视局

莘县广播电视局现有干部职工256人，其中县局159人，乡镇97人；具有高级职称4人，中级职称34人，初级职称44人；设有办公室、人秘科、财务科、总编室、社会管理科、科技科、电台新闻部、电台专题部、电视台新闻部、电视台专题部、电视台制作部、播出部、广告部、电视发射台、城区有线电视台15个科室和22

个乡镇广播电视管理站。

广播电视开办的主要栏目有《莘县新闻》、《农村天地》、《夕阳红》等。

局长、党组书记：孙长厚

副局长、副书记：王国庆

副局长：李金锋、孟建民

纪检组长：王文生

总工程师：马心稳

工会主席：赵来彦

地址：山东省莘县新华路41号

电话：(0635)7321090

邮编：252400

电子信箱：shenxianguangdian@163.com

临清市广播电视局

临清市广播电视局现有干部职工130人，高级职称3人，中级职称30人，初级职称32人。设有办公室、政工科、财务科、安保科、总编室、电台编辑部、新闻部、专题部、广告部、录制播音部、技术部、无线发射部、有线播出部、安装维修部、征收部。

广播电视开办的主要栏目有《临清新闻》、《供求热线》、《票友俱乐部》等。

党组书记、局长：李刚

副书记、副局长：张波（兼临清人民广播电台台长）

副书记、副局长：杨林鸿（兼总编辑）

副书记、副局长：张文艺

纪检组长：金长红

工会主任：王书和

地址：临清市青年路中段

电话：(0635)2323095

邮编：252600

电子信箱：bgs3095@126.com

茌平县广播电视局

茌平县广播电视局现有干部职工76人，中级技术职称32人，副高级技术职称9人。实行局台合一管理体制。设有广播电台、电视台、有线电视台等16个科室。

广播电视开办的主要栏目有《茌平新闻》、《时尚家园》等。

党组书记、局长：张道恒

副局长：宋建华、郦洪山

纪检组长：田鹏芝

工会主席：赵希顺

地址：茌平县振兴路西首

电话：(0635)6939802

邮编：252100

电子信箱：chipingguangdian@126.com

高唐县广播电视局

高唐县广播电视局现有在编干部职工88人，在编自收自支人员46人，其中科级干部11人，具有中、高级技术职称33人。设有电台、电视台、网络公司等部门。实行局、台、网合一体制。

广播电视开办的主要栏目有《高唐新闻》、《民生驿站》等。

党组书记、局长：张子华

副局长：房兆奎、王珠臣

纪检书记：李春奎

工会主任：刘英华

地址：高唐县金城路176号

电话：(0635)3951187

邮编：252800

电子信箱：gtgdj@163.com

阳谷县广播电视局

阳谷县广播电视局现有干部职工158人，具有高级专业技术职称3人、中级专业技术职称32人。设有办公室、政工科、财务科、保卫科、社管科、电视新闻部、电台新闻部、电视专题栏目部、广告部、电台栏目部、物业科、技术科、播音部、电台播出部、电视播出部、有线电视台16个科室。

广播电视开办的主要栏目有《阳谷生活》、《千秋阳谷》等。

党组书记、局长：徐道平

副局长、电台台长：周豪

副局长、电视台台长：李贵谦

副局长：柳建红

纪检组长：胥化龙

地址：山东省阳谷县景阳路1号

电话：(0635)6390311

邮编：252300

电子邮箱：wyt666999@163.com

东阿县广播电视局

东阿县广播电视局现有干部职工155人，副高职称7人，中级职称45人。为局台合一管理体制的事业单位。辖东阿人民广播电台、东阿电视台。局机关设有办公室、财务科、电视新闻部、专题部、制作部、广告文艺部、播出科、社会管理科、城区工程科、5个广播电视中心站，辖11个乡镇、办事处广播电视站。

广播主要开办有《东阿新闻》、《温馨传送互动点歌》等栏目；电视主要开办有《东阿新闻》、《乡村四季》等栏目。

党组书记、局长：李广义

副局长：万维杰、宋军红

地址：东阿县环球路83号

电话：(0635)6928885

邮编：252200

电子邮箱：degdj@sina.com

冠县广播电视局

冠县广播电视局现有在编干部职工51人，其中科级干部11人，具有中、高级技术职称33人。设有办公室、总编室、时政部、社会新闻部、专题部、播出部、技术部、有线电视管理部、广告部。

广播电视开办的主要栏目有《冠县新闻》、《田园四季风》、《冠县新鲜事》等。

党组书记、局长：杨华林

副书记、副局长：周代峰

副主任科员：宋春跃、崔振国

地址：冠县兴贸路东首

电话：(0635)6946264

邮编：252500

电子邮箱：sdfengxf@163.com

菏泽市广播电视局

菏泽市广播电视局现有干部职工384人，其中拥有正高级职称15人，副高级职称52人，中级职称112人，实行局台合一管理体制。设有办公室、总编室、新闻部、录制部、发射部、播出部等30多个部室。

广播主要开办有《行风热线》、《律师说法》等30余个栏目；电视主要开办有《菏泽新闻》、《百姓天天看》等13个栏目。

党委书记：刘付德
副书记、副局（台）长：乔平、许信玉
副局（台）长：杨汉桥、李庆华
总编辑：王鲁南
副局（台）长：李建新
纪委书记：徐明军
地址：菏泽市中华路1428号
电话：（0530）5332993
传真：（0530）5311912
邮编：274000

牡丹区广播电视局

菏泽市牡丹区广播电视局现有干部职工187人，高级职称8人（正高1人），中级职称36人。实行局台合一管理体制。辖牡丹人民广播电台、牡丹区电视台。设有办公室、总编室、新闻部、专题部、播出部、广告部等17个科室。

电视主要开办有《牡丹区新闻》、《牡丹视点》等栏目。

局（台）长、党组书记：高宪峰
副局长：谢清海、王世君、王维修、刘高显
纪检书记：李青
电视台副台长：路纪军、李玉军
地址：菏泽市长江路西段2093号
电话：（0530）5577100
邮政编码：274000

郓城县广播电视局

郓城县广播电视局现有干部职工387人，其中高级职称8人，中级职称30人。实行局台合一管理体制。设有办公室、政工股、社会管理股、业务技术股、总编室、新闻中心、广告文艺部、专题部、播出部、片审部、制作部等股室。

广播主要开办有《金土地》、《梨园经典》等栏目；电视主要开办有《郓城新闻》、《今日郓城》等栏目。

局（台）长：田继华
副局（台）长：李大建、梁新宪、王玉才
纪检书记：侯宪瑞
总编辑：何岱骏
地址：西门街南段路东
办公电话：（0530）6893919
传真：（0530）6898395
邮编：274700

鄄城县广播电视局

鄄城县广播电视局现有干部职工149人。实行局台合一管理体制。设有办公室、人事股、总编室、新闻部、专题部、广告文艺部、技术部、播出部、社管股等。

电视主要开办有《鄄城新闻》、《今日鄄城》、《和谐家园》等栏目。

党组书记、局长：刘善杰
副书记、副局长：董双进
副局长：仪杰、王玉泉
纪检书记：仪建国
工会主任：范继稳
党组成员：马兴超
地址：山东省鄄城县古泉南路富民巷6号
电话：（0530）2421549
传真：（0530）2409668
邮政编码：274600

巨野县广播电视局

巨野县广播电视局现有干部职工 140 人，实行局台合一管理体制，系全额事业单位。设有办公室、政工科、社保科、财务科、总编室、技术部、播出部、播音部、电视台广告文艺部、电台广告文艺部等 10 个科（部室）。

电视主要开办有《巨野新闻》、《经济纵横》等栏目。

局（台）长、党组书记：庞恩启

副局（台）长、副书记：马凡德

副局（台）长：高臻　李发资

纪检书记：丛地连

地址：巨野县永丰街 14 号

电话：（0530）8212802

邮政编码：274900

东明县广播电视局

东明县广播电视局现有干部职工 126 人，高级技术职称 9 人，中级技术职称 38 人。实行局台合一管理体制。设 13 个部门。

广播主要开办有《全县联播》、《东明风貌》等栏目；电视主要开办有《东明新闻》、《城乡采风》等栏目。

局（台）长、党组书记：李济仁

副局（台）长：乔青山、王胜军、穆绪伟

纪检书记：李改珠

电视台台长、总编辑：乔廷月

地址：东明县城曙光路东段

电话：（0530）7212245

邮政编码：274500

定陶县广播电视局

定陶县广播电视局现有干部职工 189 人，实行局台合一管理体制。设有办公室、总编室、新闻部、专题广告文艺部、播出部、保卫科、器材供应站等部室。

广播电视开办的主要栏目有《定陶新闻》、《创新》等。

局长：牛月考

副局长：王魁民、郭建、曹丽华

纪检书记：牛建明

地址：定陶县城区青年路北段

电话：（0530）2212852

邮政编码：274100

单县广播电视局

单县广播电视局现有干部职工 279 人。实行局台合一管理体制。设有 11 个部室。电视每天播出 15 个小时。

电视主要开办有《单县新闻》、《事事关心》等 10 多个栏目。

局（台）长、党组书记：谢怀志

副局（台）长：刘仰华、刘东彦、李宪寅

纪检组长：石瑜

地址：单县南城办事处文化北路南关社区 351 号

电话：（0530）4659208

邮政编码：274300

成武县广播电视局

成武县广播电视局现有干部职工 270 人，

实行局台合一管理体制。设有办公室、政工科、总编室、新闻部、专题部、广告文艺部、通联部等18个部室。

电视主要开办有《成武新闻》、《媒体新视野》、《健康生活》等栏目。

局（台）长、党组书记：袁照明

副局长：张志华、冉庆利、陈道华

纪检书记：孔德政

党组成员：张世令、申成新、姜联平

地址：成武县伯乐大街西段63号

电话：（0530）6119169

邮政编码：274200

曹县广播电视局（台）

曹县广播电视局（台）属财政拨款差额事业单位。设有办公室、总编室、政工股、新闻部、广告部、文艺部、专题部、播出部、保卫科、稽查队等部室。

电视主要开办有《曹县新闻》、《民生在线》等栏目。

局（台）长：李圣安

副局（台）长：白东亚

纪检书记：马庆宝

地址：曹县珠江路76号

电话：（0530）3202834

邮政编码：274400

滨州市广播电视局

滨州市广播电视局是滨州市人民政府直属事业单位。行政编制（参照公务员管理）12人，局机关设办公室、总编室、人事科、社会管理科和机关党委。2008年6月14日，中共滨州市委办公室下发【2008】第71号文件，印发《市委办公室、市政府办公室关于组建滨洲传媒集团有限公司会议纪要》和《滨洲传媒集团有限公司组建领导小组关于组建滨洲传媒集团有限公司的实施方案》，原滨州市广播电视局辖属的滨州市人民广播电台、滨州电视台、滨州电视发射台、滨州市广播电视网络有限公司、鲁北晚报社、滨州市广播电视器材公司等事业单位划归新组建的滨洲传媒集团有限公司（国有企业），滨州市广播电视局只行使行业管理和行政执法职能，不再对原辖媒体和单位行使管辖和领导职能。

书记、局长：王春山

调研员：武金星、李建颖

副局长：吴凤广、房斌

地址：滨州市黄河五路358号

电话：（0543）2112010

邮编：256603

网址：http://www.bzcn.com.cn

滨州人民广播电台

滨州人民广播电台现有职工71人。设有新闻部、总编室、技术部、中波发射台。现开办3个频道：新闻综合频道、经济生活频道、交通音乐频道。

台长：殷炳明

地址：滨州市黄河五路358号

电话：（0543）2112400

邮编：256603

滨州电视台

滨州电视台现有职工122人。设有总编室、新闻部、社教部、专题部、文艺部、播出部、技术部、广告部。现开办2个频道：新闻综合频道、影视频道。

台长：殷炳明

总编辑：冯朝晖

地址：滨州市黄河五路358号

电话：（0543）2112508

邮编：256603

鲁北晚报社

鲁北晚报社现有职工41人。设有总编室、编辑部、记者部、周刊部、广告部。

社长：殷炳明

地址：滨州市黄河五路358号

电话：（0543）2112091

邮编：256603

滨州广播电视网络有限公司

滨州广播电视网络有限公司现有职工410人。设有办公室、工程技术部、财务审计部、人力资源部、市区运维部。各县区设分公司。

董事长：殷炳明

地址：滨州市黄河五路358号

电话：（0543）2112303

邮编：256603

滨城区广播电视局

滨城区广播电视局现有编制62人，设9个科室：局办公室、事业科、物业管理办公室、新闻部、社交部、总编室、广播频道、广告部、技术部，辖滨城区有线电视台和滨城人民广播电台两个频道。

书记、局（台）长：武良斌

副局长：张增亮、董雪涛、郑磊

纪检组长：马修湖

地址：滨州市黄河八路539号

电话：（0543）2218917

邮政编码：256613

惠民县广播电视局（台）

惠民县广播电视局（台）现有编制人数45人。设有办公室、财务科、新闻部、专题部、录制部、播出部、广告部、物业办、技术科、总编室、社管办共计11个科室，

广播电视主要开办有《惠民新闻》、《惠民纵横》等栏目。

党组书记、局（台）长：马书卿

副局长：曹振生、李炳森、王志勇

纪检组长：翟军

地址：惠民县文庙街24号

电话：（0543）5321664

邮政编码：251700

无棣县广播电视局

无棣县广播电视局现有编制23人，为全额拨款事业单位。设有办公室、无棣人民广播电台、无棣电视台、电视发射台。

广播电视开办的主要栏目有《无棣新闻》、《今日无棣》等；同时全程无线转播中央第一套、新闻频道、山东公共频道等节目。

书记、局（台）长：步宝金

副局长：于清东、赵春沧
纪检组长：王平
党组成员：徐宝君
地址：无棣县新城区府前大街东首
广电大厦
电话：(0543)2258566
邮政编码：251900

沾化县广播电视局

沾化县广播电视局现有编制35人，设有办公室、广播电视台（新闻部、播出部、广告文艺部）、业务拓展中心。

广播电视主要开办有《沾化新闻》、《以案说法》等专题栏目。同时全程无线转播中央第一套、新闻频道、山东公共频道等节目。

党组书记、局长：崔良海
副书记、副局长：花如美
工会主任：王金水
纪检组长：陈洪跃
党组成员：邵云东、白景致
地址：沾化县城富电路386号
电话：(0543)7321480
邮编：256800

博兴县广播电视局

博兴县广播电视局现有编制73人，设有技术委员会、总编室、电视新闻中心、综合频道、经济频道、广播电台、局办公室、局财务部、电视演播厅器材管理部、发射中心、编播中心11个部室。

广播电视开办的主要栏目有《博兴新闻》、《新闻周刊》等。

局长：郝崇凯
党组书记、副局长：张志忠
微波站站长、副局长：王军
副局长：王成键、王晓兵
纪检组长：崔波涛
微波站副站长：任哲峰
地址：博兴县博城五路369号
电话：(0543)2160021
邮政编码：256500

邹平县广播电视中心（邹平县广播电视局）

邹平县广播电视中心现有干部职工126人。辖邹平人民广播电台、邹平电视台、《今日邹平》编辑部、邹平广电广告公司，邹平广电传媒网站。内部实行中心负责制，设有节目中心、经营中心、技术中心、物业中心、后勤保障中心、考核管理中心等6个中心，19个部室。

广播电台从凌晨5:20到夜间24:20，全天播音19个小时。电视开办的主要栏目有《邹平新闻》、《乡村四季》等。

主任（局长)：赵敬源
书记：卢凤辉
副主任（副局长)：李承光、张长越、
景在龙
纪检组长：袁崇铎
副书记：张法勇
电视台台长：曲国光
地址：邹平县广场东路15号
电话：(0543)4266199
邮政编码：256200

阳信县广播电视局

阳信县广播电视局现有编制27人。设有广播电台、电视差转台、局办公室、局财务部、无线发射站、有线电视台、播出部、广电传媒公司8个部室。

广播电视开办的主要栏目有《阳信新闻》、《十件实事看发展》等。

党组书记、局长：张立泽

副书记、副局长：魏书田

副局长：李德俊、李树生

电台台长：王佩君

地址：阳信县阳城四路550号

电话：（0543）8212448

邮政编码：251800

莱芜市广播电视局

莱芜市广播电视局现有在编职工202人，实行局台合一管理体制。机关设有办公室、人事教育科、计划财务科、社会管理科（总工办）、总编室、档案室、微波站、督察科、"村村通"工作中心、物业管理中心、广视传媒中心、稽查大队。辖莱芜人民广播电台、莱芜电视台、莱芜广电网络公司、莱芜广播电视报社。

局长、党委书记：任旭东

副局长：李强、张义祥

纪委书记：吕文昌

地址：莱芜市高新区汶河大道

电话：（0634）8866966

邮政编码：271100

人物志

人 物 志

全国五一劳动奖章、全国系统劳模、长江韬奋系列奖、省政府表彰人员介绍

朱月明 （1976年6月—）女，汉族，中共党员，辽宁省凤城市人，毕业于中国传媒大学播音与主持艺术学院语言学及应用语言学专业，研究生学历。2008年全国五一劳动奖章获得者。

朱月明

2005年7月至今先后担任青岛电视台《奔向2008》、《今日扬帆》、《月明跑赛场》栏目主持人，曾担任主持2006、2008、2009年青岛市春节联欢晚会和青岛国际啤酒节等大型节目200余场，2007年1月至6月公派赴英国剑桥进修学习，2007年12月入选中央电视台奥运解说“国家队”，2008年8月至9月担任主持北京奥运会圣火传递（青岛站）、北京残奥会火炬接力（青岛站）、青岛奥帆赛残奥赛的启动仪式和闭幕式联欢晚会，协助中央电视台解说北京奥运会帆船比赛。主持的《今日扬帆》、《直接奥帆》分别获得2007年、2008年中国体育类新闻奖二等奖，主持的《奔向2008》和2006年、2007年、2008年度“青岛春节联欢晚会”等获山东省牡丹奖一等奖。

黄鲁琼 （1965年3月—）女，壮族，中共党员，广西宁明人，大学文化。1987年8月中南民族学院中文系毕业，分配至济宁电视台工作至今。历任总编室、新闻部编辑、组长、外宣部副主任、主任，现任电视中心副主任。98年晋升为主任编辑。从事新闻工作以来，出色完成了多项报道任务，多件作品产生了较大的社会影响，其中《张老汉与县委书记》1998年获国务院新闻办、广电总局第四届金桥奖一等奖。为建设济宁电视外宣队伍、塑造电视外宣品牌做出了突出贡献。2008年获全国三八红旗手荣誉称号。

黄鲁琼

王玮 （1956年9月—）男，汉族，中共党员，山东莱州市人，大学本科学历，高级编辑。第九届长江韬奋奖（韬奋奖）获得者。

1978年参加工作，先后任青岛人民广播电台记者、编辑，新闻中心副主任、主任，台长助理、新闻频道总监，现任青岛广播电视局副总编辑、电台副台长（主持电台日常工作）。近年来荣获“全国百佳新闻工作者”、山东省“泰山新闻奖”和山东省优秀新闻工作者、山东省劳动模范、青岛市专业技术拔尖人才等称号，被山东省委宣传部、省人事厅荣记二等功，享受国务院政府特殊津贴。参与创作编辑的《“微尘”在行动爱心筑品牌》等7篇作品分获中国新闻奖一、二、三等奖，《北京申办奥运、青岛应对大考》等9篇作品获中国广播影视大奖和中国广播电视新闻奖一等奖，出版著作《传媒精品解读》、《新闻纵横》、《优秀新闻作品选》。

王　玮

袁小冬 （1972年2月—）女，中共党员，山东济南市人，大学学历，主任记者。1993年毕业于济南大学应用化学专业，1994年进入济南电视台工作，先后在济南电视台专题部，社教节目中心任制片人兼节目主持人，2007年，任济南电视台都市频道副主任。从事新闻工作14年来创办主持的《小冬热线》、《庭审纪实》、《泉城夜话》、《小冬夜沙龙》等电视栏目均以鲜明的个性和全新的节目形式赢得了观众，创下济南地区收视头牌。两度荣获全国节目主持人最高荣誉“金话筒”奖，连续两届获全国主持人“金剑奖”（政府奖），获全国城市

袁小冬

十佳节目主持人，中国电视节目主持人“金鹰之星”荣誉称号，省市十佳节目主持人。其中主持的《泉城夜话》栏目荣获“全国十佳谈话节目”，连续三届荣获“山东省社教十佳名栏目”，被济南市委市政府授予“最受观众喜爱的电视栏目”，被市委宣传部命名为济南市“名专栏、名栏目”。主持、创作的电视节目，70余次获国家、省市级奖励。2007年当选山东省九次党代会代表。2008年4月被省政府授予先进工作者称号。

2008年评聘的正高级职称人员介绍

郑兆富（1961年1月—）男，汉族，山东诸城市人，现任济南人民广播电台新闻节目中心副主任，高级记者。两次获得济南市十佳新闻工作者称号。从事新闻工作以来，负责济南人民广播电台《济南新闻》、《新闻60分》、《早安泉城》等龙头新闻节目的运作。负责策划创办的济南新闻广播《早安泉城》节目，第一时间抢占新闻制高点，贴近百姓提供服务，收听率迅速提升，跨入济南地区前5名。《新闻60分》各个子栏目《济南新闻》、《泉城多媒体》、《方圆论坛》收听率和市场占有率均保持济南地区前三名。《济南新闻》、《新闻60分》被评为山东省名牌栏目，有多件作品获省级以上奖励。2008年12月晋升为高级记者。

王颖康（1969年11月—）女，汉族，山东日照市人。大学本科学历。1991年7月毕业于山东大学外文系，1994年4月进入济南电视台，先后从事电视经济节目和生活服务类节目的采编工作，2002年起担任总编室宣传科科长兼《观众与电视》栏目制片人，2005起担任总编室统筹科科长。在从事经济节目采编期间，采访制作了大量优秀节目，其中《更新择业观、培养新技能》、《再就业之路》、《经济大观》等节目先后在全国、省、市级电视节目评选中获奖。《团结互助　战胜非典》等十余部作品在全国及省级评奖中获奖，有9篇论文在《中国广播电视学刊》、《现代视听》、《青年记者》等国家及省级刊物上发表，其中论文《电视广告的情节化设计》获山东省广播电视论文奖二等奖。2008年12月晋升为高级编辑。

林岳忠 （1957年6月—）男，中共党员，山东栖霞人，大学本科毕业。1981年6月至2003年7月任广播电视局科员、副主任、主任。2003年担任烟台广播电台广播中心副总编辑，任职以来，组织策划优质稿件，先后有20多篇作品在全省各类评选中获奖，有10多篇论文在《山东视听》、《中国广播》等省级和国家级学术刊物上发表。2008年1月聘任为高级编辑。

马承玉 （1958年5月—）男，中共党员，山东日照人，大学本科毕业。从事新闻工作20多年来，先后担任烟台广播电视台广播中心新闻部记者、专题部副主任、广告部主任、分管经营的副总编辑。参与策划重大新闻报道，组织领导广播中心的经营工作，三次被市广电局记三等功，多次被市委宣传部授予“宣传烟台贡献奖”和优秀新闻工作者称号。有20多件作品在全省、全国各类新闻评选中获奖，有10多篇论文在《山东视听》、《中国广播》等省级和国家级学术刊物上发表。2008年1月聘任为高级记者。

李玲 （1969年6月—）女，山东海阳人，1991年6月毕业于兰州大学哲学系，现任烟台广播电视台广播中心新闻广播总监。从事新闻工作以来，先后担任记者、新闻部副主任、主任、新闻广播总监。有30多件作品获省级以上奖励。参与策划、开播了《民生热线》、《记者行动》、《梁子进社区》等节目，参与策划、采制的《政绩要算民生帐》等节目在中央人民广播电台《新闻和报纸摘要》节目中头题播出，先后被评为烟台市优秀新闻工作者、宣传烟台突出贡献奖以及烟台市广播电视系统名编辑记者。2008年1月聘任为高级记者。

王海波 （1966年11月—）男，山东海阳人，1986年7月毕业于广西大学中文系。同年7月到烟台人民广播电台新闻部工作。现任烟台经济广播总监。2003年取得高级记者任职资格。评论《承诺制，把权力还原为义务》、消息《各银行联合封杀赖账企业在烟台成为惯例》等一批作品获山东广播电视新闻奖一等奖。述评《谁是科研成果的真正发明人》获山东省新闻奖一等奖。多次受到烟台市广播电视局、烟台市委宣传部的嘉奖、记功奖励。连续两次被团省委评为山东省新长征突击手。1998年被评为烟台市首届十大杰出青年记者。曾获得第一届、第二届烟台市广播电视名编辑记者称号。2008年1月聘任为高级记者。

刘雁滨 （1955年11月—）男，吉林省人，1982年毕业于东北师大中文系。同年被选调到吉林省白城人民广播电台新闻部任新闻编辑，1986年1月应聘到烟台人民广播电台工作。先后在新闻部、专题部、综合部做编辑工作。2002年担任烟台交通广播总监至今。曾荣获吉林省首届优秀新闻工作者荣誉称号，作品多次在全省、全国各类新闻评选中获奖。2008年1月聘任为高级编辑。

路新玲 （1965年1月—）女，山东栖霞人，1986年毕业于山东广播电视学校新闻采编专业，同年分配到烟台人民广播电台工作，现任烟台广播电视台广播中心音乐频道总监。从事新闻工作20多年来，先后在国家、省级刊物（论文集）中发表论文10篇，参与编撰中小学生作文集一部，有60多件作品在全国、省级作品评选中获奖。2008年1月聘任为高级记者。

李冰 （1962年1月—）男，中共党员，山东蓬莱人，1983年毕业于山东省烟台艺术学校美术专业。1996年毕业于中共中央党校经济管理专业。1984年6月进入电视台工作。历任烟台电视台记者、广告部主任、副总编辑、高级记者。从事新闻工作以来，有多部作品获得国家级、省级一、二、三等奖和优秀电视节目奖。拍摄的专题片《天尽头处觅天鹅》获全国城市电视台专题节目一等奖。创意策划的百余部广告片、公益广告片，在全国获奖。历年被评为广电系统先进个人，并获三等功和嘉奖多次。2008年1月聘任为高级记者。

智强 （1963年5月—）男，中共党员，山东龙口人，1993年11月，任烟台芝罘有线台副台长、烟台有线台和烟台电视台主任等职，1997年破格任编辑，2001年晋升主任编辑。先后获得“山东省新长征突击手”、“山东省第二届将军杯优秀青年记者、编辑”、“烟台市广播电视系统先进个人”、“烟台市广电系统先进个人”、“烟台市优秀新闻记者”等荣誉称号。有50余部（次）作品获国家、省、市级奖励。其中专题片《一个下岗人的情怀》、系列报道《生命的捐献》等11部作品获中国广电奖、中国新闻奖；特别节目《爱心如虹》等22部作品获省广电奖、省新闻奖。有7篇论文在省以上刊物发表，其中《人文关怀是生活节目的根本》等二部作品获省级论文评比二等奖、三等奖。2008年1月聘任为高级编辑。

纪毅 （1963年1月—）男，中共党员，山东海阳人。1986年大学本科毕业。1993年在山东省电影学校从事教学工作,被评为讲师;1994年调入烟台电视台从事新闻工作，先后担任过有线电视台广告部副主任、广告中心副主任、军事部主任，现任图文部主任。从事新闻工作以来，参与制作的电视栏目《胶东子弟兵》、专题片《血染马石山》及系列新闻片多次获得中国广播电视学会和省广播电视学会一、二等奖。撰写的《电视纪录片细节的魅力》、《军营采访的技巧》等20多篇论文先后在《电视研究》等国家级期刊发表。2008年1月聘任为高级编辑。

万富友 （1959年9月—)男,山东龙口人。1983年山东大学历史系毕业，分配在江苏连云港市政府从事秘书工作。1986年至1997年在烟台广播电台担任记者工作，从写短消息到写长篇通讯、报导文学，逐渐成长为骨干资深记者，出版了报告文学通讯集《半岛人物》，被任命为经济部副主任，创办了经济文艺台。1997年调到烟台有线电视台，担任电视评论栏目《半岛瞭望》制片人。从事电视记者工作以来创作电视专题一百多部，大型电视专题片《跨越》，曾受到时任省委书记张高丽的高度评价，先后有20多件作品获省级以上奖项，另外撰写业务论文10多篇。2008年1月晋升为高级记者。

葛岚 （1968年6月—）女，汉族，中共党员。四川江津人，1989年7月毕业于山东大学中文系汉语言文学专业，获学士学位。先后在威海电视台新闻部、威海市广播电视台新闻中心从事新闻采编工作16年，2003年8月担任电视新闻中心副主任，2007年8月任广播电视报社社长。

从事新闻工作以来，参与创办的晚间版块类新闻栏目《新闻晚报》获得山东省广播电视新闻奖十佳栏目称号；策划采写的《文艺工作者的楷模——邹树君》获省精品工程入选作品奖，《威海 我们会再来》获中广学会城市电视新闻二等奖。被威海广电局评为“金牌编辑”、“放心编辑”等荣誉称号。2008年率领报社全体女同仁夺得“山东省十佳女职工建功立业标兵岗”称号。2008年1月晋升为高级编辑。

侯建民 （1960年6月—）男，汉族，中共党员，黑龙江佳木斯人。大学本科学历。1977年9月参加工作，任黑龙江兵团三师21团毛泽东思想宣传队队员、852电视台编辑和新闻部主任等职。1992年10月调入威海电视台专题部，现任威海市广播电视台电视新闻综合频道副总监。

1987年创作的电视小品《照镜子》(编剧 导演 摄像)荣获联合国中加合作项目——影视编导最佳作品奖;1991年采制的电视新闻《将军看望老兵》(记者)荣获中国农垦电视宣传新闻节目一等奖;1996年电视专题《写在大地上的承诺》(编导 摄像)荣获国家广播电视部1995年度“中国电视奖”三等奖;1999年参与策划、摄制的《五彩春潮》等3件作品分获全国电视文艺“星光奖”三等奖;《把脉电视综艺节目创作的“品位”》等论文先后在《山东视听》、《当代电视》、《中国新闻报》等专业刊物上发表。2008年1月晋升为高级记者。

杨红霞 (1965年4月—)女,汉族,陕西富县人。1989年7月毕业于陕西延安大学中文系汉语言文学专业,获学士学位。1989年7月至1996年10月在陕西延安文联影视中心工作,期间取得编辑任职资格。1996年10月至2000年1月在威海有线电视台工作,先后在总编室、新闻部、专题文艺部担任编辑、记者和制片人。2001年任主任编辑。2008年晋升为高级编辑。

从事新闻工作以来,先后担任威海电视大型活动、文艺晚会、电视栏目剧的编剧、导演等工作。先后有数十部作品分别获得山东省以及全国电视专业奖项,在专业期刊上发表论文多篇,多次获得威海局“先进工作者”和“威海市优秀新闻工作者”荣誉称号,受到市委市政府通报表彰。

刘英兰 (1967年2月—)女,汉族,山东荣成人,1988年毕业于烟台大学汉语言文学专业,本科学历。同年分配到荣成人民广播电台新闻部从事新闻采编工作,2000年1月至今先后在威海电视台新闻部、威海市广播电视台新闻中心从事新闻编辑工作。2008年晋升为高级编辑。

从事新闻工作20多年来,参与创作的新闻栏目《今晚一刻钟》、《今晚报道》、《威海新闻》、《新闻晚报》等栏目多次获省级以上奖励,其中《新闻晚报》在山东省广播电视新闻奖(电视新闻)评选中被评为十佳栏目;参与创作的电视评论《人尽其才 才能留住人才》、连续报道《“八五”扶贫攻坚战》、电视新闻《文艺工作者的楷模——邹树君》等作品,获全国、省级好新闻奖、山东省“精品工程”入选作品奖;撰写的《浅谈电视新闻标题的人文价值取向》等多篇论文在省级以上刊物发表。连续多年被评为省电视台优秀通讯员。

陈春峰 (1965年1月—)男,汉族,中共党员,河南洛阳市人。1987年7月毕业于北京广播学院新闻系编采专业,获学士学位。同年分配到青海人民广播电台新闻部工作,历任助理记者、记者、政文组副组长。1997年6月调到威海人民广播电台新闻部,任记者、主任记者、新闻部副主任、主任,2007年8月任威海市广播电视台广播新闻频道副总监、主任记者。2008年晋升为高级记者。

从事新闻工作20多年来,组织、指挥、参加了大批战役性报道、重大题材宣传和重要典型采写。先后策划、组织、完成了近十次异地采访、同步直播,跨国直播、跨越东西半球、超远距离的现场同步直播等重大新闻直播活动。主办的《新闻聚焦》等三个栏目获山东省新闻名专栏。先后有40件作品获得省市级新闻奖,其中有20多件作品入选山东省精品工程、山东省新闻奖、山东省广播奖一、二等奖。在国家和省级学术刊物上发表论文10多篇,有多篇作品获得山东省新闻学术论文奖。

赵学芝 (1966年2月—)女,汉族,中共党员,山东莱阳人,大学学历,先后担任临沂人民广播电台交通音乐台台长、临沂人民广播电台副台长,现任临沂广播电视报社社长。从事新闻工作以来,采写、编审、监制了大量稿件、栏目，在省级以上评比中31次获奖。撰写了《树立广播发展的新理念》、《关于广播电视产业发展的思考》等多篇论文在《中国广播电视学刊》、《现代视听》等刊物上发表。其中《对广播媒体发展的新思考》一文被山东省广播电视局、山东省广播电视协会评为优秀论文二等奖。曾获得“临沂市科技拔尖人才”、“临沂市三八红旗手”、“临沂市首届十佳女记者(编辑)”等荣誉称号，并多次被评为先进工作者。2008年被评为高级编辑。

汲广涛 （1963年1月—）男，汉族，中共党员，山东莒南县人。管理科学与工程专业研究生学历，1991年进入临沂电视台工作。历任临沂电视台广告中心副主任、主任，现任临沂电视台副台长。

曾担任《临沂财经》、《消费前沿》、《走进生活》、《房产报道》等栏目总制片人、监制。策划组织了《临沂汽车文化节》、《周末万人看房团》等大型活动。有30多件作品获得省广电局、省广电协会、省新闻协会、省新闻工作者协会等单位授予的一等奖3件，二等奖9件，三等奖8件。撰写的《如何提高城市台经营水平》、《盈利模式单一限制区域电视台发展》等10多篇论文在《山东视听》、《现代视听》、《声屏视界·广告人》等刊物上发表。2008年被评为高级编辑。

崔久席 （1956年2月—）男，汉族，中共党员，山东莒南县人。大学本科学历。1971年11月参加工作。1996年7月至今任莒南县广播电视台台长。先后开辟了《新年新打算》、《企改动态》、《劳动者的风采》、《莒南巨变二十年》等专题栏目，其中《英雄血洒渊子崖》、《沂蒙山的故事》、《再造山青水秀的新莒南》等多部电视专题片在中央、省、市电视台播出，产生了广泛的社会影响。从事新闻工作以来，先后在省、市新闻单位发表作品100多件，其中有20篇作品在省、市新闻作品评选中获奖，有4篇论文在省级刊物上发表。多次被省、市、县评为先进个人并记功，2003年获得临沂市振兴沂蒙劳动奖章。2008年1月聘任为高级编辑。

张志伟 （1965年1月—)男，山东枣庄人，2001年毕业于山东省教育学院，大学本科学历，工学学士。1984年，进入枣庄人民广播电台；1985年调入枣庄电视台工作；1996年调入枣庄有线台工作；1998年调入枣庄市广播电视局工作；2001年任市广播电视局社管科科长兼枣庄有线广播电视传输中心副主任；2005年任广播电视局社管科科长、枣庄有线广播电视传输中心副主任、中广有线枣庄分公司常务副总经理；2002年12月被评为高级工程师。2008年12月被评为工程技术应用研究员。

2008年任职的正处（县）级干部介绍

王文科 （1974年6月—）男，汉族，中共党员，山东青岛市人，大学本科，记者职称，1997年7月到青岛人民广播电台新闻频道工作。1998年8月至1999年7月作为青岛市首批“赴贵州扶贫接力青年志愿者”；2002年9月至2004年12月在青岛市广电局组织人事处工作；2005年1月任青岛市广电局组织人事处副处长；2008年1月，任青岛市广电局总编室主任（正处级）。

撰写《青岛——构筑名牌的高地》、《角逐网络新经济》、《透视青岛名牌企业的“竞合”战略》等多部广播作品获中国新闻奖和中国广播新闻奖一等奖。

祝洪珍（1970年11月—）女，汉族，中共党员，山东潍坊市人，大学本科，双学士。1995年7月以来历任青岛人民广播电台新闻频道记者、新闻频道记者部副主任、新闻频道记者部主任（正处级）；2008年1月任青岛人民广播电台新闻频道常务副总监（正处级）。

撰写的《“微尘”在行动，爱心铸品牌》、《新闻最前线》等多部新闻稿件获中国新闻奖一、三等奖。分管的《1377午新闻》栏目曾获中国广播新闻奖一等奖。2005年7月被授予青岛市优秀共产党员称号，2002年11月被授予青岛市首届十佳新闻工作者称号。

于正顺（1958年12月—）男，汉族，中共党员，山东文登市人，大学本科。1993年3月以来历任青岛人民广播电台新闻中心副主任、外宣部副主任、交通频道副主任、交通频道编播部主任；2008年1月任青岛人民广播电台交通频道副总监（正处级）。

撰写的《青岛港打破三项航运世界纪录》、《港口西移为青岛腾飞插上翅膀》等多篇作品获全国和省一、二等奖。1990年被青岛市人民政府记功一次，1995年被市委宣传部评为全市新闻宣传突出贡献奖。

纪伟（1959年7月—）男，汉族，中共党员，山东胶州市人，大学文化。1992年到青岛电视台新闻部工作。先后任青岛电视台新闻部记者科科长；青岛电视台新闻中心《经济生活》栏目和《财经报道》栏目制片人；青岛电视台新闻中心报道部副主任；青岛电视台新闻中心副主任兼报道部主任（正处级）；2008年1月任青岛电视台新闻综合频道副总监（正处级）。

撰写的新闻作品《温家宝细说“振超精神”》、《“中国芯”海信造》等新闻稿件获中国新闻奖二等奖。曾被青岛市政府授予三等功一次。

徐军（1967年4月—）男，中共党员，山东胶南市人，大学本科，主任编辑。1987年毕业于北京广播学院新闻系并分配到青岛电视台工作。1987年至1998年先后担任过记者、编辑、制片人；1999年至2004年任青岛电视台新闻中心社教部副主任；2005年任青岛电视台节目中心专题部主任；2008年1月任青岛电视台公共频道总监（正处级）；青岛电视台新闻中心国际部主任。

从事新闻工作以来，创作的电视栏目《明天》、系列片《海的女儿》、《老姜创业》等10多部作品，分获中国广播电视学会一、二等奖和山东广播电视新闻奖、山东广播电视奖一、二等奖。

李令杰（1963年1月—）男，汉族，中共党员，山东文登市人，大学本科，副高级工程师。1986年7月至1989年7月在青岛电度表厂设备动力科工作。1989年8月调入青岛电视台发射台工作；1998年12月至2006年12月任青岛电视台发射台副主任；2008年1月任青岛电视台发射台主任（正处级）。

2005年1月获国家广电总局技术维护先进个人一等奖，曾五次获得山东省广电局全播出优秀管理工作者一等奖、山东省广电合理化建议和技术改进二等奖。

苏东明（1970年2月—）男，汉族，中共党员，山东招远市人，大学本科。1992年7

月参加工作。1994年6月到青岛电视台工作；2004年12月至2006年12月任青岛电视台技术中心副主任；2008年1月任青岛人民广播电台发射台主任（正处级）。

参与研制的《动力伞飞跃海峡直播》、《青岛电视台便携式微波数字化改造》、《青岛数字移动电视方案与实施》分获山东广播电视局合理化建议一、二等奖，《HDV新闻采集系统》获国家广播电视总局科技应用与革新三等奖；撰写的《数字微波传输及相关技术》等论文分别在《世界广播电视》、《电视技术》等刊物上发表。

张晋琪 （1965年3月—）男，汉族，中共党员，山东龙口市人，大学本科。1987年7月参加工作。1993年9月到青岛有线电视台工作；曾任市场开发部副主任、主任，宽带事业部主任（正处级）；2008年1月任呼叫中心主任（正处级）。

撰写的《光纤宽带网在青岛公安通讯网络中的应用及建设》等多篇论文在省级刊物上发表，其中《青岛有线电视网络建设与综合业务开发》获2002年度中国电影电视技术学会影视科技优秀论文一等奖，《基于ATM网络构建会议电视系统及应用》、《ATM技术和CM技术在青岛市劳动就业系统网络中的应用》分获山东省广播电视合理化建议和技术改进二、三等奖。

姜建华 （1953年8月—）女，中共党员，山东昌邑人，大学学历，一级编剧。1970年12月到1973年9月在诸城县无线电零件厂任文书。1973年9月到1976年8月在山东大学电子系电视与通讯专业学习；1976年8月到1984年6月任潍坊转播台党支部副书记；1984年6月到1993年8月任潍坊市广播电视局政工科科长；1993年8月到2007年12月先后任潍坊电视台党支部书记、潍坊电视台党总支副书记。2008年1月任正县级干部。

李迎建 （1953年2月—）男，中共党员，山东即墨人，大学学历，教授级高级政工师。1970年8月到1976年8月先后在潍坊化工厂当工人、部队战士。1976年8月到1979年7月在山东大学学习；1979年7月到1985年1月先后任平度619大泽山转播台干事、潍坊广播器材厂干部；1985年1月到2007年12月先后任潍坊电视台干部、广告部主任、副台长。2008年1月任正县级干部。

洪金荣 （1954年6月—）男，中共党员，山东昌乐人，大学学历，高级工程师。1972年12月至1977年5月国防科工委战士。1977年5月至1983年6月任解放第24基地技术助理员；1983年6月至1997年7月先后任解放军第26基地副政治教导员、教导员、营房科长、测控技术部指挥控制站司令部参谋长、控制站站长；1997年7月任潍坊人民广播电台副台长。2008年8月任正县级干部。

孙进邦 （1954年12月—）男，中共党员，潍坊寒亭人，大学学历。1972年12月至1983年8月先后任国防科工委第26基地战士、报务员、通信中队中队长。1983年8月至1985年9月任武汉通讯学院学员；1985年9月至1997年7月先后任解放军第26基地副营职参谋、通信站主任、副参谋长、参谋长、司令部军务处副处长、处长；1997年7月任潍坊电视台副台长。2008年8月任正县级干部。

周立华 （1957年12月—）男，汉族，中共党员，山东金乡人，大学学历，1980年7月参加工作。1992年至1996年6月任共青团济宁市委副书记、汶上县政府挂职副县长；1996年6月至1997年12月任济宁市体委副主任、党组成员；1997年12月至2002年12

月任中共鱼台县委副书记；2002年4月获市委、市政府嘉奖；2002年5月至2008年2月任济宁市体育局党组书记、局长兼十届市政协科教文卫体委员会副主任；2006年4月被市委、市政府记三等功；2007年3月因省21届运动会期间成绩突出，被市政府记二等功；2008年2月调任济宁市广播电视局（台）任党委书记、局（台）长。

王军（1957年6月—）男，汉族，中共党员，山东齐河县人，大学本科学历，1980年9月至1990年8月任齐河县商业局、宣传部干事，精神文明办副主任，1990年8月至2001年5月先后任德州组织部干事、副主任、主任。2001年5月至2007年7月任德州市广播电视局副局长、党组成员；2007年7月至2008年8月任德州市广播电视局副局长、党组成员、德州电视台副台长；2008年8月任德州市广播电视局副局长（正处级）、党组副书记、德州电视台台长。

2003年4月荣获第三届“德州人民好公仆”荣誉称号；2003年12月被评为德州市“精神文明建设先进工作者”；2004年2月荣获德州市委、市政府“招商引资先进个人”荣誉称号；2006年1月荣获德州市直机关2004-2005年度“十佳共产党员”荣誉称号；2007年3月荣获山东省广播电视局2006年度全省安全播出优秀管理工作一等奖；2007年被省人事厅、省广播电视局评为“先进个人”,并荣记二等功。

周鲁超（1966年5月—）男，汉族，中共党员，山东临沂市兰山区人，本科学历。1986年7月至1992年12月任临沂人民广播电台编辑、记者；1992年12月至1997年4月任临沂地（市）委宣传部新闻科干事；1997年4月至1998年4月任临沂广播电视报社助理编辑；1998年4月至2001年12月任临沂广播电视报社社长；2001年12月至2005年9月任临沂市广播电视局党组成员、副局长；2005年9月至2008年8月任临沂市广播电视局党组成员、副局长、临沂市广播电视台党委书记、台长。

刘相仕（1964年9月—）男，汉族，中共党员，山东临沂市兰山区人，1986年7月参加工作，大学学历。1983年9月至1986年7月在临沂师范学院学习；1986年7月至2005年9月在临沂市委宣传部工作；历任研究室副主任、主任，宣传科科长，副调研员；2005年9月至2008年8月任临沂市广播电视局副局长、临沂人民广播电台台长；2008年8月任临沂市广播电视台党委副书记、总编辑（正处级）。

商玉昌（1963年2月—）男，汉族，中共党员，山东无棣县人，1981年7月参加工作。1979年9月毕业于山东省北镇师范专科学校中文系。1981年7月任惠民县石庙公社团委书记；1989年3月任惠民地区纪委办公室副主任；1993年8月滨州地区纪委办公室主任（副处）；1996年9月任邹平县常委、组织部长；2000年5月任邹平县委副书记、组织部长；2002年1月任惠民县委副书记、副县长；2004年12月任滨州市卫生局副局长、党委副书记、市爱卫会常务副主任、工会主任、市人民医院院长、党委书记；2007年6月任中共滨州市委宣传部常务副部长；2008年5月至7月任中共滨州市委宣传部常务副部长兼市广播电视局党组书记、局长。

王春山（1963年3月—）男，汉族，中共党员，山东沾化县人，1985年7月参加工作。1985年7月毕业于山东省畜牧兽医学校畜牧专业。2004年9月至2007年7月于中央党校在职干部研究生班经济管理专业毕业；历任滨州地区农牧业局畜牧技术员，滨州地区行署办公室科员、副科级秘书、主任科员；滨州地区人大工委办公室主任科员、人事科科长、办公室副主任；滨州市人大常委会办公室副主任、副秘书长、研究室主任；滨州市人大常委会委员、副秘书长、研究室主任；2008 年 7 月任中共滨州市委宣传部副部长、市广播电视局党组书记、局长。

王光胜 （1954 年 8 月—）男，汉族，中共党员，山东商河人。1972 年 5 月参加工作。1975 年 5 月调入胜利油田；1977 年 7 月在胜利油田钻井指挥部钻井三大队担任宣传干事；1979 年调入钻井指挥部党委组织科；1983 年 6 月至 1988 年 7 月先后担任油田组织部调配科干事、钻井一公司党委办公室副主任、钻井工程公司工会办公室主任；1988 年 6 月至 1990 年 7 月在中国人民大学经济管理专业学习；1990 年 7 月至 1994 年 5 月先后担任胜利石油管理局党委组织部正科级干事、办公室主任；1994 年 5 月至 2005 年先后担任胜利石油管理局海洋钻井公司党委常委、纪委书记、党委副书记；2005 年 1 月担任海洋钻井公司党委书记；2008 年 7 月任胜利油田广播电视中心党委书记。

谢修强 （1956 年 7 月—）男，汉族，中共党员，山东齐河人，胜利油田广播电视中心主任、党委副书记。1972 年 12 月参加工作。1976 年 6 月至 1979 年 5 月担任胜采指挥部保养厂宣传干事；1979 年 5 月至 1986 年 9 月担任胜采指挥部宣传科干事；1986 年 9 月至 1988 年 6 月在山东经济管理干部学院学习；1988 年 6 月至 1994 年 8 月先后担任胜利采油厂党委宣传科干事、副科长；1994 年 8 月至 1995 年 3 月任胜利采油厂电视台台长（正科级）；1995 年 3 月至 2004 年 3 月任胜利采油厂党委宣传科科长；2004 年 3 月至 2008 年 12 月任胜利油田广播电视中心（广播电视管理处）党委委员、副主任；2008 年 12 月任胜利石油管理局广播电视管理处处长。

人名录

人 名 录

省委宣传部、省人事厅关于表彰全省广电系统抗震救灾宣传报道先进集体和先进个人名单

鲁人发【2008】40号

先进集体（记二等功9个）

山东人民广播电台新闻频道
山东人民广播电台生活频道
山东电视台新闻中心（公共频道）
山东电视台文艺部
山东电视台社教部
山东电视台齐鲁频道
山东电视台技术部
山东电视台少儿频道
山东有线电视中心

先进个人（记二等功35名）

王新立　山东人民广播电台新闻频道记者
翁平亚　山东人民广播电台新闻频道记者
孙启伟　山东人民广播电台新闻频道记者
孟文峰　山东人民广播电台新闻频道记者副总监
曹　进　山东人民广播电台新闻频道记者
李　健　山东人民广播电台新闻频道记者
彭寿熙　山东人民广播电台新闻频道记者
宋　强　山东人民广播电台新闻频道记者
侯洪强　山东电视台新闻中心副科长
宋基金　山东电视台新闻中心科长
张晓军　山东电视台新闻中心记者
蔡　林　山东电视台新闻中心科长
高昌洁　山东电视台新闻中心记者
李化成　山东电视台新闻中心记者
孙　亮　山东电视台公共频道主持人
钱云飞　山东电视台公共频道记者
杨大波　山东电视台公共频道记者
池　鹏　山东电视台公共频道记者
韩　振　山东电视台新闻中心记者
吕明晰　山东电视台文艺部制片人
邹珊珊　山东电视台文艺部制片助理
周晓亮　山东电视台文艺部记者
顾　岩　山东电视台社教部记者

柴　欣　山东电视台社教部记者
王　倩　山东电视台齐鲁频道记者
张昌兴　山东电视台齐鲁频道记者
曹　屾　山东电视台齐鲁频道记者
杨　凯　山东电视台齐鲁频道记者
孙中兴　山东电视台齐鲁频道记者
刘　庆　山东电视台新闻中心科长
谢忠伟　山东有线电视中心生活频道制片人
刘露玲　山东有线电视中心生活频道记者
耿　军　山东有线电视中心生活频道制片人
朱国超　山东有线电视中心党总支副书记
刘祖军　山东有线电视中心生活频道记者

省委宣传部关于表彰全省广电系统抗震救灾宣传报道先进集体和先进个人名单

鲁宣发【2008】13号

先进集体（记三等功共16个）
山东省广播电视局总编室
山东人民广播电台总编室
山东人民广播电台交通频道
山东人民广播电台经济频道
山东电视台总编室
济南电视台新闻节目中心
青岛电视台新闻中心
东营电视台新闻部
烟台广播电视台电视中心新闻部
济宁市广播电视局（台）电视中心新闻部
威海市广播电视局（台）直播威海编辑部
日照广播电视台新闻中心
临沂电视台新闻中心
德州电视台新闻部
聊城电视台新闻中心
滨州电视台新闻部

先进集体（嘉奖共20个）
山东人民广播电台技术部
山东电视台制作部
山东广播电视报总编室
广视网编辑部
济南人民广播电台新闻节目中心
青岛人民广播电台新闻频道
青岛电视台生活服务频道
淄博电视台新闻综合频道
枣庄人民广播电台新闻综合频道
枣庄电视台新闻综合频道
东营人民广播电台新闻部
烟台广播电视台广播中心新闻部
潍坊电视台《潍坊新闻》栏目
济宁市广播电视局（台）广播中心经济部
泰安市广播电视局电视新闻中心
莱芜电视台新闻部
临沂人民广播电台新闻中心
德州人民广播电台新闻部
聊城广播电视报编辑部
菏泽电视台新闻部

先进个人（记三等功共54名）
李　连　山东省广播电视局总编室主任
杨乐山　山东人民广播电台新闻频道记者
王厚兵　山东人民广播电台新闻频道记者

孙　波　山东人民广播电台新闻频道记者
益　民　山东人民广播电台生活频道副总监
王国策　山东人民广播电台生活频道一级播音员
吴士学　山东人民广播电台技术部副主任
林　雨　山东人民广播电台经济频道主持人
于英波　山东人民广播电台新闻频道记者
李　侠　山东电视台新闻中心记者
刘　骏　山东电视台新闻中心记者
王　萍　山东电视台新闻中心记者
谭鲁民　山东电视台新闻中心制片人
张　倩　山东电视台新闻中心科长
李树庆　山东电视台新闻中心记者
方丽萍　山东电视台文艺部一级导演
袁　青　山东电视台文艺部制片人
王　俐　山东电视台文艺部主持人
焉　冰　山东电视台社教部制片助理
秦岭枫　山东电视台社教部记者
常　昕　山东电视台总编室科长
王晓峰　山东电视台齐鲁频道记者
肖建坪　山东电视台齐鲁频道记者
李小波　山东电视台齐鲁频道记者
吴　莺　山东有线电视中心影视频道制片人
高　杰　山东有线电视中心数字电视二部主任
李　霞　山东有线电视中心综艺频道编辑
巩向南　山东有线电视中心制作部主任
刘浩明　山东广播电视报刊中心执行总编
臧立中　济南人民广播电台新闻节目中心记者
朱永宁　济南电视台新闻节目中心记者
史　杰　青岛电视台新闻综合频道通联部副主任
雷　蕾　青岛人民广播电台新闻频道记者
王　健　淄博电视台新闻综合频道新闻部副主任
詹　超　枣庄电视台副台长、高级记者
赵新生　东营人民广播电台新闻部记者
朱晓刚　东营电视台新闻部记者
朱秋月　烟台广播电视台电视中心新闻部副主任
梁红伟　烟台广播电视台广播中心新闻部记者
于　涛　潍坊电视台《直播潍坊》栏目副制片人
谢新超　济宁市广播电视局（台）电视中心新闻部副主任
梁凤翔　济宁市广播电视局（台）电视中心记者
于嫣红　泰安市广播电视局电视新闻中心时政新闻部副主任
杨砚波　威海市广播电视局（台）电视新闻中心副主任
杨延军　日照广播电视台社会新闻部副主任
王　亮　莱芜人民广播电台新闻部主任
张献军　莱芜电视台新闻部副主任
王兆军　临沂电视台新闻中心记者
王秀艳　德州人民广播电台新闻部副主任
萧　腾　德州电视台新闻部记者
于　博　聊城电视台专题部记者
薛海华　博兴电视台新闻中心副主任
王海峰　滨州电视台社教部《民生关注》栏目记者
冯万建　菏泽电视台《百姓天天看》栏目记者

先进个人（嘉奖 90 名）

耿　雁　山东人民广播电台办公室编辑
凌　宇　山东人民广播电台总编室副科长
刘雪梅　山东人民广播电台记者部主任编辑
刘向东　山东人民广播电台技术部高级工程师
于桂芳　山东人民广播电台经营中心科长
姜文超　山东人民广播电台新闻频道编辑
印彩霞　山东人民广播电台新闻频道主持人
武　莉　山东人民广播电台经济频道科长
张海涛　山东人民广播电台生活频道一级播音员
蒋　倩　山东人民广播电台文艺频道主任编辑

刘　莹　山东人民广播电台交通频道主持人
俞青青　山东人民广播电台乡村频道记者
庄　毅　山东人民广播电台音乐频道主持人
刘仁超　山东电视台新闻中心科长
李　锋　山东电视台新闻中心记者
廖　亮　山东电视台新闻中心记者
谭汗青　山东电视台新闻中心主持人
王兴涛　山东电视台新闻中心记者
杨　帅　山东电视台新闻中心记者
陆　明　山东电视台新闻中心记者
马雪瑞　山东电视台新闻中心记者
李传和　山东电视台新闻中心副科长
张泉邦　山东电视台新闻中心制片人
李　毅　山东电视台新闻中心主持人
林　静　山东电视台文艺部记者
韩　莹　山东电视台文艺部记者
李晓东　山东电视台社教部记者
郑林栋　山东电视台总编室科长
吴飞座　山东电视台齐鲁频道记者
张　民　山东电视台齐鲁频道记者
郑国栋　山东电视台齐鲁频道记者
张卫国　山东电视台齐鲁频道记者
王宗运　山东电视台发射台副主任
张　立　山东电视台少儿频道制片人
邹志高　山东电视台制作部副科长
李　锐　山东电视台办公室科长
何　林　山东有线电视中心生活频道制片人
杨军威　山东有线电视中心生活频道记者
于海涛　山东有线电视中心办公室文秘
冯　亮　山东有线电视中心影视频道制片人
丁坤年　山东有线电视中心综艺频道编导
程　鹏　山东广播电视报刊中心总编室副主任
李洪伟　济南人民广播电台新闻节目中心副主任
张　震　济南电视台新闻节目中心记者
曲箫林　济南电视台新闻节目中心记者
王　磊　济南电视台新闻节目中心记者
李　莎　青岛人民广播电台新闻频道记者
郭　娟　青岛电视台新闻综合频道记者
陈　岩　青岛市广播电视局业务主管
国　磊　淄博人民广播电台交通文艺频道总监
张建宁　淄博电视台新闻综合频道记者
杜　军　枣庄广播电视报社长、主任编辑
孙中金　枣庄广播电视局副局长
孙海丽　枣庄人民广播电台新闻部记者
常劲松　东营市广电局总编室主任
黄永军　东营市广电局广电网络中心机房主任
马海忠　东营教育电视台新闻部主任
宋　勇　烟台广播电视台广播中心交通频道记者
柳光武　烟台广播电视台电视中心新闻部记者
姜于海　烟台广播电视台电视中心新闻部记者
刘　瑞　烟台广播电视台电视中心新闻部记者
杨胜武　胶东在线新闻部副主任
陈安利　潍坊人民广播电台新闻中心记者
刘　霞　济宁市广播电视局（台）广播中心记者
吴钟亮　济宁市广播电视局（台）电视中心记者
尚焕霖　济宁市广播电视局（台）电视中心记者
颜伟光　泰安市广电局社教中心专题部副主任
靳　岩　泰安市广播电视局电视新闻中心社会新闻部记者
陈　瑾　泰安市广播电视局广播中心新闻部记者
杨明帆　威海市广播电视局（台）宣传管理科科长
官照军　威海市广播电视局（台）直播威海编辑部主任
卢建华　日照市广播电视台文体活动部主任
李长华　日照市广播电视台新闻综合频道记者
李佃亮　莱芜电视台新闻部记者
程海涛　莱芜电视台新闻部记者
谭守霞　莱芜人民广播电台新闻部记者
刘海鹏　临沂电视台新闻中心记者

龚建郧 临沂人民广播电台交通音乐台台长
朱桂文 临沂广播电视报采编中心副主任
杨　萍 德州人民广播电台民生专题部记者
马宗先 德州电视台新闻部记者
顾盛涛 德州电视台新闻部记者
郭　翔 聊城电视台新闻中心编辑部主任
曲安福 聊城电视台新闻中心记者
王　刚 聊城电视台专题部记者
刘立华 鲁北晚报副总编辑
王　玮 滨州人民广播电台新闻部副主任
张志勇 滨州电视台新闻部副主任
郝洪生 菏泽电视台《关注》栏目记者
陈　珀 菏泽电视台总编室编辑

省委宣传部、省人事厅
关于表彰山东省广电系统北京奥运会残奥会
宣传工作先进集体和先进个人名单

鲁人发【2008】82号

先进集体（6个）

山东人民广播电台总编室
山东电视台新闻中心
济南人民广播电台交通频道
青岛人民广播电台新闻频道
泰安市广播电视局
临沂市广播电视台

先进个人（16名）

李　连 省广播电视局总编室主任、高级记者
吕伟建 山东人民广播电台技术部主任、研究员
张　菁 山东人民广播电台策划部科长、主任编辑
马庆雯 山东人民广播电台记者部青岛记者站记者
熊　晖 山东电视台体育频道制片人、摄像师
黄宝书 山东电视台齐鲁频道副总监
常　昕 山东电视台总编室编辑
胡　涛 山东电视台制作部音响科副科长
宋　键 山东电视台技术部副主任、高级工程师
于存水 山东有线电视中心记者
李　源 济南电视台新闻节目中心主持人
史　杰 青岛电视台新闻综合频道通联部副主任、记者
崔咏梅 青岛人民广播电台新闻频道记者
矫韶辉 青岛电视台都市频道制片人、编辑
李兆平 济宁市广播电视局总工程师、研究员
龚建郧 临沂市广播电视台交通广播总监、一级播音员

省委宣传部关于表彰山东省广电系统北京奥运会残奥会宣传工作先进集体和先进个人名单

鲁宣发【2008】32号

先进集体（7个）

省广播电视局总编室

山东人民广播电台办公室

山东电视台总编室

山东电视台生活频道《生活帮》栏目

济南电视台新闻节目中心

青岛电视台都市频道

济宁市广播电视局

先进个人（49名）

王国波　山东人民广播电台交通频道副总监、高级编辑

蒋　倩　山东人民广播电台交通频道总监助理、主任编辑

赵　红　山东人民广播电台科长、主任编辑

李维嘉　山东人民广播电台技术部转播科长、高级工程师

李　泊　山东人民广播电台编辑

杨　镇　山东人民广播电台乡村频道

王　雷　山东人民广播电台生活频道

蔡　林　山东电视台新闻中心社会事业采访部科长

程纪文　山东电视台体育频道记者

于　平　山东电视台高级工程师

杨　凯　山东电视台齐鲁频道

马　骏　山东电视台体育频道总监、主任编辑

房经纬　山东电视台社教部

李满家　山东电视台新闻中心工程师

宗　宁　山东电视台总编室编辑

马　辉　山东电视台体育频道技术科科长

杨玲涛　山东有线电视中心记者

张玉静　山东有线电视中心

邹玉鉴　广视网主任编辑

翟华清　济南市广播电视局总编室调研员

潘　钢　济南人民广播电台记者

王立文　济南人民广播电台助理工程师

王　彬　济南电视台总编室节目编排科科长

夏文涛　青岛人民广播电台音体频道总监

兰春萍　青岛电视台都市频道副总监

邹　晖　青岛市广播电视局有线网络中心副主任

王丽君　青岛人民广播电台新闻频道记者

李　洋　青岛人民广播电台音体频道记者

刘红军　青岛人民广播电台技术中心工程师

韩　玲　青岛电视台新闻综合频道记者

郭　娟　青岛电视台新闻综合频道记者

陆　强　青岛电视台都市频道制片人

许　栋　青岛电视台技术中心工程师

高　峰　青岛电视台技术中心工程师

李　江　青岛市广播电视局有线网络中心传媒事业部主管

薛炳蔚　青岛市广播电视局有线网络中心传媒事业部主管

王国强　青岛市广播电视局奥运宣传办公室记者
邹华军　青岛市广播电视局后勤保障处主管
崔建平　青岛市广播电视报编辑
徐　勇　青岛市崂山区广电中心记者
马汉涛　济宁市广播电视局电视中心副主任、高级记者
戴鲁平　济宁市广播电视局技术中心副主任、高级工程师
费波平　济宁市广播电视局广播电台经济部主任、高级编辑
孔　鹏　曲阜市广播电视局副局长、总编辑
林　峰　泰安市广播电视局（台）网络开发部主任、高级工程师
亓修举　泰安市广播电视局（台）电视新闻中心副主任、主任记者
付　强　泰安市广播电视局（台）技术中心主任
张　赟　临沂市广播电视台助理编辑
沈洪军　临沂市广播电视台技术中心主任

省社会治安综合治理委员会办公室、省人民政府防范和处理邪教问题办公室、省公安厅、省国家安全厅、省信息产业厅、青岛海关、省工商行政管理局、省质量技术监督局、省新闻出版局、省广播电视局关于表彰全省广电系统“迎奥运推动平安建设”卫星电视传播秩序专项整治集中行动先进集体和先进个人名单

鲁广联字【2008】20号

先进集体名单（115个）

济南市

济南市广播电视局
济南市历城区广播电视局
章丘市广播电视局

青岛市

青岛市广播电视局
青岛市广播电视局崂山区广播电视中心
胶州市广播电视局
胶南市广播电视局社会管理科
即墨市广播电视局稽查科

淄博市

淄博市广播电视局
淄博市张店区广播电视局稽查大队
淄博市淄川区广播电视局稽查大队
淄博市博山区广播电视局稽查大队
淄博市临淄区广播电视局稽查大队

淄博市周村区广播电视局稽查大队
桓台县广播电视局稽查大队
沂源县广播电视局稽查大队
高青县广播电视局稽查大队

枣庄市

枣庄市广播电视局
枣庄市市中区广播电视局
枣庄市山亭区广播电视局
滕州市广播电视局

东营市

东营市广播电视局
东营市东营区广播电视局
东营市河口区广播电视局
利津县广播电视局
垦利县广播电视局
广饶县广播电视局

烟台市

烟台市广播电视局
烟台市牟平区广播电视局
海阳市广播电视局
招远市广播电视局
蓬莱市广播电视局

潍坊市

潍坊市广播电视局
潍坊市潍城区广播电视局
潍坊市坊子区广播电视局
潍坊市寒亭区广播电视局
安丘市广播电视局稽查科
昌邑市广播电视局
临朐县广播电视局
寿光市广播电视局
高密市广播电视局
青州市广播电视局
昌乐县广播电视局

济宁市

济宁市广播电视局
济宁市市中区广播电视局
济宁市任城区广播电视局
兖州市广播电视局
邹城市广播电视局
曲阜市广播电视局
汶上县广播电视局
金乡县广播电视局
微山县广播电视局
泗水县广播电视局
嘉祥县广播电视局社会管理科
鱼台县广播电视局
梁山县广播电视局

泰安市

泰安市广播电视局
泰安市泰山区广播电视局
新泰市广播电视局社会管理科
肥城市广播电视局
宁阳县广播电视局

威海市

威海市广播电视局
威海市环翠区广播电视局
荣成市广播电视局
文登市广播电视局
乳山市广播电视局

日照市

日照市广播电视局
日照市岚山区广播电视分局
莒县广播电视局
五莲县广播电视局

莱芜市

莱芜市广播电视局

临沂市

临沂市广播电视局
临沂市兰山区广播电视局
临沂市河东区广播电视局
沂水县广播电视局
郯城县广播电视局
沂南县广播电视局
平邑县广播电视局
蒙阴县广播电视局
苍山县广播电视局
费县广播电视局
临沭县广播电视局
莒南县广播电视局

德州市

德州市广播电视局业务管理科
禹城市广播电视局
乐陵市广播电视局
庆云县广播电视局
宁津县广播电视局
陵县广播电视局
临邑县广播电视局
武城县广播电视局
齐河县广播电视局社会管理科

聊城市

聊城市广播电视局
东阿县广播电视局
高唐县广播电视局
莘县广播电视局
阳谷县广播电视局
茌平县广播电视局
临清市广播电视局

滨州市

滨州市广播电视局
滨州市滨城区广播电视局
惠民县广播电视局
邹平县广播电视局
博兴县广播电视局
无棣县广播电视局
阳信县广播电视局
沾化县广播电视局

菏泽市

菏泽市广播电视局
菏泽市牡丹区广播电视局
成武县广播电视局
鄄城县广播电视局

四大企业

胜利油田广播电视中心
齐鲁石化广播电视中心
济南铁路局广播电视中心
莱钢新闻中心有线电视站

先进个人名单（246名）

济南市

孙济平　济南市广播电视局社会管理处处长
李乃强　济南市历城区广播电视局社会管理科科长
郭伟伟　济南市长清区广播电视局社会管理科科员
王　冬　章丘市广播电视局社会管理科科长
宋秀梅　济阳县广播电视局社会管理科科长
张子岳　平阴县广播电视事业局副局长
张友兴　商河县广播电视局社会管理科科长

青岛市

陆文悦　青岛市广播电视局社会管理处处长
于本发　青岛市广播电视局社会管理处科长

孙同臣　青岛市广播电视局社会管理处科员
李建华　青岛市广播电视局崂山区广播电视中心办公室主任
李德海　青岛市广播电视局城阳区广播电视中心队长
苏双节　青岛市广播电视局城阳区广播电视中心科员
邵朱山　青岛市广播电视局黄岛区广播电视中心科员
薛　萌　青岛市广播电视局黄岛区广播电视中心科员
宋　涛　即墨市广播电视局副科长
李　超　胶南市广播电视局社会管理科科长
张春光　莱西市广播电视局纪检组组长
刘虎林　莱西市广播电视局科长
周建明　胶州市广播电视局社会管理科主任科员
徐　刚　平度市广播电视局社会管理科副科长
王瑞良　平度市广播电视局科员

淄博市

魏琦长　淄博市广播电视局社会管理处处长
郝兴先　淄博市广播电视局社会管理处副处长
周元同　淄博市广播电视局社会管理处科员
王　鹏　淄博市广播电视局反邪教办公室科长
李庆华　淄博市淄川区广播电视局稽查大队大队长
吴洪德　淄博市淄川区广播电视局稽查大队副大队长
张国强　淄博市博山区广播电视局稽查大队大队长
王向义　淄博市临淄区广播电视局稽查大队大队长
孙建伟　淄博市张店区广播电视局稽查大队大队长
董春生　淄博市周村区广播电视局稽查大队大队长
李玉华　淄博市周村区广播电视局稽查大队科长
宋汝波　桓台县广播电视局稽查大队大队长
陈　军　桓台县广播电视局稽查大队副大队长
张天坤　高青县广播电视局稽查大队大队长
李传国　沂源县广播电视局稽查大队大队长
任维忠　沂源县广播电视局稽查大队科长

枣庄市

庞厚珍　枣庄市广播电视局副局长
张宏祥　枣庄市广播电视局社会管理科副科长
时均国　枣庄市广播电视稽查大队大队长
张兴吾　枣庄市市中区广播电视局副局长
丁向东　枣庄市薛城区广播电视局主任
陈　岩　枣庄市峄城区广播电视局总工程师
董宝玉　枣庄市山亭区广播电视局局长
王昌金　枣庄市台儿庄区广播电视局副局长
马兰花　滕州市广播电视局科长

东营市

张　馨　东营市广播电视局事业科科长
张汝奎　东营市广播电视局网络中心副主任
时云杰　东营市河口区广播电视局副局长
马学军　东营市河口区广播电视局网络中心主任
曹景贞　东营市东营区广播电视局副局长
高连山　东营市东营区广播电视局事业股主任
宋瑞华　利津县广播电视局事业股股长
高　武　利津县广播电视局有线电视管理站站长
李金涛　垦利县广播电视局事业管理股副股长
王新安　垦利县广播电视局事业管理股科员
周海燕　广饶县广播电视局纪检组组长
李文奇　广饶县广播电视局副主任

烟台市

刘维勇　烟台市广播电视局社会管理科科长
李　凡　烟台市广播电视局社会管理科副主任科员
刘布奎　烟台市广播电视局稽查科科员
董致君　烟台市福山区有线电视管理处社会管

理科科长
李诗成　烟台市牟平区广播电视局社会管理科科长
李振光　烟台市牟平区广播电视局社会管理科副科长
于承志　烟台市开发区有线电视管理处副处长
张学林　莱阳市广播电视局稽查大队副大队长
王者龙　莱阳市广播电视局稽查大队科长
李　伟　栖霞市广播电视局稽查大队副大队长
衣将龙　栖霞市广播电视局直属观里站站长
孙明国　长岛县广播电视局网络部主任
韩克强　龙口市广播电视局副局长
林　平　龙口市广播电视局社会管理科副科长
崔文臣　招远市广播电视局社会管理科科长
吴晓东　莱州市广播电视局社会管理科科长
周　通　莱州市广播电视局直属文昌站站长
呼义东　蓬莱市广播电视局稽查科副科长
姜　旗　海阳市广播电视局副局长

潍坊市

周洪波　潍坊市广播电视局事业管理科副主任科员
张荣忠　潍坊市广播电视局事业管理科副主任科员
陈　磊　潍坊市坊子区广播电视局稽查队队长
管东明　潍坊市寒亭区广播电视局纪检书记
孙天兵　潍坊市寒亭区广播电视局稽查科科长
祝　君　诸城市广播电视局督查科主任
王法武　诸城市广播电视台卫星天线管理办公室主任
杨永健　潍坊市潍城区广播电视局党组书记、局长
董洪江　昌邑市广播电视管理局稽查科科长
李福文　寿光市广播电视局执法队队长
隋金川　高密市广播电视局副局长
邱海林　高密市广播电视局执法大队大队长
隋中利　青州市广播电视局有线台副台长
马立海　安丘市广播电视局稽查科科长
潘　雷　安丘市广播电视局稽查科科员
宋佃松　临朐县广播电视局党组成员
尹洪军　临朐县广播电视局稽查队队长
王洪孝　昌乐县广播电视局副局长
高怀峰　昌乐县广播电视局事业管理科科长

济宁市

张　康　济宁市广播电视局副局长
郑新春　济宁市广播电视局社会管理科科长
宋　辉　济宁市广播电视局稽查大队副大队长
计义德　济宁市广播电视台稽查大队副大队长
谭承亚　邹城市广播电视局科长
孔　鹏　曲阜市广播电视局副局长
孟　祥　曲阜市广播电视局社会管理科科员
王传伟　汶上县广播电视局社会管理科主任
刘昌贵　金乡县广播电视局局长
胡　鹰　微山县广播电视局副局长
刘　勇　微山县广播电视局社会管理科科长
李启民　泗水县广播电视局社会管理科科长
商曙光　嘉祥县广播电视局副局长
邓广珍　嘉祥县广播电视局社会管理科科长
霍学顺　鱼台县广播电视局副局长
孙庆民　鱼台县广播电视局社会管理科科长
熊继伟　兖州市广播电视局副局长
栾新明　兖州市广播电视局社会管理科科长
韩海军　梁山县广播电视局社会管理科科长
马万廷　兖矿集团有限公司有线电视站副站长

泰安市

马文琰　泰安市广播电视局社会管理科科长
李向阳　泰安市广播电视局稽查部主任
尹延琪　泰安市泰山区广播电视局工程部主任
王景洪　泰安市岱岳区广播电视局局长
孟继海　泰安市岱岳区广播电视局社会管理科科长
王祥义　泰安市岱岳区广播电视局科长

牛恒昌　新泰市广播电视局社会管理科科长
张树民　肥城市广播电视局副局长
侯德申　肥城市广播电视局社会管理科科长
谢清瑜　宁阳县广播电视局副局长
王清林　宁阳县广播电视局社会管理部主任
裴　涛　东平县广播电视局社会管理科科长

威海市

于　华　威海市广播电视局社会管理科科长
时庆安　威海市广播电视局广播电视设施管理站站长
丛志海　威海市广播电视局广播电视设施管理站科员
隋海航　威海市环翠区广播电视局副局长
潘正梓　威海市环翠区广播电视局社会管理部主任
周广金　荣成市广播电视局局长
秦铁军　荣成市广播电视局总工程师
姚玉成　文登市广播电视局事业科科长
李旭光　文登市广播电视局事业科副科长
刘　峰　乳山市广播电视局科长
张旭光　乳山市广播电视局社会管理科科员

日照市

张明学　日照市广播电视局社管科副科长
秦玉明　日照市广播电视局稽查大队大队长
刘玉峰　日照市广播电视局稽查大队队员
张守华　日照市广播电视局东港区分局局长
王修河　日照市广播电视局东港区建管部主任
王贵山　日照市广播电视局岚山区分局副局长
梁启余　日照市广播电视局岚山区建管部主任
赵理国　莒县广播电视局局长
郭瑞云　莒县广播电视局社会管理科科长
陈爱乐　五莲县广播电视局副局长
何茂清　五莲县广播电视局执法科科长

莱芜市

于运永　莱芜市广播电视局有线台台长
王连山　莱芜市广播电视局有线台副主任

临沂市

刘建都　临沂市广播电视局副局长
刘景东　临沂市广播电视局社会管理科科长
赵兰英　临沂市广播电视局稽查大队队长
徐松超　临沂市广播电视局稽查大队科长
于洪波　临沂市广播电视局稽查大队科长
刘士礼　临沂市兰山区广播电视局局长
张　杰　临沂市兰山区广播电视局队长
吴绍伟　临沂市罗庄区广播电视局副台长
邵明骥　临沂市河东区广播电视局局长
马现军　临沂市河东区广播电视局稽查队队长
朱景府　苍山县广播电视局局长
杨树华　苍山县广播电视局队长
鲁香武　郯城县广播电视局局长
陈亚森　郯城县广播电视局科长
李遵满　沂南县广播电视局局长
盛　年　沂南县广播电视局队长
王建武　费县广播电视局局长
刘向东　费县广播电视局科长
刘成玉　沂水县广播电视局局长
马文宏　沂水县广播电视局科长
孙维东　蒙阴县广播电视局纪检书记
刘发田　蒙阴县广播电视局科长
黄　宏　临沭县广播电视局局长
张俊义　临沭县广播电视局科长
冯守建　莒南县广播电视局科长
吴敬富　莒南县广播电视局稽查队队员
高　林　平邑县广播电视局副局长
刘　军　平邑县广播电视局稽查队队长

德州市

付　青　德州市广播电视局稽查大队队长
余仲飞　德州市广播电视局社会管理科科员
戚爱民　禹城市广播电视局副局长
彭云辉　禹城市广播电视局科长

宋全忠　乐陵市广播电视局稽查科科长
牛立明　乐陵市广播电视局稽查科副科长
李　华　宁津县广播电视局纪检组组长
韩海龙　宁津县广播电视局稽查大队队长
赵奎珠　陵县广播电视局局长
纪德伟　陵县广播电视局副局长
刘崇亮　临邑县广播电视局主任
邢金华　临邑县广播电视局主任
王东广　平原县广播电视局党组成员
王　彬　平原县广播电视局稽查队队长
武晖天　庆云县广播电视局局长
徐永鸿　庆云县广播电视局副局长
刘　雪　武城县广播电视局副局长
张　磊　武城县广播电视局科长
王文军　齐河县广播电视局副局长
闫向东　齐河县广播电视局科长

聊城市

霍炳成　聊城广播电视局稽查大队队长
郭桂敏　聊城广播电视局副主任科员
李　诚　聊城市东昌府区广播电视局技术部主任
王增顺　冠县广播电视局技术部主任
金长红　临清市广播电视局纪检组组长
赵德华　莘县广播电视局社会管理科科长
孟令国　莘县广播电视局科员
万维杰　东阿县广播电视局副局长
卓洪启　东阿县广播电视局社会管理科科长
张子华　高唐县广播电视局局长
孙海静　高唐县广播电视局社会管理科科长
张道恒　在平县广播电视局局长
刘东雯　在平县广播电视局稽查科科长
马修华　阳谷县广播电视局社会管理科副科长

滨州市

王春山　滨州市广播电视局局长
李建颖　滨州市广播电视局调研员
王丽君　滨州市广播电视局社会管理科科长
张　霞　滨州市滨城区广播电视局事业管理科科长
步宝金　无棣县广播电视局局长
赵春沧　无棣县广播电视局副局长
曹振生　惠民县广播电视局副局长
魏书田　阳信县广播电视局副局长
公　超　邹平县广播电视局技术中心主任
杨成柱　邹平县广播电视局技术部主任
郝崇凯　博兴县广播电视局局长
陈洪印　博兴县广播电视局办公室主任

菏泽市

李建新　菏泽市广播电视局副局长
张丙立　菏泽市广播电视局社会管理科科长
段金国　菏泽市广播电视局主任科员
曹　鑫　菏泽市广播电视局社会管理科科员
高宪峰　菏泽市牡丹区广播电视管理局局长
李圣安　曹县广播电视局局长
曹留锁　单县广播电视局社会管理科科长
张　宏　东明县广播电视局社会管理股股长
丛地连　巨野县广播电视局纪检书记
侯　江　成武县广播电视稽查队科长
牛月考　定陶县广播电视局局长
黄　玮　郓城县广播电视局社会管理股股长

四大企业站

冯传俊　胜利油田广播电视中心副主任
孙夕庆　胜利油田广播电视中心广电管理科科长
于　力　齐鲁石化广播电视中心副主任
张志勇　齐鲁石化广播电视中心网络运行室主管
张又琨　济南铁路局广播电视中心技术部副主任
刘少君　莱钢新闻中心有线电视站副主任
尹江鲁　莱钢新闻中心网络技术部主任

省妇联关于表彰广电系统三八红旗手三八红旗集体名单

鲁妇发【2008】10号

省三八红旗手名单

张 倩 山东电视台新闻中心制作部主任
李雅梅 枣庄电视台频道总监
丁维娜 潍坊市广播电视局工会副主席
王琪琳 济宁市广播电视局广播中心新闻采访部副主任
杨 青 日照市广播电视台一级播音员

省三八红旗集体名单

高密市广播电视局新闻部

共青团山东省委、省广播电视局关于命名和认定广电系统2007年度山东省青年文明号和表彰山东省青年岗位能手名单

鲁青联【2008】57号

青年文明号名单

一、新命名（16个）

济南市广播电视信息网络中心呼叫中心
青岛电视台《生活在线》栏目组
威海市广播电视台电视新闻中心
胶东在线网站新闻部
泰安市广播电视局（台）社会新闻部

菏泽市广播电视台《百姓天天看》栏目
德州电视台新闻部
莱芜人民广播电台“政风行风热线”节目部
东营广播电视信息网络传输中心管理部
潍坊市广播电视网络中心用户服务结算科
临邑县广播电视局新闻部
聊城电视台《民生面对面》栏目部
淄博电视台科教频道
岚山广播电视分局新闻部
临沂市人民广播电台行风热线节目部
济宁市电视台《直播民生》栏目部

二、继续认定（15个）
济南人民广播电台新闻节目中心
济南电视台制作部
青岛人民广播电台新闻频道记者部
青岛有线电视网络中心客户服务部
淄博广电天网视讯有限公司市场营销部
潍坊电视台社会新闻部
菏泽市电视台新闻部
济宁市广播电视局（台）电视中心法制栏目部
日照广播电视台录制部
莱芜电视台新闻部
宁津电视台
济南市广播电视局物业管理中心动力部
东营广播电视报社
聊城电视台新闻中心（原聊城广播电视新闻采集中心）
山东省邹平县广播电视局

青年岗位能手名单（共27名）

海　沫（女）济南电视台节目主持人
姜　波　济南人民广播电台制作播出部
周建辉　青岛人民广播电台新闻频道
王世昌　淄博人民广播电台
王　雷　枣庄人民广播电台
孙志艳（女）东营广播电视报社社会新闻部
于光辉　枣庄广播电视传输中心
邢　浩　烟台市有线广播电视信息网络中心
于　涛　潍坊电视台栏目副制片人
王振华　济宁电视台社会新闻部
刘　波　威海广播电视台电视广告中心
赵以涛　日照广播电视台网络信息中心
张加颂　五莲县广播电视局技术科
于国蕾（女）莱芜广播电视报社
朱红菊（女）临沂电视台新闻中心
卞　扬（女）德州人民广播电台交通音乐频道
马树声　聊城电视台新闻中心
刘长虹　菏泽广播电视局新闻部
王新立　山东人民广播电台新闻频道
叶　帅　山东电视台新闻中心时政新闻部
徐　慧　山东电视台新闻中心工业经济采访部
张蓓蓓（女）山东电视台齐鲁频道
侯鸿亮　山东电影电视剧制作中心影视部
吕素鹏　山东有线电视中心栏目主持人
沈文君（女）山东广播电视局报刊中心
郭成良　山东传媒职业学院招生办
高　芳（女）山东省广播电视信息网络中心

省广播电视局表彰的 2008年度先进集体和先进个人名单

鲁广局【2009】9号

一、三等功先进集体（5个）

山东电视台体育频道

山东电视台《改革开放三十年大型文艺晚会》创作组

山东电视台《齐鲁青未了》创作组

山东人民广播电台《阳光政务热线》栏目组

局基建办公室

二、处级先进集体（14个）

局科技处

局离退休干部处

总台产业发展部

总台财务中心

山东人民广播电台经营中心

山东人民广播电台记者部

山东电视台总编室

山东电视台齐鲁频道

山东电视台农科频道

山东电影电视剧制作中心影视部

山东传媒职业学院教务处

山东传媒职业学院招生就业办公室

山东有线电视中心

局泰山转播台

三、科组先进集体（48个）

山东人民广播电台办公室秘书科

山东人民广播电台总编室节目调度科

山东人民广播电台记者部综合管理科

山东人民广播电台技术部调频发射科

山东人民广播电台技术部导播管理科

山东人民广播电台新闻频道《直播山东》节目组

山东人民广播电台经济频道《财富早班车》节目组

山东人民广播电台文艺频道节目一科

山东人民广播电台生活频道广告科

山东人民广播电台交通频道一路畅通工作室

山东人民广播电台乡村频道广告策划组

山东电视台办公室秘书科

山东电视台总编室播出科

山东电视台社教部《创富时代》栏目组

山东电视台文艺部《先声夺人》栏目组

山东电视台国际部大型节目工作室

山东电视台新闻中心技术科

山东电视台公共频道《民生直通车》栏目组

山东电视台广告部企划科

山东电视台制作部灯光组

山东电视台技术部转播车科

山东电视台发射台发射一科

山东电视台地球站行政科

山东电视台齐鲁频道媒体拓展组

山东电视台齐鲁频道森骥行动组

山东电视台体育频道摄像科

山东电视台农科频道《农资超市》栏目组

山东电视台少儿频道《第九街区》栏目组
山东电影制片厂办公室
山东电影洗印厂物业管理科
山东省辉煌世纪影视文化有限公司
山东有线电视中心文艺中心《派对》栏目
山东有线电视中心影视频道节目制作部
山东有线电视中心宣传策划部
山东有线电视中心录制部
山东广播电视报广告部
《时代影视》杂志社发行部
局新闻研究所《山东广播电视发展史》编辑部
山东省广播电视科学研究所产品一室
山东省广播电视信息网络中心传输科
山东广播电视监测中心安全播出监测科
局机关服务中心消防科
总台财务中心广播科
青岛影视基地财务科
昆嵛山转播台
蒙山转播台
泰山转播台电视科
局机关车队

四、三等功先进个人（18人）

叶效刚（省电台）
陈云凤（省电台）
厉彦东（省电视台）
蔡　林（省电视台）
贾　静（省电视台）
谭汗青（省电视台）
范维坚（省电视台）
张维刚（省电视台）
袁敬宇（省电视台）
许宗泽（省电视台）
宋亚齐（省电视台）
陈敏正（省影视中心）
卜俊涛（有线电视中心）
何　林（有线电视中心）
缪　娟（有线电视中心）
齐开正（有线电视中心）
任光军（有线电视中心）
孙仁岩（局微波总站）

五、受嘉奖先进个人（321人）

1. 局机关（12人）

都中秋　张志花　杜玉松　孙西振　张永忠　陈少利　许　丽　颜东升　陈　宇　胡文玉
李　森　鲁建民

2. 省电台（47人）

司忠柳　张云珠　王立鹏　康笑冰　史　军　孙建平　夏曙光　钱建君　邓　鹤　仝大鹏
郑茂生　王　勇　孙福建　张鲁清　宋英伟　魏会忠　柏　岳　倪善友　孟　忠　王松柯
张　东　于明杰　于桂芳　印彩霞　姜秀丽　胡　蒙　孙锡刚　王新立　甘　虹　颜　伟
王　娟　袁　茹　金小凤　赵　亮　吴江平　王　平　韩湘川　杨荣瑾　李　艺　王国波
王冀苏　尚焕霞　庄　毅　庄　涛　周晓辉　张虹云　杨　淮

3. 省电视台（103人）

郭玉莘　苏国伟　张　健　徐守明　周家程　崔　勇　陈园维　贾　勇　郭小妹　魏　颖
赵　青　王召金　李旭生　常云霞　李　民　李　波　马　丽　赵　霞　李桂清　宋　敏

邵　波　房经纬　陈锡林　刘子真　葛立芳　孟凡业　方丽萍　吕明晰　刘　桢　赵　鹏
李宁国　于　恺　杨　枫　宋红闯　徐少杰　李　戈　杜勤真　曹　丽　王　利　汤华毅
王德成　王镇富　张楚晨　刘兆安　马文静　杨少明　吴晓阳　刘明真　韩　振　路　宏
冯　磊　李满家　王　萍　封万超　许大兴　庄　鹏　王传国　杨青青　许　超　李强华
杨　滨　王　蓬　宋朝澎　刘　冰　赵洪建　杨胜坤　秦朝辉　叶锡荀　郑鲁梅　马　波
王　军　辛宪同　张德善　赵西舜　高祖民　赵国栋　刘广山　武大海　邓海涛　展　燕
周　昕　王　毅　张双全　沈晓菊　易　敏　炅　淼　王庆文　闫　东　于　勇　王冬梅
郭玉荣　苏长桂　丁涤非　张　燕　洪　志　崔　岩　袁咏梅　呼　震　程国华　霍路加
苗　帅　张同君　李璟璟

4. 省影视中心（31 人）

张风鲁　王晓玲　李宜卿　范　龙　戴文江　李九红　侯鸿亮　王海青　王文杰　孔　笙
王　滨　呼　健　郭　林　刘青妮　刘源松　侯继彬　孙墨龙　臧　刚　梁　军　文志强
阮　慧　时国莉　刘　斌　周全海　范思鹏　于　毅　赵学运　马　骐　宇　晓　马振国
丁振华

5. 省传媒职业学院（10 人）

孟晓萌　范国娟　董善志　于大鹏　贾庆萍　李新宇　贾　巍　刘圣坤　刘玉飞　周海娟

6. 省有线电视中心（26 人）

陈广秋　丁　力　王万春　于海涛　张宏玲　孙　琳　吕元谅　冯　亮　王云霞　李　磊
朱邦凌　董晓冬　何　林　刘永刚　卜俊涛　逯　清　袁　瑶　史明锋　张维顺　于寅寅
张明轮　吕　力　郭　康　缪　娟　佟国强　张　聪

7. 广播电视报刊中心（9 人）

黄小江　王靖波　杨正军　代会令　王怀邦　张爱平　侯庆兰　何继东　谢　莹

8. 局新闻研究所（2 人）

李德泉　杨永军

9. 广播电视科研所（4 人）

戴　岭　刘春华　杨公社　于世健

10. 局微波总站（35 人）

尹作君　韩　霜　柳永兴　高志堂　闫丽军　邢长祥　刘和俊　郭佩岱　张玉霞　张庆国
马海军　张守召　高　彬　高安全　高　峰　陈利新　王　瑞　郑来同　梁志强　白　亮
朱　民　王洪良　刘林昌　周昌龙　孙德清　邓炳军　谭先清　刘永和　王明森　李卫田
傅晓宁　刘贤平　修建飞　孙林涛　赵春冲

11. 中波转播台管理中心（1 人）

王 涛

12. 广播电视监测中心（2 人）

张立山 韩克鲲

13. 信息网络中心（9 人）

王 聪 高 芳 程晓丽 马成伟 张 磊 房广利 张东梅 邹玉鉴 孙胜男

14. 局机关服务中心（15 人）

赵洪信 宋 婕 李庆玲 杨文举 傅 康 邢介勇 李淑君 于 玲 韩 莉 翟继荣
杨 倩 刘振岭 张 谦 闫士军 黄 敏

15. 局基建办公室（2 人）

李 昂 刘玉均

16. 总台财务中心（6 人）

王山海 李 波 孟国立 杨晓旭 李雪蔚 郝 鹏

17. 青岛影视基地（5 人）

王本奎 章 燕 丁正斌 毕爱静 辛冬华

18. 省广电网络公司（1 人）

申德奎

19. 有线电视中心工程技术中心（1 人）

杨大成

评　奖

评 奖

山东广播影视大奖2008年度广播电视节目奖获奖作品名单

广 播

广播新闻

短消息

一等奖（3件）

1. 枣庄发出全国农村土地使用产权第一证
   山东人民广播电台
   作者：曹 进 王 磊
2. 殷剑剑指中国帆板奥运首金
   青岛人民广播电台
   作者：李 莎 李 洋
3. 寿光蔬菜有了“新一代身份证”
   潍坊寿光广播电台
   作者：张宗宝 尚 军

二等奖（5件）

1. 应对金融寒冬 全省首家小额贷款公司在淄博开业
   淄博人民广播电台
   作者：汪 强 李 健
2. 全国第一份农村土地使用产权证在枣庄发放
   枣庄人民广播电台
   作者：刘志凯 谭 伟
3. 青岛台湾两地今实现货运直航
   青岛人民广播电台
   作者：冯 璇 位丽华
4. 北京奥运圣火登上泰山极顶向世人展示
   泰安人民广播电台
   作者：张建东 李灿民
5. 莱芜农民工喜领政府租房补贴
   莱芜人民广播电台
   作者：刘敬红 王 亮

三等奖（5件）

1. 小村有了国家工程技术研究中心
   德州人民广播电台
   作者：王玉珏 王 晨

2. 全国首只治污减排债券在诸城发行
   潍坊人民广播电台、诸城人民广播电台
   作者：姜晓平　顾　军
3. 政府小财政民生大手笔
   滨州惠民广播电台
   作者：董金伟　徐　斋
4. 济宁发现山东省最大铁矿
   济宁人民广播电台
   作者：颜　凯　王琪琳
5. 农民刘国华借脑研发新型风力发电机
   德州宁津广播电台
   作者：王　晶　张爱平

长消息

一等奖（6 件）

1. 山东妈妈与灾区娃娃的母子情
   山东人民广播电台
   作者：尚焕霞　王少林
2. 中国禽肉出口时隔六年重返欧盟市场
   山东人民广播电台
   作者：李　健　李献刚
3. 王乐义牢记总书记嘱托　免费培训贫困地区农民
   潍坊人民广播电台、
   作者：陈安利　王　磊
4. 首批四川地震伤员抵青接受治疗
   青岛人民广播电台
   作者：赵　阳　袁　娉
5. 迟到六十年的扫墓
   济南人民广播电台
   作者：马　斌　李亚男
6. 聊城市搭建就业平台帮助农民工就地转化就业
   聊城人民广播电台
   作者：何　倩　张　洁

二等奖（9 件）

1. 中国禽肉熟制品重返欧盟市场开出第一单
   潍坊诸城广播电台
   作者：阚济香　郭秀娟
2. 寿光蔬菜有了“中国芯”
   山东人民广播电台
   作者：张新刚　王　娟
3. 山东大嫂——山东文化“活名片”
   山东人民广播电台
   作者：方远笑　杜　鹏
4. 淄博在全国率先为重点能耗企业全部装上节能监控的“千里眼”
   淄博人民广播电台
   作者：房海琳　史继磊
5. 菏泽花农与京城大学博士打官司
   菏泽人民广播电台
   作者：吕巧云　冯万建
6. 北京奥运圣火成功点燃，开始和谐之旅
   山东人民广播电台
   作者：郑　晋　庄　涛
7. 迪尚破茧传统服装发展定式，金融危机中大唱扩张歌
   威海人民广播电台
   作者：刘小林　于　宁
8. 抗震救灾英雄张鹏回归故里
   枣庄人民广播电台
   作者：黄国青　刘志凯
9. 神七出舱顺风耳是咱烟台造
   烟台人民广播电台
   作者：徐志增　车长华

三等奖（11 件）

1. 阳光监督，让转变作风承诺不落空
   济宁人民广播电台
   作者：王琪琳　郭　峰
2. “昌乐骨刻文”把中国文字历史再往前推

进1000年
潍坊昌乐广播电台
作者：徐风玲 杨 志
3. 全省首家农村资金互助社花落沂蒙
临沂人民广播电台
作者：公 静 聂金芳
4. 水缸里的记忆—吃水方式变迁见证改革开放30年农村巨变
聊城人民广播电台
作者：孙久斌 张 萍
5. 临淄20万农民有了养老保险
淄博临淄广播电台
作者：王 芳 姜志祥
6. 邻居节里话和谐
烟台人民广播电台
作者：王崇国 王幼文
7. 农田灌溉权拍卖，农民节水又省钱
滨州滨城区广播电台
作者：刘艳芳 孙晓明
8. “菏泽活雷锋”张玉贵行程万里义务擦鞋迎奥运
菏泽人民广播电台
作者：李 芳 曾海燕
9. 万台收音机寄深情
济南人民广播电台
作者：李洪伟 臧立中
10. 棉农上书诉实情 总理批示解民忧
菏泽人民广播电台
作者：吕秀兰 吕巧云
11. 莱芜市敲响农村垃圾清运权拍卖第一槌
莱芜人民广播电台
作者：谭守霞 王 亮

系列（连续）报道

一等奖（3件）

1. 100个家庭的30年——我家的巨变
山东人民广播电台
作者：张新刚 武 莉 董建华
王学玮 孙彦杰 刘晓琳
2. 变“危机”为“机遇”——青岛外贸企业逆势扩张的启示
青岛人民广播电台
作者：刘金波 李雪蓉 毛元辉 王 奔
3. 从中国制造到中国创造——中国重汽的自主创新之路
济南人民广播电台
作者：王卫东 马 斌 杨 波 郑兆富

二等奖（5件）

1. 奥运器材垄断的历史被“泰山”改变
德州人民广播电台
作者：王秀艳 马清水 赵 莹 李化成
2. 直击“稀有血型孕妇之死”
山东人民广播电台
作者：李 静 张燕妮 曲光明 梁 宇
3. 抢救生命的接力
青岛人民广播电台
作者：孙 滔 李 玉 宫 静 孙忠民
4. 枣庄节能减排在行动
枣庄人民广播电台
作者：张永伟 刘志凯 谢广伟 谭 伟
张乃睿 刘永刚
5. 危机催生新发展——烟台积极应对全球经济危机纪实
烟台人民广播电台
作者：徐志增 李 玲 邹 凡 邱彦涛
刘雪峰 门海莲

三等奖（6件）

1. 统筹城乡发展带来的诸城农民新生活
潍坊人民广播电台
作者：蔡洪立 冯传春 段夕红 丁 方

2. 破解居民“看病难、看病贵”难题的探索
   潍坊人民广播电台
   作者：陈安利　崔玉霞　孔　健　丁　方
   　　　王　磊
3. 大爱无声
   东营垦利广播电台
   作者：连秀英　于雯雯　苟福莲　宋桂莲
   　　　张丽娟　王　敏
4. 用青春谱写生命之歌
   聊城人民广播电台
   作者：布秋艳　邵尚文　常　鹏　张　鹏
   　　　徐　芳　高令帅
5. 援川！我们在行动
   日照人民广播电台
   作者：郜乃军　邢　娟　孙得军　高　健
   　　　王维德
6. 走进长三角
   淄博人民广播电台
   作者：耿旻斐　魏　伟　张　谦　汪　强

专　题

一等奖（4 件）

1. 灾区日记——最平凡的感动
   山东人民广播电台
   作者：李昌文　彭寿熙　孟文峰　李　健
2. 救灾光荣　农民伟大——访史上最牛的农民救援队
   日照人民广播电台
   作者：李长华　李　华　张　涌　郑　伟
3. 全国第一份《农村土地使用产权证》诞生记
   山东人民广播电台
   作者：李芳妍　杨朝霞　张晓东　高　炜
4. 让土地“活”起来
   枣庄人民广播电台
   作者：童文霞　陈　中　李琳娜　王春梅

二等奖（6 件）

1. 周岫——中国的复兴之路会记住你的眼泪
   山东人民广播电台
   作者：孙乐然　杨荣瑾　王　雷　马志英
2. 那一刻，我们万众一心
   青岛人民广播电台
   作者：雷　蕾　荆红卫　张　捷
3. 一座城市的考验——“4·28”紧急大救援
   淄博人民广播电台
   作者：张　明　邵　伟　耿旻斐　赵云超
4. 从“菏泽纸贵”看表面文章之尴尬
   山东人民广播电台
   作者：翁平亚　姜秀丽　郑茂生　施秀娥
5. 血滴挽幛送英雄
   济南人民广播电台
   作者：齐　方　许　伟　王有为　徐　宁
6. 城乡医院牵手农民看病无忧
   莱芜人民广播电台
   作者：谭守霞　王　亮　刘敬红　李　英

三等奖（8 件）

1. 七天七夜，一个山东老兵的生死营救
   济宁人民广播电台
   作者：骆　琳　刘　霞　王　勇　刘　晶
2. 包希英——真情入川
   聊城人民广播电台
   作者：何　倩　张　洁　苏晓红　徐　芳
3. 菏泽公推公选市直部门一把手
   菏泽人民广播电台
   作者：侯雪雁　杨　轲　王阳艳
4. 滚烫的爱心送汶川
   泰安肥城广播电台
   作者：亓敬东　耿海燕　赵学伟　王　琳
5. 危难之际显英雄本色
   日照人民广播电台
   作者：邢　娟　孙得军　郜乃军　宋文文

6. 沂蒙“民间铁军”感动巴蜀大地
临沂人民广播电台
作者：闫红伟 朱桂林 聂林涛 孙秀萍

7. 北川学生在潍坊
潍坊人民广播电台
作者：姜晓平 侯 芳

8. 解百纳——一个品牌与品种的世纪之争
烟台人民广播电台
作者：段 瑜 邹 凡 董 婷 门海莲

评 论

一等奖（2件）

1.“田”字新解
山东人民广播电台
作者：孟文峰 张 聪

2. 一个生命的追问
济南人民广播电台
作者：周 凯 臧立中

二等奖（3件）

1.“民评官”：评热“民心”评出“民信”
青岛人民广播电台
作者：杨 静 王文科 周建辉

2. 食品安全岂能亡羊补牢
山东人民广播电台
作者：逄海峰 王 见

3. 食品安全不能总是亡羊补牢
烟台人民广播电台
作者：刘雪峰 丛红波

三等奖（3件）

1.“绿色出行”的泡沫散去之后
济宁人民广播电台
作者：张刚舜 王琪琳

2. 危中寻机，迎接春天
烟台人民广播电台
作者：陈 珺 栾 堃

3.“鱼”与“熊掌”何以兼得——论老工业城市的生态文明之路
淄博人民广播电台
作者：张 明 王世昌

十佳栏目

1. 阳光政务热线
山东人民广播电台
作者：初化臣 张 文 李 康 王小茜 王厚兵 单 亮

2. 1377早新闻
青岛人民广播电台
作者：吕芙蓉 杨 金 赵 娜 成海娟 祝洪珍 毛元辉

3. 行风行动
潍坊人民广播电台
作者：李 莉 杨文彦 姜 健 孙 兵

4. 民生热线
烟台人民广播电台
作者：丛红波 梁红伟 董 婷 陈 默

5. 承诺热线
德州人民广播电台
作者：邱红玲 马清水 梁 彬 毛晓静 徐晓燕 高海燕

6. 天天说事
济南人民广播电台
作者：潘 钢 徐 宁 薛 洋 周 凯

7. 新闻十八点
淄博人民广播电台
作者：李爱华 刘晓莉 王守鹏 李 娜

8. 新闻聚焦
威海人民广播电台
作者：于 宁 刘小林 刘观达 徐光荣 邢 飞 肖琳琅

9. 讲述
枣庄人民广播电台
作者：郑艳秋　童文霞　荐素明　王春梅
　　　邢　军　黄国青
10. 行风热线
聊城人民广播电台
作者：万维兴　何敬贤　刘艳辉　王　芳
　　　周文静　冯　霞

现场直播

特别奖（4 件）

1. 奥运圣火耀泉城
济南人民广播电台
作者：吕　艺　王有为　刘　蒙　张　林
　　　王媛媛　于红雨　李晓彤　张　帆
2. 奥运圣火耀沂蒙
临沂人民广播电台
作者：刘相仕　秦继鹏　张　华　程　蓓
　　　闫宏伟　李高峰
3. 万众一心　众志成城　奥运圣火曲阜传递
济宁人民广播电台
作者：钟　磊　李建设　费波平　何　娟
　　　段晓蒙　朱　颖　石　磊　孙方杰
4.“泰山之旅”泰安奥运火炬接力直播
泰安人民广播电台
作者：张建东　曲　虹　李灿民　崔　琰
　　　黄银楼　刘晓辉　袁焕文　李申圣

一等奖（1 件）

1. 金玉奖牌劈波现　帆都丽人踏浪来——中国体育代表团夺奥帆首金见证
青岛人民广播电台
作者：柳桎楠　单从文　位丽华　袁　娉
　　　闫利华　丁　艳

二等奖（1 件）

1. 爱心汇聚　情暖北川
淄博人民广播电台
作者：郑　杰　韩　瑛　国　磊　高殿国
　　　陈　非　郝　枫

三等奖（1 件）

1. 威海东北一家亲
威海人民广播电台
作者：肖琳琅　康玉东　冯　超　李抒毅
　　　董　伟　余　萍　张　婕　朱云玮

广播社教

对象性节目

一等奖（5 件）

1. 天使的梦
山东人民广播电台
作者：晨　阳　李　伟　朱　帅
2. 耄耋老人，牵手的渴望
青岛人民广播电台
作者：李　莉　江　瑾　张　雯　崔晓丹
3. 以社区养老破解“养老难”
济南人民广播电台
作者：丁　宁　徐　磊　邢　伟
4. 圆梦
青岛人民广播电台
作者：许　平　吕芙蓉　江　瑾　毛元辉
5. 新月的歌者——鲁冰
临沂人民广播电台
作者：张守国　姜自敏　何　沛　吴　涛

二等奖（8件）

1. 我们的保姆姥姥
   烟台人民广播电台
   作者：从红波　刘雪峰　张晓军　张　艳
2. “山东大嫂”深圳“闯关东”
   山东人民广播电台
   作者：方远笑　杜　鹏　丁　瑜　戴　晋
3. 伦敦街头，济南女孩感动中国
   济南人民广播电台
   作者：吕　艺　王媛媛
4. 潘大妈和徐大爷的快乐生活
   威海乳山广播电台
   作者：陈　霞　勇淑凤　李　丹　李　霞
5. 挥着翅膀奔向奥运——残疾女孩牵手奥运
   德州庆云广播电台
   作者：高云香　杜　静　范一杰
6. 袁殿华：无腿走出七彩路
   菏泽人民广播电台
   作者：侯雪雁　王阳艳　李　芳
7. 在怀念中重生
   潍坊人民广播电台
   作者：梁　臻　徐志宏　徐凤玲　张　铼
8. “金花”有梦
   潍坊青州广播电台
   作者：刘新玲　路　新　许惠菊

三等奖（9件）

1. 大师杨洛书
   潍坊人民广播电台
   作者：徐凤玲　刘　梅　王新波
2. 凡人大爱——记“助残妈妈”辛兴芬
   日照人民广播电台
   作者：邢　娟　黄晓燕　宋文文　郈乃军
3. 我从灾区来创业
   烟台人民广播电台
   作者：邓　华　陈　辉　李　玲　曲泽昆
4. 追梦的小男孩——孟源
   枣庄人民广播电台
   作者：范　荔　朱凤华　韩业梅　李　倩
5. 与孩子的心灵对话
   淄博人民广播电台
   作者：袭　菊　李玉涵　王蓬辉
6. 俏老太　舞翩翩
   日照人民广播电台
   作者：焦安桂　李　洁　李旭峰　唐志云
7. 用爱托起孤残儿童的明天
   临沂人民广播电台
   作者：李　雪　许如华　张安婧　张海燕
8. 农民工打工6年圆女儿完整心
   济宁市中区广播电台
   作者：杜庆学　张红霞　董新华　袁勇纲
9. 奥运火炬手——张再兴
   淄博人民广播电台
   作者：邢春燕　罗　燕　朱建亮

公众性节目

一等奖（7件）

1. 创造生命奇迹的济宁交警
   山东人民广播电台
   作者：王国波　刘　莹　胡　明　吕克新
2. 又是春风激荡时
   青岛人民广播电台
   作者：王丽君　张　捷　毛元辉　荆红卫
3. 话说农村土地经营权流转
   济南人民广播电台
   作者：王卫东　郑兆富　徐　宁　潘　钢
4. 农民市长面对面
   山东人民广播电台
   作者：王　磊　潘　兵　翟志玲　袁新平
5. 追击“人肉搜索”
   山东人民广播电台
   作者：李　艺　杨荣瑾　孙乐然　张　敏

6. 北川，120天
山东人民广播电台
作者：韩 峰 王少林 李芳妍 俞青青
7. 文化传承断代隐忧所引发的思考
淄博人民广播电台
作者：岳正华 李爱华 王 勤

二等奖（13件）

1. 原滋原味话济南
山东人民广播电台
作者：许 雁 葛 然
2. 探询中小企业改革发源地——山东诸城
潍坊诸城广播电台
作者：孙志山 李倩倩 段夕红 解炳强
3. 刘翔退赛记实
山东人民广播电台
作者：郑 晋 庄涛 唐寿锐 赵曲谱
4. 我的创业在路上
淄博人民广播电台
作者：张 兰 史继磊 赵海波
5. 养蜂老人较真教科书
泰安人民广播电台
作者：于金成 宗承民 孙 倩
6. 水城夜话
聊城人民广播电台
作者：赵美娥 刘艳辉 江月洁 武晓静
7. 张家岭落马警示录
济南人民广播电台
作者：齐志敏 郑兆富 马 艺 王卫东
8. 海阳大秧歌扭进奥运会
烟台人民广播电台
作者：栾 堃 张 莹 王 雯 董 婷
9. 小村里走出的航天将军
菏泽人民广播电台
作者：程 敏 曾海燕 薛 惠
10. 换地风波推进土地有序流转
烟台牟平广播电台
作者：董绍佩 袁玉琴 王卫萍 李 俊
11. “司法托管”有效破解执行难
枣庄人民广播电台
作者：李琳娜 邢 军 陈 中 杜艳莉
12. 历史深处的回望
山东人民广播电台
作者：金小凤
13. 红色记唱人王星元
东营垦利广播电台
作者：赵 惠 孔 文 李希东 卞小兵

三等奖（15件）

1. 当歹徒叫我一声妈
威海人民广播电台
作者：张 婕 廉世君 冯 超 肖琳琅
2. 让民众与政府零距离沟通
东营利津广播电台
作者：高玉霞 许振梅 高丽娜 王清泠
3. 村合百事兴
德州宁津广播电台
作者：王均如 张爱平 刘国红 闫立志
4. 菏泽老人唱响奥运
菏泽人民广播电台
作者：徐明军 李铮铮 王路燕
5. 莱芜农民的幸福生活
莱芜人民广播电台
作者：刘敬红 王 亮 于 卿 谭守霞
6. 农民郑德营的救灾日记
潍坊人民广播电台
作者：简 烛 于 鹏 王清华
苏传华
7. 捐肝救父——残疾小英雄演绎中华孝悌
青岛人民广播电台
作者：赵 娜
8. 一位退伍军人的灾区情节
临沂人民广播电台
作者：刘 萍 李金亮 付星星

9. 何善军的农民日记
   菏泽人民广播电台
   作者：程 敏 曾海燕 李 芳
10. 无悔的选择
   潍坊人民广播电台
   作者：刘玉婷 王增金 隋 穗 于美玲
11. 中澳模式念活致富经
   德州人民广播电台
   作者：王秀艳 马清水 赵 莹 王玉珏
12. 生命的恋歌
   泰安肥城广播电台
   作者：张梅英 肖 东 李会香 李 园
13. 明故城——观光游向文化游的渐变
   济宁曲阜广播电台
   作者：刘新江 张 磊 林媛媛 曹福运
14. 空中留园之江南行
   聊城人民广播电台
   作者：刘艳辉 张 鹏 刘景帅 武晓静
15. 回家——111个灾区孩子在德州
   德州人民广播电台
   作者：杨 萍 王 英 赵 兰 周爱民

知识性节目

一等奖（2件）

1. 勇斗震魔
   山东人民广播电台
   作者：张新刚 孙彦杰 王 娟 戴 晋
2. 直面金融危机
   青岛人民广播电台
   作者：丁向义 崔晓丹 吴晓贝

二等奖（3件）

1. 解密“熊猫血”，为生命护航
   山东人民广播电台
   作者：刘 莹 胡 明 闫 昆 刘 霜
2. 直面群体性事件——出租车罢运引发的思考
   济南人民广播电台
   作者：陈 岭 王有为 齐志敏 蔡 琰
3. 白蛾来了
   济南人民广播电台
   作者：杨 波 马 艺 马靖宇 姜 波

三等奖（3件）

1. 诸城农村社区建设引发的思考
   潍坊人民广播电台
   作者：姜晓平 刘 梅 孙志山
2. 圆梦飞天——神七舱外航天服揭秘
   烟台人民广播电台
   作者：姜文超 杨雪旻 徐志增 车长华
3. 农民张凯华的惊险一跳
   枣庄人民广播电台
   作者：张永伟 武 伟 陈 中 张大为

对港澳台节目

一等奖（1件）

1. 隔不断的亲情
   山东人民广播电台
   作者：孙启伟 逄海峰 张 聪 彭寿熙

二等奖（1件）

1. 圣火燃激情，奥运到我家——北京奥运倒计时100天北京、青岛、香港三地联播
   青岛人民广播电台
   作者：柳桎楠 李秋红 袁 娉 冯 璇 闫利华 王艳艳

三等奖（1 件）

1. 山东台湾实现直航
济南人民广播电台
作者：吕 艺 李晓彤

特别节目

一等奖（2 件）

1. 这里是北京
青岛人民广播电台
作者：姜 萌 林 岚 方少君 荆红卫
2. 再小的力量也是支持
山东人民广播电台
作者：新闻频道集体

二等奖（4 件）

1. 十问乐义探真情
山东人民广播电台
作者：潘士强 张新刚 王 娟 史林杰 朱 琼 贺 飞
2. 幼儿吞钉 极速救援
山东人民广播电台
作者：刘 莹 胡 明 刘 霜 徐 峥
3. 公共服务惠农家
山东人民广播电台
作者：李昌文 杨雪旻 张 文 孙志山 王厚兵 张燕妮
4. 我给灾区说句话，我为灾区做件事
济南人民广播电台
作者：集体创作

三等奖（4 件）

1. 遥寄哀思向汶川
威海人民广播电台
作者：肖琳琅 张 彤 高洪波 张 婕 宋亚菲 刘艳平
2. 情系北川 · 我们和你在一起
潍坊人民广播电台
作者：于晓萍 徐凤玲 刘 梅 梁 臻 李 莉 梁君民
3. 魅力烟台，巨变三十年
烟台人民广播电台
作者：邹 凡 徐志增 邱彦涛 邢 红
4. 抗震救灾特别节目——与爱同行
青岛人民广播电台
作者：施 夏 位丽华

十佳栏目

1. 方言客栈
济南人民广播电台
作者：邢 伟 孙 阳 丁 宁
2. 领舞生活
山东人民广播电台
作者：孙乐然 杨荣瑾 李 艺 张 敏 房 华 敖 翔
3. 父母学堂
青岛人民广播电台
作者：张明鑫 江 瑾 陈瑞婷 祝洪珍 毛元辉
4. 现代乡村
山东人民广播电台
作者：李芳妍 杨朝霞 张晓东 田 园 高 炜 王智勇
5. 315 之声
潍坊人民广播电台
作者：张爱莲 于美玲 夏 明 于淼白
6. 卫生与健康
东营人民广播电台
作者：张新强 刘少刚 左振平 周玉红 纪栋红 许鸿飞
7. 人生路上

淄博人民广播电台
作者：宋文静　王洪泉　孙新敏

8. 金色乡村
枣庄人民广播电台
作者：张永伟　吕　莉　满　晴　黄　彬　孙海丽　王　敏

9. 真情面对面
日照人民广播电台
作者：鲁统春　董桂华　李秀霞　黄　奇　庄凤全　高　燕

10. 交广服务热线
滨州人民广播电台
作者：尹　芳　宋　红　李　菲　辛　通

电　视

电视新闻

短消息

一等奖（4件）

1. 冲破六年封关 山东禽肉产品重返欧盟市场
山东电视台
作者：陈　琛　李　锋
2. 我国运动员实现奥帆金牌零突破
青岛电视台
作者：张　旭　于海洋
3. 高山峡谷中的救援
烟台电视台
作者：王海东　姜常涵
4. 省长骑车上班　体验能源短缺
山东电视齐鲁频道
作者：张卫国　许　杰

二等奖（6件）

1. "泰山"器材：实现中国体育产业的历史性突破
山东电视台
作者：刘兆安　陈　琛
2. 为救落井老人　两消防战士牺牲
济南电视台
作者：张　鹏　韩　爽
3. 寿光蔬菜有了"新一代身份证"
潍坊电视台
作者：刘少华　尚　君
4. 枣庄在全国率先颁发农村土地使用产权证
枣庄电视台
作者：侯晓文　翁　璇
5. 莒县10农民自驾三轮车远征灾区抗震救灾
日照电视台
作者：王乐文　高志成
6. 生命中的特殊相会
泰安电视台
作者：刘金和　刘华鹏

三等奖（7件）

1. 农村机井吞人事件再次发生
山东电视台
作者：马雪瑞　王新慧
2. 今确定我省对口援建北川
山东有线电视中心
作者：刘祖军　曲宇飞
3. 首家中国企业登陆欧交所创业板
滨州邹平电视台

作者：曲国光　徐明明

4. 杜丽　家乡的美丽
淄博沂源电视台
作者：李传国　谢明磊

5. 菏泽：率先实行公推公选市直一把手
菏泽电视台
作者：刘长虹　权兴平

6. 寒门学子　孝心感动天地
临沂电视台
作者：闫志英　孙　慧

7. 我市船队赴青岛战浒苔首战告捷
威海电视台
作者：王书超　唐　凯

长消息

一等奖（6 件）

1. 一辆重卡的两个芯片
山东电视台
作者：刘仁超　张婷婷

2. 为了一个年轻的生命
青岛电视台
作者：王建宏　李　茜

3. 治污联合执法大会开过了
山东电视台
作者：姜　文　袁敬宇

4. 从“零”到“八百”的飞跃 中国重汽自主创新求发展
济南电视台
作者：雷　力　高海灵

5. 牵手奥运　百年青啤激情蝶变
青岛电视台
作者：孟　伟　袭　聪

6. 今天凌晨胶济铁路发生重特大火车相撞事故
山东有线电视中心
作者：杨玲涛　吴云峰

二等奖（9 件）

1. 六举五破世界纪录　春红蝉联奥运冠军
烟台电视台
作者：王海翔　夏　天

2. 农村灌溉权拍卖拍出农村经济管理新思路
滨州电视台
作者：赵旭东　刘　徽

3. 赵氏兄弟的“战略合同”
德州临邑电视台
作者：刘　健　郭晓敏

4. 同是电子企业　际遇大不相同
烟台电视台
作者：崔　峰　滕延霞

5. 四代人守护烈士墓　历城农民感天动地
济南电视台
作者：雷　力　高海灵

6. 警民联手　被埋七天的马元江成功获救
山东电视台
作者：钱云飞　孙　亮

7. 宫治华：抗震一线的“英雄老兵”
济宁电视台
作者：尚焕霖　梁凤翔

8. 欧盟六年封关　潍坊率先通关
潍坊电视台
作者：马　良　周志伟

9. 封山禁牧羊抓去　有人起劲有人怵
潍坊电视台
作者：单连成　袁桂彬

三等奖（11 件）

1. 最牛的 MTV
菏泽电视台
作者：郑国建　张华云

2. 胶济铁路淄博段发生重特大交通安全事故
淄博电视台
作者：王　健　李晓宁

3. 棉农上书温总理　催生售棉新政策
菏泽电视台
作者：张惠元　王德生

4. 曲阜：圣城传圣火　激情迎奥运
济宁电视台
作者：尚焕霖　焦　彩

5. 折翅英雄　回归故里
枣庄电视台
作者：张亚伟　庞　峰

6. 你的眼睛是天上的星星
泰安电视台
作者：靳　岩　张　军

7. 莱芜城乡医院牵手农民看病无忧
莱芜电视台
作者：李佃亮　刘继红

8. 化工企业搬“新家”　环境产业两相宜
淄博电视台
作者：杨　剑　李晓宁

9. 鲁川情深：百名北川学子德州圆梦
德州电视台
作者：蔡金霞　肖　腾

10. 威海上演现实版“农夫与蛇”一市民遭抢劫反救嫌疑人
威海电视台
作者：田　燕　沈　楠

11. 文登家纺主动求变破困局
威海文登电视台
作者：王　辉　铁翼飞

系列（连续）报道

一等奖（3件）

1. 亲历唐家山堰塞湖抢险
山东电视台
作者：陈　明　张泉邦　李树庆　李　锋　张晓军　池　鹏

2. 青岛企业逆势谋发展
青岛电视台
作者：集体创作

3. “最牛”救援队：平凡中的伟大
山东电视齐鲁频道
作者：周　昕　孙中兴　邵银龙　张路丰　宋亚齐　姚　芸

二等奖（5件）

1. 象皮腿女孩圆梦路
济南电视台
作者：乔　凌　杨　杨　段文红　李　靖　李玉斌　孙　亮

2. 一句话　一辈子
泰安电视台
作者：姜德翔　戚桂安　董　静　尹瑞华　吴严明　陈晓燕

3. 胶济铁路火车相撞事故连续报道
山东电视台
作者：王乾峰　池　鹏　张楚晨　李旭明　李树庆　张昌兴

4. 阴阳之惑
烟台电视台
作者：孙晓妍　姜于海　崔海红　高　路　战晓艳　王保国

5. 农民志愿者的故事
日照电视台
作者：彭为锋　商光锋　费聿莲　赵栋梁　潘星军

三等奖（6件）

1. 危机面前：谁家欢喜　谁家忧
临沂电视台
作者：孙文生　王兆军　孟　东　张守国　米建华　高　忠

2. 灾区救出“老乡”　寻药情牵川鲁
山东有线电视中心

作者：于存水　孙中亚　谢忠伟　孙　凡
吴云峰　王　刚

3. 倡导科技 借力奥运："泰山"品牌走向世界
德州电视台
作者：王　军　孙志强　郭慰寒　刘天明
左　靖　杨占忠

4. 花甲母亲捐肾救子
日照电视台
作者：马　全　张　勇　王晓燕

5. 我为家乡拍奥运
烟台福山电视台
作者：夏　巍　姜国昌　邢　红　匡　宇
刘亚云

6. 救援在前线——一个消防战士的救灾日记
淄博电视台
作者：邵　爱　黄　晋　郭　旺　孙先雯
靳学功

专　题

一等奖（2 件）

1. 大爱无疆鲁川情
山东电视台
作者：杨　璐　张楚晨　吴晓阳　李志新

2. 孕妇之死折射制度缺陷
山东电视齐鲁频道
作者：邵银龙　张路丰　肖　丹　王　羲

二等奖（5 件）

1. 武文斌
山东电视台
作者：范维坚　袁敬宇　李树庆　尹翠华

2. 两个女孩的约定
烟台电视台
作者：姜泽林　崔海鹰　张修奇　李洪光

3. 守护北川
济南电视台
作者：陈建新　郑亚龙　许　刚　孙　佚

4. 百万餐具驰援灾区——山东新闻媒体爱心车队纪实
山东有线电视中心
作者：耿　军　张玉静　吴云峰　杨军威

5. 王沂蓬：金玉良缘
临沂电视台
作者：周鲁超　孙文生　朱红菊　王瑞星

三等奖（6 件）

1. 夏庄镇创办村官创业讲坛纪实
日照莒县电视台
作者：何爱东　王淑强　张传礼　崔晓彬

2. 牵手
青岛电视台
作者：李　蕾　姜　涛　杨苇峰

3. 刘德占：大爱铸军魂
聊城电视台
作者：庞　峰　张朝锋　布玉净　王朝霞

4. 热血特警陈春龙
聊城电视台
作者：韩燕燕　马树声　曲安福　布玉净

5. 我爱你　无论你能否听见
泰安电视台
作者：姜德翔　常　华　李　梅　吕锦文

6. 因为有爱　生命不息
聊城电视台
作者：于　博　戴国光　王允可　王　娜

评　论

一等奖（2 件）

1. 井口：吃人的虎口

山东电视齐鲁频道
作者：张路丰　李　杨　戴淑明　邵银龙

2. 汇源该不该卖
山东电视台
作者：鲍春晖　刘　骏　张　立　孟　涛

二等奖（4 件）

1. 食品添加剂　谁来添把锁？
山东有线电视中心
作者：张国强　刘兆磊　叶广隶　陈　勇
2. 生命的追问
济南电视台
作者：高伟艳　马　凝　孙　亮　韦　辉
3. 走出思想的围城
烟台电视台
作者：关宝宪　司徒敏　李洪光　宫世雁
4. 18 万元赔偿金的背后
青岛电视台
作者：李　萱　王红梅　荣晓通　王翠萍

三等奖（4 件）

1. 通往高产之路——山东种粮调查
山东电视台
作者：刘建军　徐　鹏
2. 中国禽肉产品重返欧盟市场调查
潍坊电视台
作者：孟　力　魏颖涛　赵厚伟　刘亚楠
3. 水浒旅游：凭“意气”还是讲“义气”
泰安电视台
作者：牛昌庆　马秀峰　刘　强　李　伟
4. 淄博：告别“狼烟四起”
淄博电视台
作者：姚　骏　吕　宁　靳学功

十佳栏目

1. 直播潍坊
潍坊电视台
作者：集体创作
2. 青岛新闻
青岛电视台
作者：江新霁　高正爱　刘中东　路修全
3. 马上就办直通车
临沂电视台
作者：闫志英　王金硕　李　聪　王煜煜
孙　慧　邹本娜
4. 济宁新闻联播
济宁电视台
作者：傅媛媛　魏春华　孙红艳　许艳丽
5. 夜线
泰安电视台
作者：刘金和　刘玉玲　魏海霞　段涤扬
李　杰　张延蕾
6. 新闻直通车
烟台电视台
作者：姜常涵　王海东　王海翔　周海波
张桂英　徐　硕
7. 有么说么故事会
济南电视台
作者：崔桂军　陈文峰　陈　鑫　王文雁
李　靖
8. 山东新闻联播
山东电视台
作者：林修功　徐映红　张　倩　刘　欣
路　宏　夏如意
9. 每日新闻
山东电视齐鲁频道
作者：原宝国　王　毅　张卫国
10. 生活帮
山东有线电视中心
作者：张国强　刘永刚　耿　军　于存水
谢忠伟　陈　勇

现场直播

特别奖（5 件）

1. 激情燃起 关爱传递——北京 2008 年残奥会青岛站火炬接力
青岛电视台
作者：兰春萍　冯仁刚　陆　强　张伟民
2. 圣城传圣火　齐心迎奥运
作者：孔令华　马汉涛　安　舒　栾卫东　任宪华　谢新超
3. 祥云　泰山
泰安电视台
作者：张建东　亓修举　宋淑莲　边立平　吉东升　袭翔宇　李　惠　刘明金
4. 祥云圣火齐鲁风——北京奥运火炬济南传递全程直播报道
山东电视台
作者：林修功　徐映红　张　倩　谭鲁民　张春生　张培宇　徐少杰
5. 奥运圣火传递
临沂电视台
作者：集体创作

一等奖（1 件）

1. break 新闻：奥体中心火灾
山东电视齐鲁频道
作者：黄宝书　邵银龙　张路丰　葛国军　刘　琰　吴宏广

电视社教

短纪录片

一等奖（4 件）

1. 来自北川的专列
济南电视台
作者：崔桂军　张　震　朱永宁
2. 老彭一家求职记
青岛电视台
作者：周　帅　李增仁　刘慧民　王红梅
3. 约定
山东电视齐鲁频道
作者：魏　巍　郑国栋　孙　宁　王　羲
4. 一个盲人的摄影梦
山东有线电视中心
作者：王　刚　马丽娟　赵新燕　刘　鹏

二等奖（6 件）

1. 孪生姐妹百年情
潍坊诸城电视台
作者：时均玲　孙　彦　赵恩森　杨　辉
2. 英雄战士武文斌
山东电视台
作者：张　宇　韩　斌　顾　岩　柴　欣
3. 激情 · 梦想
烟台电视台
作者：刘　镇　周海波　赵　琪　车　岚
4. 2008 · 童心记忆
山东电视台
作者：樊　宇　许　振　孔祥鹏
5. 柔弱的肩膀很坚强
莱芜电视台
作者：谷体钢　陈　燕　安一秀　李明刚
6. 老英雄新传
山东电视台
作者：王建军　王秀华

三等奖（8 件）

1. 放鹰
淄博电视台
作者：孙希磊　刘金果　王丽娟　何俊梅

2. 泰山
山东电视台
作者：杨 枫 王 桥 贾 真 陈 肃
3. 母爱如山
莱芜电视台
作者：谷体钢 安一秀 李 丹 杨 洁
4. 红色记唱人
东营垦利电视台
作者：宋桂莲 高海涛 董海燕 王梓海
5.“傻子老板”冯相刚
枣庄电视台
作者：苑晓光 贾传勇 王 静 刘亚程
6. 真情十八年
泰安电视台
作者：苑 蕾 李连泉 颜伟光 徐 娇
7. 放电影的老王
莱芜电视台
作者：谷体钢 陈 燕 安一秀 李 丹
8. 守望
淄博电视台
作者：薛白桦 尹燕莹 刘 烽

长纪录片

一等奖（3件）

1. 探访鸥鹭王国
威海荣成电视台
作者：王 波 宋传峰 董鹤东 林乐义
2. 有一种守望叫永恒
山东电视台
作者：秦岭枫 朱新征 郝 瑞 古芬珍
3. 影子
山东有线电视中心
作者：刘永刚 李艾云 孔 飞 李 悦

二等奖（5件）

1. 我是80后
青岛电视台
作者：田 也 孙 彬 王孜卓 马彦军
2. 聚散两依依
潍坊电视台
作者：周 围 夏国强 黄海宁 蒋叶红
3. 疾马汶川救国难
淄博电视台
作者：张庆云 王光军 杜丰楠 郑艳艳
4. 末代衍圣公孔德成
济宁电视台
作者：丁 健 徐 进 周晓湘 王 雷
5. 圆梦黄河源
山东电视台
作者：张 宁 王聿珩 韩玉静 张泉邦

三等奖（6件）

1. 衣食住行30年
潍坊诸城电视台
作者：邵长江 张祖忠 宋玉平 李晓华
2. 圆梦
枣庄电视台
作者：邵 卫 范 笑 苑永利 秦旭阳
3. 震动我心
日照电视台
作者：李晓梅 马克明 史跃杰 卢永彬
4. 行吟者
济南电视台
作者：颜 新 袁 冬 马 壮 沙雅文
5. 有一天我会幸福的
烟台龙口电视台

作者：战永臣　张善军　马晓红

李传军

6. 老寿星的幸福家庭

烟台电视台

作者：韩梅聂　传　杰　马文光

专题片

一等奖（5 件）

1. 铁军来了

山东电视台

作者：韩　斌　顾　岩　柴　欣　杜贵国

2. 诚信创新和谐之路——济南改革开放 30 周年回顾

济南电视台

作者：宫照光　王　玳　王　静

3. 燃烧的夕阳

泰安宁阳电视台

作者：李方勇　张瑞华　刘　静　刘　宏

4. 真心英雄

青岛电视台

作者：徐　红　宋立江　颜　涛　徐　军

5. 开着三轮去救灾

山东有线电视中心

作者：谢忠伟　孔　飞　李　伟　贾晓宇

二等奖（9 件）

1. 一份并非危言耸听的种质资源报告

山东电视台

作者：张同君　温绍彬　徐　鹏　彭金棣

2. 拿什么拯救你

山东电视齐鲁频道

作者：王　羲　孙中兴　王晓龙　许宗泽

3. 天堂里的呼唤

威海环翠电视台

作者：周　扬　丛恒日　张　戈　孙晓燕

4. 老街的记忆

青岛电视台

作者：李　蕾　姜　涛　王永辉

5. 塞上行

菏泽电视台

作者：何岱峻　朱玉华

6. 白云湖湿地纪事

济南电视台

作者：林小红　孙　亮

7. 情满奥运

淄博电视台

作者：秦　咏　汪　洋　何俊梅　李靳田

8. 泰山青未了

泰安电视台

作者：宗德志　张　华　刘杰栋　崔英杰

9. 张文俊：画魂

临沂电视台

作者：周鲁超　朱景涛　朱红菊　石书新

三等奖（11 件）

1. 好婆婆李金凤

滨州惠民电视台

作者：綦春丽　曹立国　刘学华　郭宏强

2. 国宝谜踪

泰安电视台

作者：胡开剑　张　华　吉东升　黄　静

3. 北方农用沼气的建设与管理

临沂莒南电视台

作者：汲广民　徐志刚　葛成利　尉　丰

4.《金瓶梅》与临清

聊城电视台

作者：李　琰　王　鹏　张宇翔　安保彬

5. 爱华、爱家

山东电视台

作者：刘海波

6. 王尽美

潍坊诸城电视台

作者：孙志山　时均玲　赵凤杰　胡晓红

7. 古城水韵 · 北城绿风
聊城电视台
作者：潘秀梅　梁　琦　于　博　邢艳宁

8. 老林和小林的故事
烟台开发区电视台
作者：刘作明　刘延杰　冯艳凤　张振海

9. 才女青州 20 年
潍坊青州电视台
作者：岳秀芹　刘兴贵　王　林　戴军国

10. 寻源老济宁
济宁电视台
作者：姚金翌　安富萍　何　刚　刘正国

11. 我有梦想
临沂电视台
作者：孙利群　郑衍顺　孙利英　郭　涛

系列片

一等奖（3 件）

1. 齐鲁青未了
山东电视台
作者：祝丽华　吕　芃　杨　枫　董雅丽
秦岭枫　韩　信

2. 古城新生
济南电视台
作者：宫照光　王　岀　王　文　魏宗玲
王　静　魏鲁南

3. 汉语拼音 50 年
山东电视台
作者：韩　信　刘　培　贾　曼　王法智
郝　瑞　张　超

二等奖（4 件）

1. 超越梦想之路
青岛电视台
作者：集体创作

2. 巾帼创业系列节目
枣庄电视台
作者：李雅梅　徐　峰　戴文军　王　娟
巩媛媛　黄　杰

3. 日照东方
日照电视台
作者：李晓梅　刘　华　任庆璇　闫春红
马克明　卢永彬

4. 枣庄记忆
山东电视台
作者：刘卫斌　张　琳　张　啸　耿庆涛
陈守海　邵　卫

三等奖（5 件）

1. 樱桃园传奇
聊城电视台
作者：路仕佼　范　峰　李　婧　安保彬
姜志国　张宇翔

2. 兴隆塔地宫之迷
济宁兖州电视台
作者：尚衍钊　温向杰　乔　冉　孙　莉

3. 闯关东之旅
山东有线电视中心
作者：许　辉　孙　珅　赵　琼　李　群
袁　静　孙　曼

4. 爱与恨的交织
烟台电视台
作者：张庆敏　王　宏　孙小静　吕翌华
荀宝磊　宋海巍

5. 话说广饶——解读孙武
东营广饶电视台
作者：郭成忠　马锦忠　彭建新　丁庆红
孙方凯　杨大孟

特别节目

一等奖（2 件）

1. 和谐迎奥运　文明在身边
   山东有线电视中心
   作者：何　林　谢忠伟　刘兆磊　李　想
2. 港岛互动　共推奥运
   山东电视台
   作者：于　拓　郭战江　李　明　于　恺
   　　　周　懿

二等奖（4 件）

1. 烟台市首届“十佳孝星 · 百名孝子”颁奖典礼
   烟台电视台
   作者：姜泽林　黄　玮　周思勇　崔家强
   　　　付希明　刘典坤
2. 盛世盛典　改革开放 30 年青岛杰出财经人物、十大财经人物暨行业风云人物颁奖典礼
   青岛电视台
   作者：集体创作
3. 情义山东 心系灾区——山东电视台抗震救灾特别节目
   山东电视台
   作者：郭战平　孙　珊　房经纬　陈锡林
   　　　刘仲国　胡　媛
4. 改革开放 30 年——空中看威海
   威海电视台
   作者：刘新波　姜　兵　宫照军　陈春峰
   　　　吕亚松　王玉福

三等奖（5 件）

1. 热爱生命，超越苦难——傅佩荣北川中学公益演讲
   山东电视台
   作者：高立民　张　立　唐力飞　王　维
2. 青春创业大赛总决赛
   枣庄电视台
   作者：李雅梅　徐　峰　戴文军　王　娟
   　　　褚卫东　黄　杰
3. 第二届中国演艺界十大孝子颁奖盛典
   山东电视台
   作者：吕明晰　邹珊珊　刘　晖　杨青青
   　　　韩　莹　方冬梅
4. 2007 年感动济宁十佳人物颁奖典礼
   济宁电视台
   作者：杨　波　黄鲁琼　栾卫东　杨雪松
   　　　张笑寒　李　光
5. 万众一心　众志成城
   潍坊电视台
   作者：集体创作

十佳栏目

1. 开讲天下
   山东电视齐鲁频道
   作者：魏　魏　武大海　赵　澍　李春雷
2. 天下父母
   山东电视台
   作者：吕明晰　邹珊珊　韩　莹　方冬梅
   　　　张宗军　张小磊
3. 财富枣庄
   枣庄电视台
   作者：徐　峰　李雅梅　黄　杰　王　娟
4. 天下故事
   山东电视台
   作者：张　翔　高　帅　任　峰　李青松
   　　　孙　珊　陈锡林
5. 琪谈
   烟台电视台
   作者：赵　琪　许晶华　尹世江
6. 琅琊风云榜
   临沂电视台

作者：周鲁超　朱景涛　孙文生　朱红菊
来欣洲　石书新

7. 故事人生
泰安电视台
作者：胡开剑　龚敬东　郑　宏　庞　泉
黄　静　王晓雪

8. 假日旅游
山东有线电视中心
作者：许　辉　袁　静　魏婷婷　王　媛
张亚军　郭　鑫

9. 政务面对面
济南电视台
作者：卫志忠　冯　磊　史　鹏　胡　宏
赵学鑫

10. 田园风
东营电视台
作者：延　芳　任思文　夏承军　隋　红
田　青　任华峰

2008 年度
全省广播电视外宣奖获奖作品名单

广播新闻节目

一等奖（2 件）

1. 扬帆青岛，爱在海洋——第 29 届奥运会帆船赛启动仪式现场直播
青岛人民广播电台
作者：张　捷　李雪蓉　赵　娜

2. 今天，我们过邻居节
烟台人民广播电台
作者：许常青　董修莉　于建涛

二等奖（3 件）

1. 2008 北京奥运会圣火在孔子故里曲阜成功传递
济宁人民广播电台
作者：张刚舜　郭　峰

2. 历史不能忘记——一战华工
威海人民广播电台
作者：刘艳平　肖琳琅　武丽斌　车　英

3. 烟台民企危中求机谋发展，跨国并购意大利四家企业
烟台人民广播电台
作者：陈　珺　许常青

三等奖（3 件）

1. 世界顶级帆船赛事聚焦青岛
青岛人民广播电台
作者：侯　霆　李雪蓉

2. 每月 10 元体验白领生活，青岛搭建低投入、零风险大学生创业平台
青岛人民广播电台
作者：宫　辰　李雪蓉

3. 中国“鲁宾逊”翟墨完成环球航海，归航三亚
日照人民广播电台
作者：刘益伟　宋文文

广播专题节目

一等奖（3 件）

1. 世代续写的友谊
   威海人民广播电台
   作者：杨雪萍
2. 祖国将为我们护航
   山东人民广播电台
   作者：胡　蒙　王　敏　郝飞鸿　姜文超
3. 帆船之都的环球激情
   青岛人民广播电台
   作者：袁　丹　崔晓丹　李雪蓉

二等奖（4 件）

1. 泉之舞 · 冬韵
   济南人民广播电台
   作者：衣晓莺　卢宗阳　贾　晶　任小沙
2. 邮票连起两岸情
   淄博人民广播电台
   作者：李　娜　路　姗　王守鹏　吕　萍
3. 《北京欢迎你老年版 MTV》出炉前后
   山东人民广播电台
   作者：王　见　王阳艳　杨雪旻　王　敏
4. 让山东梆子重新唱响齐鲁大地
   泰安人民广播电台
   作者：张建东　曲　虹　李灿民　黄银楼

三等奖（5 件）

1. 再度盛开的民族曲艺之花——沾化渔鼓戏
   滨州人民广播电台
   作者：李建华　王曰友　张　蕾　胡春燕
2. 乡村里的社区化服务
   潍坊人民广播电台
   作者：孙兴海　段夕红　于晓萍
3. 在非洲当志愿者的日子
   烟台人民广播电台
   作者：许常青　董修莉　梁红伟　于建涛
4. 鲁台直航 梦圆两岸
   山东人民广播电台
   作者：姜秀丽　宋　强　董　涛　赵　璇
5. 走向辉煌的德州黑陶
   德州人民广播电台
   作者：董　晶　马小春　周爱民　赵　莹

电视新闻节目

一等奖（2 件）

1. 高密群众用自己特有的方式喜迎奥运
   潍坊高密电视台
   作者：王　勇　呼江林
2. 崔娜：开启光明夺冠军
   山东电视齐鲁频道
   作者：周　昕　杨　凯

二等奖（3 件）

1. 《北京欢迎你》咱老百姓的 MTV
   山东电视台
   作者：邓　强　刘智浩　张楚晨　姜　捷
2. 罗格奥运分村赏民俗
   青岛电视台
   作者：韩　玲　李　巍
3. 拯救山东梆子　宏扬民族文化
   泰安电视台
   作者：牛昌庆　梁武言　马秀峰　张桂友

三等奖（3 件）

1. 百岁老人五世同堂观盛会
   东营利津电视台
   作者：刘向明　孟　涛
2. 外籍企业家在青岛

青岛电视台
作者：郑 锐 刘继进 单玉琦 宋朝辉
3. 奥运圣火 泰山展示
泰安电视台
作者：张 锐 崔树金

电视专题节目

一等奖（5件）

1. 农民王导的奥运梦
山东电视台
作者：张同君 徐 鹏 苗 帅 邓 云
2. 走遍中国——走进济南
济南电视台
作者：宫照光 王 文 王 歌 朱小樱
3. 穿越海峡的对话
枣庄电视台
作者：王 展 丁 楠 黄 杰 栾煜伟
4. 为了父亲的遗愿
潍坊电视台
作者：孟 力 李雪梅 魏颖涛 李 军
5. “和”之缘
泰安电视台
作者：胡开剑 宗德志 张 华 刁淑静

二等奖（9件）

1. 灯工
淄博电视台
作者：王丽娟 段正浩 刘 义 何俊梅
2. 竹洞天印象
日照电视台
作者：刘 华 牟成星 庄秋元 潘 萍
3. 东京之舞
济南电视台
作者：孙兴宙 王 茜 杨 超 刘晓蒙
4. 境外媒体看青岛
青岛电视台
作者：兰 海 徐 军 张大新 田 军
5. 一位日本老八路的寻恩之旅
淄博电视台
作者：王海燕 高 磊 靳学功
6. 孔庙祀典
济宁曲阜电视台
作者：张会芳 徐新曲 郭 燕 钱 卫
7. 寻根
威海电视台
作者：陈 文 丛赫兵 王 鑫 杨 军
8. 在家过年
滨州邹平电视台
作者：王淑会 宋淑科 赵志立 刘 春
9. 收藏光明的人
淄博电视台
作者：孙国强 郑作敏 刘晓东 朱洪涛

三等奖（10件）

1. 我们一起走过
山东电视台
作者：刘卫斌 宋红闯 韩 军 张 琳
2. 峄山之迷
济宁邹城电视台
作者：蒋邦祯 刘 薇 郭剑波 于洪梅
3. 洗砚池古墓解密
临沂电视台
作者：张 健 李 文 段希全 李连渠
4. 迷宫探索者——于刚专访
山东有线电视中心
作者：吕 倩 綦 瑛 徐 琦
5. 让风筝会乘着祥云越飞越高
潍坊电视台
作者：徐艺峰 贺秋实
6. 深邃的小海
烟台电视台
作者：李永林 刘国云 张金波 张晋明

7. 风雨沧桑海源阁
聊城电视台
作者：崔　昱　梁　琦　杨文敏　高冬梅
8. 我们在韩国
威海电视台
作者：陈　文　丛赫兵　王　鑫
9. 烟台武林
烟台电视台
作者：赵　琪　王　琳
10. 雏凤初鸣
德州电视台
作者：侯建军　王　军　高玉峥　刘　琦

电视对外栏目

一等奖（1件）

1. 龙视播报
山东有线电视中心
作者：王　正　许海鹏　夏　泓　韩　猛
曹　琼　张经文

二等奖（2件）

1. 走遍山东
山东电视台
作者：李志男　杨　枫　孙　鹏　王　桥
陈　肃
2. 韩语播报
威海电视台
作者：孙宗勇　高　磊　王书超
李媛媛

三等奖（2件）

1. 英语新闻
青岛电视台
作者：徐　军　张大新　李　倩　兰　海
于林立
2. 印象鲁南
枣庄电视台
作者：王　展　丁　楠　赵先阳
邵　卫

2008年度
广播电视论文奖获奖作品名单

基础理论

一等奖（3件）

1. 从谈话节目看人际传播在大众传播中的作用
作者：王　军
省有线中心
2. 论新闻媒体弘扬社会主义核心价值体系的重大责任
作者：卢　宏
青岛广电局
3. 论广播竞争优势的打造
作者：尚焕霞
山东人民广播电台

二等奖（5件）

1. 网络新闻自由问题浅析
作者：刘义明　曹　进
省广播电视新闻研究所
2. 关于发展节目内容产业的思考
作者：刘继升
潍坊广电局
3. 论少儿节目的发展趋势
作者：邓晨华
青岛广电局
4. 战争类影视作品典型人物的消解与重构
作者：李　磊
山东有线电视中心
5. 全球化背景下对外传播话语权的建构
作者：臧　燕　刘月芹
临沂兰山区广电局

三等奖（6件）

1. 用影视艺术绘写科学之美——电视科教节目分析
作者：万海鹏
山东电视台
2. 论新闻媒体的公信力
作者：郭君荟
山东有线电视中心
3. 论电视介绍经营类节目创新
作者：林铁山
山东电视台
4. 试论电视节目的包装
作者：王云芳　刘风奇
青岛城阳广电局
5. 谈新闻记者的“气”
作者：石增海
临沂蒙阴广电局
6. 纪录片的纪实特点刍议
作者：王　星
淄博淄川广电局

新闻业务

一等奖（8件）

1. 政府信息公开与新闻价值回归
作者：孙茜云
山东人民广播电台
2. 论“独播剧”时代电视经营理念创新
作者：李世成　张淑玲
日照广电局
3. 从帮扶视角看灾难报道的有效传播
作者：张国强　郭君荟
山东有线电视中心
4. 从“行风热线”看媒体合作
作者：姜自敏
临沂广电局
5. 草根新闻的表彰功能
作者：马　良　张　晨
青岛广电局
6. 突发灾难面前凸显广播的力量
作者：刘晓琳
山东人民广播电台
7. 地面频道旅游节目的品牌之路
作者：彭金棣　唐永强
山东电视台
8．民生新闻的另一种姿态
作者：廖　亮
山东电视台

二等奖（16件）

1. 谈广播新闻创优参评作品的打假
作者：马　斌
济南广电局
2. 城市电台新闻频道的品牌战略
作者：郭绍武　李洪伟

济南广电局

3. 鉴宝类节目现状与发展刍议
作者：杜玉松　郭延彬
山东省广电局

4. 新闻事实、新闻真实与法律事实
作者：鲍春晖
山东电视台

5. 从广播民生新闻到公共新闻的发展道路
作者：武　莉
山东人民广播电台

6. 电视法制节目要强化五种意识
作者：季　桦
山东电视台

7. 农业节目发展理念探究
作者：赵洪明
潍坊广电局

8. 浅议如何履行好舆论监督的责任
作者：王永枝
淄博广电局

9. 个性与共性共存的时代
作者：陆　楠
山东人民广播电台

10. 从《直播威海》看电视新闻的故事化
作者：王凯波
威海广电局

11. 新闻故事化的表现手法
作者：蒋　伟
山东人民广播电台

12. 浅谈广播新闻的采访与编辑艺术
作者：陈　岭
济南广电局

13. 浅谈广播电视节目低俗化现象
作者：王　娟
山东人民广播电台

14. 网络媒体在构建和谐社会中的作用
作者：王　瑶　韩丽楠　朱　凯
青岛广电局

15. 媒介素养与媒体的社会责任
作者：徐　文
烟台广电局

16. 浅谈电视民生新闻的公信力
作者：张　鹏
济南广电局

三等奖（18 件）

1. 批评报道中情感原则的把握
作者：郑兆富
济南广电局

2. 电视娱乐性纪录片的采制
作者：王　文
济南广电局

3. 民生新闻的力量
作者：赵　卫
聊城广电局

4. 论提高广播音响的“可视性”
作者：许　颖
烟台广电局

5. 记者新闻敏感性及培养
作者：赵艳霞
德州临邑广电局

6. 新闻媒体公信度遭遇挑战
作者：程　琛
聊城广电局

7. 发挥广播媒体“互动”的舆论引导功能
作者：闫红伟　纪晓芹　杨　宁
临沂广电局

8. 浅议节目主持人的专业化趋势
作者：吕　萍
淄博广电局

9. 试品广电报新闻报道的三种“味道”
作者：刘　文
菏泽广电局

10. 录音细节的处理与运用
作者：吕　莉
枣庄广电局

11. 电影胶片效果的实现方法
作者：程相升
菏泽广电局
12. 方言电视节目刍议
作者：闫德发　陆文杰
青岛即墨广电局
13. 浅析新闻标题的制作
作者：李　燕
临沂临沭广电局
14. 舆论监督的新闻使命考量
作者：耿孝智
青岛胶州广电局
15. 如何强化电视亲和力
作者：耿孝智
青岛胶州广电局
16. 新闻背景材料的运用
作者：李　燕
临沂临沭广电局
17. 浅议谈话节目主持人“听”和“问”的准确把握
作者：臧建春
烟台莱阳广电局
18. 浅论打造广播民生栏目
作者：裴蓓　邱彦涛　李业国
烟台广电局

决策与管理、其他论文

一等奖（3件）

1. 论广播电视精细化管理
作者：钟耕民
潍坊广电局
2. 浅谈电视媒体活动营销的特点和策略
作者：魏　颖
山东电视台
3. 打造电视媒体星期八——齐鲁电视台线下活动的创新实践
作者：付煜冬
山东电视台

二等奖（7件）

1. 省级广播的竞争态势与发展战略研究
作者：徐　晖　刘丹青　单　晶
山东人民广播电台
2. 大众投资时代经济广播的突围方向
作者：张新刚
山东人民广播电台
3. 论省级卫视节目编排策略的创新
作者：许　振
山东电视台
4. 对电视频道专业化的理性思考
作者：李世成　黄伟　亓永慧
日照广电局
5. 大地震催化媒体新时代
作者：曲秀锦
山东有线电视中心
6. 基层广播：挑战、机遇与对策
作者：刘相仕
临沂广电局
7. 品质决定未来——谈高端电视节目的生存与发展
作者：张　煜
山东有线电视中心

三等奖（8件）

1. 论广播电视报的伴随经营策略
作者：张　越　程　鹏
山东广播电视报社
2. 20世纪广告传播的历史发展及其模式研究
作者：姜小燕
山东人民广播电台
3. 经营的创新新性
作者：周　建

淄博广电局

4. 电视频道专业化的思考

作者：王统计

临沂广电局

5. 加强节目策划　拓展收听市场　提高创收能力

作者：代永娟　祁学东　刘连英

聊城广电局

6. 浅谈电视媒体的文化追求

作者：臧建文

青岛城阳广电局

7. 短信平台在电台中的应用催化广播节目的新生

作者：汤　璐

威海广电局

8. 县级电视台节目如何在夹缝中求生存

作者：段元波　马付成

临沂沂水广电局

播音与主持

一等奖（3件）

1. 从主持人的理念和素质谈如何办好电视谈话节目

作者：袁小冬

济南广电局

2. 论幽默在广播电视节目主持中的作用

作者：许　雁

山东人民广播电台

3. 把握与听众的距离

作者：张红梅　王幼文

烟台广电局

二等奖（5件）

1. 用心播音　用情感人——谈新闻播音中的情感把握

作者：罗家启

潍坊广电局

2. 试论广播新闻节目主持人的语言表达与应变思维

作者：齐志敏

济南广电局

3. 电视主持人发展前景瞻望

作者：柳柽楠

青岛广电局

4. 浅议广播节目主持人的话语互动意识

作者：刘玉婷

潍坊广电局

5. 绘画、音乐、节目主持

作者：李　泊

山东人民广播电台

三等奖（6件）

1. 也谈“说新闻”

作者：王学玮

山东人民广播电台

2. 彰显民生新闻中的主持人特色

作者：孙海燕

烟台广电局

3. 浅谈电视节目主持人的个性化

作者：高　原

淄博广电局

4. 广播音乐节目主持人的语言艺术

作者：胡　霞　肖辉馨

济南广电局

5. 浅议主持人怎样节目构思

作者：李英梅　李德瑛

烟台广电局

6. 做好广播音乐节目的几点要素

作者：付　荣　李　琳

山东人民广播电台

2008年度全省广播文艺、广播剧奖获奖作品名单

广播文艺

音乐节目

一等奖（2件）

1. 金声玉振——谭盾解读北京奥运颁奖音乐
   作者：郑　晋　赵曲谱　孔笑笑　庄　涛
   山东人民广播电台
2. 我不老，因为我的音乐还活着——陈刚印象
   作者：鲍茜茹　高　健　吕庆华　宋劲彬
   济南人民广播电台

二等奖（4件）

1. 第一个喊出“中国不哭”的人
   作者：刘勤萍　刘　阔
   烟台人民广播电台
2. 红旗颂
   作者：方　圆　张莉莎　翁亚明
   青岛人民广播电台
3. 肥城之恋
   作者：耿海燕　宿婷婷　鲍　蕾　杨　梅
   泰安人民广播电台
4. 似水流年三十载
   作者：李佳　李　菁　马丽雅　郭荣杉
   山东人民广播电台

三等奖（4件）

1. 美丽新民谣
   作者：郑　杰　韩　瑛
   淄博人民广播电台
2. 《雪冬音乐播客》之星星点灯
   聊城人民广播电台
   作者：祁学东　刘艳辉　吴　周　周　静
3. 古韵悠悠长　琴色迭迭香
   烟台人民广播电台
   作者：许鲁革　裴　蓓　郑　云　曲泽昆
4. 美丽的草原我的家
   作者：冯贵洲　殷宪微　韩业梅　童　怡
   枣庄人民广播电台

文学节目

一等奖（2件）

1. 鹅塘村，一个诗人的乌托邦——徐俊国诗歌印象
   作者：栾春妮　刘程煜　赵永健　程海青
   青岛人民广播电台
2. 诗歌——激情迸发的光芒

作者：韩湘川　金海涛　张海涛　庄昊飞
山东人民广播电台

二等奖（3 件）

1. 写在中国的泪雨中
作者：刘勤萍　林　华
烟台人民广播电台
2. 精品欣赏——枫桥夜泊
聊城人民广播电台
作者：刘艳辉　张　鹏　刘景帅　武晓静
3. 济南名士，齐鲁乡贤——献给荣获新时期山东形象大使的季羡林先生
作者：胡　霞　王元泰　魏　华　黄　晨
济南人民广播电台

三等奖（4 件）

1. 穿越海峡的对话
作者：吕　莉　满　晴　王　敏　张大为
枣庄人民广播电台
2. 让爱托起希望
作者：郝　峰　韩　玉　汪　洋　刘晓莉
淄博人民广播电台
3. 千古绝唱——苏轼密州词
潍坊人民广播电台
作者：马永安　张爱莲　孟庆文　赵　鹏
4. 小人物的大感觉
泰安人民广播电台
作者：潘俊旗　许维国　程欣欣　徐微言

戏曲、曲艺节目

一等奖（2 件）

1. 竹板声声伴我行
作者：张　先　连　伟　东　风　天　红
山东人民广播电台
2. 漫话京剧舞台上的姚期
作者：刘智璞　黄　和　张文玲　丁孝语
青岛人民广播电台

二等奖（4 件）

1. 再弹“我心爱的土琵琶”
作者：俞青青　李芳妍　王连成　王　颖
山东人民广播电台
2. 杂谈贯口
作者：隋肖月　董有民　王　宁　班昌林
枣庄人民广播电台
3. 守望国粹
作者：李　卉　衣晓莺　魏　华　黄　晨
济南人民广播电台
4. 小剧种　大舞台
作者：魏守锦　黄陈辰　高　翔　王　晶
淄博人民广播电台

三等奖（2 件）

1.《开心茶馆》奥运剧场
作者：程　蓓　肖　琳　郑士观　于大钧
临沂人民广播电台
2. 京腔京韵总关情
作者：孙云飞　赵新生　纪栋虹
东营人民广播电台

长篇连播

一等奖（1 件）

1. 闯关东
作者：尚焕霞　李芳妍　杨朝霞　胡　洁
山东人民广播电台

二等奖（2件）

1. 旭氏家族的女人们
作者：赵　兰　周爱民　李　学　项　宁
德州人民广播电台
2. 红日
作者：王增金　梁君民　段文君　刘玉婷
潍坊人民广播电台

三等奖（2件）

1. 折翅的雄鹰
作者：冯贵洲　殷宪微　栗　静　李　璐
枣庄人民广播电台
2. 团市委书记
作者：刘　舒　李之岩　李依蔚　滕丽萍
日照人民广播电台

综艺节目

一等奖（2件）

1. 八一军旗在这里升起
作者：李　菁　蒋　倩　李　佳　郭荣杉
山东人民广播电台
2. 梅兰芳
作者：王　宁　班昌林　侯　波　刘　宏
枣庄人民广播电台

二等奖（3件）

1. 唱响奥运、唱响奥帆——2008第四届奥帆歌曲征集评选颁奖晚会
作者：汪　宁　吕　革　夏文涛
青岛人民广播电台
2. 丁嘉丽：舞台寻梦　演艺人生
作者：刘文浩　周希芝　刘国红　辛　铭
德州宁津人民广播电台
3. 诗祭
作者：刘勤萍　迟　鲲
烟台人民广播电台

三等奖（4件）

1. 电影录音剪辑《非诚勿扰》
作者：刘　玲　路　姗　李　斌　史继磊
淄博人民广播电台
2. 辉煌岁月——纪念济南解放60周年文艺晚会
作者：魏　华　衣晓莺　董　建　于小杉
济南人民广播电台
3. 欢天喜地过大年
作者：刘　萍　季相卫　张海燕　杨　东
临沂人民广播电台
4. 亲历国殇　共抗强灾——援川记者杨砚波手记
作者：王红月　王　辉　汤　璐　李　斌
威海人民广播电台

优秀栏目

1. 戏迷大擂台
作者：李芳妍　杨朝霞　俞青青　马　倩　李　娟　王　颖
山东人民广播电台
2. 音乐双双飞
作者：王　霖
青岛人民广播电台
3. 我爱音乐剧
作者：包　毅　郑　云　许鲁革　谢　鲁
烟台人民广播电台
4. 追梦
作者：邢　飞　杨雪萍　吴　皓　张　彤　张同柱
威海人民广播电台
5. 聆听老歌

作者：衣晓莺　魏　华　李　卉　黄　晨
济南人民广播电台

优秀原创歌曲

一等奖（3 件）

1. 祖国美
作者：高殿国　国　磊
淄博人民广播电台
2. 父母在　家就在
作者：李　菁　蒋　倩
山东人民广播电台
3. 妈妈，别哭
作者：邹智慧　白雁冰
威海人民广播电台

二等奖（4 件）

1. 可可西里
作者：夏文涛　仲　博
青岛人民广播电台
2. 邻里一家亲
作者：王建新　李　莉
东营人民广播电台
3. 威海滋味
作者：白雁冰　邹智慧
威海人民广播电台
4. 六十支红烛
作者：马　媛　李忠民
山东人民广播电台

三等奖（4 件）

1. 百家姓　中华情
作者：李　菁　蒋　倩
山东人民广播电台
2. 思念家乡黄河口
作者：王建新　李　莉
东营人民广播电台
3. 中国的春天
作者：路新玲　孙　钰
烟台人民广播电台
4. 爱的过去式
作者：李坤华　范　荔
枣庄人民广播电台

广播剧

单本剧

一等奖（1 件）

1. 泉城好人
作者：张　先　蒋　倩
山东人民广播电台

二等奖（2 件）

1. 方向
作者：刘勤萍　许鲁革
烟台人民广播电台
2. 母亲的心愿
作者：黑丽燕　杨婷婷
聊城人民广播电台

三等奖（2 件）

1. 妈妈，我回来了
作者：程　蓓　李高峰
临沂人民广播电台

2. 大爱描绘夕阳红
作者：吴秀成　贾丽娜
滨州沾化人民广播电台

连续剧

一等奖（1件）

1. 情满昆仑
作者：张　先　蒋　倩　于　峰　庄浩飞　刘瑞霞　李海燕
山东人民广播电台

二等奖（1件）

1. 特殊使命
作者：徐晓丽　闫　多　张文玲　程海青　王　玮　张相逢
青岛人民广播电台

三等奖（2件）

1. 闹市里，有一片湖泊
作者：郝东波　国　磊　高殿国　于　洁　赵立新　吴兆金
淄博人民广播电台

2. 超级辩手
作者：饶津发　王祥金　钟耕民　孟庆文　刘　彬　刘玉婷
潍坊人民广播电台

儿童剧

一等奖（1件）

1. 小猫盖的新房子
作者：王建妮
烟台人民广播电台

二等奖（1件）

1. 甜橙的味道
作者：魏　华　衣晓莺　雅　茹　胡　霞　李　卉　黄　晨
济南人民广播电台

三等奖（1件）

1. 一张假钞的故事
作者：许彤童　商明亮
淄博人民广播电台

2008年度全省播音与主持作品奖获奖名单

广播播音

一等奖（5件）

1. 走过旱码头
作者：隆　涛　陈　旸
淄博人民广播电台
2. 一组《山东新闻》
作者：吴　峰　李　康
山东人民广播电台

3.《日照东方》——黄金海岸
作者：王新伟　秦蔚明
日照人民广播电台
4. 咱当兵的人
作者：张晓东
山东人民广播电台
5. 世界冠军山东嫚
作者：胡　霞　杨　波
济南人民广播电台

二等奖（8 件）

1. 潍河散记
作者：张作强
高密人民广播电台
2. 激荡 2008——同担风雨　共赢辉煌
作者：傅　滨
青岛人民广播电台
3. 弟弟，天堂里可否有大学
作者：郑　鹏
邹城人民广播电台
4. 海魂——已故诗人刘昌庆大海系列作品赏析
作者：毕　光　王　艳
威海人民广播电台
5. 2008 年影响德州的十件大事
作者：李　萍　黄　健
德州人民广播电台
6. 无悔的选择
作者：刘玉婷　王增金
潍坊人民广播电台
7.《新闻早报》
作者：曲泽昆　梁红伟
烟台人民广播电台
8. 生死诺言
作者：杨继星
泰安人民广播电台

三等奖（9 件）

1. 爱与幸福同行
作者：黄　奇
日照人民广播电台
2. 无罪的谢罪者——日本老人山崎宏的传奇人生
作者：杨　波　徐　宁
济南人民广播电台
3. 千里之外温暖的家
作者：赵　莹
德州人民广播电台
4. 说聊斋话俚曲
作者：赵　亮　刘昕苑
山东人民广播电台
5. 城市文脉——济南的老房子
作者：许　雁　葛　然
山东人民广播电台
6. 一片冰心在玉壶——记临沂市青年作家鲁冰
作者：郑士观
临沂人民广播电台
7. 铁军骄子——不朽的丰碑
作者：齐　方　徐　宁
济南人民广播电台
8. 今日报道
作者：谢广伟　郑艳秋
枣庄人民广播电台
9. 王培元：为情感讴歌
作者：刘国红
宁津人民广播电台

广播主持

一等奖（4 件）

1. 我的奥林匹克记忆
作者：郑　晋

山东人民广播电台

2. 女人减压
作者：陈晓莉
济南人民广播电台

3. 爱心相伴，风雪同行——2008 除夕特别节目
作者：印彩霞　胡　蒙
山东人民广播电台

4. 爱心在延续——抢救生命的接力
作者：邱　磊
青岛人民广播电台

二等奖（7 件）

1. 如此流行
作者：李玉涵　王蓬辉
淄博人民广播电台

2. 持灯的使者——冯克利、许知远嘴对嘴见证一个心灵对另一个心灵的影响
作者：金小凤
山东人民广播电台

3. 今天我要表扬你
作者：林鸣鸣
威海人民广播电台

4. 最后的海草房
作者：张红梅
烟台人民广播电台

5.《行风在线》特别节目——说说心里话
作者：丁　薇
日照人民广播电台

6. 20 分钟寻车记
作者：刘　萍　李　辉
临沂人民广播电台

7. 刘敏热线之我的汽车有话说
作者：刘　敏
济南人民广播电台

三等奖（8 件）

1. 一定要记住我爱你
作者：马　媛
山东人民广播电台

2. 解放思想　青年当先——专访日照港集团翻车机司机娄志超
作者：李　洁
日照人民广播电台

3. 行风在线午间版——行风行动
作者：李永杰
潍坊人民广播电台

4. 诗祭侧记——我们有一个强大的祖国
作者：宿　旻
烟台人民广播电台

5. 记忆中的旋律
作者：刘　宏　袁　昕
枣庄人民广播电台

6. 天籁之音——恩雅
作者：武晓静
聊城人民广播电台

7. 一路同行
作者：庄　墅
邹城人民广播电台

8. 打击医托
作者：翟海珍
菏泽人民广播电台

电视播音

一等奖（6 件）

1. 山东新闻联播
作者：毛　馨　陈　伟
山东电视台

2. 每日新闻
作者：翟树辉
山东电视台

3. 求索2008
作者：单　云
青岛电视台
4. 爱涌泉城 援建北川——济南市抗震救灾特别节目
作者：闵乃新
济南电视台
5. 当生命进入倒计时
作者：潘　萍
日照电视台
6. 周村芯子
作者：高　原
淄博电视台

二等奖（9件）

1. 浴血夺城记
作者：郭幼鹏
济南电视台
2. 中国戏曲服饰意象展演——《大羽华裳》
作者：林　康
山东有线电视中心
3. 文化济南　动漫泉城
作者：赵　红　宋劲彬
济南电视台
4. 直播潍坊
作者：谭　稳
潍坊电视台
5. 体育晚报
作者：张　琦
山东电视台
6. 江南印记——乌镇
作者：袁　静
山东有线电视中心
7. 激扬书画看高唐
作者：王新红
聊城高唐电视台
8. 改革开放齐鲁行特别报道——宁津小木匠打出大产业
作者：周　诺
山东电视台
9. 德州新闻
作者：潘　颖
德州电视台

三等奖（13件）

1. 潍县战役
作者：王增金
潍坊电视台
2. 日照新闻
作者：张玉雪
日照电视台
3. 铁骨柔肠——沈钧儒
作者：董　静
青岛电视台
4. 泰安新闻
作者：马　腾
泰安电视台
5. 新闻直通车
作者：吴　桐
烟台电视台
6. 古城追忆之运河老人
作者：徐　峰
枣庄电视台
7. 十八万元赔偿金的背后
作者：陈　旺
青岛电视台
8. 电视散文《追寻》
作者：汲广玲
临沂罗庄区电视台
9. 淄博新闻
作者：成　林　杨　洁
淄博电视台
10. 威海新闻
威海电视台

作者：宋奕佳 高伟华

11. 记着老百姓——东营市市直机关第十四批下派工作纪实
作者：刘　玮　陈　亮
东营电视台

12. 滨州新闻
作者：刘　徽
滨州电视台

13. 水路桥的故事
作者：邱广民
聊城电视台

电视主持

一等奖（5件）

1. 孕妇之死
山东电视台
作者：纪鸿章

2. 众虎同心——电视剧《八兄弟》见面会
作者：辛　凯
山东有线电视中心

3. 用火炬传递爱心——有么说么故事会特别节目
作者：海　沫
济南电视台

4. 今日扬帆——月明跑赛场
作者：朱月明
青岛电视台

5. 天地同歌——威海广播电视台喜迎国庆暨庆祝人居生活频道开播文艺晚会
作者：田燕 高伟华
威海电视台

二等奖（9件）

1.《直播潍坊》特别节目——铭记2008（奥运篇）
作者：贺秋实
潍坊电视台

2.《超级运动会》走进青岛和校园
作者：王真洁
山东有线电视中心

3.《今晚20分》特别节目奥运火炬济南传递综合报道
作者：毛　蕾
济南电视台

4. 走向成功的人生——傅佩荣专访
作者：张　递
山东电视台

5. 情迷五音戏
作者：霍小语
淄博电视台

6. 命案审结后的诉讼
青岛电视台
作者：李　黎

7.《乡村季风》特别节目——直通菜博会
作者：邓　云
山东电视台

8. 新闻直通车——《社会广角》
作者：王　术
烟台电视台

9. 和谐消费　责任如山
作者：苑晓光
枣庄电视台

三等奖（12件）

1. 祥云圣火齐鲁风——北京奥运火炬山东传递特别节目
作者：李　源
济南电视台

2. 山东快书英雄会特别节目《万人雨中迎奥运》
作者：周雪飞　李晓霞
济南电视台

3. 阳光快车道
作者：焉　冰

山东电视台
4. 支书和他的村庄
作者：倪　欣
青岛电视台
5. 直播民生
作者：闫　虹
济宁电视台
6. 现代《墙头记》
作者：杨国清
威海电视台
7. 我是你的妻
作者：王晓雪
泰安电视台
8. 临沂电视台经典动画配音大赛颁奖典礼
作者：张　洁　胡大海
临沂电视台
9. 农村社区里的幸福事儿
作者：刘　青
诸城电视台
10. 2007感动淄博年度人物颁奖典礼
作者：公培新　梅　颖
淄博电视台
11. 社会零距离
作者：戴　慧
日照电视台
12.《生活向导》284期
作者：吕　婵
德州宁津电视台

山东省第二十届电视艺术“牡丹奖”获奖名单

电视剧类

长篇电视连续剧

特等奖

1. 闯关东
山东电影电视剧制作中心
大连电视台

一等奖

1. 红灯记
山东电影电视剧制作中心
枣庄电视台
山东天麦文化传播有限公司

二等奖

1. 警中警Ⅱ
山东电影电视剧制作中心
山东省辉煌世纪影视文化有限公司
黑龙江电影电视剧制作中心
黑龙江省公安厅
2. 海上传奇
青岛电视台(青岛广电影视有限责任公司)
北京中天嘉德影视文化传播有限公司
3. 东游记(神话皮影剧)

泰安电视台

中篇电视连续剧

二等奖

1. 岛城故事
   北京子璇影视文化有限公司
   青岛电视台

单本电视剧

一等奖

1. 绿满山乡
   山东电影电视剧制作中心
   山东电影制片厂
   前轮影视工作室

二等奖

1. 拾金不昧（《非常公寓》）
   烟台广播电视台电视中心
   烟台糖果文化传播公司
2. 古镇恩仇
   潍坊电视台
   北京时代影音娱乐有限公司

短剧、小品

一等奖

1. 谁给我第二次生命
   济南电视台
2. 和前妻谈恋爱
   山东电视台齐鲁频道
3. 喜子外传系列剧
   济宁电视台

二等奖

1. 红手帕的秘密
   济南电视台
2. 烛光晚餐
   北京子璇影视文化有限公司
   青岛电视台
3. 阿 G 正传
   山东电视台齐鲁频道

三等奖

1. 鉴
   枣庄电视台
2. 柳家喜事
   济南电视台
3. 我想飞
   淄博电视台
4. 幺都馆
   山东有线电视中心
   山东龙视国际文化传媒有限公司

电视文学

一等奖

1. 碗
   青岛电视台
2. 时代歌手赤子情怀——王学军和他的诗
   滨州电视台

二等奖

1. 东海神韵
   东营电视台
2. 天鹅海
   烟台电视台

三等奖

1. 齐都遐想
   淄博电视台
2. 山与海的诉说
   烟台电视台

电视文艺类

综艺晚会

一等奖

1.《HAPPY 中国年——2008 全球华人网络春节联欢晚会》
山东有线电视中心

2.《欢乐新农村》山东电视台首届农民春节晚会
山东电视台

3.《盛世欢歌奥运年》——2008 青岛市春节文艺晚会
青岛电视台

4. 姹紫嫣红中国年 2008 十城市新春晚会
济南电视台
广州电视台
上海东方卫视
成都电视台
武汉电视台
昆明电视台
沈阳电视台
西安电视台
合肥电视台
长春电视台

5. 科学发展 共建家园——2008 山东军民春节联欢晚会
山东电视台

6. 和谐水城
聊城电视台
聊城市人民医院

7.“商业银行之夜”威海电视台 2008 年春节联欢晚会
威海市广播电视台

8. 淄博市 2008 咱老百姓的春节晚会
淄博电视台

9. 2008 商行之春——日照春节晚会
日照广播电视台

10. 可爱的东营——2008 东营春节电视文艺晚会
东营电视台

11.《和风吹来万里春》2008 春晚
烟台电视台

二等奖

1.“老少同乐贺新春”春节联欢晚会
山东电视台

2. 2008 春节联欢晚会
潍坊电视台

3.“春满花城”2008 菏泽市春节联欢晚会
菏泽电视台

4. 和谐滨州满眼春 2008 年滨州电视台春晚
滨州电视台

5. 枣庄市 2008 年春节文艺晚会
枣庄电视台

直播节目

一等奖

1.《2007 齐鲁之星》炫亮星秀场决赛
山东电视台齐鲁频道

2. 曲山艺海震江湖颁奖典礼
济南电视台
中国曲艺家协会

3. 山东省第十九届 电视艺术“牡丹奖”颁奖盛典
山东省电视艺术家协会
山东有线电视中心
东营广播电视局

4. 第二届演艺界十大孝子颁奖典礼
中国社会科学院慈孝活动组委会
中国伦理学会
山东省电视台
5.《魅力青岛》魅力2008帆船之都微笑大使电视大赛
青岛电视台
6. 景阳冈酒杯水城新主播决赛
聊城电视台
7. 全国校园金话筒主持人大赛山东赛区决赛（大学组）
潍坊电视台

二等奖

1. 2007亚洲小姐竞选 中国内地赛区总决赛
山东有线电视中心
香港亚洲电视台
2.“好运北京”2007中国石化青岛国际帆船赛开幕式
青岛电视台
3.《阳光快车道》五·一特别节目《五·一老少乐翻天》
山东电视台
4. 新山东　新跨越——喜迎十七大庆国庆五十八周年文艺晚会
山东电视台
5. 第八届CCTV模特电视大赛山东赛区总决赛
山东电视台
6. 第四届中国新闻摄影“金镜头”颁奖晚会
日照广播电视台

三等奖

1. 花好月圆——2007中秋晚会
山东电视台
2. QTV社区大舞台——平安青岛 平安奥运“119”消防专题文艺节目
青岛电视台
3. 盛世颂和谐——七·一晚会
中共济南市委宣传部
济南市文化局
济南电视台
4. 曲山艺海震江湖总决赛
济南电视台
中国曲艺家协会
5.《2007齐鲁之星》华东六省电视主持新人赛决赛
山东电视台齐鲁频道
6.《娱乐星天地》——首届泳装沙滩装大赛复赛
临沂电视台
7. 淄博市建团85周年文艺晚会
淄博团市委
淄博电视台
8. 全球通百佳水城文明市民颁奖晚会
聊城电视台
聊城市委宣传部文明办

专题文艺节目

一等奖

1.《闯关东》特别节目——《回娘家》
中央电视台
山东省电视台
2.“凝聚人道力量，共建和谐社会”大型公益群星演唱会
山东电视台齐鲁频道
3. 中华人民共和国第十一届运动会会徽发布仪式
中华人民共和国第十一届运动会组委会
山东电视台
4. 我们的节目——《直播临沂》推介晚会
临沂电视台
5.《欢聚一堂》——喜迎十七大欢庆重阳节文艺晚会
胜利油田广播电视中心

胜利石油管理局老年管理中心

6.“延青杯”山东省第十届青年歌手电视大赛聊城赛区总决赛

聊城电视台

7. 26期《锦绣梨园》

菏泽电视台

8. 2007“感动泰安”颁奖晚会

泰安电视台

二等奖

1. 首届济南市百姓喜爱的十佳公安民警颁奖晚会

济南电视台

济南市公安局

2.《2007齐鲁之星》舞林至尊舞蹈大赛决赛

山东省电视台齐鲁频道

3. 联盟歌会

山东省电视台

4. 与祖国同奋进　与聊城同发展

聊城电视台

共青团聊城市委

5.《情满六月》——2007慈善月主题晚会

威海市广播电视台

6.《激情黄河口》第三届黄河国际论坛暨首届黄河口旅游文化博览会主题晚会

东营电视台

7. 2007感动淄博年度人物颁奖典礼

淄博市委宣传部

淄博电视台

三等奖

1. 风云新人大赛济南演唱会

济南电视台

北京光线传媒

2. 奉献之歌 —— 纪念毛泽东同志《在延安文艺座谈会上的讲话》发表65周年群众歌咏会

山东电视台

3.“平安365”——山东“119”消防宣传大型演出

山东电视台

山东省公安消防总队

4. 星耀聊斋　唱响山东

山东有线电视中心

5. 2007菏泽市道德模范颁奖典礼

菏泽市广播电视局

6.“舞动中华”全国群众舞蹈展演活动淄博赛区暨淄博第五届舞蹈大赛

淄博电视台

7.《同一片蓝天》潍坊市优秀残疾人运动员颁奖晚会

潍坊电视台

8.《欢庆 · 和谐 · 繁荣》2008年元旦歌舞晚会

威海市广播电视台

9.《欢乐时空》——庆“五 · 一”晚会

临沂电视台

10.“梨风新韵”2008菏泽市元旦戏曲晚会

菏泽广播电视局

11.《慈善之光》文艺晚会

泰安电视台

泰安市慈善总会

12. 相约威海2006年中国人居环境奖暨中国威海国际建筑设计大赛颁奖晚会

威海广播电视台

13.“潍坊市十大政法干警”颁奖典礼

潍坊电视台

14.“中国网通杯”创建平安畅通县区交通安全知识大赛颁奖晚会

聊城电视台

15.《欢乐时空》——临沂市首届万人K歌大赛颁奖晚会

临沂电视台

纪录片

一等奖

1. 杨子荣传奇
山东电视台
2. 崂山道士
青岛电视台
崂山广播电视中心
3. 海的翅膀
青岛电视台
4. 爱的接力
滨州电视台
5. 水路桥的故事
聊城电视台
6. 英魂
德州电视台
7. 国家博物馆副馆长的艺术人生
枣庄电视台
8. 金牌情
日照广播电视台
9. 老人与狗
聊城电视台
中央电视台
10. 孙黎和他的艺术生活
烟台电视台
山东省电视台齐鲁频道
11. 快乐的心
莱芜电视台

二等奖

1. 竹影无声 · 任继愈
山东电视台
2. 师者 · 持心若水——欧阳中石
山东电视台
3. 琴弦上的耕耘者
烟台电视台
4. 木板年画
聊城电视台
5. 中海——滨州大地上一颗璀璨明珠
滨州电视台
6. 花开有声
德州电视台

三等奖

1. 追梦
济南电视台
2. 我要上学
青岛电视台
3. 巧云
山东电视台
山东省慈善总会
4. 生死擂琴梦
济南电视台
5. 城市的风没有方向——岛城新锐诗人纪实
青岛电视台
6. 石雕艺人
枣庄电视台
7. 好孩子 坏孩子
德州电视台
8. 为古老的爱情作证
淄博电视台
9. 巧手塑人生
聊城电视台
10.《日照纪事》——求证五千年
日照广播电视台
11. 我的爸爸
枣庄电视台
12. 老人 · 老街 · 老手艺
聊城电视台
13. 翰墨留香
济宁电视台
14.《日照纪事》——让太阳微笑的歌
日照广播电视台
15. 水城吹来的轮滑风

聊城电视台

16. 东昌葫芦雕刻

聊城电视台

17. 沧海籍藏海

日照广播电视台

娱乐类栏目

一等奖

1. 派对

山东有线电视中心

2.《天下无双》第五季决赛

山东电视台齐鲁频道

二等奖

1. 小冬夜沙龙

济南电视台

2.《综艺满天星》“唱响主旋律”济南海选

山东有线电视中心

3. 唱红德州

德州电视台

4. 幸运部落格

聊城电视台

三等奖

1.《我型我 show》青岛区招募

青岛电视台

2. 明星大舞台 33 期

聊城电视台

3.《领秀任我行》歌王大赛颁奖晚会

泰安电视台

4. 13 期《锦绣梨园》

菏泽电视台

文化栏目

一等奖

1. 肥比寻常

山东电视台齐鲁频道

2. 泉水人家——遍插红旗迎奥运

济南电视台

3. 电视画廊

聊城电视台

二等奖

1. 古刹寻踪

山东电视台

山东济南灵岩寺风景名胜区管理委员会

2. 大开眼界

枣庄电视台

3. 文体大舞台

日照广播电视台

三等奖

1. 话说青岛

青岛电视台

2. 有一说一 · 陋习排行榜

济南电视台

3.《非常精彩》——李宗盛经典金曲专辑

临沂电视台

4. 生活才艺秀

莱芜电视台

谈话类节目

一等奖

1. 情系——《甜蜜蜜》见面会

山东有线电视中心

2.《红灯闪亮四十年》——电视剧《红灯记》

特别节目

山东有线电视中心
3.《情感驿站》春节特别节目“回家”
青岛电视台
4.《粉丝大派送》谢霆锋《咏春》见面会
山东电视台齐鲁频道

二等奖

1. 泉城夜话
济南电视台
2. 理冰访谈
青岛电视台
3.《走向成功的人生》——傅佩荣专访
山东电视台
4. 筱佩珠的艺术人生
聊城电视台

三等奖

1.《电广互动》特别节目——《老马说年》
威海市广播电视台

MTV

一等奖

1. 农民工之歌
山东电视台齐鲁频道
2. 欢迎你到东营来
山东有线电视中心
3. 漫步人生路
聊城电视台

二等奖

1. 青岛，我的爱
青岛电视台
2. 领航中国
中国人民解放军总政治歌舞团
威海电视台
3. 立交桥
淄博电视台
4. 我是冠军我领袖
泰安电视台

三等奖

1. 诺言
济南电视台
济南市公安局
2. 看电视
山东有线电视中心
3. 水城好去处
聊城电视台
聊城市公安局宣传处
4. 幸福海岸
威海电视台
5. 敬仰英雄
德州电视台
6. 发财发福中国年
聊城电视台
7. 帮助别人　快乐自己
烟台电视台
烟台慈善总会

动漫节目

一等奖

1. 娱乐双响炮
山东龙视传媒文化有限公司
济南蓝点传媒有限公司
2. 群星贺新春
山东电视台齐鲁频道

二等奖

1. 你是什么客
烟台电视台
烟台盛世魔方动画制作有限公司

少儿节目

一等奖

1. 和平颂——第八届中国蓬莱“和平颂”国际青少年文化艺术盛典开幕式文艺晚会
   山东电视台
2. 阳光快车道
   山东电视台
3.《快乐宝贝》正月十五闹花灯
   东营电视台
4. 七彩大本营
   济宁电视台

二等奖

1. 奶油森林
   济南电视台
2. 校园风
   青岛电视台
3.“爱在阳光下”六·一慈善晚会
   山东电视台
4. 我心中的小白帆
   青岛电视台
   青岛小白帆影视文化传播有限公司
5.《欢腾的年画——欢畅 2008》——威海电视台首届少儿春节联欢晚会
   威海市电视台
6. 2008 淄博市首届少年儿童春节联欢晚会
   淄博电视台
7. 第九届少儿才艺大赛颁奖晚会
   潍坊电视台

三等奖

1. 2007 中国——济南国际儿童联欢节暨儿童用品博览会闭幕式联欢晚会
   济南电视台
2. 同在阳光下——纪念《成长》栏目开播 2 周年暨“六·一”文艺晚会
   枣庄电视台
3. 花开的声音 ——《快乐宝贝》开播八周年回顾与展望
   东营电视台
4. 今天我上镜：功夫小子
   烟台广播电视台
5. 七重门——梅蒂亚少年艺术团原创舞蹈专场
   枣庄电视台

公益广告

一等奖

1. 以辛勤劳动为荣——蚂蚁篇
   潍坊电视台
2. 全民健身迎奥运
   泰安广播电视局
3. 中国人诚信结邦
   临沂电视台

二等奖

1.《帮助一名老师就等于帮助许多需要知识的孩子》之一
   山东电视台
2. 迎和谐会运　建美丽泉城
   济南电视台
3. 义务支教
   山东电视台齐鲁频道
4.“8 分钟”
   莱芜电视台
5. 团结友爱　和谐相处
   潍坊电视台
6. 迎奥运增强全民体质从娃娃抓起
   枣庄电视台
7. 追寻绿色
   淄博电视台

三等奖

1. 执政为民
   德州电视台
2. 关注农民工职业健康
   枣庄电视台
3. 法在身边
   菏泽市广播电视局
4. 捐资助学
   菏泽市广播电视局

形象广告

一等奖

1. 心随帆动——青岛电视台08版形象广告
   青岛电视台
2. 《曲山艺海震江湖》形象宣传片
   济南电视台
3. 《泉迎天下客》形象广告
   济南电视台
4. 《新聊斋》宣传片
   山东电视台齐鲁频道
5. 居家购物笑客篇
   山东有线电视中心
   山东广电数字传媒发展有限公司
6. 《婷婷追风记》主持人形象宣传片
   山东有线电视中心
7. 2007年枣庄市城市形象宣传片
   枣庄电视台
8. 魅力：潍坊，走向世界
   潍坊电视台
9. 水木清华 我的家
   聊城电视台
10. 用镜头记录历史——陶瓷名城淄博
    淄博电视台

二等奖

1. 中国青岛
   青岛电视台
2. 春天 到泉城来吧
   济南电视台
3. 《正在进行》栏目宣传片
   济南电视台
4. 观风、听潮、品味悠远
   山东电视台
   威海刘公岛管理委员会
5. 《派对》宣传片《三世情缘》
   山东有线电视中心
6. 《我爱“牡丹奖”》宣传片
   山东有线电视中心
7. 《生活帮》宣传片
   山东有线电视中心
8. 非物质文化遗产《东阿阿胶》宣传片
   聊城电视台
9. 《直播临沂》形象广告
   临沂电视台
10. 休闲度假之旅——原山国家森林公园
    淄博电视台
11. 红叶谷山庄
    威海市广播电视台
12. 东营电视台第二频道形象广告
    东营电视台
13. 城市宣传片
    聊城电视台
14. 科教 · 都市频道主持人贺岁
    日照广播电视台

三等奖

1. 橙色影视　快乐生活
   济南电视台
2. 《梦想舞台》宣传片
   山东电视台齐鲁频道
3. 综艺频道形象宣传片
   山东有线电视中心
4. 《日照广播电视报》改版
   日照广播电视台

5.《德与法》推介
日照广播电视台
6.《第一地产》宣传片
淄博电视台
7. 东营电视台图文资讯频道形象广告（14" 版本）
东营电视台
8. 东营电视台图文资讯频道形象广告（40" 版本）
东营电视台
9. 恭贺新春
聊城电视台
10. 洁白的世界　火红的生活
聊城电视台

经济广告

一等奖

1. 牡丹亭酒
荷泽市广播电视局
2. 中润华侨城广告
淄博电视台
3. 金东阿王酒
聊城电视台

二等奖

1. 怡宝矿泉水
淄博电视台
2. 慕德啤酒
聊城电视台
3. 乾隆杯天赐龙吟酒
潍坊电视台
4. 惠尔厨房
日照广播电视台

三等奖

1. 东升地毯
日照广播电视台
2. 强恕堂
淄博电视台
山东黄河龙集团有限公司
3. 碧生源——轻松每一天
淄博电视台
4.《归一有机肽奶》
菏泽市广播电视局
5. 鹤牌农膜
聊城电视台

单项奖

电视剧类

最佳导演奖：张新建（《闯关东》）
最佳摄像奖：王　滨（《闯关东》）
最佳发型设计奖：陈敏政（《闯关东》）
最佳制片奖：侯鸿亮（《闯关东》）
丁丽莎（《红灯记》）
最佳剪辑奖：吴雪松（《闯关东》）

电视文艺类

最佳导演：张　健（中华人民共和国第十一届运动会会徽发布仪式）
最佳导演：王海燕（景阳冈酒杯水城新主播决赛最佳主持人）
最佳主持人：黄　辉（《情感驿站》春节特别节目"回家"、《盛世欢歌奥运年》——2008 青岛市春节文艺晚会）
最佳撰稿：隗　铜（《姹紫嫣红中国年 2008 十城市新春晚会》）
最佳美术：王海卫（《HAPPY 中国年——2008 全球华人网络春节联欢晚会》）
最佳摄像：空缺
最佳解说：空缺
最佳照明：空缺
最佳音响：空缺
最佳音乐：空缺

对香港、澳门、台湾的交流

对香港、澳门、台湾的交流

2008年对香港、澳门、台湾的交流

出　访

3月20日，由省委宣传部副部长徐向红带队，山东电视台台长韩国强等2人赴香港参加亚洲电视数字频道开播典礼，并会见亚视高层领导。

4月12日，山东电视台1人到香港进行节目交流。

7月10日，山东电视台总编辑祝丽华到香港进行文化交流。

7月13日，由青岛奥帆委和香港奥马公司联合主办，青岛市政府新闻办、香港亚洲电视、山东电视台、青岛电视台承办的“港岛互动 共推奥运——香港欢庆盛典”活动在香港亚洲电视大埔新电视大楼举行。中央人民政府驻香港特别行政区联络办公室副主任李刚，青岛市委常委、统战部长、奥帆委常务副主席臧爱民，香港特别行政区民政事务局局长曾德成，国际奥委会委员、香港奥委会会长霍震霆，全国人大常委会香港特别行政区基本法委员会副主任、北京奥运村（残奥村）副村长、香港奥运村村长梁爱诗出席庆典活动。山东电视台总编辑祝丽华、青岛市委宣传部常务副部长吕振宇，青岛市广播电视局局长、台长楼树军出席庆典活动。

11月14日，山东省广播电视局产业发展部曹圣之到香港进行考察交流。

12月6日，山东电视台国际部主任于拓到香港进行考察交流。

来　访

1月11日，香港亚洲电视营运总裁何定钧一行访问山东，省委宣传部部长李群会见客人。作为内地唯一一家与香港亚视合作的省级电视媒体，山东电视台与香港亚视签署合作框架协议，就《美丽山东》、《天下父母》、《新杏坛》等栏目在亚视数字广播标清电视专业频道

播出达成意向。

5月15日，青岛市广播电视局副总编辑、电视台副台长何敬君会见了到青岛市考察的香港凤凰卫士流媒体中心总监黄晓燕女士一行。双方就电视相关合作事宜进行了交流。

6月23日，香港亚洲电视有限公司副总裁叶家宝、李锦雄一行考察青岛电视台，青岛市广播电视局局长、台长楼树军，局总编辑胡滨会见了客人。双方就奥运会期间电视节目合作、今后的节目交流和播出等合作事宜进行了交流。

对外交流

对外交流

出访

1月20日，山东有线电视中心主任王英到澳大利亚进行演出交流。

3月10日至3月21日，由青岛市委宣传部组织的“相约奥运 扬帆青岛”城市推介活动分别在南非共和国第二大城市约翰内斯堡和非洲岛国塞舌尔共和国成功举行。青岛市委常委、宣传部长王伟，南非奥林匹克组委会会长卡亚·马杰克，塞舌尔社区发展与文体青年部部长文森·特梅里顿出席推介活动，青岛市广播电视局局长、台长楼树军参加了推介活动。

4月1日至7日，应俄罗斯因法科姆邮箱责任公司邀请，山东电视台吕芃副台长等2人赴俄罗斯执行公务。

4月，山东电视台体育频道派出记者赴意大利、德国、西班牙、奥地利、俄罗斯和罗马尼亚进行深入采访。制作24集大型欧洲人文地理足球杂志节目《欧罗巴的春天》，为6月份的欧洲杯报道进行全面预热。

5月26日，山东电视台记者郭战江随中央宣传部组团到韩国进行文化交流。

5月26日，山东电影电视剧制作中心主任王汉平到韩国进行考察交流。

6月5日，山东电视台2人赴日本进行采访任务。

6月25日，山东省广播电视局办公室主任周盛阔到美国进行考察交流。

7月1日，山东电影电视剧制作中心艺术副总监赵冬苓到加拿大进行采访。

7月1日，山东电视台办公室主任黄宝福到加拿大进行考察交流。

7月25日，山东省广播电视局副局长魏绍水到美国进行考察交流。

9月10日至12日，应美国密苏里大学新闻学院邀请，齐鲁频道总监闫爱华前往美国参加密苏里大学新闻学院百年院庆活动。

10月13日，山东电视台1人随中国青年代表团到德国进行采访任务。

10月19日，山东广电传媒职业学院1人到日本进行考察交流。

10月26日，山东有线电视中心副主任王亚军到日本进行考察交流。

11月16日至23日，青岛市广播电视局副总编辑、电视台副台长何敬君带领青岛电视台考察团考察了日本东京大都会电视台，双方就进一步推动互访合作、扩大节目交流、相互协助采访、互派人员研修等问题达成一致意见。

11月17日，山东电视台和澳大利亚新一

代教育集团合作签约仪式在澳大利亚墨尔本举行。山东电视台办公室主任黄宝福等参加了签约仪式。

12月17日至26日，应阿根廷布宜诺斯艾利斯大学和智利华为公司的邀请，由潍坊市委宣传部长刘明珂带队，潍坊市广播电视局2人随潍坊市新闻媒体考察团赴阿根廷和智利进行考察。

来 访

2月底，美国麒麟电视台副董事长郝敬舫先生一行2人访问山东电视台，与韩国强台长就在北美麒麟电视播出平台开办山东电视国际频道的相关事宜交换了意见。

3月9日，日本专栏作家、经济评论家莫邦富考察青岛电视台，青岛市广播电视局副总编辑、电视台副台长何敬君会见了客人，双方就青岛电视台与东京大都会合作意向进行了洽谈交流。

4月11日，澳大利亚华文传媒国际峰会2008筹委会执行主席项翔考察青岛市广播电视局，青岛市广播电视局副总编辑、电视台副台长何敬君会见了客人并进行座谈。双方就电视节目合作的有关事宜进行了交流。

4月17日，委内瑞拉玻利瓦尔共和国人民政权电信和信息部技术代表团一行5人考察了青岛广电移动数字电视有限公司，听取了青岛移动数字电视地面发射系统、节目编辑等数套数字电视及广播发射系统等情况的介绍。青岛市广播电视局副局长潘盛国会见了客人并陪同考察。

5月5日至7日，日本东京大都会电视台编辑局次长兼报社制作部部长高桥尚宏，报道制作部副部长古贺久美子，日本专栏作家、经济评论家莫邦富一行考察青岛电视台，青岛市广播电视局局长楼树军，局副总编辑、电视台副台长何敬君会见了客人一行。双方就两台建立友好合作关系事宜进行了深入交流。

6月21日至26日，青岛市委宣传部、青岛市广播电视局举办了“境外媒体看青岛”大型电视采访活动。来自南非国家电视台、澳大利亚电视七台、日本东京大都会电视台、西班牙国家电视台、白俄罗斯国际电视二台、新加坡亚洲新闻台、瑞典电视四台等7家境外主流电视媒体相聚青岛，参加了青岛市政府新闻办公室、青岛电视台联合主办的为期6天的“境外媒体看青岛”大型电视采访活动。

8月18日，法国布雷斯特市市长弗朗索瓦·居扬德先生在奥运会帆船赛期间专程参观拜访了青岛电视台，青岛市广播电视局局长楼树军会见了弗朗索瓦·居扬德市长一行，介绍了青岛电视台发展和对外交流情况。双方就相关事项进行了友好交流。

10月6日至8日，美国多元文化传媒集团总裁刘恕先生一行3人对山东电视台进行了访问，韩国强台长、吕芃副台长会见客人并就加强双方在电视和网络媒体领域内的合作，签署了合作意向协议书。

10月6日至13日，韩国KBS全州放送应山东电视台邀请，专门派新闻部首席记者徐承信、摄影部次长郑钟培到山东采访拍摄以《西海岸时代的到来》为题的50分钟特别节目，并于10月23日在韩国KBS-2频道播出。

10月28日，英国驻华大使馆新闻处新闻副总监苏白瑞先生到山东电视台访问，同时偕英国汤姆森基金会高级媒体顾问约翰·普雷斯科特·托马斯举办“电视媒体的新发展”讲座。

12月1日，俄罗斯中经贸合作中心理事长萨纳科耶夫及俄罗斯“中国”频道总经理萨乌诗金·谢尔盖一行来访，山东省委宣传部部长李群、山东省新闻办公室主任黄泽存及局（台）领导刘长允、韩国强、祝丽华、吕芃参加了会见。韩国强台长代表山东电视台与俄罗斯“中国频道”签署了友好合作协议：山东电视台将在俄罗斯“中国频道”开办介绍山东的《天下齐鲁》栏目。

企业台站

企业台站

胜利油田广播电视中心概况

胜利油田广播电视中心位于东营市清河路17号，前身是胜利油田电视台，1976年经广电部和山东省广播电视厅批准成立。1987年确定胜利油田电视台为市（地）级电视台。1998年成立为胜利油田广播电视中心，设立二级党委，下设19个部室。现有职工252人。中心党委书记王光胜，中心主任谢修强。

广播电视中心现有23台摄像机、7套演播室专用摄像机。中心的节目制作、播出、存储系统，采用了先进的网络视频和媒资管理技术，基本实现了电视节目的采集、编辑、特技及合成、存储到播出的全程数字化、网络化。全年播出优良率达到98.9%以上，设备完好率保持在99.2%以上。

广电中心有线电视网络的覆盖范围逐年扩大，地跨黄河两岸，网联各大油区，网中传送140多套高质量的数字电视节目以及音频广播节目和其他多种信息。

广电中心设有《胜利油田新闻》、《新视点》、《新闻10分钟》等6个固定栏目。2008年广电中心采制、播出自办新闻8000多条、专题260多期、文艺晚会20场。

一、电视宣传水平不断提高

全年各项重大报道任务出色完成，电视新闻在引导舆论方面的能力不断得到提升。尤其是对于抗震救灾、北京奥运、双促主题活动、纪念改革开放30周年等重大事件的新闻报道，主题突出，形式新颖，正确引导了社会舆论，在油田上下形成了良好的舆论氛围。

深度报道有声势有力度，有力助推了油田各时期重大活动的深入开展。广泛采用组团式集中报道，增强了电视新闻的感染力。《胜利油田全力营救汶川地震被困职工脱险纪实》、《我眼中的奥运》、《新时期胜利人的楷模——代旭升》等作品获得省部级以上奖项，切实起到了引导舆论、传播信息、凝聚人心、振奋精神、推动工作的作用。

及时有序地在电视新闻报道中设置栏目。集中时间、集中时段，报道各单位在油田开展的各项活动的经验和做法，为各单位交流经验、互相借鉴、互相启发、推动工作搭建平台。全年开设栏目17个，从《回眸2007、展望2008》到《走向胜利 · 辉煌30年》，贯穿全年电视新闻报道工作，共制作系列报道30次近百集。涉及到60多家二级单位和油田各大系统，涵盖了各层次各方面的典型人物和事件。

新闻外宣工作质量和水平不断提高，重点突出，亮点频现。全年在中央台、中石化新闻和山东省台播出新闻216条；有10条新闻获得省部级以上奖项。

专题、文艺、周报、图文信息紧扣主旋律，栏目、节目、文章的品质、品格和品位不断提升。《奏响和谐发展的主旋律》、《胜利的根基》、《伟大的探索 · 胜利的实践》、《第二届感动胜利人物》等专题片，以及电视叙事诗《雕塑 · 红布绳》，紧密结合油田重大事件和重大活动，在思想性、艺术性的结合上下功夫，成为油田不同侧面的形象宣传片。电视周报加强了编前策划和版面细化的力度，成功改版，并出版了《奥运特刊》和纪念油田改革开放30周年两个珍藏版，提升了文化品位和信息含量，受到广大读者的欢迎。《超越梦想》等6部专题片获得省部级奖项。

庆祝胜利油田开发建设40周年晚会

二、中心安全工作全面强化

以确保北京奥运等重要播出期为安全抓手，安全播出和安全生产做到了“三个加强”：一是加强了安全制度建设，修订了岗位责任制、HSE管理体系等规章制度，加大了安全生产十大禁令和《员工守则》的实施力度，制定了反恐措施，加强了各类应急预案的演练。二是加强了重点部位和重要设备的维护工作和安全管理，对演播厅、电视塔、机房、有线网络、配电室等重要部位、重要设备，采取“以防为主、超前维护”的措施，加大巡检力度，实行安全承包制，责任到人，管理到位。三是全面落实“人防、物防、技防”措施，重要时期的值班、把关和巡检工作进一步加强，确保了全国“两会”期间、七一、国庆、十七大、嫦娥一号发射等重要播出时期内节目安全。

三、经营管理工作得到加强

全面实施预算管理，建立月度预算申报、分析制度，从强化内控制度执行入手，不断规范管理行为，全面防范经营风险，大力开展挖潜增效活动。

四、数字电视平稳推进

成功开通运行有线网络客服中心；整合了油田有线电视网络，在河口、孤岛、仙河、临盘等单位设立了10个有线网络维修站，负责全油田有线电视用户的维护服务。全年完成新建小区有线网络建设1195户，完成旧小区有线网络改造2509户；开通了龙口海洋船舶中心传输线路；实现了临盘地区数字电视的整体转换。维护油田会议电视46个分会场电视信号安全优质传输。新开通了4个数字电视频道。非线编综合业务网络建成，升级了系统软件，优化了工作流程，提高了节目制作质量和工作效率。

五、党的建设和干部队伍建设不断加强

认真开展“两讲”、“双促”等主题活动，各级领导和党员干部的责任意识、群众意识、廉政勤政意识明显提高。全年涌现油田工人先锋号1个，管理局行业一强1个，优秀基层单位3个，油田文明建设先进三级单位3个。

全年开展各类培训300多人次，队伍素质得到有效提升，共有35人次获得局以上荣誉称号。

中心荣获山东省安全播出优胜台、中石化电视新闻优秀单位、中视协最佳企业台等省部级荣誉称号；荣获油田文明建设先进单位、局安全生产先进单位、宣传工作先进单位等局级荣誉称号。

莱芜钢铁集团公司有线广播电视站概况

莱钢有线广播电视站隶属于莱钢新闻中心，设有综合经营部、电视报道部、网络技术部，共有员工31人，其中，具有副高级职称6人，中级职称14人。自办电视节目一套，开设《莱钢新闻》、《莱钢报道》、电视剧场等节目栏目。

一、电视宣传工作以周三至周五新闻为突破点，加大新闻宣传的策划力度，形成宣传的强势

（1）在对《莱钢新闻》栏目进行系统策划安排的基础上，顺利实现了《莱钢新闻》栏目由每周三期到每周五期新闻的跨越。调整部署新闻宣传队伍，努力培养创新和精品意识，凸显电视新闻的快节奏、时效性。《莱钢新闻》重点突出、板块清晰，用镜头记录了莱钢的建设和发展，较好的适应了莱钢快速发展和职工群众及时了解莱钢发展信息的需要，加快了工作节奏，提升了服务水平，实现了电视宣传工作的新突破。

（2）围绕公司重点工作开展战役性报道，发挥主流媒体作用。先后组织策划了“记忆2007”、职代会报告解读、深入推进产销研一体化、生态环境建设、应对高成本挑战系列报道、安全月隐患治理系列报道、记者赴川纪事系列报道等深度报道。为配合全国质量评审工作，采制提升企业发展品质系列报道，从销售服务、莱钢产品、企业文化、装备水平以及安全与发展等方面，全面报道了莱钢的发展业绩和工作成效。

（3）下半年，莱钢生产经营形势异常严峻，加强形势任务宣传成为电视宣传的重要主题。特别是对集团公司党政工负责人会议精神进行了全方位宣传，并配发评论《市场进入阶段性低谷，挑战中蕴藏发展良机》、《认清形势，坚定信心，众志成城渡难关》，既要让广大职工看到形势的严峻，又要让职工坚定克服困难的决心和信心。在莱钢新闻中开设专栏“众志成城，共渡难关”。

（4）加大民生新闻采制，新闻内容更加丰富多彩。加强民生新闻的宣传既是落实十七大精神又是提高莱钢新闻知名度和观众认可度的需要，更是提高莱钢电视频道公信力的需要。与职工生活息息相关的住房、治安、交通、就医等方面成为报道重点。

（5）增强创新意识和精品意识。对莱钢频道进行全新包装，创意并制作了《世纪莱钢》MV开始曲、新闻宣传片、频道宣传片、结束字幕等，使整档节目从头至尾更加新颖、完整、顺畅，给观众耳目一新的感觉。在良好的设备技术保障下，采编制人员从播音配音、镜头的

处理、字幕的处理到角标的制作每个环节都更加求新求精，新闻结构更加趋于合理，使新闻的可视性和时代感都有所增强。

（6）加强了改革开放30年的宣传，在莱钢新闻中设立了“莱钢人，莱钢事——纪念改革开放30周年”栏目，系统回顾了莱钢改革开放以来取得的翻天覆地的变化，稿件内容全面，形式新颖，富有感染力。

（7）针对莱钢近几年的快速发展和公司内外部形势所发生的重大变化，积极策划对《中国莱钢》专题片的摄制工作。撰写了能够较好的展示莱钢生产建设成就和风貌的电视脚本，并组织人员进行了全方位拍摄、摇臂拍摄和航空拍摄。08版《中国莱钢》全面反映了莱钢近几年的发展成果。

二、顺利实现了数字电视工程改造，莱钢电视事业取得了历史性发展

（1）用5个月的时间，顺利完成了2万用户的数字电视改造工程。网内传输140余套电视节目，极大地丰富了职工的文化生活。莱钢的数字电视改造工程创造了同类工程速度快、传输节目多、信号质量高的样板工程。

（2）对全台制播网进行扩容升级。非编网新增一台上下载非编工作站及媒体资产管理系统，Enet3.0媒体资产管理系统采用近线/离线存储数据流磁带海量存储，提高了节目存储量，大大缓解了节目制作压力。对硬盘播出系统增加了播出素材的在线存储容量，新增DFT 12块高速SATA硬盘阵列 400G SATA数据硬盘，总容量4.8TB,可存储MPEG IBP 8M素材超过1100小时，极大地提高了电视剧节目的上载空间，也使播出节目素材的安全性得到较大提升。完成了自动收录系统的安装调试工作，改善了节目录制质量。

莱钢数字电视播出机房

三、职工队伍建设卓有成效，较好地适应了电视工作全面提升的需要

（1）加强了制度建设，逐步完善了岗位职责、考核细则等管理制度。

（2）积极开展电视台学习型部室创建工作，建立完善了学习型部室的档案管理，坚持每周二的业务和政治学习制度，每个员工都制作了富有特色的成果共享课件，极大地提升了工作人员的业务和政策水平。

兖矿集团电视站概况

兖矿电视站隶属兖矿集团党委新闻中心，现有员工34人。下设六部一室，分别是记者部、制作部、专题部、播音部、广告部、技术部和总编室。兖矿自办节目平均每天1小时30分钟，除每天15分钟的矿区新闻外，还开办了9个固定栏目。分别是聚焦企业发展，关注矿区热点的新闻栏目《新闻观察》、反映民生、民意、民情的民生栏目《连线》和《每周话题》，生活服务栏目《李莅话健康》、《七彩空间》以及《美德文化讲堂》等深受矿区观众的喜爱。

2008年是我们国家不平凡的一年，是光荣的一年也是悲壮的一年。我们企业也和国家一样经历了这些重大事件的考验。面对严峻考验，企业电视按照公司党委统一部署，集中力量打了几场大仗、硬仗，有力配合了集团公司全局工作，为推动企业经济发展，维护社会和谐稳定做出了贡献。

一、围绕中心，服务大局，创造性地开展新闻宣传工作

1. 圆满完成全省矿山救援演习直播任务

2008年初，山东煤炭工业会在兖矿召开，会议期间省煤炭工业局安排兖矿对矿山模拟事故救援演习进行现场直播。演习分井下、地面和医院三地同时进行，作为一家企业电视台难度可想而知。面对困难和挑战，我们创造性的开展工作，打破常规将一级切换台搭建在百米井下，确保地面三地两次切换成功。救援活动成功直播后受到省煤炭工业局领导和前来参加会议的各大企业领导的高度赞扬。

2. 与中央电视台、山东电视台联合成功录制三场晚会提升了企业形象、锤炼了队伍

作为第一家境内外同时上市的大型国有煤矿企业。兖矿一直受到各大媒体的关注。今年初中央电视台、山东电视台与兖矿合作录制三场新年晚会，在央视和山东卫视同时播出。这为我们企业电视工作者提供了学习和锻炼的平台。我们与中央电视台、山东电视台的同行日日同行，从安装设备、选择场景、布置场点、构图拍摄天天马不停蹄。在千人太极拳和古筝的拍摄中，正值大雪初停，大家不顾严寒，在雪地上一站就是5个小时。企业电视工作者的专业素质，赢得了上级同行的称赞。三场晚会在央视和山东卫视播出后也大大增强了企业的知名度和美誉度。

3. 积极做好改革开放30周年的宣传工作

2008年是我国改革开放30周年，我们集中力量制作了一批反映煤矿企业在改革开放道路上跳跃式发展的系列报道和电视专题片。集中拍摄了一组反映兖矿改革发展的电视访谈节目。主要有四个方面的内容:（1）采煤的变迁。邀请三个年代的煤矿工人，就采煤工艺方面的变化进行对比，反映兖矿通过技术创新在综采工艺方面发生的巨大变化。（2）产业的变迁。从改革开放初期安置型的多种经营，上个世纪90年代的“煤与非煤并重”，到现在的煤炭开

采与深加工、煤化工、煤电铝及成套设备加工三大产业并举，反映兖矿产业群发生的突飞猛进的变化。（3）生活的变迁。邀请三个年代的煤矿职工和家属，通过结婚时从住房、家中摆设、聘礼等方面的对比，反映矿区百姓在生活方面的巨大变化。（4）文化的变迁。集中反映矿区在文化生活和精神层面发生的巨大变化。四大变迁大型系列访谈节目播出后，在矿区引起强烈反响。大大增强了广大职工的自豪感和荣誉感。

兖矿改革开放30年采煤生活变迁大型系列访谈节目现场

4. 与矿工携手迎奥运

2008年8月8日，我国成功举办北京奥运会。作为企业电视我们紧紧追踪兖矿集团的奥运轨迹，通过系列报道、电视专题和公益广告努力反映集团公司在经济、体育、道德、环保等方面的工作和亮点，拍摄的专题《记者主持人与矿工携手迎奥运》、《我是矿工火炬手》等充分表达了煤矿职工迎接奥运盛会到来的喜悦心情。

5. 关注民生　共建和谐社会

认真贯彻党的十七大精神，把2008年定位为民生新闻年。聚焦矿区民生，反映矿区和谐。围绕民生作文章，是党的十七大确立的方针目标，也是对新闻媒体提出的新闻宣传根本要求。为此，我们以文件的形式规定每名记者每月必须保证2篇以上的民生新闻，并结合业务考核与开展的“学讲评树”活动挂钩，奖优罚劣。在保证民生栏目《连线》突出民生大主题的前提下，又开设了《DV万家乐》和《每周话题》栏目，集中反映广大职工的工作、生活和大家关注的民生问题，制作的系列公益广告《和谐》得到矿区观众的积极参与和好评。

6. 关注安全　关爱生命

安全是煤炭企业宣传工作的重中之重。在这方面，我们积极尝试新的传播形式，努力在入耳、入脑、入心上做工作。一是源头参与，融入矿井安全生产。定期举办兖矿电视主持人与矿工互动活动，二是常年开设安全警句专栏，做到安全方面的警言警句警钟长鸣。三是每季度派记者深入基层区队挖掘提炼出安全生产周期长的先进单位典型经验，在兖矿电视上重点推出，唱响榜样的力量。

二、扎实做好数字电视的推广工作

为了推进兖矿数字电视整体转换工作的顺利进行，保证前端技术平台适应即将到来的整体转换这一形势的需要。2008年初，我们对兄弟单位数字电视前端设备选型，功能等充分学习调研，对系统集成商实力综合考察评估。在此基础上，于11月初对数字电视前端系统完成招标并开始施工建设。

目前我们将数字电视前端系统分为以下几个子系统：信源接收系统、节目复用、调制解调子系统、条件接收子系统、EPG子系统。根据兖矿数字电视发展现状，我们规划模拟、数字节目混传，包括46套模拟节目，419MHZ到562MHZ 14个频点的91套数字节目（其中包含1套高清节目）。还新增了数字电视监控系统，有力地保障了有线电视的播出安全，防止非法信号的入侵。确保矿区5万户职工家庭看好数字电视节目。

新汶矿业集团有线电视概况

一、基本情况

新汶矿业集团是一个以国有资产为主体、多种所有制并存，以煤为主、多种产业共同发展的大型企业集团。2008 年企业销售收入 328 亿元，企业总资产 378 亿元，信贷信誉 AAA 级。矿区总人口 20 万人，在册职工 8 万人。新矿电视站现有员工 21 人，其中台长、总编各 1 人，副台长 5 人、副总编 2 人；高级职称 8 人，中级职称 7 人，初级职称 6 人。下设新闻组、栏目组、技术部、广告部、通联科。现有终端用户 21000 户，转播模拟信号节目 40 套。

二、主要业绩

新矿集团电视台隶属新矿集团新闻中心。始建于 1984 年 12 月。现自办节目 1 套。主要栏目有《新矿新闻》、《走遍新矿》、《我行我秀》。《新矿新闻》每周 6 期，每期 15 分钟，内容以时政为主，民生为辅，稿件主要由基层通讯员提供；《走遍新矿》每周 1 期，每期 20 分钟左右，以反映企业改革发展的经验、成就和英模人物的事迹，多采取访谈形式；《我行我秀》每月 1 期，每期 30 分钟，重点推介在文体方面有一定造诣和成就的普通矿工及家属。同时新矿电视每年还承担着集团本部和基层单位约计 40 余部专题片的撰稿、拍摄、制作任务；负责集团公司大型会议、活动和大型晚会的直播、录播任务。

新矿集团有线电视播控中心

2008 年是新矿电视节目评比颇为丰收的一年。制作新闻专题《发展循环经济打造绿色矿区》、《新矿集团矸石不升井实现绿色开采》获中国煤炭记协新闻类评比一等奖，《另类天使》获专题类一等奖；《"实"定乾坤》获山东省广播电视局专题类一等奖，另有 16 篇电视作品分别获得二、三等奖。

山东人民广播电台新闻频道

2008年，新闻频道围绕中心，服务大局，高扬主旋律，各项工作都取得了新的成绩。全国两会期间，第一次把直播间搬到了北京，开山东媒体之先河。抗震救灾期间，长达6天的全天候直播是山东台历史上规模最大、范围最广、时间最长的一次。向中央台供稿再夺第一，蝉联十连冠。广告创收全年完成4577万元，实现品牌广告过千万、专题广告单价过万元两个突破。

新闻频道荣获中国新闻奖一等奖一件，第一次荣记集体二等功，并且获全省抗震救灾先进集体等称号。

新闻频道全家福。

在雅典直播奥运圣火点燃仪式。

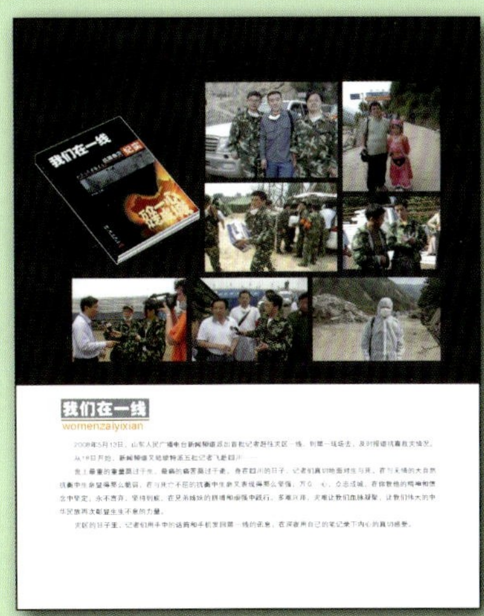

李志毅台长主编的《我们在一线》一书，记录了年轻记者在地震灾区那些日日夜夜。

李志毅台长主编的《祥云飘过》一书，记录了奥运圣火在山东境内传递的直播盛况。

记者王新立在济南站传递奥运圣火。

配合中央人民广播电台全程直播奥运圣火在齐鲁大地的传递。

▲全球你最红-2009全球华人网络春晚

▲让爱延续-支援四川大型慈善赈灾义演

▲承办首届山东国际动漫节暨玩具节

▲迎奥运文明瞬间启动仪式

▲抗震救灾-山东在行动特别节目

▲生活帮爱心车队运送救灾物资到绵阳

▲炫玩部落旗舰店启动仪式

▲中心的力量-2009广告嘉年华

品牌栏目

◀生活频道●生活帮

▲生活频道●做客生活帮

◀生活频道●新闻快线

◀影视频道●影视俱乐部

▲影视频道●明星面对面

▲综艺频道●喜剧学院

▲综艺频道●超级运动会

▲综艺频道●综艺满天星

细节决定成败

聊城市广

在极不平凡的2008年，在“大事多，难事多，考验多，挑战多”的发展环境下，聊城市广播电视局围绕中心，科学决策，周密部署，扎实苦干，各项工作均取得了显著成绩。宣传工作精彩纷呈，技术改造喜结硕果，广告经营稳步增长，节目编排日趋科学，网络发展态势良好，制度建设逐步规范，队伍建设得到加强，各项工作有序展开，整体工作发展稳健。

新班子组建两年来，聊城市广播电视局用行动和成绩证明：有一个迎难而上的领导班子；有一支敢打硬仗的职工队伍；有在最困难时刻调整机制积累的宝贵经验；有应对复杂局势的新闻宣传能力；有严把“广告四关”赢来的良好社会声誉；有先进的技术设备作支撑；有大培训、大练兵的良好学习氛围……聊城广电实现科学、长远发展的内在驱动力应运而生。

聊城市广电局以技术改造为契机，从而带动事业发展全方位改革。图为聊城市委书记宋远方（右一）、聊城市市长林峰海（中）在聊城市广播电视局局长路仕佼（左一）的陪同下，视察局（台）技术设备更新改造。

聊城电视台紧紧围绕市委、市政府中心工作，唱响主旋律，打好主动仗，圆满完成了建市十周年、抗震救灾、北京奥运会、纪念改革开放30周年四大战役性宣传任务，充分发挥了舆论主阵地作用。图为由聊城市广播电视局主办的本年度全省电视新闻工作年会。

图为聊城市广播电视局局长路仕佼（前排左一）走村串户，深入聊城农村查看信号质量，了解群众需求，听取群众意见。

聊城电视台焕然一新的多功能电视监控墙。

正在建设中的聊城电视台虚拟演播室。

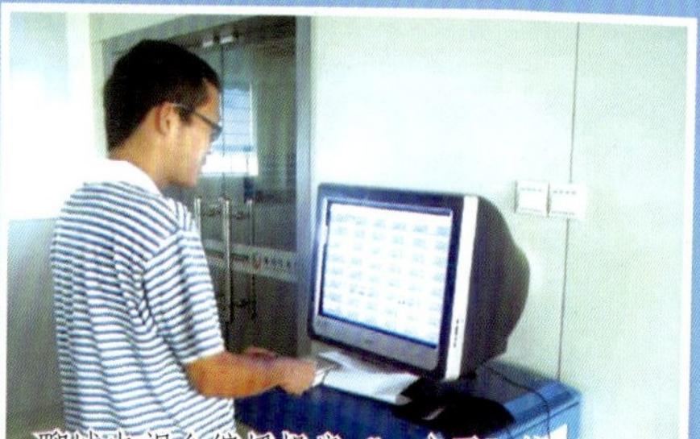

聊城电视台编播机房“一卡通”管理系统。

广电局局长路仕佼着重强调：“要以技术改造为契机，改出好装备，改出好技术，改出好风气，改出好面貌，改出好状态，改出好机制，掀起全局干事创业的热潮”。图为电视台技术改造后的编播机房。

专业成就品质

播电视局

中央电视台《新闻联播》中播发的“科技视频服务三夏”、“搭建就业平台 帮助农民工就地转化”、“打造和谐人居环境”以及头条播出的“聊城市依靠自主创新提高出口含金量”等重头稿件引起了广泛反响。

《聊城视窗》网站取得新闻网站资质，图为此网站制作的相关专题页面。

2008年，聊城市广播电视局获得包括“全省安全优质播出先进集体、广播电视管理工作先进集体、卫星地面接收设施专项整治先进集体、“五五”普法先进单位”等荣誉称号在内的各类国家、省级奖项50余个，创局（台）有史以来的最高记录。

继续健全完善了新闻宣传、节目编排、广告经营、设备运行、行政管理等一系列规章制度并汇编成册，体现了“依靠制度管人管事”的理念。

《聊城财经》是聊城电视台首档自办财经类栏目，填补了此类节目的空白。

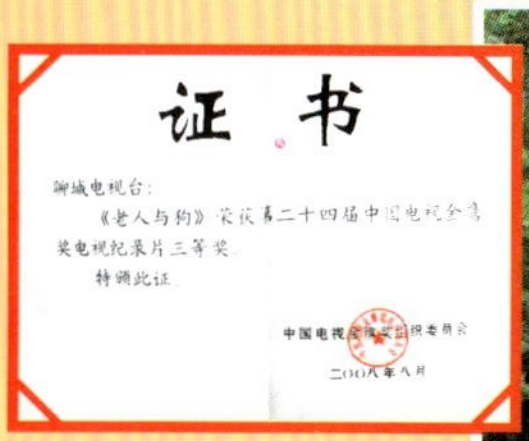

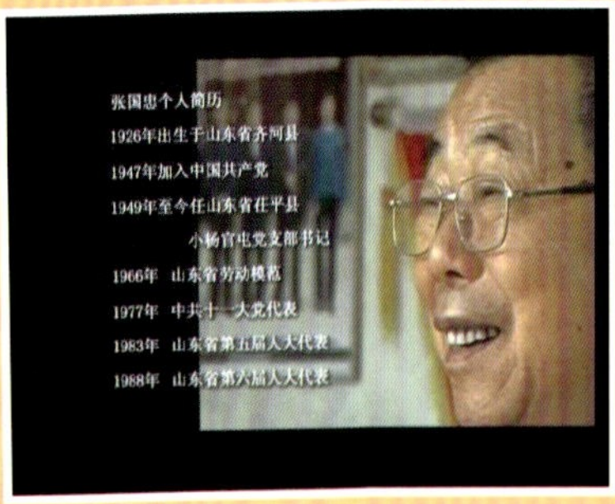

《水城故事》突出“以情感人”的特色，纪录片《老人与狗》为聊城电视台第一次摘得中国金鹰奖和山东泰山奖，纪录片《吃亏的吸铁石》获得中国小康工程最佳作品奖。

与中国教育电视台合作拍摄了两集专题片《古城水韵》和《水城绿风》，与旅游卫视合作拍摄了“聊城风光片”；制作播出了大型纪录片《水路桥的故事》、《大潮涌动风帆起——聊城市纪念改革开放30周年掠影》，系列报道《凤凰涅槃》等。图为制作班底一班人马。

发展中的潍坊

2009年1月22日，市委书记张新起、市委副书记、市长许立全专程到市广电局走访慰问，市领导刘明珂、刘德成等陪同走访。

2009年9月17日，市委副书记、市长许立全到市广电局（集团）调研。

2009年4月17日，潍坊广播影视集团挂牌成立。集团为市政府直属正县级事业单位，实行企业化管理，受市政府委托经营原潍坊市广播电视总台及集团成立后的全部国有资产，负责所属单位的宣传管理、人事管理、规划决策和资产运营；作为所属单位投资主体，依法享有所有者权益。潍坊广播影视集团与潍坊市广播电视局是一套机构，两块牌子。

集团下设潍坊人民广播电台、潍坊电视台、山东天润网络股份有限公司、潍坊广播电视报社、潍坊转播台、潍坊市电影发行放映公司、潍坊天泽网络科技有限公司、潍坊星光少儿艺术文化传播有限公司等11家单位，在职干部职工1030人，资产总额7.36亿元，是一家集广播、电视、电影、报纸、网站、网络传输于一体的传媒集团，经营创收位居全国地市前30强。

近年来，局（集团）坚持以科学发展观为指导，坚持宣传工作为中心，不断深化内部管理体制和运行机制改革，促进了事业、产业的又好又快发展。宣传方面大力实施本土化和品牌战略，宣传质量和

2009年7月22日，集团投资2000余万元为潍坊电视台装备的数字高清电视转播车正式启用。市委常委、宣传部长刘明珂出席启用仪式。

2008年9月21日，总台投资300万元为潍坊人民广播电台装备的广播直播车投入使用。

广 播 影 视 集 团

水平有了新提高。市电台新闻、经济等4个频率的总体平均收听占有率为62.5%。市电视台积极打造新闻、经济双主频道，自办栏目增加到9个，自办节目时间增加到240分钟，收视率稳步提升。广播电视报连续三届被评为省级优秀报纸。对上对外宣传连续多年名列全省地市台前茅。市局（集团）被山东省广播电视局授予“2008年度宣传管理先进单位”。在事业建设上，加快有线电视和数字电视建设，全市有线电视通村率达到100%，入户率达到85%以上，广播电视综合人口覆盖率达到100%。数字电视整体转换工作全面启动，中心市区已完成整体转换，并着手县（市）城区的整体转换。市局（集团）还不断加大投入，提高广播电视技术装备水平，投资300多万元购置了广播直播车，投资2000余万元购置了高清电视转播车，目前为省内最先进的移动广播直播车和电视转播车。在机制改革和管理上，创建并推行了广电工作目标管理、成本核算，全面推行了精细化管理，开展了广电文化建设，从2009年8月开始，与清华大学合开了现代企业工商管理高级研修班。局（集团）被评为“省级文明机关”，所属单位一家被评为省级文明单位，四家被评为市级文明单位。

2007年9月16日，潍坊市数字电视整体转换正式启动。潍坊市委常委、宣传部长刘明珂，副市长王冰芬出席启动仪式。

潍坊广播影视集团坚持以宣传为中心，以发展为第一要务，进一步优化资源配置，增强内部活力，培育核心竞争力，做强做大主业，大力发展延伸产业，在做好广告经营、有线网络等传统主业的基础上，加快县市区数字电视转换，推动山东天润网络股份有限公司上市，大力发展互联网、多媒体移动广播、移动电视等新媒体业务，开拓电影市场，做好“三名文化城”等项目开发建设，力争在2008年基础上，经过三到五年的发展，实现集团经营收入、资产总值双翻番。

2009年9月11日至13日，潍坊市广播电视局（集团）、潍坊广播电视报社成功承办了第四届中国（潍坊）国际汽车工业展览会。

2009年7月8日，市委常委、宣传部长刘明珂，市直有关部门负责人及潍坊广电系统各单位主要负责同志出席了潍坊传媒资讯网开通仪式。

蓬勃发展的烟台广播电视

烟台市广播电视局（台）下辖广播、电视、电视报、网络、广告、胶东在线网站、移动数字电视等17个直属单位。近年来，烟台市广播电视局（台）立足于打造现代化一流强势媒体，形成了广播、电视、报纸、网站、移动电视“五位一体”宣传格局。对上宣传，广播、电视连年位居全省前列。开办的《民生热线》、《新闻直通车》、《网上民生》等栏目，社会影响广泛。每周一期的广播电视报，发行量达20万份。创办的胶东在线网站2007年被批准为国家重点新闻网站，跻身国内知名网站行列。近几年投资3亿多元，开通了有线数字电视、移动数字电视，并使广播电视设备基本实现数字化，广播信号实现了全市无缝覆盖。大力推进广电“村村通、户户通、长期通”工程，有线电视实现了市、县、乡、村四级贯通，入村率100%，入户率及覆盖总户数在省内名列前茅。经营收入连年保持20%以上增幅。投资4亿多元、建筑面积6.85万平方米的广电中心大楼，即将投入使用。先后被国家广电总局、国家人事部授予“全国广播电视系统先进单位”、“全国广播电视村村通先进单位”，连年被省广电局评为广播、电视宣传先进集体，社会管理、技术管理先进集体。

烟台有线电视数字化整体转换全面展开
市区已完成30万户整转。

烟台广播喜迎50年华诞。

新落成的烟台广电中心大厦1600平米演播大厅。

胶东在线《网上民声》栏目获中国新闻奖一等奖。

新落成的烟台广电中心大厦。

日照市广播电视局

“直播山东——为日照喝彩”大型直播特别节目在山东人民广播电台播出。

近年来，日照市广播电视事业产业实现了跨越发展。新闻宣传牢牢把握正确舆论导向，为全市经济社会又好又快发展营造良好舆论氛围，实施精品创优工程，提高节目栏目水平，每年都有近百件作品获省级以上奖励，不断加大对上报道对外宣传工作力度，提高日照知名度美誉度。2008年完成广播电视村村通工作，有线电视入户率达70%以上，2009年将启动实施有线电视数字化整体转换工程，力争年内完成8万户转换。强化管理意识，建设平安和谐广电，实现了广播电视安全播出无事故，卫星电视专项整治工作多次受到省局、国家广电总局表扬，深入开展净化荧屏和广告整顿管理工作，行业管理不断规范有序。局台先后荣获全省广播电视先进单位、新闻系统文明单位、十七大精神宣传先进单位、青年文明号等50余项省级以上荣誉称号。

山东人民广播电台驻地记者会议在日照召开。

“爱在日照——情系四川”纪念汶川特大地震一周年直播活动在中央电视台播出。

日照广电艺术团举办“说唱新农村”巡演活动。

全运会倒计时100天直播活动在山东电视台播出。

城阳广播

城阳广电中心大厦奠基仪式。

城阳广电中心机房。

城阳广播电视中心与城阳人民广播电台、城阳电视台实行合——管理体制，高玉明现任中心党委书记、中心主任。

城阳广电中心位于青岛市城阳区长城路618号，单位占地面积40亩，建筑面积15000余平方米。城阳广电中心现有正式在职职工116名，其中高级职称7人，中级职称32人，大专以上学历人员占人员总数的95%以上。中心内部设有办公室、政工科、新闻部、节目部、广播电视工作站等共27个部门。

2008年，城阳广电中心深入学习贯彻落实科学发展观，进一步加大新闻宣传改革和创新力度；不断完善行业管理和服务；加快有线数字电视发展，使各项事业都迈上了新的台阶。

年初，城阳人民广播电台、城阳电视台进行了整体全新包装，推出了全新的形象。进一步加大了新闻宣传改革创新力度，加大了民生类节目的份量。其中自办新闻节目《新闻纵横》、《每日资讯》，自办栏目《道德与法制》、《城阳新时空》、《行风连万家》等已成为城阳百姓喜闻乐见的地方品牌。2008年“两台”组织参加市级新闻、栏目作品评奖2次，参评作品16件，均获奖。组织

电　视　中　心

参加省级新闻、栏目作品评奖 3 次，参评作品 13 件，均获奖。

有线电视基础事业建设扎实推进。2008 年开始全面启动数字电视平移工作，年内即实现全区 98% 以上的有线电视用户的整体数字信号转换，实现了传统的模拟信号彻底转换成集广播电视、信息服务、交流互动于一体的数字信号。

通过深入学习贯彻落实科学发展观，使单位干部职工的整体素质和工作水平有了显著提高，广播电视服务工作和管理工作进一步正规化、规范化。2008 年单位先后获得平安城阳先进集体、全区安全生产先进单位、市电视新闻通联工作先进单位、电视新闻协作先进集体和省统一供片先进单位。

城阳人民广播电台主持人全家福。

城阳电视台主持人全家福。

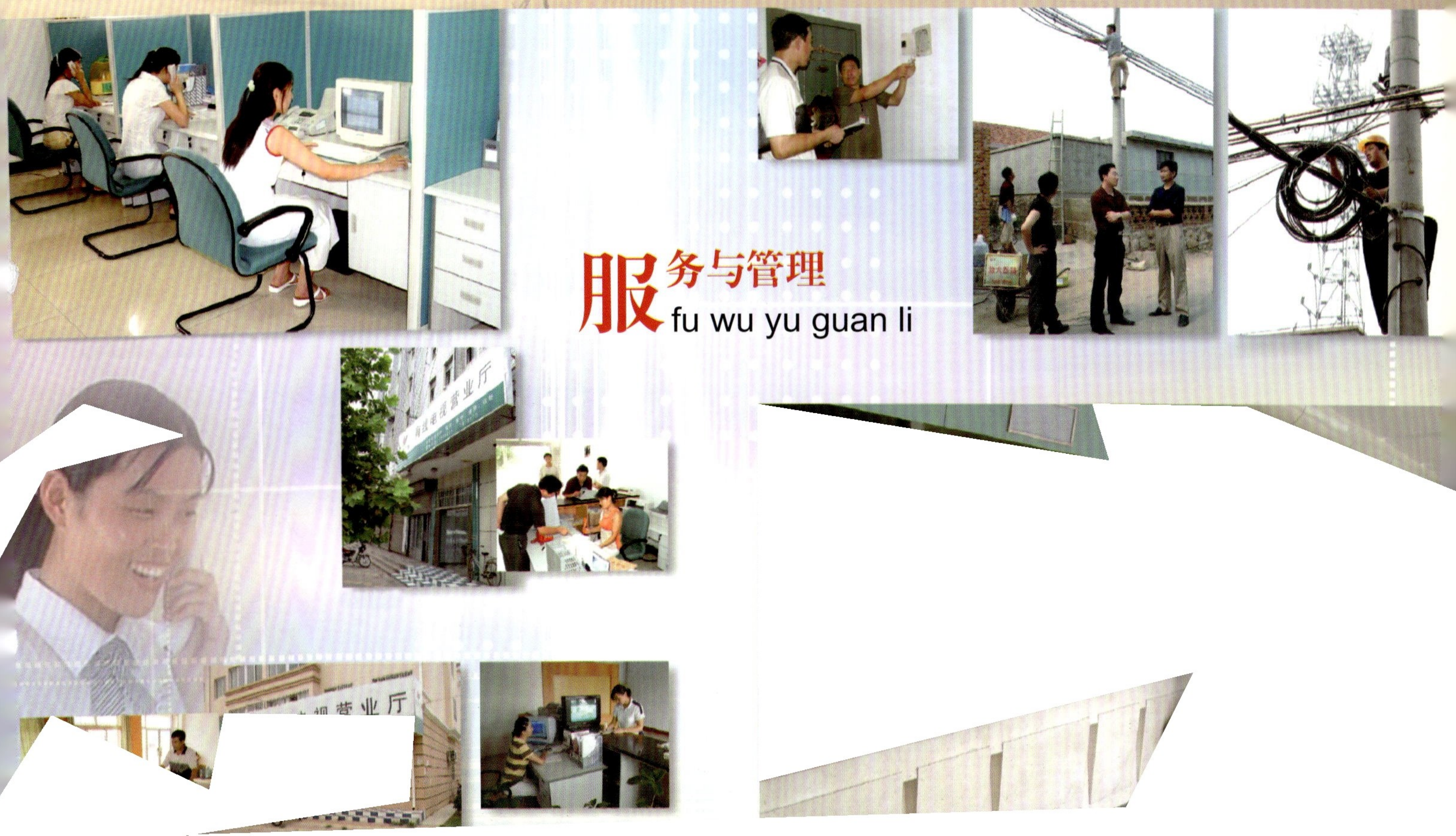

寿光广播影视集团

广播影视集团授牌。

寿光广播影视集团是国有控股的股份制公司，与寿光市广播电视局一个机构、两块牌子，下设电台、电视台、网络传输中心、电影公司等子公司，注册资本5000万元。集团现有干部职工510人，年收入6500万元。

近年来在寿光市委、市政府和社会各界的大力支持下，寿光广播影视集团坚持当好喉舌、做大事业，经营广电、做强产业的方针，广电事业得以长足发展，目前电视自办节目达到100多分钟，经营收入每年以25%的幅度递增。投资1.3亿的广电大厦已经投入使用，大厦建筑面积2.8万平方米，由主楼和1000平方米的演播大厅组成，主楼地下一层，地上二十一层，至发射塔高度139.9米。特别是楼顶的观光平台，已成为观赏寿光美景的一处绝佳场所。以广电大厦迁入新址为标志，广播电视技术装备水平已跨入全国同级先进行列。城区数字电视发展已经启动，光缆铺设已完成80%，2009年城区4.5万户居民将用上数字电视。相关文化产业蓄势待发，移动电视也正在考察论证当中。对外宣传成绩显著，首次在潍坊电台、省电台开辟了专门宣传寿光的专题栏目《魅力寿光》，加入了对外宣传协作网，开辟了在北美地区海外宣传寿光的通道，连续多年被省局和潍坊局评为宣传工作先进单位。

目前寿光广播影视事业已步入快速发展的轨道，广播影视集团将严格按照现代企业制度规范高效运作，大力引进战略投资者，力争用两年左右的时间，实现上市融资。努力打造强势媒体，坚持三个贴近、坚持服务三农、发挥喉舌作用，寿光广播影视集团必将为全市经济社会又好又快发展做出更大的贡献。

广电大厦远景。

非线编机房。

播出机房。

1000平米演播大厅。

开拓创新　争创一流

——巨野县广播电视局

庞恩启局长在巨野广电网站开通仪式上致辞。

巨野县广播电视局深入贯彻落实科学发展观，紧扣发展主题，创新管理模式，创新宣传方式，全县广电事业实现了又好又快发展。

节目栏目明显优化。巨野电视台设有《巨野新闻》、《经济纵横》、《新视点》、《媒体广场》、《对话》、《新农村》、《聚焦煤开发》、《才艺大舞台》、《百姓生活》、《热点追踪》、《生活时尚》、《民声》等17档自办新闻、专题类节目；巨野人民广播电台开设30档自办直播节目，每天播音17小时。

事业发展步伐加快。新建虚拟演播系统、专业演播室，升级改造广播电视信号发射塔，积极推进巨野广播电视演播中心建设。2007年3月，《巨野广播电视》创刊；2008年3月，与广播电影电视管理干部学院共建实训基地。

近年来，先后获得全省社会管理先进单位、省级精神文明机关、全省卫生管理先进单位、全省电台集体记者一等奖、全市电台通联工作一等奖、全市电视台通联工作一等奖等10多项殊荣。2008年10月，在中国广播电视协会举办的“辉煌30年”中国广播电视发展综合论坛上，庞恩启局长荣获“辉煌30年”全国县（市、区）级广播电视优秀局台长荣誉称号，巨野县广播电视局被推选为中国广播电视协会城市广播电视台（县级）工作委员会常务理事单位，标志着巨野广播电视事业发展和团队建设创造了新的辉煌业绩。

庞恩启局长在中国广播电视协会“辉煌30年”全国优秀局（台）长颁奖仪式上。

庞恩启局长与新竞聘的栏目制片人签订责任书。

巨野广电局创办的内部刊物《巨野广播电视》。

齐河广电局局长李孝平。

局领导指导工作。

有线电视机房。

电视非线编辑机房。

广播电台直播间。

齐河县广播电视局

QIHEXIANGUANGBODIANSHIJU

齐河县广播电视局为正科级全民事业单位，采用局台合一的管理体制，下设宣传中心、广告中心、网络中心、技术中心、后勤中心等5大中心、17个科室和14个乡镇广播电视站，现有干部职工149人。

全局实行“五大中心”管理体制，五名副局长分别兼任中心主任。全权处理中心日常事务，重大事项提交局长办公会讨论决定。理顺了关系，提高了工作效率，增加了广电内部活力。

齐河电视台开办有《齐河新闻》、《齐河方圆》、《田园金风》、《社会与法》、《民生快车》等自办栏目。节目摄制、编辑、播出实现了数字化。齐河人民广播电台设有《齐河新闻》、《88.2信息动车组》、《88.2健康有道》、《88.2明星歌汇》、《农科星火》等15档栏目。实行24小时播出。

2004年—2008年连续5年被省电视台评为“新闻宣传先进集体一等奖”，用稿总分居德州市13个县市区第一名；专题宣传、农业科技宣传稳居德州市前两名；齐河人民广播电台荣获“省电台集体记者一等奖”16连冠。

齐河县有线电视网络已遍布城乡。城区光缆实现管道传输，有线电视入户率达到90%；农村有线电视自2004年启动以来，全县1010个行政村实现了“村村通”，用户达97538户，入户率达到75%。全局基础及配套设施建设日益完善，总建筑面积6000平方米的办公大楼和660平方米的演播大厅，功能完备，优化了办公条件。

全局宣传、创收、事业建设步入了持续、健康发展的快车道。